總策畫 林慶彰 劉楚華
主編 翟志成

景印香港新亞研究所

新亞學報

第一至三十卷

第十三冊・第七卷・第一期

新亞研究所
NEW ASIA INSTITUTE OF ADVANCED CHINESE STUDIES

景印香港新亞研究所《新亞學報》（第一至三十卷）

景印本・編輯小組

景印香港新亞研究所《新亞學報》（第一至三十卷）

黃進興　廖伯源　羅志田

饒宗頤

執行編輯　李啟文　張晏瑞

（以上依姓名筆劃排序）

景印香港新亞研究所《新亞學報》第十三冊

第七卷・第一期　目　次

第七卷第一期

新亞學報

新亞研究所

本學報由美國哈佛燕京學社贈資印行特此誌謝

新亞研究所

目錄

新亞學報編輯畧例

（一）本刊宗旨專重研究中國學術，以登載有關中國歷史、文學、哲學、教育、社會、民族、藝術、宗教、禮俗等各項研究性的論文爲限。

（二）本刊由新亞研究所主持編纂，外稿亦所歡迎。

（三）本刊年出兩期，以每年二月八月爲發行期。

（四）本刊文稿每篇以五萬字爲限；其篇幅過長者，當另出專刊。

（五）本刊所載各篇，其版權及繙譯權，均歸本研究所。

墨經箋疑下目次

柳存仁

經下上闋經說下上半（續前）

倚者不可正說在剃
推之必往說在廢材
買無貴說在仮其賈
賈宜則讐說在盡
無說而懼說在弗心
或過名也說在實
知之否之足用也諄說在無以也
謂辯無勝必不當說在辯
無不讓也不可說在始
於一有知焉有不知焉說在存
有指於二而不可逃說在以二絫
所知而弗能指說在春也逃臣狗犬貴者
知狗而自謂不知犬過也說在重
通意後對說在不知其誰謂也

經下下闌經說下下半

所存與者於存與孰存駟異說
五行毋常勝說在宜
無欲惡之爲益損也說在宜
損而不害說在餘
知而不以五路說在久
必熱說在頓
知其所以不知說在以名取
無不必待有說在所謂
擢慮不疑說在有無
且然不可正而不害用工說在宜
均之絕不說在所均
堯之義也生於今而處於古而異時說在所義二
狗犬也而殺狗非殺犬也可說在重
使殷美說在使
荆之大其沈淺也說在具
以檻爲摶於以爲無知也說在意

意未可知說在可用過仵

一少於二而多於五說在建（住）

非半弗斱則不動說在端

可無也有之而不可去說在嘗然

㐁而不可擔說在摶

宇進無近說在敷

行循以久說在先後

一法者之相與也盡（類）若方之相合也說在方

狂舉不可以知異說在有（不可）

不可牛馬之非牛與可之同說在兼

循此循此與彼此同說在異

唱和同患說在功

聞所不知若所知則兩知之說在告

以言爲盡誖誖說在其言

唯吾謂非名也則不可說在仮

無窮不害兼說在盈否（知）

不知其數而知其盡也說在明者
不知其所處不害愛之說在喪子者
仁義之爲內外也內說在仵顏
學之益也說在誹者
誹之可否不以衆寡說在可非
非誹者諄說在弗非
物箕（甚）不甚說在若是
取下以求上也說在澤
是是與是同說在不州

墨經箋疑下

柳存仁

經下上闌經說下上半（續前）

（經）在諸其所然未者然，說在於是推之。

（說）在堯善治，自今在諸古也。自古在之今，則堯不能治也。

此條經文當論『推』。『未者然』，當作『未然者』，誤倒。『在諸其所然未然者』，卽小取所云『推也者，以其所不取之同於其所取者予之也』句中『以其所不取之同於其所取者』之意。（閒詁以『取之』爲句，非。）『所然未然者』，卽性質完全相同之事物而未經列舉者，於是始得而推之；其性質不同，或稍有差異，皆不能由推而獲得正確之結論。（說）所舉之例，一爲『自今在諸古』，一爲『自古在諸今』；古今環境逈異，自今推古，或尚可懸揣，以今時情勢視古爲複雜也；如以古人之法而實現之於當世，則雖善治如堯者亦不能治。故以古推今，事或有大謬不然者，以古今事類之宜未必相同也。（說）與經文意實相成，非相反。如釋經義爲以其所然推其未然，則失墨者『推』之見解矣。

曹鏡初改經『未者然』爲『若未然』，譚從之（頁一四一）；孫氏疑經之『在』字及（說）『自古在之今』之『在』字爲『任』之誤；皆未必是。梁氏改經爲『推其所然者於未然者，說在推之』，而釋之則爲『推之作用，視所推何如，此言復古思想之非』（頁一一一），是經與（說）義相悖。高亨之誤亦同，蓋亦以『察事物之所然者與其所未然者，宜以其所然者推其所未然者』（頁一二六）釋經者也。

此條或可見墨者有反對是古而非古之傾向。衡以本書他處，如經下下闌『堯之義也，生於今而處於古，而異時，說在所義二』，亦與此處同旨。然墨子固恒言『凡言凡動合於三代聖王堯禹舜湯文武者爲之』者(貴義)，全書類此者十餘見，惟天志下云『堯舜禹湯文武之兼愛之天下』爲可法，是則推堯爲善治，亦僅就其合於墨氏之說者言之。

劉申叔以『此文三在字疑均推字之訛，在或作扗，推訛爲扗，因易爲在矣』（拾補卷下，頁八）。案，爾雅釋詁下，『在，存，省，士，察也』，禮記文王世子『食上，必在視寒煖之節』，是此處之『在』，亦無需改動。

(經)景不徙，說在改爲(住)。

(說)景：光至景亡，若在，盡古息。

經文『住』字，孫、張（皋文）皆次之下條『景二』之前，爲『住景二』。梁任公先生以『次條經說牒經之文，乃『景』字而非『住』字，知彼條首字，必應爲「景」字矣。而本條經說所釋，確有「住」義，然則住字當屬本條矣』（頁一一二），故次之『改爲』之下。于義未能安也。欒、譚、高皆畧此『住』字。譚（頁一九〇—一）、高（頁一八二）皆以此『住』字次經下下闌『一少於二，而多於五，說在建』之後，爲『說在建住』，並皆以『住』當作『位』（建位）。譚云：『據曹（耀湘）改』。高則云『此采孫詒讓說』。案，孫誠云『住疑當作位』，但未嘗以此『住』字繫經下下闌『一少於二』條。然則近賢引前人文字不當割裂文義，或失之疏矣。

愚按此『住』字仍當屬經下下闋『一少於二』條，若必次之本條，疑經文有竄亂，當作『景不徙，住，說在改爲』。『不徙』卽『住』也。蓋影子不能自移，除非光源改動，或投影之物體移動。經所云『改爲』，卽今人所言『改動』也。光至則影除，然如無此外在之原因，影固可亘古存在者也，故曰『若在，盡古息』。此理既合科學，亦苞文義。『息』卽不動也。盡古卽終古，墨書累言『終身不厭』，『終身不倦』（尙賢中），『是以終身不饜，歿世而不卷』（節用中），『久者終年』（節用下），此則云『盡古』，蓋易其文。墨經中屢用盡字，經下下闋『無窮不害兼』條，經（說）言『無窮則不可盡』，『無窮盡』，亦此處『盡』字之義。經文『徙』字舊本譌『從』，從王引之改。莊子天下篇『飛鳥之景，未嘗動也』，釋文引司馬彪云『鳥動影生，影生光亡，亡非往，生非來。墨子曰：影不徙也』，正作徙。列子仲尼篇引公孫龍曰『有影不移』，又引公子牟曰『影不移者，說在改也』，張湛注亦引墨子『影不移，說在改爲也』，是晉時所見墨子作『不徙』可知。譚氏必欲改『不徙』爲徙，以爲名墨之學，必與公孫龍輩之形名家衝突者，不無執泥。墨經中或有駁辯他人之言，然尤要爲說至理。如此處之簡單光學定義，亦不遑旁涉枝節。

欒調甫釋此稍細。其墨子科學云『蓋光自光原散射而出，前進無窮，一遇物阻，光卽反耀，不復前進。當是之時，物所蔽處，旣爲無光，便與兩旁有光之處，明暗相夾而以成影。此以明暗差別而成影之理也。若移徙其物，則先被物體迫使反耀之光，仍得前進盡其舊境，而其光度亦與兩旁之處强弱一致，於是前見之影遂亡而弗睹。徙後之處，與物相値之光亦復反耀，而其蔽處亦以無光成影。前迫之光旣非後迫之光，斯知後見之影非復先前之影，此物徙而影不徙之理也。然在常人縱目觀影，一若影隨物動者，則因前後兩光迫復之間，其一耀一至之時爲無久也。』（墨子研究論文集，頁八〇——一）說理甚透，而恐尚非原恉之簡淺（參看錢臨照 Chhien Lin-chao, "The Optics of the Mo Ching", Actes du VIIle Congrès Intérnational de l' Histoire des Sciences, p. 293, Florence, 1956）譚以小兒持香炷於黑暗中旋轉之火輪及電影釋之，『炷所無處，視之光焰若在，宛見赤圈，實則節節且休』，以釋其改正之句讀爲『光至，景』，『（景）亡，若在；』（案，景亡若在爲句，同畢沅。）『（景）盡，古息』，謂『景』字承上起下，『其後句猶云景亡，景盡，蓋景字下雙承之耳』，理固無異於他人，實弗用創此異說，改析『盡古息』三字爲二橛，釋『古息』爲『姑息』之煩也。高氏釋經及（說）之前半與欒、張仲如墨子集解（頁三一九）無異，而改『若在，盡古息』爲『若在，盡可見』（頁一二六——七），謂古息二字爲形近而誤，不悟『若在，盡可見』以常識言之亦無標出之必要也，似失之鑿。

(經)景二，說在重。

(說)景：二光夾一光，一光者景也。

此當依物理學家立論。欒調甫說『二光夾一光，一光者景也』爲物體在兩燭光之中，則此物體左右皆投射有影（頁八十二），蓋於經之『重』字未加深按；張仲如集解（頁三一九）悉采之，非。閒詁已引或說，謂『重，指二景重累，卽光學家所謂光複淺深』。孫云『義亦通，而與說不相應。』蓋孫實未明斯理耳。經意謂雙影之成，蓋因有二個光源所致。二個光源卽此處之所謂『重』也。（說）云『二光夾一光』，當指兩道光線逐漸相交而集于一點，每個光點各得一影，故曰「一光者景」。詳言之，則一發光體在理論上皆可析爲上下二點：此二光點發出光線，每點皆可析爲上下二線投射於物體上，上點之上線與下點之下線分別直射通過物體上下端而成正影（umbra），上點之下線與下點之上線相交於一點，自此點復通過同一物體之上下端，包圍正影而成爲稍模胡之副影（penumbra），卽閒詁所云『光複淺深』。譚（頁一四五）、高（頁一二八）皆有圖表之，此說大勝於前，當爲本經之正解。

莊子齊物論云『罔兩問景』。郭云，景外之微陰也。向云，景之景也。班固幽通賦（文選卷十四）有『恐魍魎之責景兮』，李善注引司馬彪作罔浪，『景外重陰也』。是副影之說，先秦時本知之，『景二』之說不足異。

(經)景到在午，有端與景長，說在端。

(說)景光之人煦若射。下者之人也高，高者之人也下。足敝下光，故成景於上。首敝上光，故成景於下。在遠近有端，與於光，故景庫內也。

此條已詳上篇，經上上闌『庫，易也』條，茲不贅。

（說）『景庫』，閒詁依盧改爲『景𢊍』，又將本條之（說），分段比附於前條，及舊本『宇或徙，說在長宇久』後經文『臨鑑而立，景到，多而若少，說在寡區』一條之下，並非是。張仲如閒詁箋（頁一四八——九）頗從孫說，畧加修正，亦未能詳。至集解（頁三八〇），則已改從近人說矣。譚據曹鏡初，改『煦』爲照，又從明陸穩刊本『敝』當作『蔽』（頁一四五）。『與於光』，高改爲『昊於光』，昊卽映字；又以『人煦』爲『照人』，『庫』字爲『庚』（更）字（頁一二八——九），俱無關宏旨。欒氏云『在遠近句未解』，『惜其以遠近與光說影倒之理未明，難以參解』（頁八三），蓋未細繹原文。

(經)景迎日，說在摶。

(說)景：日之光反燭人，則景在日與人之間。

經之『摶』字，諸本不同，而並難通，閒詁以爲『轉之誤』，謂『鑑（鏡）受日之光，轉以射人成景(影)』，可從。張（皋文）以（說）之義『所謂二光夾一光』（卷下，頁六），則誤。閒詁引劉嶽雲說，『此釋回光之理』仍不失爲此條正解。

『景迎日』，此日光指日反射之光線，讀（說）自明。但日光從何處反射照人，則（說）未能明言，物理學家輒釋之爲一豎立與地面成垂直之平面鏡；若然，此鏡當係銅鏡無疑。『景在日與人之間』，指人影投射於此人與日間之地面上。

以上原理，墨經時期已明，可無置疑者。譚氏釋此益加推敲，引光線反射律之射入角(angle of incident)等於射出角(angle of reflection)，以爲當時人或已明此（頁一四八），則不能無疑。（參看 Needham, 前引，p. 83)

(經)景之大小，說在地缶遠近。

(說)景：木梔，景短大，木正，景長小，大小於木，則景大於木，非獨小也。〔遠近〕

經之『地』字，孫云『當作梔，梔卽迤之假字。梔正文字相對，言景隨地而易也。（說）亦云遠近梔正，是其證。』案，（說）之『梔』，他本或作柂。梔卽柂，卽迤邪(斜)也，經文『柂缶』『遠近』皆相對。『大小於木』句，張皋文言『承上言大小非與景爲大小，乃於木爲大小。言景有時大于木，非獨小于木也』（卷下，頁六），說誤。曹鏡初改『大』爲『火』字，譚（頁一四八）、高（頁一三一）胥從之，不如從孫作『光小於木』。

（說）末『遠近』二字，前人或次諸下條（說）之前，張臯文、孫仲容皆然。梁任公以下條（說）首『臨』字爲牒經文，故以『遠近』屬本條（說）末（頁一一四），雖無所發明，固可從。

本經釋影之大小，視物體及光源之位置。證以物理，苟光源及投射之屏面固定，而示範之木柱（閒詁引殷家儁云，『木，即所謂立柱也』）得在固定點向前移動，則（說）之所言爲確。(Needham, 前引，p. 82)

『木杝，景短大。木正，景長小。』譚戒甫以爲原文先言木杝，後言木正，與光學之理不合；故改（說）文字爲『木正，景短大。木杝，景長大。』按，此譚氏因古今語彙不同關係致誤。夫短小與長大爲成比例之語詞，故從文字言之，『長小』『短大』之文已爲不通，不必其爲影正或斜也。然墨子文字有非可衡以普通語法者，此凡治墨學者固皆知之。『木正』，言木柱與發光體之光線垂直，則影當長而模胡，『木杝』言木柱向前傾斜而非與發光體之光線垂直，則影當短而明顯。故此處所言『長小』，影長而模胡之謂，所言『短大』，影短而明顯之謂也。是此（說）文中所言之『大』，指『明顯』或光度强之謂；『小』，指『模胡』或光度弱之謂。譚君明其原理而未嘗申明其理於解釋原句之用詞。是據常人之用詞，非闡墨經之用詞也。如據常人之用詞，則短大、長小，俱當修改，不惟杝正二誤矣。

又此處之云『木杝』（傾斜），必指木柱就固定點向前，或退返原點之傾斜言之，此實驗可明者。高亨云『所謂杝者，謂木或向左而杝，或向右而杝；非向火（按，指光源）而杝，背火而杝也』，是不然。孫云『斜近地，故景短，陰景濃，光不內侵，故大；』『正遠地，故景長，光複映射，景界不淸，故小。』已能說明。

下文『光小於木』，則景大於木，『光』仍指發光體或光源言。『非獨小也』下有脫文，因此『非獨小也』蓋指非獨『光小於木』也，即光大於木，影亦仍大於木。末『遠近』二字，蓋可援例，言木柱倘離光源愈遠，則影愈短而愈顯（短大），反之，木柱離光源愈近，則影愈長而愈淡（長小）。經中頗有類此文句者，如經上下闌『諾不一利用』條，（說）末句為『長短，前後，輕重援』是。此處或係相同句法，或亦稍有脫文。

(經)臨鑑而立，景到，多而若少，說在寡區。

(說)臨正鑒，景寡，貌能白黑，遠近柂正，異於光鑒，景當俱就，去尒當俱，俱用北，鑒者之臭，於鑒無所不鑒，景之臭無數，而必過正，故同處，其體俱，然鑒分。

此條之經，原在『宇或徙，說在長宇久』與『不堅白，說在。』兩條間，為經文竄亂者三條之一，據（說）應移此處方合。

（說）首句，似應作『臨鑒立』，蓋『正鑒』二字誤倒，而『立』又譌為『正』，閒詁已如此主張，且能知如此則與經『臨鑑而立』之文合。譚氏不改，謂『正鑒』即今之平面鏡（頁一五二），稍拘於今。貌能之『能』字即態字，古書通假此字例甚多，如荀子天論『形能』實即形態，不遑多舉也。柂、明陸穩本作杝，說同前條。『尒』，畢云疑『亦』字；張仲如閒詁箋（頁一四九）以為『爾』字，然集解（頁三三二）已不堅指其說。按，『亦』字是也。『去尒當俱，俱用北』句中兩『俱』字連，蓋誤重；『用北』依高亨（頁一三二）當作『向北』（向背）。『過正』之『過』字，劉氏拾補（下，頁八）云『疑當作適』，可從。譚則讀為咼，據通俗文，『斜戾曰咼』，可備一說，然於全體之解釋，實無大出入。

經云『寡區』，區卽面，經上上闌『庫，易也』條，及經上下闌『閉不及旁也』條之（說）已加說明；惟『寡區』爲此處之一特殊用詞。墨書『多少』、『多寡』兼用，故寡區可能指面之度數濶狹。（詳後）高氏主『區』爲『匹』字之誤，釋『寡』『區』爲單、偶，疑不然。『寡區』，本條之特殊用詞也，另一『臭』字，譚氏以爲『臬』，云『人目注視線於像，猶射之有臬也』，然從劉申叔拾補，疑『臭』爲『异』（異）字已可解決。余更疑『臭』字在此處有其特殊之應用義，說亦詳後。

『異於光鑒，景當俱就，去尒當俱，俱用北』數句，譚氏讀之爲『鑒當、景俱。就、去、亦當、俱，俱用北。』其釋『當』字，引說文『當，田相值也』，因云『鑒當者，二鏡交置也。』案，說文（卷十三，下）『當』字有相持義，故段云『引申之凡相持相抵皆曰當』，譚氏義不誤，然此處之『當』在句中用法實非動詞（如言交置，相抵。Needham, 前引，p.83 釋此爲"two plane mirrors are placed at an angle"下注『當』字，卽全同譚氏。）而爲助動詞（如言應當之當。）如釋『鑒當』之『當』字，用此『交置』之特殊意義，則『就，去亦當』之『當』字，譚氏亦不得不用同一義釋之，而以『去』『就』爲二鏡之相去，相就。然二鏡『相去』既與『當』之交置義弗相吻合，而譚氏亦自云『其相去者，所成俱像（案，『俱』字指『鑒當影俱』之『俱』）』幾乎不可得見（頁一五四）。譚氏復釋俱『用北（背）』，爲『俱像』爲鏡背所蔽。譚氏雖深知光學之理，以文字言之，本條文字能否作如此深曲之解釋，蓋未易言也。且二鏡交置之義，就本文言之，（說）中原有『其體俱，然鑒分』之句，『鑒分』，則必不止一鏡，『體俱』，則二鏡或多鏡之距離必有一固定之關係，此關係卽所謂『景之臭無數，而必過（適）正』也。故『當』字，卽依普通文法解釋作應當之當無礙。

高氏以『異於光鑒』之『異』字爲『昊』(映)。又疑『臭』字爲『复』，『复』卽『複影』（頁一三一——二）。然『景（影）之複無數』固可通，『鑒者之複』則近牽强。又高氏讀（說）之下段爲『景之臭無數而必過，正故同處，其體俱然。鑒分。』在此段中以『過』字爲『遇』字，且借『遇』爲『偶』，『故』字爲『仮』字，『分』字爲『少』字之誤，則此段爲『景之复（複）無數而必遇（偶），正仮（反）同處，其體俱然。鑒少。』釋之云『偶者卽一正影，一反影，同處相對。故曰：「正仮同處」。仮卽反字也。鏡中之影，其形體正仮同處以成偶，無不如是。故曰：「其體俱然」。』此固可以常理喻者；然高析原句『其體俱，然鑒分』爲『其體俱然，鑒分（少）』，其最大困難爲『鑒少』二字之解釋。譚氏從光學立論，姑不論其推斷與原義是否相合，若僅就物理言之，則所云兩平面鏡之間，『角度愈大，成像愈少；角度愈小，成像愈多；故曰多而若少。』（頁一五四）爲一種物理的事實。案『多而若少』一句之義，譚氏之說，愚不以爲然。（見後）然其析雙平鏡之理，則可以 **Needham** 之釋文，爲之綜合如下者：

(經)從一平面鏡（鑒）向下面望，這個人的影子是倒影（到）。（假如用兩面鏡子）（那麽，在一百八十度以內，兩鏡間所造成的角度）愈大者，（其所成的影像）愈少。其理由可以用『區寡』來說明。（指兩鏡可以移動的兩邊之距離，即角度。）

(說)一面平面鏡（正鑒），只有一個影像。其形貌狀態，顏色白黑，距離遠近，位置斜正，皆視（物體之位置或者）光源而決定。假如兩個平面鏡交置成某角度（當），則可有兩影像。這兩鏡如相就，或相離（好像其間有一個鉸鏈似的），則兩影像亦互相交映。所有反映而成之影像皆在（眼睛所在的地點）相反的一面•鏡中所反映的人〔鑒者〕向鏡上面的若干射點〔臬〕〔投射其光線〕，不論其〔在兩平面鏡間所造成的角度中間〕所立的位置在那兒，〔只要不超過一百八十度〕，他的影像是一定會被反映出來的。影像射點很多〔指：有許多影像〕，但是〔兩鏡之間的角度〕必須小於它們如果同在一平線上〔的角度；即一百八十度〕。兩鏡所反映出的影像是分開來的。

譚氏之說，大致如此；Needham 以之比附經說原文，以其釋文與譚書原意較，亦已稍有修正。如譚氏以(說)『異於光』爲『冀於光』，解爲『望光而生，與物毫髮不爽』，Needham 則爲圓其說；譚氏以『俱用北〔背〕』爲俱像莫不爲鏡背所蔽，Needham 爲述其理，未嘗局於原文。此譚戒甫，Needham，王靜寧諸人所同意之理也。今若從高氏句讀，『鑒少』二字分割，置於文末，而云『人之目力有限，鏡中之影去人愈遠，則人見其影愈小』，『然則實有之影無數，而能見之影有數；實有之影本多，而能見之影若少。故曰「鑒少」』，謂所察見者少也。』（校詮，頁一三四）則其說實有二漏洞：一、譚氏等以『角度愈小，成像愈多』爲『多而若少，說在寡區』之正解，其根據爲物理的論斷；即兩平鏡之自由邊（free edges）所成之角假定不超過一百八十度而言者也。高氏未嘗立此說，而逕云『鏡中之複影多至無數』，以至『實有之影無數，而能見之影有數，實有之影本多，而能見之影若少』，所云『無數』一點，無邏輯及物理學之根據，亦未必便得原經之意；二、『鑒』之一字，在本條中皆當釋爲『鏡子』，即『鑒者』一詞亦爲『照鏡子的人』，不能在最後一句忽釋爲『所察見者少』。有此二愆，則高氏釋此條全文，在物理言之，固不及他氏之精，在訓詁句讀言之，亦未能銖錙悉合，自圓其說，如以『寡區』爲寡、匹〔單偶〕，分割言之，或有似處，然『多而若少，說在寡匹〔單偶〕』連文，義已不圓，若『多而若少』之義又依高氏所釋，則更不侔矣。高氏釋經，析『寡區』二字分釋經兩段：謂『景到（倒）』，說在『寡』，言『鏡獨則影獨，影獨則影倒。』若雙鏡，『則影至多，一倒一正，不得單言倒矣』，遂以『多而若少』為說在『匹（偶）』。然何以鏡偶得以言『多而若少』，於『若少』二字未見其有明晰之言。愚不敏，竊為添一義，則『多而若少』四字不當如譚氏所釋為『角度愈大，成像愈少；角度愈小，成像愈多』（雖然其理仍客觀地存在）；而可依古語文法釋之為『或多或少』，即高氏意所謂鏡獨則影獨，鏡偶則影偶，多少不一，則『寡』『匹』不定；此則依高氏立論，然未必即能得古人眞意也。

以上，泛論前賢得失。今當立愚說求諟正於讀者，可分四層：一，句讀；二，『多而若少』義；三，『臬』字義；四，『寡區』義。四點明而或本經之義不致太誤：然經與（說）之文字仍當有譌脫處，未敢必其是也！

本條之文字句讀，疑當釐正之如下：

（經）臨鑑而立，景到；多而若少。說在『寡區』。

（說）臨鑑立：景寡。貌能（態），白黑，遠近，柂（杝）正，異於光。鑒景當俱就去，亦當俱向北。鑒者之臬，於鑒無所不鑒。景（之臬）無數，而必（適）正。故同處，其體俱，然鑒分。

字句校正之理由，前已分別舉出。『臨鑒立』，人立於鏡邊固得倒影，即對鏡而立，實際亦得相反之面影，此對鏡而可知者。『異於光』，蓋謂鏡中所見之影，與前條論『景』者不同；如前所述，景（影）只有遠近斜正大小，而鏡中之影非同普通之光影，且兼能辨其貌態白黑，與普通光影非一類也。故異。『鑒景當俱就去，亦當俱向北』，此中蓋有『鑒者』。云『俱就去』，蓋鑒者人在則景在，云『俱向北』，人朝何方則景亦自何方映出，雖其影爲「影到」，因而爲相反之面影，固無礙於此『俱』之共同關係也。此二句之重點在『俱』字，而兩『當』字之文法地位一望可明，自亦無須申辨。

『多而若少』四字，譚氏主張已見前，此爲其援引在平角一百八十度內成像多少關係角度之說的一種根據。旣有此觀念，而『寡區』之解釋遂可迎刃解而釋之爲『角度之區面寡少』（頁一五四）。愚見以爲『多而若少』，僅指『臨鑑而立，景到』之一事實言之，謂不論鏡多鏡少，皆不能違背此一客觀之事實也。因『景到』之一事實，由於光線投射之原理，與鏡之數目無關。但如鏡子在兩面以上，其關係變化，始得以其安放之地位不同而分說之，故曰說在『寡區』。然在此經著者心中，確有不止一平面鏡之觀念，則可由『其體俱，其鑒分』，『景（之臭）無數，而必適正』見之，固不必定以譚氏之說就『多而若少』之文字。

臭，譚改爲『臬』字，采說文徐注『射之高下準的』之義。其實，臭字自指氣息解，言鏡之照人，無所不見，其纖微畢肖之處，亦猶臭味之相投也（左襄八年傳季武子之言）。故云『鑒者之臭，於鑒無所不鑒』。臭字，王（湘綺）本作臭，注云『臭，影旁微光也，莊子書云罔兩。』案，臭，據爾雅釋獸『須』屬，『鳥曰臭』，蓋鳥張翅吐氣狀。是亦與不改字無別，王注誤引，非。下句『之臭』二字，涉上文衍，當爲『景（影）無數而必適正』。所謂『景無數』，所謂『鑒分』，其非一鏡不言而喻。鏡旣不止一面，則或二面，或多面，其分置之地位與影之數目間可能產生之固定關係，墨者或知之，或不知，吾人不能確言。然旣二鏡並置（鑒分），兩鏡之自由邊間必成一相當角度（不論其是否有意加以說明），此則無可否認者，故『寡區』一詞，即依譚氏，釋爲『區』面之狹濶度，而以『而必適正』作爲對此種『區』『鑑』及『景』之多少關係的一種概括的說明，至少就本文解之，亦難謂其不合。墨子全書舍墨經外無一『區』字，則『區』之爲面，似無疑義。愚以爲『寡區』之寡，指一平面鏡而言，故『景寡』。『景寡』卽『寡』也。如鏡爲二面或二面以上，則景與區面間，不能無一種固定之關係，其關係可能如譚氏所論，指兩鏡之二自由邊所成之區面角度，或另有其他意義，吾人從文字上無法斷知。然此種關係墨者亦稱之爲『區』，則固可從經文中之『寡』『區』及（說）中另有『景寡』之句推論而得者。故吾人不妨從前論高氏之說，分『寡』『區』爲二事，而不同意其『區』爲『匹』字之誤之見解。蓋『寡』『區』對立，從（說）之有『景寡』可以推知；『區』之另有意義，從『景（之臭）無數，而必適（原作過）正』、『故同處，其體俱，然鑒分』二句及『多而若少』之『多』字綜合而亦可知之。惟譚氏之釋，應視爲對此條經及(說)之進一步的探討，若僅釋文字，則墨經時期有無如此淸楚之光學知識，誠不能無懷疑耳。譚氏引莊子天下『今日適越而昔來』，釋文有『鑒以鑒影，而鑒亦有影。兩鑒相鑒，則重影無窮。』以爲此理或出惠施。釋文之時代過遲，姑不論。愚則以爲左襄二十一年傳，鄭伯（厲公）享周惠王，『王以后之鞶鑑予之』，是鏡之較早材料而可靠者。若戰國齊策：鄒忌『朝服衣冠，窺鏡』，其鏡面可能甚大，亦可能有前後交輝之知識矣。然此實有待於考古發掘之證明，不必妄爲揣測也。

(經)鑑位，量(景)一小而易，一大而缶。說在中之外內。

(說)鑒：中之內，鑒者近中，則所鑒大，景亦大；遠中，則所鑒小，景亦小，而必正。起於中，緣正而長其直也。中之外，鑒者近中，則所鑒大，景亦大；遠中，則所鑒小，景亦小，而必易。合於中，而長其直也。

此條旨在釋窪鏡之理，前賢及近人已多能明之。經之『鑑位』，譚釋之爲『鏡低』（頁一五五），謂低鏡卽今之凹鏡，不如張之銳改『位』爲『洼』，而『洼』則同於窪也。欒（頁八五）云鑑窪卽『鑑面窪』，如小取篇言『馬大』『牛黃』之例，似近是。經『量』字當作『景』，從王引之，以(說)校經，固內證不遑外求。句讀從閒詁，惟『起於中，緣正而長其直也』應以『起於中緣』爲斷句。『合於中』，楊葆彝補增爲『合於中緣易』，譚戒甫增爲『合於中緣正』，皆非。當於『合於中』下僅補一『易』字，爲『易而長其直也』爲安。譚氏校（說）文以爲『（說）「中之內」與「中之外」下各句，原本於「正易」二字外，餘皆同，必無此理。茲據光學理，於「中之內」下，以「遠中」移前，「近中」移後，正合；因移改。』案此說爲他家所未及。欲析譚氏移改之理，當先解釋在光學原理中，本條之『所鑒』二字爲奚指。依譚書（頁一五五），此二字相當於『所照之光有强弱』，若然，則譚君之改（說）之上段爲：

中之內：鑒者遠中，則所鑒大，景亦大；近中，則所鑒小，景亦小；

猶有微差。蓋衡之物理，『所鑒』指所照之光之强弱。『中』字，指凹鏡弧心與焦點之中間區域。由弧心至鏡面，作一直線，此線之中點卽焦點；故焦點與弧心同在一直線上。張居齋嘗云：『古代窪鏡弧面之度，必不如今日製作之精密，鏡面弧度既不均一，則其圜中卽無定，而由鏡面返射聚光之焦點亦必參差，因之：圜中，焦點之距，必至混合而不可辨析，』（欒調甫，前引，頁八六）此說甚諦。故『中』字不一定指焦點（如高亨，頁一三五），而可有其較籠統的用法，常指弧心與焦點中間之一塊區域；『中之內』之『中』，始指此區域之最近焦點處或卽焦點，而『中之內』爲焦點至鏡面以內；『中之外』之『中』，則指此區域之最近弧心處或卽弧心，而『中之外』則爲弧心之外。則在『中之內』，鑒者近中，則所鑒小而景大；鑒者遠中，則所鑒大而景小；譚氏祇改其一，未改其二也。核按全文，（說）之兩段似相對稱，此蓋後人未明光學之理者偶加竄改，務使其文字整齊，而義意轉晦矣。茲據光學，修正（說）之文字如次：

鑒：中之內，鑒者近中，則所鑒小而景大；遠中，則所鑒大而景小，而必正。起於中緣，正而長其直也。中之外，鑒者近中，則所鑒大，景亦大；遠中，則所鑒小，景亦小，而必易。合於中，易而長其直也。

復依 **Needham**（前引，**P.84**）首段，迻譯說之爲語體文如下：

（經）窪鏡之理：其所得的影像或是小的倒像（小而易），或是大的正像（大而正）。其說在『中之外』（指離開凹鏡的弧心之外）和『中之內』（指從焦點到鏡面）。

（說）（先說）（在）鏡面和焦點之間（中之內）（的物體）。物體離焦點愈近（因而離鏡愈遠），其光度將愈弱（如果此物體爲一光源），然而其影像却愈大。物體離焦點愈遠（因而離鏡愈近），其光度將愈强（如果此物體爲一光源），然而其影像却愈小。不論上述任何一種情形，影像都是正影。……

『中緣』一詞，固亦待商量者。然吾人既說『中』爲一個區域，而非指『焦點』，則此區域可有邊緣。邊緣在與焦點相合之一方者，墨者或即稱之爲『中緣』。而自茲處朝鏡面言之，所得之影像皆大於物體本身，故曰『長其直』；且爲正像，故曰『正而長其直』。

下面『中之外』一段，同樣用 **Needham** 文字語譯說之，爲：

（再說）（在）凹鏡弧心之外，離開鏡子（中之外）（的物體）。物體離弧心愈近，光度將愈强（如果此物體爲一光源），而且其影像亦愈大。物體離弧心愈遠，光度將愈弱（如果此物體爲一光源），而且其影像亦愈小。不論上述任何一種情形，影像都是倒影。……

末段之（說），『合於中』之『中』，依前說，『中』卽弧心至焦點之中間區域，而與之相合，則此物體必落於此區域之中間；此時所成之影像亦爲大於物體本身者，故曰『長其直』，又爲倒影，故曰『易而長其直』。欒調甫云『物在圜中焦點間，尙有一大而易之景，見於中之外，而爲墨子所未及言者乎？』（頁八六），以爲墨書未言，實則未明此卽『合於中，易而長其直』之影像也。譚戒甫能據光學釋此條，亦云『若燭光置在弧心與焦點之間，……以FK（案，指譚氏原書（頁一五六）作圖，下同。）爲燭；則所成之像必爲GH，較FK大，亦倒立。此不具論。』（頁一五七）蓋譚氏解『中緣正』爲一詞，謂『正』卽正軸（principal axis），而『緣正』爲平行於正軸之光線，『長其直』之直『與値通，相遇也；在此卽指共軛點（conjugate foci）言』（頁一五五），持論不同。讀者當可比較得之。

以上釋『中緣』一詞爲『邊緣』者，實爲友人王靜寧先生之創獲。然 Needham、王氏之書，言墨經雖於『弧心』『焦點』未能創專門名詞，吾人却不應懷疑彼時已有此種知識，否則，墨經所論『中之內』『中之外』各點難免致誤（P.84）。愚案，本條經說中所論述，如不改字（見前），則本係譌誤者。惟既有此項知識之記錄，以物理言之，吾人寧以其知識爲對，而信其文字流傳可能致誤，不可謂當時必無此種知識。以此種知識，爲一種實驗的知識，當時工師卽據以應用者，否則，則其知識必不靈，亦無記錄或傳授之必要。惟當時工具必不能甚精，記錄流傳又往往譌誤，披沙揀金，尤有待於現代物理家之說證矣。（參看吳南薰：中國物理學史，頁一〇

五；一九五四）

(經)鑑團，景一天而必缶，說在得。

(說)鑒：鑒者近，則所鑒大，景亦大。亦遠，所鑒小，景亦小；而必正。景過正故招。

此條釋團鑑之理。團鑑，卽現代所言凸鏡。經之『鑑團景一』，原竄亂在前『宇或徙，說在長宇久』及『不堅白，說在』兩條經文間，前已說明。茲移至此處，與『天而必缶，說在得』條相接，『天』字乃『一大』連文誤寫成一字，欒調甫於『一大』上補『小』字（頁八十七），高亨從之（頁一三八），而未注明采其說。張仲如則作『景一大一小』（集解，頁三三三）。以校勘言之，則欒、高之『景一小一大』爲近是，以（說）之先論景大，次論景小言之，則經之文字又當以張改爲合。然二者皆於意義無甚出入也。

『說在得』一句原在『天而必缶』下，本無疑義。曹鏡初改『天』爲『平』字。一說以『天』爲衡之古文『奧』（說文，卷四下）字爛脫上半誤作『天』，遂得『衡而必缶，說在得』一條，次於經『負而不撓，說在勝』之次，而析上條（說）之一半『衡加重於其一旁』以下共三十五字爲（說）之文。張仲如（集解，頁三三四）譚戒甫（頁一五八）皆從之。說固甚新，然於經義實無多發揮，而本條之『說在得』三字遂因而廢棄。曹氏遂於此條『鑑團景一』之下補『說在形之大小』，謂涉下文（指經下下闌）『荆之大，其沈淺也，說在具』一條『荆之大』三字誤脫。譚氏從曹說，而易『形之大小』爲『荆之大』三字，以爲『荆』字（形）與『荆』相似，『疑校者以爲重出而删之』。是固可備一說。然如『說在得』一句於文義無礙，似不必牽合下闌文字。又張氏集解，從曹氏析『衡而必缶，說在得』另成一條，而於本條又從欒校之意改『天』爲『大』，改句爲『景一大一小而必正』，是則『天而必缶』一句而可應用於兩條中，其忽可見。

（說）中之『亦』字，王引之以爲當作亣，即古『其』字，閒詁以下諸賢多從之。張臯文云『衍』（卷下，頁七），實較王說爲的。此蓋涉上下文『亦』字而衍者，不須改字。末句『景過正故招』，『招』字畢、張（臯文），孫俱以屬下條，梁任公斷歸本條，惟改『招』爲『柂』字（頁一一六）。譚氏以招爲招搖無定之貌，謂『燭光離鏡，亦不可失之太遠』，若『在極遠處，像即反其正常，遂覺其招搖無定矣。』張仲如以『招即倒之叚字，見說文通訓定聲小部』，謂嘗以凸鏡實驗，『又見正景之外，並有倒景，故曰景過正故招。』高亨以『過』爲『遇』，以『招』『正』二字上下誤倒，疑此句當作『景遇招故正』，言『因團面鏡之攝物影，乃迎而攝之也，故曰『景遇招故正』（頁一三九）。愚案，此處之關鍵，在對『過』字一字之看法。如讀『景過正』，則其形或倒，或招搖不定，皆有可言；劉申叔仍以『過字亦當作適』（卷下，頁八），以上文言『必正』故。擬從劉先生，以此句爲『景適正故攝』，『招』或爲『攝』字脫落字形致誤。墨子本嘗用攝字，如親士，『尚攝中國之賢君』，畢氏引郭注爾雅，以攝爲聶合之聶。言景適正則合，亦經文所言『說在得』之意也。〔墨書用『招』字，如經下上闕『物盡同名』條之『食與招』是；或爲喬字之叚，如言『招木近伐』（親士）；或爲韶字之叚，如言『修九招』（三辯），未見有用招搖之義。〕

全條通釋，又當著重（說）之『鑒者』及『所鑒』二詞之涵義。仍依上條，『鑑者』爲物體，『所鑑』爲所照之光之强弱。姑以此物體爲一光源，物體離凸鏡愈近，則光愈强，而影像亦愈大。物體離鏡愈遠，則其光愈弱，影像亦愈小。然以上二種情形，皆得正影。經之『說在得』一句，與（說）『景適正故攝』相關，前文已詳。Needham 釋此條從譚氏之改字（前引，p.85），然基本解釋則各家皆無大出入。

(經)貞而不撓，說在勝。

(說)負：衡木，加重焉而不撓，極勝重也。右校交繩，無加焉而撓，極不勝重也。衡加重於其一旁，必捶，權重相若也相衡，則本短標長，兩加焉重相若，則標必下，標得權也。

經首『貞』字，楊葆彝，孫仲容據（說），改爲『負』字，負卽負荷之意，於義甚安。欒氏（頁八八）以爲不須改字，僅訓『貞』爲正；於實際亦無出入。惟『負』字爲（說）之標牒字，且在此處經義言之，負荷甚重應撓而不撓，必有說焉，勝於正而不撓之義。

（說）之『極』字，畢云：『謂權也』，孫以爲『卽土文之衡木』，皆不然。張皋文以爲『極勝重，勝重之至』（卷下，頁七），雖屬望文生義，實得其旨，蓋極，卽今之所謂重心，重心固極勝重者也。高亨（頁一四一）引申孫說，以爲『衡繩亦謂之極』，復云『衡繩不能勝本身之重量』，似未見其意。

『右校交繩，無加焉而撓，極不勝重也』：『極不勝重』則重心傾，故衡木之上無須加任何重量而竟撓曲者，以『右校交繩』故也。右校交繩之義，張皋文引考工記，謂爲『以右手交繩而急之』；孫以張說爲未塙，然於交繩之義亦謂爲『與他繩相交絓』。愚按，檀弓『季康子之母死，公輸若方小，斂，般請以機封』一節，注言下棺時或以『豐碑』，或以『桓楹』（皆大木），樹於槨之四旁，穿其中，於間爲鹿盧，下棺以綍繞。此段頗可玩味。棺木下時須平，故用此法。然如所繞之綍爲他繩曳於一旁，則重心失，雖不加重棺亦傾斜矣。(說)之所述，理同於此。墨子與公輸般同時，惟此處所指非爲棺而爲衡木耳。譚氏於諸家中首言重心之道(頁一五八)，張氏集解（頁三三三）從之。Needham（前引，p.28）釋此與譚氏同，惟以『右校交繩』爲『手絞之繩』，且云『如重心失，則（在同樣情形之下）此手絞之繩必定折斷』，似未符文意。譚氏云，『若夫旁支互絏，雖不加而亦橈；失其重心，故不勝耳』，『然則右校交繩者，亦旁支互絏之義』，於理甚明。

『衡加重於其一旁，必捶』之『捶』，卽垂字。畢云『此錘字假音』，誤。張（皋文）云『衡，稱也。捶，偏下也』，甚是。禮記月令仲春之月，『日夜分則同度量，鈞衡石，角斗甬，正權概。』注『稱上曰衡』，『稱錘曰權』，此大概爲張氏以衡爲稱之根據。

『權重相若也，相衡，則本短標長』，蓋所指之『衡』，卽一桿秤，中間有支點（**fulcrum**），秤桿之一邊懸待秤之物體（卽此處所言之『重』）另一邊懸錘（卽權），但支點離懸『重』（物體）之一方之距離，必短於離懸『權』之一方之距離，故秤桿（以支點爲中心言之），其兩臂一短一長，懸『重』者較短，而離支點近，故曰『本』；懸『權』者較長，而離支點遠，故曰『標』。兩邊卽使等重，其標之一方常比本之一方爲長，此蓋物理所能證明者。故如雙方各加同等之重量，則標方離支點之距離必須從已在之點再延長，否則『標必下』；又曰『標得權』，卽在『標』臂上移動『權』之位置，而後可以得其平衡。

本條說明（一）重點，（二）偏失重點及（三）秤衡之理至明。『衡加重於其一旁，必捶』之『衡』字，不一定是標牒字，譚，梁（校釋，頁一一七），張（集解，頁三三四）析此句以下爲另條，以比附建立之『衡而必正，說在得』一條經文，原可不必，讀者可細察之。墨家此項理解，據科學者言，實在希臘阿基米得（**Archimedes, B.C.287—212**）關於槓桿定理之前約五十載，見 **Needham**（**p.22**）；**P.van Eecke**（**trans.**）：***Archimedes*,**

'*De Aequiponderantibus*', Desclee de Brouwer, Paris and Antwerp (1938)；及 F.Peyrard, (trans.) Traité de l' Équilibre des plans ou de leurs Centres de Gravité (Part of the CE uvres d' Archimède), Paris (1807) 諸著：此我先民遺產知識之輝煌而足以啓後人遐思者也。

高氏（校詮，頁一四一——二）說本條，言『本者懸權之一端』，『末者懸物之一端』爲乖於物理，頁一四二之圖亦然。

(經)契與枝板，說在薄。

(說)挈有力也，引無力也。不心，所挈之止於所施也。繩制挈之也，若以錐刺之。挈：長重者下，短輕者上。上者愈得，下下者愈亡。繩直權重相若則心矣。收：上者愈喪，下者愈得。上者權重盡，則遂挈。

兩輪高，兩輪爲輲。車梯也。重其前，弦其前。載弦其前，載弦其軲，而縣重於其前。是梯，挈且挈則行。凡重：上弗挈，下弗收，旁弗劫，則下直。扡，或害之也。沶，梯者不得沶，直也。今也廢尺於平地，重不下，無跨也。若夫繩之引軲也，是猶自舟中引橫也。

本條之次，爲『倚者不可正，說在剃（梯）』一條。其（說）文字甚短，僅『倚倍拒堅，舭依焉則不正』十字。而本條之（說），『兩輪高』以下共九十二字，似有獨立之可能，故前賢如梁（頁一一八）、曹、張仲如（集解，頁三三五），多以『倚倍……』等十字移置『兩輪高』等九十二字之前，合成一條，而以『倚者不可正，說在梯』爲經。愚按，此種分法，蓋以『說在梯』之義必與『車梯』有關。然『車梯』之制，固於『兩輪高』以下文字說之，而此『說在梯』之意，實非專指車梯，合併與分立，俱無大更異，故當一仍舊貫。譚氏亦主張『兩輪高』以下至『舟中引橫也』另成一條，但又不以之併於下條，故此新條遂無經文，無所隸屬（頁一六零）。經之『契』爲『挈』字之誤，『枝』爲『收』字之誤，張皋文已言之，甚是（卷下，頁八）。『板』字，據孫，當作『仮』，卽『反』字。言『挈與收，二力相反也。』挈、卽指在上方的拉提之力，收、指在下面的引墜之力，二者反而相薄，故曰『說在薄』。孫又疑『薄』字無意義，疑爲『權』字，張仲如集解（頁三三四）從之。薄卽相迫之意，雜守篇『寇薄，發屋伐木』可證；此處亦應指力之相薄也。

（說）在『兩輪高』以前之大段，仍可分三小節釋之：

挈、自下向上提挈，其勢與地心吸力相背，故必須用力；引、則自上向下方拉墜，蓋順自然之勢，苟無其他障礙，未有不從者，故曰引無力。『不心』畢校改爲『不正』，高亨從之（頁一四三）。『不正所挈之止於施也』，高以爲『不正其所挈，其所挈之力止於所施之物，則其物必有反面之擺動；』其說至不當。譚氏改爲『不必』，以爲『施，卽直接之施力』，『施力於一器，又能於其處輾轉發生他力而獲多功者，卽謂之機械。故曰不必所挈之止於施也；抑有繩與錐焉。』說較近理。愚以爲『不正』當作『不止』，（王湘綺、張仲如、張之銳等同。但集解云，『言地心吸力，引重下趨，常恒不止也』，則非愚意矣。）句當作『不止所挈之止於施也』，言所施之力，原不僅在所挈之一處。其下『繩制挈之也，若以錐刺之』，卽爲說明此點之意。張仲如集解云『繩者繞於輪軸挈重之繩』，梁氏云『制，同挈』（頁一一八），皆甚是。『若以錐刺之』，乃譬況之辭。墨子書中言錐，如親士『今有五錐』，又如經下下闕『意未可知』條（說）中之錐，並此共三條。以錐刺物，無不應者，此言以力挈繩而轉物，亦與之同，句中著一『若』字之用意在此。『繩制挈之也』句中之『挈』字，譚剔出以爲標牒字，誤；說見下。此節主要在『不止所挈之止於施也，繩制挈之也』二句。言繩制挈之，已畧及滑輪之作用。案，滑輪古人名鹿盧（轆轤），墨子備高臨中作『鹿盧』，又作『磿鹿』，就車梯而言，又名曰軲；此待述『兩輪高』一大段車梯之制時言之。前賢中譚氏所釋此節最好，但以『以錐刺之』句指『尖劈』，常用以刺入木隙而破之者，蓋未詳『繩制挈之也，若以錐刺之』之句文意也。

次節：『挈：長重者下，短輕者上；上者愈得，下下者愈亡。繩直，權重相若則心矣』，『下下』二字衍一，『心』字當從畢改作『正』（不當從王湘綺等照前例一律改作『止』）。此言向上提物，與下節言向下曳物者適相反，然其機械則一，即有滑輪之起重器耳。張臯文、譚戒甫、高亨諸人俱以此節所說，與衡之作用有關。張以『挈爲衡上之繩，所以挈衡者』；譚以衡爲例，因言『長臂重則下，短臂輕則上』。高亨亦云『試以衡驗之，衡中繫紐而懸焉，左右兩臂，一臂縣權，一臂縣物。其臂長而物重之一端必下。其臂短而權輕之一端必上。（按，此說已有誤，見上條。）人用力量上提其物，則上者之重量有得，下者之重量有失，上提之力量愈大，則上者之重量愈有得，下者之重量愈有失』（頁一四四）。不知衡之稱物，無上下之可能。挈與收，雖爲相反之作用，此處所述者，則皆爲起重或卸重之一理。其器當有滑輪，亦有『權』與『重』之兩方，『權』不能簡單釋爲秤錘一物之名，而爲滑輪一方所繫之重，與物品之重量互相爲用者也。鄒伯奇言此段爲『升重法』，最爲得之。張之銳（新考正墨經注）、張仲如集解，俱言此係升物，但未言其間滑輪之居間。有滑輪，則當繫繩多（長）且重之物（『重』）在下方，繫繩少（短）且輕之『權』在上方（權之重量固定）時，賴挈繩通過滑輪之力，物（『重』）得以上升至所要求之高度，『上者愈得，下者愈亡』，猶張仲如言『上升者愈得勢，下引者愈失勢』，此『失勢』非眞有得失之謂，蓋挈物之目的本欲其上升者也。『繩直』之『直』字宜釋作『平』，苟『權』『重』兩方相等，則正，而無所謂升降之作用。**Needham**(p`19)釋此一節，因其采用譚戒甫（頁一六零）說，不免與譚氏文字（例如長臂與支點之距離）相近。然於下面最後一小節（詳次段），仍不得不加注語，云『此節指兩個不同的重量，繫懸於滑輪而言』，又言『此最後一例，實驗開始時，繫『重』之一方（**the weight which is going to be changed**），當懸於較繫『權』（**constant weight**）之一方較高之地點。』不知此『挈』與『收』二小節，固相對而言者；即文句亦皆對比，苟下面一節所指有滑輪之作用，則此節亦必有滑輪之作用，實無可懷疑。若必牽引『衡』以爲例，則不惟此節與下節、『挈』與『收』所指非必爲一事之兩方面，且『衡』之解說亦與貼上一條重覆，墨經雖可能蕪亂，不致支離至此也。然諸賢自閒詁以下，亦未有不知挈與收爲一事之兩方者，則此節與下節之關係可無待申辨。

最後一小節，『收：上者愈喪，下者愈得。』此指減輕在上方之重量，以便物體得以下墮。『上者權重盡』，即在上面之『權』方已減至無重量，則物必至地。『則遂挈』一句，『則遂』爲『則墮』之假借。（遂、隊、墜通，墨子法儀『使遂失其國家』可證，閒詁已言之。）最後之『挈』字，愚疑爲本條（說）之標牒字，應移至（說）首，爲『挈：挈有力也……』方合。此說若碻，則『兩輪高』以下九十二字當屬另條，惟該條一如前所云，無經文可隸耳。標牒字之錯亂，往往在一條之首或尾。愚說如是，故竊以爲譚氏自『繩制挈之也』句剔去『挈』字爲標牒字爲可以不必。譚又以此節最後之一『挈』字爲新立之『兩輪高……』一條(說)之標牒字，且據以重建經文爲『挈……，說在……』，亦不能予經或（說）以更新之啓示也。

張仲如集釋『挈』爲『謂挈重上升』，『收』又爲『繩繫權使下引，用助挈物上升者也』，則雖明言『挈與收，力點重點，輕重上下雖相反，而實互相爲用』，實不明『挈與收』之眞正意義。夫『上者愈得，下者愈亡』，明言『上升』之力量，『上者愈喪，下者愈得』，明言『下墮』之力量，本無誤會之理。惟關於『收』之此節，最後一句『則遂挈』之『挈』字爲易誤人思索耳。閒詁釋『遂』爲『隊』、『墜』，故以此句之意爲『隊（墜）其所挈』。若張之銳云『繩愈下收，物漸升至所挈之處，則權重俱盡，而物遂挈矣』（集解亦引此），姑不論所云『權重俱盡』之文義或有不清，所謂『物遂挈』，亦仍是上升之力。此當於釋『挈』時言之，不當於釋『收』言之也。今析此句最後之『挈』字爲標牒，此類之誤解更可澄淸。讀者當不致謂愚說爲强解也。

以下當釋『兩輪高……』以下九十二字一段。

此段，卽欒調甫氏於『墨子科學』中（研究論文集，頁八九——九零）所云未詳其器者。近人之研究雖多，以愚觀之，皆不及 Needham（P.21）所釋及繪圖之淸楚。然繪圖確切與否，亦繫於對文字之解釋，玆仍從文字先加闡釋，其拙說與諸賢並 Needham 氏之說有出入者，亦並及之。

統段觀之，此爲述『車梯』之制。墨子書中他處，亦名之曰雲梯，如公輸云『爲楚造雲梯之械，成』，備梯篇云『雲梯者，重器也，其動移甚難。』

『兩輪高，兩輪爲輲』，輲字，據禮記雜記『載以輲車』鄭注，『輲讀爲輇，或作槫』，而輇，說文（卷十四，下）則釋爲『蕃車下庳輪也』。庳輪卽小輪。輲車雜記雖指載柩車，然亦可謂安車之類。曲禮『乘安車』，鄭注云『言輲輪，明其小也』，是解尤爲淸晰。此種『車梯』，兩輪高而大，兩輪卑小，此處固已明言之。但究竟前小後大，抑前大後小，尙待研究。高亨改『重其前』之句爲『庳其前』，以明前輪較小（頁一四五），是有說而無根據者。惟說文輪字下云『有輻曰輪，無輻曰輇』，輇旣無輻，自當居前，似無勞改字。孫云『此四輪，而前高後低，是爲車梯』，非。『車梯也』自爲一句，譚氏斷句『兩輪高兩輪爲輲車。梯也：重其前，弦其前。』（頁一六零），疑非。『兩輪爲輲』之輲僅指車輪，即前引曲禮鄭注之所謂『輲輪』，言『輲車』則與柩車混矣。說文段注『輪』字，引戴東原云『輇者輪之名，輲者車之名，不宜溷而一之』，衡以此處鄭注，戴氏說亦微誤。

『重其前，弦其前，載弦其前，載弦其軲，而縣重於其前』，言車梯之主要構造部分。此車梯之主要部分爲兩個重量，一邊爲『重』，一邊爲梯。其中間須有滑輪，在備高臨篇名曰鹿盧，此處則名曰軲。而弦，則繩子之謂。『軲』字不見於說文，廣雅以爲『車也』，畢云『軲轂音相近，疑轂字異文。』孫氏云『以字形校之，頗與軸相近』，然仍據周禮大行人，『侯伯立當前侯』注，『鄭司農云，前侯，駟馬車轅前胡，下垂拄地者』，以爲軲卽『前胡』。王湘綺說畧同。譚、高氏皆從之。愚按：軲字在墨書中不僅見本篇，亦見雜守『輪軲廣十尺』，故孫所云『與軸相近』之義未爲不合，惟此軲爲滑輪耳。近賢不惟於軲字之義未爲深研，即『弦』字，孫氏改爲『引』，梁任公從之（頁一一八）；譚氏以『弦』指『車之前端卑下，乃成張弓施弦之曲形』；高氏不明『車梯』之有梯，僅以『輲車成梯形』，又改『載弦其軲』爲『載弧其軲』，且云『蓋輲車之高層輿前、使其前成弦形而直，故曰「弦其前」。輲車之低層輿前，再使其成弦形而直，並垂胡焉，使其胡成弧形而曲。故曰「載弦其前，載弧其軲」，且繪車梯圖（頁一四六）以明其意；皆失察。案，備高臨述「連弩之車」之制，雖全文不易明（詳岑仲勉墨子城守各篇簡注，頁四零），然其間用「弦」（繩也），「引絃鹿盧收」，皆不可不注意者。車梯之制，愚寧信其爲與城守各篇內容接近，且亦合於通典卷一六〇、太白陰經卷四所述雲梯之遺也。又此節之「載」字，實卽「再」字之假字，曹鏡初主之。譚氏以「載弦其軲」之「載」爲「再」，而於「載弦其前」，則云「輴車用以載物，亦須令前端形曲」，又以「載」爲「載物」，因有「載車」之說，並釋兩「弦」字爲「令前端形曲」（頁一六一），不知「載」字之用實言車之前端置「重」（用以平衡梯之一方之重量），繫以弦繩，此其定制也；應用之時，此弦繩應加整飭，使其不僅垂繫於前方，上方則須緊扣滑輪，其下則繫「重」，而「載」字在此固有「再」字義，亦因引梯之時，此弦繩固在流動狀態，須人一再曳之向下，俾梯得升高而得臨高之用。梯既升高，登城之士藉之而上，此梯之重量悉壓於車之前端，故（說）初言「重其前」，言車之重點在前，則前方之構造須堅固；「弦其前」，言前方有繩，所以曳車，此二句與滑輪之平衡「重」及梯，無直接關係，至「載弦其前，載弦其軲」二句始言滑輪及其所扣住之繩索，而滑輪之「重」應懸於前，以與梯之重量平衡，則又賴「縣重於其前」一句以明之也。Needham 氏書中所繪之圖（Fig.280），足明此旨：

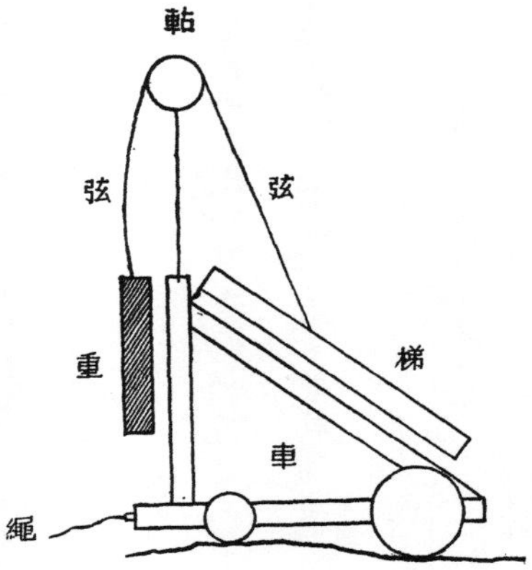

『是垗，挈且挈且行』之『垗』字，當從畢校作『梯』，梯即車梯之梯也。『挈且挈』者，即梯之移動，須賴『重』處拉曳之力，而拉曳之動作固挈且挈者也。譚改第二挈字爲『掣』，且釋其動作爲車輪之推輓，蓋以『梯』爲車（頁一六二），失其旨。閒詁改此句爲『挈且引則行』，固可不必，然謂『行謂重物上升，無所阻滯，與車行異』，仍知此挈且挈之動作爲拉曳而非推輅，勝於譚君。

『凡重……』至『無跨也』，釋梯之重量高高在上，如何而得以弗偏弗墮。梯之安穩繫於『重』，而『重』，上弗挈，下弗收（釋並見本條前文），固穩定不動者，而『旁弗劫』，即無他側方力量之干擾，亦不致逾越而不能平直下垂。『抴，或害之』，即其地位苟有偏斜，則因有他力以撓之也。『沶，梯者不得沶、直也』一句，愚疑當作『沶：梯者不得直也』，衍一沶字。『沶』字爲『流』之古文，指重勢偏下而流。梯之位置須筆直，否則，必『重』與弦各部分之配合未善，宜加改善。此『洑』字一字句，其句法與本條上文『挈』『收』『凡重』『拋』之句法同。譚氏解『洑梯』之『洑』爲疏麤，因謂洑梯爲『不精於梯事之人』，非。『今也廢尺於平地』三句，『尺』依閒詁，爲『石』之譌。廢字、諸賢（孫、梁、張仲如等）多從張皋文，以廢爲『置也』，非是。經上下闡『疑，說在逢循遇過』條之（說）有句云『舉之則輕，廢之則重』，廢即拋捨之意，此處並同。廢石於平地，石雖重而並不斜下，以其拋擲之線無偏踦也。此節言梯如保持平衡而不偏斜，必無滑墮之弊。（譚氏以『今也廢尺（石）於平地』七字移下條，而釋『重不下，無踦也』爲『梯車必重其前，而前端卑下，故重必下，而後升梯者始有所傍倚；反之，若重不下，別無所傍倚矣，』說固成理，然其所以如是說之者，則以『廢石』一語，與下條『廢材』『方石』等文字接近，故刪去一句，而使此條之文義全變。不知如譚說果成立，則此『重必下』（譚氏語）之意，前文『重其前』三字已明，不可從也。

『若夫繩之引軲也，是猶自舟中引橫也』二句，『橫』爲舟前橫木，但『軲』則指車梯之滑輪，不可從前人之失，指爲車之本身。繩與弦爲同義字，更不待言。引橫，所以曳舟，引繩亦所以曳梯，皆藉引之力，閒詁說此未爲失，惟以『軲』爲胡，在車前，爲非當耳。

近人 Needham（及友人王靜寧氏）釋此『梯車』一節，拙見多與之通，圖亦采其說，已見上。Needham 氏雖常采譚戒甫語，此條所釋，實較譚君爲長，蓋知此專言『梯車』之用，不似譚君之（一）分所述之車爲『載車』『梯車』二類，（二）釋『弦』爲車之『前端形曲』，（三）以軲爲『車轅前胡，下垂拄地者之專名』，亦雅勝於以前諸賢。惟 Needham 氏似仍不免以譚君之書爲根底，故從其句讀，因有『輲車』之名稱，一；以

『沶梯』爲不精於梯事之人，二；亦刪『今也廢石於平地』一句，三；而尤異者，**Needham** 氏本釋『軲』爲滑輪（**pulley-wheel**），爲全條意見之中心，而於『繩之引軲』之句，又以繩爲拉曳此『梯車』全身向前之繩（而非曳滑輪之繩），其意亦同於譚君所言『車之前軲』（頁一七二），因而繪圖之『繩』之位置亦與『弦』有別，此皆不佞以爲容有可商者，讀 **Needham** 書者可互校之。

又：**Needham** 氏書中既刪『廢石於平地』一句，而釋『重不下，無跨也』則爲『如果（重）不能夠降落下來，（那是因爲它已經）失掉了它旁邊的倚傍』(**side support**)。說雖與譚君不同，亦愚所謂心所未安也；茲並及之，並請質正。

(經)倚者不可正，說在剃。

(說)倚：倍、拒、堅，䠶倚焉則不正。

經之『剃』字，孫云當作『梯』，以孫氏以本文或與『車梯』有關之故。孫改可從，但此『梯』指斜倚梯形，非釋『車梯』本身。譚釋『剃』爲『弟』之繁文，以爲『剃』字同鬀，而鬀與髢、鬄並讀他計切；又以說文辵部『迆』字爲『衺行』，遂云剃字亦具偏邪之義（頁一六三），其訓詁似嫌周章。鄘風君子偕老，『鬒髮如雲，不屑髢也』，髢如今人言摻假頭髮，未必可引與『迆』字同義，不如孫說之當。然譚云此條釋斜面之理，『蓋謂偏倚與倍、拒、掔、射，皆係移其重心以增長其施力者也』，則甚爲得當。改『䠶』爲『射』字乃譚氏之誤，改『堅』爲『掔』，與牽通，爲從閒詁之說，墨書本有『掔』字，見迎敵祠之『纂馬掔緯』，固可從。高亨改『剃』爲『制』，以『制』爲『觸發之機力』（頁一四七），未必當也。

『倍』，卽背字，孫云『相背負』，是也。梁任公以爲『倚』字（頁一一八），張其鍠從之，非。墨子書中凡言相背之背，皆作倍，如尙賢中『守城則倍畔』，非儒下『倍本棄事而安怠傲』，此處亦然。高亨疑『倍』爲剖，謂『以刀劈物，機力旣發，一邪則不可正』，疑非。倍卽相背之姿勢，此條主要所論，指工事之施工，或防禦之得當，須明其物理，不論人作斜倚之姿勢，或工事須有相倚相背之建築，皆與此『梯形』之圖形同，非不正，而係不需正者也，故（說）云『倚焉則不正』。

『拒』字在墨子中僅二見，一爲經下上闌『合與一，或復否，說在拒』，一卽此條。他處則皆作『距』。孫云『相榰拒』，亦斜撐之形。

『堅』，孫以爲『相掔引』，故與『掔』通。堅、掔、牽古通，高亨引左定公十四年經、『牽』字公羊作『堅』；易夬卦九四『牽羊悔亡』，釋文云『牽，子夏傳作掔』可證。

孫氏以『倚倍拒堅』爲句，故其句讀爲『䠶倚焉則不正』。其實張皋文已以『倍拒堅䠶』爲句（卷下，頁九），時賢多從張，不從孫也。譚、高皆以『䠶』爲射字之誤。畢沅云『唐宋字書無䠶字。正字通云，「俗字，舊注音嗔，走貌。」』，孫據隸釋，邪字作躳，以爲此卽邪字。案，孫說之意可采，而釋字或非。愚疑『䠶』爲『䠶』字之誤，亦晚出字，五刮切，音刖，屈也，僅見字彙補。然墨書中不經見之字亦多，此處或指屈身之義。備高臨篇云『有詘勝，可上下』，詘勝卽屈伸。則此處之『䠶』，亦可能爲『詘』之誤字。然則『倍、拒、堅、䠶』皆與偏傾有關者也。備城門迹板橋之制，『以板橋邪穿外，以板次之，倚殺如城報〔勢〕』，似可爲此處之『倚者不可正』作一注脚。

(經)推之必往，說在廢材。

(說)誰姘石絫石耳。夾寑者，法也。方石去地尺，關石於其下，縣絲於其上。使適至方石，不下，柱也。膠絲去石，挈也。絲絕，引也。未變而名易，收也。

經首句，孫改之爲『堆之必柱』，衡以(說)所云，甚安；然(說)之首一字『誰』亦當依譚戒甫(頁一六三)，張仲如集解(頁三三六)，作『堆』，不必從孫氏作『唯』也。

譚氏釋此條爲『論建築工程者』，所指爲古人奠屋基而興建之制(頁一六五)，其說絕不可從。(見下)(說)之『法也』句，張皋文以爲當指『匠人作室絫石之法』(卷下，頁九)，『作室』之說亦非，但張氏所云『絫石之法』則未爲不當，孫改『法』字爲『柱』，遂釋『夾寑者法也』爲夾寢室之間者爲柱，並從畢沅，以寑爲寢之省文。寑即寢字，畢氏之說固無不合，但此句如釋爲夾寢室『依壁而立者謂之柱』，似眞爲述建築之制者矣。不知此條主旨爲記堆石之法，此一『法』字萬不可移易者，證以(說)之下文可明。(說)之首二句，當讀『堆：姘石，絫石，耳夾寑(寢)者，法也』，絫石係專門名詞。墨家重防禦，其守城之法，重多積木石。旗幟篇云『凡守城之法，石有積，樵薪有積』，備城門云『皆積參石，蒺藜』，『參石』疑爲絫石之譌，而絫石，卽礧石也。苟絫石爲專稱，則姘石或亦係專名，而爲雜碎之石。其堆積之法，必有規律，如雜守言『積木各以長短小大惡美形相從』是也，木如是，石亦然。『耳夾寑』之法，卽兩旁夾中之法，譬如小室夾於『寑』之兩旁，非實指『寑』與室也。(說)以下所云方石，關石，或卽堆積之情形。然此種描述，(說)雖語焉而不詳，吾人亦不能鑿實，僅可謂方石之下爲關石，其層次是如是耳。本條文字中，又有『挈』『引』『收』三事，辭與經『契（挈）與枝（收）板（反）』，說在薄』條相通，則說之者不當違前條墨經之義。譚氏昧於此旨，於『挈』『引』『改』三事悉牽引他義，概未得當，以其外之也（頁一六四—五）。

『方石去地尺』，而關石在下；下云『柱也』，則『關石』在下有榰柱之作用可知。案，關石或作藺石，如號令篇云『悉舉民室材木、瓦、若藺石數，署長短大小』，亦見雜守篇。漢書鼂錯傳『具藺石』，注，服虔云『可投人石』；如淳云『藺石，城上雷石也。』是藺石之性質與絫石無異，或形狀巨細有別耳。關、藺又或誤爲『藺』，雜守篇云『藺爲柱後』，指藺（藺）石堆積於後。此則關石在下，蓋一則在守城之際，一則在平時堆積之地耳。雜守云『矢石無休，左右趣射，藺（藺）爲柱後』，矢石之『石』，岑仲勉（頁一三八）以爲『碎石』，則上文之『㻂石』或其選。而此處藺石又作關石者，固可能由於形近而譌，亦可能有他說。雜守云，『諸木大者皆以爲關鼻』。尹桐陽墨子新釋云『關，貫也。鼻，孔也。爲關鼻，令大木易排次，且急則易曳。淮南主術訓，「若指之桑條以貫其鼻。」』案，尹氏說甚諦，木可如此，石亦可貫，則藺石或爲關鼻之大石，因而有關石之一稱，亦未可必。

『縣（懸）絲於其上，使適至方石，不下』句，張皋文云『絲、繩也』，可從。言懸絲於其上者，言以繩繫方石，自上方弔之；『使適至方石，不下』連句，言繩僅繫方石，不繫其下面之關石，以關石之作用爲撐柱故也。（雜守言『藺爲柱後』，或同此意。）故下文所言『挈』『引』『收』之石，皆指方石，不指在下面之關石。張之銳云『言方石不下至地者，以有關石搘柱之也』，張仲如集解從之（頁三三六），蓋非。

『膠絲去石，挈也』，曹鏡初墨子箋云『膠，結也。繫絲於石也。膠絲去石者，既繫絲於方石，乃去下之關石也』，其說蓋亦采張皐文『去石、懸石而使去下方石也』之意。高亨從之，故亦云『以絲纏方石，而去其下之石。』（頁一四八）愚案：膠石非繫石義，上文言『懸絲於其上，使適至方石』已包繫石在內，不然，則所懸之繩與方石無關。此處言『膠』，卽有戾引之意。膠絲去石，卽絞繩而移石使上，所去之石爲方石本身，非在下面之關石。禮記王制『周人養國老於東膠』，注『膠之言糾也』，楚辭九辯（七）『何況一國之事兮，亦多端而膠加』，上林賦『宛潬膠盭（戾）』，皆膠爲糾義之可證者。備城門云『必數城中之木，十人之所舉爲十挈，五人之所舉爲五挈，凡輕重以挈爲人數。』則挈之舉不止爲物理名詞，且進而用於守城之實際設施，惟此處仍重物理耳。

『絲絕，引也』，以前已釋『引』之意，爲自然下墮之勢，故如繩斷（而石墮），則係由於引力。『未變而名易』之『名』字，從王湘綺改爲『石』。此句更言『收』，卽『挈』之反面，然亦賴滑輪之作用，使石由上方運移而下時，藉曳繩之力而逐漸降落，『未變』者，石之方向未變，『石易』者，石之地位已變易也。高氏改『未』字爲『手』，言『絲掛方石，而人以手自下攀之，攀之而石變易其處』，不惟改字非，以手攀石而石變易其處，亦非『收』之涵義也。張皐文云『此則上喪下得之義，收之說也』，可參。閒詁釋此條，以『未變而名易，收也』爲下條『買無貴，說在仮其賈』之(說)，且改『收』字爲『仮』（反），以合之，並詆張（皐文）之誤。蓋亦未明『挈』『引』『收』三詞之相關義。張氏距今已百六十年，枝節雖靡，而大端未泯，未可以其成書之先而輕忽之也。

(經)買無貴，說在仮其賈。

(說)買：刀糴相爲賈。刀輕則糴不貴，刀重則糴不易。王刀無變，糴有變。歲變糴則歲變刀，若鬻子。

經云『說在仮其賈』，賈與價同，所買之物如返還其值仍可得同樣之原物，則價無上落，無上落亦無貴賤可言矣。經云『無貴』者，包貴賤而言之。然就通常想法而論，所謂物之貴賤者，實繫於幣值之重輕。故（說）首言『刀糴相爲賈』，所謂『相爲賈』，卽『刀』（錢）與『糴』（買穀，穀價）之間，自有一種反比之關係者也。

『糴』字，疑當從高亨，作糴，穀也（頁一四九）；譚氏以爲『糴，糶之繁文』（頁一六五），非；惟此處卽不改字，文義亦無大出入。幣值低，則米價雖所需之貨幣額大而其實不能言貴，反之，幣值高則米價所需之貨幣額少亦不得言廉（『易』）。『王刀無變，糴有變』者，實亦包『糴無變而王刀有變』之義，故下句更明言『歲變糴則歲變刀』，易言之，如歲荒，米價騰貴，糴有變，而泉幣亦不値錢矣。（說）之末句『若鬻子』，張皋文云『如子母相鬻，子常權母』（卷下，頁十），張其鍠（墨經通解）亦云『資本充羨而利率減輕』，此一說也。譚云『子爲不可賣者，自無貴賤之價可言。然因糴貴而爲貨，竟乃反其價而賣之，所謂買無貴者此也』（頁一六六），此又一說。案鬻子之事，古確有之，譚氏引管子八觀，漢書食貨志之文可見。惟此處『鬻子』，愚意與下條(說)所云『若敗邦鬻室嫁子』當有不同，下條所論，乃論經濟學上之原則，此處二字，僅指歲變艱困，若鬻子之時，用以伸上文之意耳。

劉申叔先生言『王刀無變，案，王字疑衍。』（卷下，頁九）王湘綺云『言王刀者，國以泉刀爲貨，不可使民重輕』，是由於一種政治哲學的觀察。若以校勘言，劉說爲是。

(經)賈宜則讎，說在盡。

(說)賈：盡也者，盡去其以不讎也。其所以不讎去，則讎。𤴓賈也宜不宜，𤴓欲不欲。若敗邦鬻室嫁子。

『賈宜』一詞當參經上下闌『同異交得』條。讎，卽古『售』字，參魯問篇及畢引漢書高帝紀『每酤，留飲酒，讎數倍』如淳注可證。（說）『盡去其以不讎也』句，『以』字上，據下句，當添一『所』字，閒詁已先言之。交易之道，如貴賤相宜，貨理當盡售，其所以未盡售者，或因供求未當而滯銷，或貨物窳劣，或索價過高，或時局不靖，原因甚夥，若盡去其不讎之原因，則貨當盡售。賈以盡其貨爲原則者，故云『說在盡』。『𤴓賈也宜不宜』句（句讀本依孫），應改爲『𤴓賈也』爲句，言以上情況，爲『賈』之正常行爲。『宜不宜𤴓』當爲句，當釋爲宜售或不宜，兩者相權，如售與不售之利害均，則視『欲不欲』。此節句法，與經上下闌『欲𤴓權利，且惡𤴓權害』條文字相近，譚氏亦援引之，惟斷句爲『宜不宜，𤴓欲不欲』（頁一六七）。若敗亂之邦，人有鬻其室嫁其女者，此時選擇之對象，以局勢混沌，自與平時不同，因而無所謂宜不宜，而只有所謂欲不欲，是則不能以常理論之。又丁亂離之際，售者固以脫手爲佳，買者又多觀望不前，故售方雖以爲『宜』，而如買方仍『不欲』，則售者勢必又牽就事實，益廉其價以求售，則以前所謂『不宜』者，在此特殊情形之下亦自以爲『宜』矣。張皋文以次條（說）首二字『無子』屬此條，爲『嫁子無子』（卷下，頁十），閒詁從之，似非。

(經)無說而懼，說在弗心。

(說)無：子在軍不必其死生，聞戰亦不必其生。前也不懼，今也懼。

經之『心』字，當從閒詁及王湘綺，改爲『必』。（說）應作『子在軍不必其生』，衍『死』字；『聞戰亦不必其死』，『生』字涉上而譌；俱從梁任公（頁一二二）說。子在軍，雖無戰役，本亦可因病疫因意外而死，固不能必其生也；及兩軍兵刃既接，亦未必能必其死，然而『前也不懼，今也懼』者，以戰事之恐懼心理，使人心中有惴惴不安之感耳，故云『說在弗必』。

孫、王（湘綺）、曹、張（仲如）、高氏皆以（說）兩句悉當作『不必其死生』，似不及梁校之精。魯問篇『魯人有因子墨子而學其子者，其子戰而死，其父讓子墨子。』本條所論『無說而懼』之情形，正此類背景也。

(經)或，過名也，說在實。

(說)或：知是之非也，有知是之不在此也；然而謂此南北，過而以已爲然。始也謂此南方，故今也謂此南方。

『或』字，前賢或依前釋作『域』字（如孫、譚〔頁一六八〕），或改釋爲『惑』（如梁〔頁一二三〕）。愚案，經云『過名也』，『過名』卽暫定的名詞，非永久性的，是『或』字卽『或者』，蓋假定之辭。經上下闌『諾不一利用』條，有『相去』而用諾之例。意見本相反，而曲己以從人，是乃辯說時之設辭，終必反彼以就我者也，則此類之『諾』，亦爲『過名』。臨時的、假設的事物與實在的事物或理由不一定一致，故曰『說在實』。『知是之非此也，有知是之不在此也』二句，『有』字從張臯文校當作『又』（卷下，頁一一），文義本近於公孫龍子名實篇『知此之非此也，知此之不在此也，則不謂也』三句；然墨經之義，則與公孫龍子不同。『謂此南北』『謂此南方』，皆假說之辭耳，此假說與實際，或符或不符，並不可必，故曰『或』。然而有時『過而以已爲然』者，則不過從用語之習慣性，未必實際以是爲然也。其實際上果以是爲然者，如經下上闋『疑，說在逢、循、遇、過』條，其『過』字，或言已過去之事，或就已然之事推目前，所謂『已然之事』，當其未經證明之前，仍是『過名』。及知其果然，則已是已然的事實，而非僅是過去的假設矣。故『過名』、『或』，亦並非全無證明的可能者，但在其未證明，或不能證明時，仍只能視爲假設，即使習慣上應用之，亦仍是『過名』也。

（說）末所舉之例，今可益以新例說之者。如戰國時有楚國，及楚亡，秦漢之際相逐鹿者仍稱楚。又如中國人本不止漢族，然習慣上仍常稱漢人，皆其例也。

高亨校『過而以已爲然』句，以『已』字爲衍，又改『南北』爲南方（頁一五一）。梁任公攷『南北』爲『曰此』（頁一二三）。案，『南北』亦係古人成語，即不改亦可通。

(經)知之否之，足用也，諄。說在無以也。

(說)智：論之，非智無以也。

經之『諄』字，依張臯文，當作『誖』（卷下，頁一一）。墨經中他處原有『誖』字。梁任公校釋改經文爲『知知之，名之所用謂也，說在無以』，改（說）爲『知：論之非知無以也』（頁一二四），不惟改字過甚，而『名之所用謂也』一語亦甚周折。其於經文之首添一『知』字，則自經下下闌『無窮不害兼』條移來。

高亨以爲老子有『知，不知，上；不知，知，病』，因以本條經文『知之，否之』爲同於知之而曰不知，以墨經之說乃所以駁老氏者，且以論語所言『知之爲知之，不知爲不知，是知也』（爲政）爲合於墨子之態度（頁一五二）。譚戒甫則斷經之文句爲『知：知之否之足用也，諄』，謂『知之否』即論語『知之爲知之，不知爲不知』之省文，並引荀子子道篇孔子誨子路之言以說之（頁一六八—九）。蓋徒以『知之』爲知，『不知』爲不知，固足見言行之忠實，然如以僅此爲足用，則有諄於事實。墨家之態度，蓋不祗以『知之否』爲滿足。吾人即不論老子書時代之先後，譚氏說似較的也。

墨經上上闌『恕明也』條之『恕』字，當與此條（說）之『智』相通。又經下上闌『物之所以然』條，亦『知』『智』並用。然此條之經，當有衍文。疑經文當作『知知否之足用也，諄；說在無以也』，衍一『之』字。

（經）謂辯無勝，必不當。說在辯。

（說）謂：所謂非同也，則異也，同則或謂之狗，其或謂之犬也。異則或謂之牛，牛或謂之馬也。俱無勝。是不辯也。辯也者，或謂之是，或謂之非，當者勝也。

此條文字易明，無勞多釋。（說）『牛或謂之馬也』句中『牛』字，從孫，『牛』疑當爲亓，即『其』字也，與上句相對。他家如王樹柟（墨子斠注補正）、張仲如（集解，頁三四〇），或刪『其』字，並以兩『牛』字衍一，句法或較整齊，然無關文義宏旨。

莊子齊物論中有大段文字言辯之無用。然先秦諸子中，除墨家外，亦有力言辯說之旨者，如荀子正名，『實不喻然後命，命不喻然後期，期不喻然後說，說不喻然後辨』，是辯雖無用而仍有用也。辯之結果在定是非，故必有勝。牛馬之異無足辯，是卽正名之所謂『實』，旣不辯，亦俱無勝也。若命題複雜，『或謂之是，或謂之非』，墨家則以爲必當辯以明之，如不置辯，則『是非利害之辯不可得而明知』（非命上）。墨經內容雜糅，未必卽墨子自作，然當辯之義則自墨子時固久已如此主張矣。

(經)無不讓也不可，說在始。

(說)無讓者酒。未讓，始也，不可讓也。

此條文字雖簡，而說者意頗多出入。吳摯甫（考定墨子經下篇）以經首句衍『不』字，當作『無讓也不可』，又讀（說）之『未讓』『不可讓』二『讓』字爲釀。張仲如集解是之，以爲『儒者尙禮，亦重讓德，而當賓主獻酬，則無讓者，蓋以酒爲敬也。墨氏則以其禮爲煩擾，無足取也。況酒足以傷生損壽，在未釀之始，卽不可釀也。是反對儒家禮文之一端。』（頁三四〇）說甚新穎，惟衡以墨家傳統之主張，雖反對沈湎，未嘗絕對廢酒；在墨子一書中，『酒醴粢盛』之詞凡十餘見，不遑博引，『無釀』之說，殆難成立。

高亭以經與（說）之『始』字爲『姑』字，而以『姑』爲『酤』，（說）之句讀遂爲『無：讓者酒，未讓姑（酤）也，不可讓也』，因謂『有客在堂，設讌饗之，所讓者酒，而未以酤酒之事讓客，因酤酒之事不可讓客也』（頁一五四），立意甚奇。依閒詁，『無讓者酒』，謂『凡賓主獻酬之酒，於禮無讓』，高氏則以爲酒當讓，蓋以『無』字爲標牒字也。（其實此處如必須以『無』爲標牒字，實當作『無：無讓者酒』。然標牒字僅增益之詞，解經以文義爲主，不可以增益之字害文義。」又讓客酤酒之事，古書中從未之聞，假如有之，此『讓』之意義既與謙讓有別而爲責客酤酒，則『不可讓』之語爲無意義，以從無此種事發生也。前後轇轕，似不可通。況墨子公孟，有『當爲子沽酒』，非儒下有『號人衣以酤酒，孔子不問酒之所由來而飲』，則『沽』『酤』二字具在，是否假『姑』爲酤，亦自難言。

閒詁以『始』字爲『殆』字之譌，（說）之『未』字爲『不』字，並以經下下闋『堯之義也』條最後九字『若殆於城門與於臧也』無所屬，移至本條之下，爲：

無不讓也不可，說在殆。　（說）無讓者酒。不讓，殆也，不可讓也。若殆於城門與於臧也。

並於釋『堯之義也』條（說）下云，『凡古人行禮，賓主入門必讓，若與人同入城門而相殆，則無爲讓；臧爲賤人，不足與爲禮，則不必讓也。荀子榮辱篇云「巨涂則讓，小涂則殆」，楊注云，「殆，近也。」此「殆」異於「讓」之義。又案：「殆」與「逮」聲義相近。毛詩小雅巷伯傳云「柳下惠嫗不逮門之女」。殆於城門，即逮門，謂近而相及，不爭先也。』愚案，改『始』爲『殆』，並移『若殆於城門與於臧也』九字至本條，爲孫氏之創獲，說亦甚精，宜梁（頁一二六），譚（頁一七〇），高氏（頁一五四）皆從之。惟高氏申前說，末句作『若姑（酤）於城門與於臧也』，釋曰『如酒家在城門，酤酒於城門，當付臧奴爲之，而不可讓客爲之也』；譚則以『臧當爲小人之名；小人猶小涂，亦不可讓』，且引伸之云『小人在側，務宜及時警惕以制之，不可稍爲寬假；此又不可讓者也。』說皆不如孫、梁之穩。惟梁氏益之，以爲經上上闋『罪，犯禁也』條之（說）中『若殆』二字，即指此處之義。謂殆者，行路相擠也，『殆』雖妨害他人，然非法所禁，不能加罰。（參看校釋頁三〇，梁氏於一二七云經說上第三十八條，稽之頁三〇，實第三十七條之誤。）愚意未敢盡同，已見前篇。

愚疑此條，經文不必改動，（說）當作『無讓者猶未讓。殆也，不可讓也；若殆於城門與於臧也。』酒字義於此處似隔一層，疑係『猶』字脫落轉寫致誤。墨家非不主張讓者，如『讓賢』之主張，具見魯問篇。然亦非『無不讓』，若殆於城門，與於臧之類。危殆之際不能讓，或當仁不讓自亦係題中之義。孫氏改『未』字作『不』，兩字之義仍去一間耳。

(經)於一有知焉，有不知焉，說在存。

(說)於石一也，堅白二也，而在石。故有智焉，有不智焉，可。

經上上闕『損，偏去也』條之（說），原有『其體或去或存，謂其存者損』。梁任公先生改經之『存』字爲『在』，而自注則云『舊作存，亦通』（頁一二七），似可弗改動。梁氏又以下條之(說)開首『有指：子智是，有智是吾所先舉，重。則子智是，而不智吾所先舉也，是一』二十七字附於本條（說）後，惟『有指』二字則又云『此二字下條之文，錯入此』；說固與前賢張皋文、孫仲容等相違。衡以下條之（說），疑不然。此條之『智』字，從顧千里說，『智即知字』。經上下闕『堅白，不相外也』條及前『堅白，說在因』條，（說）爲『無（撫）堅得白，必相盈也』，說似與此處相反。然彼條則著重言『堅』『白』二特質同佔一空間而存在，正同於此條之『堅白二也而在石』。所謂『有知焉，有不知焉』者，乃一有論理的趣味之問題，蓋如析而言之，從視覺方面看則僅有白而無堅，從觸覺方面又僅有堅而無白，故云『有知焉，有不知焉，可』者，亦只是承認此可以爲一種說法。其『可』字之意義，有類於經上下闕『諸不一利用』條之(說)中之『可』。

本條與下條文字可互參。下條蓋仍言堅白爲二而一，因而爲不可離者，與以前諸條旨蓋一貫者也。

(經)有指於二，而不可逃。說在以二絫。

(說)有指：子智是，有智是吾所先舉，重；則子智是，而不智吾所先舉也，是一；謂有智焉，有不智焉，可。若智之，則當指之智告我，則我智之。兼指之，以二也；衡指之，參直之也。若曰：必獨指吾所舉，毋舉吾所不舉，則者固不能獨指，所欲相不傳，意若未校。且其所智是也，所不智是也，則是智，是之不智也，惡得爲一，謂而有智焉有不智焉？

本條所言，仍不外堅白『一』『二』之論，然前賢治此者詮釋亦頗紛紜。茲先釐定其文字，次加說明。經之『絫』字，當從張皋文作『參』，然不必從張說以爲『二』『三』之參（卷下，頁十二），是乃參研之參也。（如號令篇云『皆心術與人事參之』，『守時令人參之』。）（說）中所有『智』字，即『知』，或作動詞或作名詞其用不一，當分句解之。『有智是吾所先舉』之『有』，當從張皋文讀作『又』；此句及下句之『先舉』，依閒詁，爲『无舉』之譌，孫氏並移『有智是吾所无舉』句中之『是』字於下，爲『有智吾所无舉，是重』，謂『无舉』即下文所云『不舉』，而『是重』二字與『是一』相儷。案，墨子書中他處無无字，但鈔胥可能省『無』作『无』，孫氏改本當可從。『則者固不能獨舉』句，『則』字下有脫字，張皋文云『或是「二」字，或是「三」字』，孫氏以爲脫一『指』字，張仲如集解（頁三四二），高亨（頁一五五）俱增『二』字，愚案『者』字或係『是』字之譌。然此字無論改不改，或增何字，義固甚明。『所欲相不傳』，孫云『相，疑亦指之誤』，梁任公（頁一二八）、譚戒甫（頁一七二）、高亨皆從之。張皋文釋此，則爲『所欲言不能相傳』

（卷下，頁十三），則句中『相』『不』二字誤倒，仍可乙爲『所欲不相傳』，即不改字亦可。『意若未校』之『校』，可從王湘綺作『恔』，即孟子『於人心獨無恔乎』（公孫丑）之恔也。

以上所校，或從前賢，或與前賢稍出入，俱無關宏旨。愚見與衆家違離最甚者，爲（說）末段之句讀，竊以爲『惡得爲一』一句，蓋『爲一』與『惡得』誤倒，致全段意義不彰。前賢惟專據『惡得爲一』之說以說之，故張皋文云『一知一不知，非一，而有知有不知』，孫云『是智者，所已知也，是之不智者，所未知也，則不能並爲一矣』，他家說或有微異，未嘗離此。竊以爲句應釐正爲『且其所智是也，所不智是也，則是智、是之不智也爲一，惡得謂而有智焉有不智焉？』蓋本條爲辨明前條之說者，前條之『可』，不過如五諾之利用，正如今人言『從你那一方面說也有道理』，但本條則正論墨家之見解，其主旨爲『所智』與『所不智』皆在一個東西之內，二者可以分別瞭解，但不能否認其同囿一域，因而『固不能獨指』。『固不能獨指』，斯爲『有指於二而不可逃』，『說在以二參』之主要論據，如逕以爲『二』是『二』，『惡得爲一』？則全條前後意義不貫，即詮釋之，亦難有圓通之說矣。

全條文字經校正後，（說）之句讀及分段應如下：

（說）有指：子智（知，下同。）是，有（又）智吾所无舉，是重；則子智是，而不智吾所无舉也，是一；謂有智焉，有不智焉，可。

以上第一段，假定一事物有兩種特質，或一物二名，我僅舉其一（而未舉其二），汝知此兩者，則此兩者相乘（其結果爲積稱 product：如堅白之石，指既堅且白之石，非堅加上白之石也。）爲此事物之綜體，姑名之曰

『重』。（如一物二名，亦可曰『重』，即經上下闗『同：重，體，合，類』所云，亦下文經下上闗『知狗而自謂不知犬，過也，說在重』之『重』也。）若兩種特質，汝僅知其一（而不知其二），則汝之所瞭解者非此事物之綜合而僅爲其一部分，因而汝之瞭解亦不完全，只可謂之曰『一』（卽部分的）。在此情形之下，吾人可以承認有知道的和不知道的兩種情形的分別。

若智之，則當指之智告我，則我智之。兼指之以二也；衡指之，參直之也。

此第二段。『之智』一詞，同於小取『之馬』『之牛』的用法，指『這種知識』。仍承上說，譬如一事物有兩種特質，汝皆知之，則當舉出此種知識以告我，使我亦知之。如此事物具有兩種特質，則可兼告我以此兩種特質。『衡』『直』猶言縱橫，衡指參直，卽言不僅告我以其一，並應告我以其二。（參，卽直。經上下闗有『直，參也』條，高亨引論語衞靈公『立則見其參於前也』爲說（頁六五）。猶白話云『橫着說，豎着說』，非閒詁所云參爲『三』之義。）此最後二句不過語氣之丁寧，非有深意。

若曰：『必獨指吾所舉，毋舉吾所不舉』，則是固不能獨指，所欲（指）不相傳，意若未校。

第三段言，假如汝必須將此本來同附一體之兩種特質析而指之，云只許指其一，不許指其二，則此本不能析開者，因此所欲指之部分無法證明（不相傳，則其義無由明也；其義所以不明，以此特質無法析而使人見之也。），使人心中無法滿意。

且其所智是也，所不智是也，則是智，是之不智也爲一，惡得謂而有智焉有不智焉？

最後第四段乃辯說之總結，言所知之特質亦在此事物中，所不知之特質亦在此同一事物之中，則所知之知識與所不知之知識乃寓於綜合之一體者，安得而謂有知之者，有不知之者乎？此段承第三段言之。

本條所論，其客觀事實與公孫龍子堅白論所述相同。堅白論云『堅未與石爲堅而物兼』，言『堅』之特質非一石所獨有，而亦可能爲萬物所共有，又云『未與爲堅而堅必堅』，則堅之特質亦不一定非與萬物共有不可，因就形而上學言，『堅』之特質的共相，亦可以有獨立的存在，惟不可以其獨立的存在爲人所見耳，故又云『（見）與不見離，一一不相盈故離。離也者藏也。』此『離』字之意義，謂（理論上的）分離，此『藏』字之意義，謂潛存。（參看馮友蘭中國哲學史，第一編第九章，頁二五六——六〇）胡適之先生中國哲學史大綱卷上（頁二四六；又英文本先秦名學史 The Development of Logical Method in Ancient China, Ch. VI, p. 125）以『離』字爲『所見與所不見相藏相附麗』，先秦名學史云 "coinherent in each other"，是不明堅白論原文。原文『離也者，藏也』直譯應爲『它們所以是分離的，是因爲一則在外面可見，一則潛存而不可得見的緣故。』此義如不廓清，則墨經本條所說，與堅白論之關係恐不易明也。

(經)所知而弗能指，說在春也，逃臣、狗犬、貴者。

(說)所春也，其執固不可指也。逃臣不智其處，狗犬不智其名也，遺者，巧弗能兩也。

本條『知』『智』當互通。經之『貴者』，據（說），當作『遺者』，愚別有解，以爲當作『績者』（見後）。『執』字亦當作埶，即勢字，張皋文已先言之（卷下，頁一三），閒詁並引魯問篇亦以執爲勢（越人因此若執），可從。狗犬之『犬』，疑當作『吠』，備穴篇『狗吠即有人也』，是墨子書中他處有『吠』字。『說在春也』一句，『春也』一辭極難通。張皋文以爲時令，云『言春之在時不可指』，然又疑春爲人名。譚

景印本・第七卷・第一期

戒甫據經下下闋『擢慮不疑』條，有『臧也』『春也』之文，以春爲僕役名，云『（僕）從其主人之意志而守之固，不能自作主張，故曰不可指也』（頁一七三），似嫌牽强。曹鏡初墨子箋改『春』爲『惷』，注云『愚而亂也』，則謂愚而亂亦爲『可知而不能指』者。高亨以『春也』爲『冬蛇』二字，謂『冬』字因隸變致誤，而冬蛇在蟄藏時，固不可指（頁一五八）。各解愚皆不能安。

梁任公先生以經之『春也』二字爲衍，而以(說)之『所：春也』爲『所知也』，謂春字乃智字之譌（頁一一九）。案，梁說看似太膽，其實極有見地，然梁先生僅云『所字乃牒經標題之文』，『經說知字皆作智，此春字乃智字之譌耳』，尙未指出『春也』與逃臣等三詞在（說）中並非處於同等地位。據（說），『所春也，其執固不可指也』爲解釋所以弗能指之故的文句，故『春也』在此句中非例子而係敍述，逃臣以下三詞方爲例子，『所春也』與逃臣等三事不可等量齊觀。此義如申，則梁氏之改字並非魯妄，故當逕從梁先生，以（說）之首句爲『所智也，其執固不可指也』，並刪經文『春也』二字爲合。

逃臣一例衆無異說。『狗犬不智其名』，高亨以爲當作『失狗』。案，失狗與逃臣如出一轍。高云，『蓋狗本無名，失狗不特不知其處，亦且不知其名，更無從指之也。』此說似未諦。蓋如『狗本無名』，則失與不失俱與名無關，何必設此一例？愚疑『狗吠』，『吠』字脫口旁，吠聲甚囂而不知始吠者誰何，或可供有所知而弗能指之一例。『遺者』據張皋文、孫，卽失物之人，孫更以『兩』爲网、卽罔字。云『言人偶有遺物，雖使至巧，罔羅索取之，不能必得也』。高氏又以『遺者』爲『遺書』，謂『者』『書』形近而誤，『遺亡之書，雖有巧者，不能重作此書，自無從指之也。』愚案，『巧弗能兩』，當指工巧而他人弗能爲。且工巧之至者，本可使人知其巧而不能言其巧，則固合於此處『知而弗能指』之義；疑經之『貴者』，（說）之『遺者』，本當作『繢者』。遺字從辵、貴聲；績字從糸，貴聲。繢即論語八佾『繪事後素』之繪，傳寫誤脫糸，則經文可證；後人誤加辵旁，即為遺字耳。

(經)知狗，而自謂不知犬，過也，說在重。

(說)智：智狗，重，智犬，則過；不重則不過。

經上下闌『同：重、體、合、類』條，（說）云『二名一實，重同也』；經下上闌『謂辯無勝』條，（說）又云『同則或謂之狗，或謂之犬也』，皆可為此處『重』字作詮釋。(說)之首句句讀當作『智：智狗重智犬』，蓋明知狗犬為二名一實，而自謂知狗不知犬，其所指為重複的，故可謂過衍。『不重則不過』一句，高氏引爾雅釋畜『犬未成豪，狗』（頁一五九），張仲如集解引郭注爾雅（頁三四三），以辨『狗』『犬』之未必即為一實。然以釋此句，則不如梁氏之逕云『若知牛而自謂不知馬，則不過。何以故？不重故。』（頁一三一）為更得墨家眞意。〔高氏亦云『墨家以狗犬一實，故反對名家之說』；所謂名家之說，即莊子天下篇『狗非犬』之類。墨經經下下闌『狗犬也，而殺狗非殺犬也，〔不〕可，說在重』條亦討論同一命題者，經文『可』字上脫『不』字。胡適之先生中國哲學史大綱卷上（頁二四二）引此逕作『可』字解，則混名、墨之見為一，而墨經之義為不顯矣。〕

(經)通意後對。說在不知其誰謂也。

(說)通：問者曰：子知羈乎？應之曰：羈何謂也？彼曰羈施，則智之。若不問羈何謂，徑應以弗

智，則過。且應必應，問之時若應，長應有深淺，大常中在，兵人，長所。

此條之主旨並不難知，張皋文云『先通彼意，後乃對之，否則不知其何謂』（卷下，頁一三），是也。惟前段⿰鬳几字之訓詁難定，後段又文字錯亂，義不易尋，爲此條困難之癥結。

⿰鬳几字，畢氏以爲『當爲⿰鬳几，即驘省文。』驘，即俗稱騾。然下文又有⿰鬳几施一名，張皋文以爲『蓋即蠃螔』。案蠃、螔非一詞。爾雅釋魚『蚹蠃、螔蝓』句，蚹蠃大約即小雅小宛所云之『蜾蠃』，螔蝓與之相近。說文卷十三上，蝓，虒蝓也。段注以爲『牆壁間溼處，無殼有兩角，無足，延行地上，俗評延游。』蠃、蠃同音，分見說文。施字古音移，螔字亦音移。苟蠃字在墨經中因同音誤爲蠃，螔字又因音同借寫爲施(yi)，則張氏說可以成立，第無法證明耳。螔蝓實輭體腹足類動物，段氏之注未必合科學，惟『延游』一稱今猶有之。此處（說）所言，不過言單字不易明時，如問之，對方以二字成詞作答，則易知矣。荀子正名，『單足以喻則單，單不足以喻則兼』，亦是此意。猶今人言姓弓長張，立早章之類。他說或以⿰鬳几施爲『羈旅』二字（譚氏頁一七四，高氏頁一六〇，並從曹鏡初），或以爲『駱駝』之假借（張之銳），但所釋之旨皆與此無別，可毋贅說。

『且應必應問之時』應作一讀。張皋文句讀同，閒詁斷句爲『且應必應』，而自以爲『此義難通，疑當作且問必應。』曹鏡初墨子箋云『時，當其可之謂也。』張之銳新考正墨經注以爲『言凡應人之問，必於人問之時，即當應之。如有所不知，不能待我退而攷察，故轉以所問者問彼，以通其意也。』高亨改此句之下『若應長』三字之『長』字爲『焉』，與此句連讀爲『且應必應問之時若應焉』（頁一六〇），而詮說則與張氏無大異。譚戒甫釋此句之第二『應』字，引說文『應，當也』（頁一七四），則其緒亦自曹氏發之。案，墨子固長於演說者，墨家平時對自己一派理論之闡發研討，亦不遺餘力。故七患云『心無備慮，不可以應卒』（卒，猝也。史記仲尼弟子列傳，『慮不先定，不可以應卒。』」）公孟云『夫應孰（熟）辭稱議而爲之，敏也』，當可旁證『應必應問之時』之義。至於除時間之因素外，應於理必得當，如公孟云『問於儒者何故爲樂，曰，「樂以爲樂也。」子墨子曰：「子未我應也。」今我問曰：「何故爲室？」曰：「冬避寒焉，夏避暑焉，室以爲男女之別也；」則子告我爲室之故矣。今我問曰：「何故爲樂？」曰：「樂以爲樂也。」是猶曰：「何故爲室？」曰「室以爲室也」。』則此義此處未發。『若應長』三字文義緊接前句，爲『且應必應問之時，若應長。』此正應對長者若令長應有之態度。曲禮云『長者不及毋儳言，正爾容，聽必恭。毋勦說，毋雷同，』『侍坐於先生，先生問焉，終，則對』，雖古代儒家之禮，然墨子與程子（程繁，見三辯篇）辯，固嘗『稱於孔子』者（公孟），疑此墨家弟子或卑位對長上之禮亦類同。孫氏疑『長』字當作『其』，讀句爲『且問必應，問之時若應，其應有深淺』，疑非是。

『應有深淺大常中在兵人長所』十二字，張臯文以前六字『未甚明了』，後六字『錯亂無義，未審當在此，或在下節之首。』閒詁言『大』字，道藏本，明吳寬鈔本作『天』，孫氏則疑當作『人』。又從畢氏，以『常』爲堂字。『兵人長所』之『長』字，吳鈔本作『常』。孫氏則爲『兵』『長』二字皆爲『其』字之譌，當作『其人其所』。孫氏之斷句，本條之（說）僅至『其應有深淺』止，而以其下八字屬下條（經下下闋首條『所存與者，於存與孰存，駟異說』條）之（說）。梁任公先生以爲本條之（說）應至『長』字，『所』字乃下條牒經標題之文，然於文義則云『未能索解』（頁一三一——二）。張仲如從道藏本、吳鈔本、陸穩、唐堯臣本改『大』

爲『天』字，從孫氏改『兵人長所』爲『其人其所』，又改『在』爲『存』字（以與下條經及（說）之『存』字相應），讀爲『天常中，存其人其所』，繫於下條(說)首（集解，頁三四四）。譚氏、高氏俱同梁氏，以『兵人長所』之『長』字爲本條(說)最後一字。譚從曹鏡初校，改『大常中』爲『大小不中』（謂篆文『小』『不』二字誤合爲『常』），改『兵』爲『長』字，讀最後一節爲『若應「長」：應有「深淺」、「大小」，不中；在「長人長」』，釋其義爲如有人問『長』字義，應以『深淺』『大小』，皆不得當，若應以『長人之長』（引孟子告子），則『其意甚明，聞者憭然矣』（頁一七四）。高氏則改讀爲『應有深淺大小，當在其人焉』，以爲『小與中、當與常、其與兵、焉與長，皆形近而誤，「小」「當」又誤倒耳』（頁一六〇）；衆說紛紜，莫此爲甚。

愚案，本條（說）似仍應至『所』字止。『所』、如據下條經下下闌首條文字，以爲係（說）之標牒字，應於釋下條時補之。且全經中標牒字待補者甚多，未必悉關意義，即不悉補，讀者知其法則者亦可明瞭，故如一字牽上文而在意義上可與釋上文文義有關者，不可强奪去之而悉以爲標牒字也。閒詁以下條（說）中文字有『室堂』，又從畢、以『常』爲堂字，遂斷『大（人）常（堂）中在，兵（其）人長（其）所』歸下條，然於下條亦無所發明。張仲如讀『大常』爲『天常』，於集解中謂『以天常，對人物之無常言』。案墨子中言『天』者極多，即比較特有之名詞，如天民、天志、天德、天賊之類皆可考索，而不及『天常』。荀子天論固云『天行有常』，似亦未能據以詮釋此處張氏之說。

愚疑本條此最後十二字有竄亂，應讀『應有深淺，在兵：大堂中、人長所。』『常』字從畢校作『堂』，『在兵』二字誤倒在『大堂中』三字下。所謂『在兵』者，指墨家參與之城守諸務。備城門篇云『守堂下爲大樓，高臨城，堂下周散道，中應客，客待見』（此段，岑仲勉墨子城守各篇簡注移入號令篇，頁一一二——三），號令篇亦云『守堂下爲高樓』，是堂，卽兵中見客之所也。號令又云『客見，持兵立前』，卽本條『在兵』警備森嚴之地。『人長所』卽官長所在之地。『長』，親士篇言『千人之長』，備城門、迎敵祠篇言『什長』『百長』，第其義不可拘泥耳。城守各篇，於官長多稱守、太守、將、都司空、令、丞、尉。據城守諸篇，在兵中之『客』，要可分爲兩種：一爲外來之使者或賓客，如號令云『諸人士外使者來，必令有以執』；一爲同在城中『與計事得失』之人，如備城門所紀，通常爲『三老』之類；墨子弟子助城守者，當亦在內。在兵中，應對應有深淺，應通意後對，自不待言。

墨子城守諸篇，近人頗有疑其爲秦人之書者，篇中官制，亦多秦時官。惟墨經之時代亦非早，皆在戰國時。備城門、備高臨、備梯、備穴、備蛾傅、雜守，開首皆託禽滑釐問子墨子之言，證以魯問、公輸篇之論『鉤拒』，『木鞼（鵲）』，『雲梯之械』，是亦不能與墨家善於守禦之說毫無關係。謹釋本條之（說）如上，海內賢者必有以教益之也。

經下下闋經說下下半

(經)所存與者，於存與孰存，駟異說。

(說)室堂，所存也。其子，存者也。據在者而問室堂，惡可存也。主室堂而問存者，孰存也。是一主存者以問所存，一主所存以問存者。

經『所存與者』，『與』字下據（說）脫一『存』字，當從張皋文校補（卷下，頁十四）。『駟』字蓋爲『四』，說文（卷十，上）『駟，一乘也，』爲四馬，從馬，四聲。但『乘』字又引申爲凡物四曰乘，如乘矢、乘皮、乘韋、乘壺之類，疑『駟』『四』古通。禮記樂記『夾振之而駟伐，盛威於中國也』，注『駟當爲四，聲之誤也。武舞，戰象也。每奏四伐。一擊一刺爲一伐。』本條經當作『所存與存者，於存與孰存，四，說在異』，『在』字誤脫而異字又誤竄也。吳摯甫已云『駟卽四』，高亨從之，但以『駟』字爲『四焉』二字誤合（頁一六五）。案，墨經中用『焉』字亦不少，其以『焉』字置諸數目字之下者，如經下下闋『一少於二』條，（說）『五有一焉，一有五焉，十二焉』卽爲一例，高說不敢云其誤。然駟爲聲誤或通假，旣有旁證，說已可通，亦不遑外求。張皋文以『駟』字爲衍，『異』字一字爲句，在『說』字下補『在主』二字，爲『說在主』。梁任公悉從之（頁一三三）。譚戒甫亦從此說，惟疑『駟』字非衍，而本爲『駐』字，因主『說在駐』（頁一七五）。〔閒詁破『駟』字爲『四足牛馬』四字，云『譌挩合并爲一字』，並以『駟異說』一行屬之經下上闋『推類之難』條之發端語。張仲如集解（頁三四四）通經下上闋末條〔卽本條之上一條〕之(說)末『大常中在兵人長所』

八字於本條（說）之前，其誤已甚，可毋論。」

本條之『存』字，卽『在』字之義。室堂，爲『地』，人之所居也；其子，猶今人言『其人』，居於彼所者也。『據在者而問室堂』，卽以人爲主而言居住之所，應云『惡可存也？』猶白話言『那裏可以住呀？』『主室堂而問存者』，卽以地點爲主而言居住之人，則應云『孰存也？』猶白話言『誰在那裏住呀？』是本條主要之四詞，當爲『地』『人』『何地』『何人』，因言語時主體之不同而有應對之異，並無深論。張皋文云『此承言通問』，蓋爲得之。集解昧於此義，復深以求之，於是言『乃主人而問室堂，往往人存，而室堂或存或不存。又主室堂而問人，往往室堂存，而人或存或不存』，遂歎人生之無常。覈之文句，殊無此玄旨。（『據在者而問室堂』之『在』字，張皋文改爲『存』，梁、譚、張仲如俱從之；惟閒詁以爲『在，存義同，似不必改』，甚是；因此處正藉此『在』字以見本條之義也。『惡可存也』之『可』字，閒詁改爲『所』，云『問存者，以在室堂或在堂也』，說甚誤。集解亦從之。梁氏刪『可』字以爲衍，譚氏以『可』爲『何』之省文，皆可不必。）

（說）之『所存』『存者』，在字面上頗類譯佛經名詞。治墨經而喜援引佛經名詞者，於此處固不妨以『存者』爲『能存』以譬況之。然學者當知墨學本身初無成唯識論一類知見也。

(經)五行毋常勝，說在宜。

(說)五合：水土火，火離然。火鑠金，火多也。金靡炭，金多也。合之府水，木離木，若識麋與魚之數，惟所利。

經之『毋』字，張皋文曰：『無也』（卷下，頁十四）。（說）之開端『五』字，應依標牒字例，作『五行』，『合、水、土、火、火』當爲『金、水、土、木、火』，述五行之名，而『金』字誤作『合』，『木』字又誤爲『火』也。『離』字一字爲句，全句當爲『五行：金、水、土、木、火離』，下一句則爲『然火鑠金』，皎然可讀矣。『合之府水，木離木』句，『合』字亦『金』字之誤，第二『木』字爲『土』字之誤。凡以上譌字皆因形近致誤。經之『說在宜』，『宜』字欒調甫以爲與古文『多』字相近，爲『多』字之誤（見所著梁任公五行說之商榷一文，研究論文集，頁四二），集解（頁三四五）從之，譚（頁一七六）、高（頁一六六）說亦相同。其實，墨經中用『說在宜』者凡三處，即本條之次一條，經文中亦云『說在宜』。其他二處『宜』字固不可悉改也。此處如改『宜』爲『多』字，義固稍勝，不改意亦甚明。又（說）之最後二句，張皋文、孫仲容並以屬下條，非是。

五行生尅之說，梁任公以爲始自鄒衍（頁一三四），欒氏非之，推以爲至古，云『創於黃帝，久成定論』（頁四〇）。本篇不必爲五行之起原論辨，惟墨子書中除此處言『五行』外，明鬼下亦引甘誓『有扈氏威侮五行，怠棄三政』。尚書中（洪範，甘誓）所稱『五行』之內容究爲何物，固可置疑；然他書如左昭二十五年傳，子大叔答趙簡子，云『聞諸先大夫子產』之言，有所謂『生其六氣，用其五行』，昭二十九年傳，蔡墨答魏獻子，復明言『有五行之官，是謂五官』，其下文列舉木正、火正……等之名。淮南子天文訓，春秋繁露五行相生篇所言『五官』，大概即師此類遺意者。古書他處中亦有言及五官者，（如管子大匡、商君書君臣、戰國策齊策、曲禮、大戴禮千乘、曾子問）而未必涉及五行。即如墨子節葬下，號令篇，俱言『五官』，亦無五行之痕迹。是五行之說，在墨書中惟此處所言，有金、水、土、木、火等原質。不論其紀錄之時代在左傳成書之前，或在左傳成書之後，其爲戰國時流行之成說，當可無疑。（節葬下言『五官六府』。案，六府，亦見左傳文公七年，晉郤缺言於趙宣子，以『水、火、金、木、土、穀謂之六府』，是六府實包括五行在內。此或者爲以五種原質爲五行之說尚未成定型前之一種說法。）

『五行無常勝』之語，亦見於孫子虛實篇。孫子主旨在說明『因敵變化而取勝者謂之神』，『五行無常勝』不過爲所舉之一例。孟子告子（上）云：『仁之勝不仁也，猶水勝火。今之爲仁者，猶以一杯水，救一車薪之火也；不熄，則謂之水不勝火。』似最足以說明本條『火多』，『金多』之義。『然火鑠金』，『然』即燃燒之『然』。火力盛熾而金屬遂銷鑠；金屬力强而炭又碎靡。此處之『炭』字卽『火』之代表名稱。如淮南說山訓言『莫相愛於冰炭』是。有時火可勝金，有時金亦勝火，端在因時制宜。

（說）首言五行『離』。此『離』字，高亨以爲『涉下文而衍』。閒詁、梁任公校釋、集解皆以『火離然』爲句，雖非，但釋『離』爲附麗之義則仍不誤。七患云『此其離凶餓甚矣』，離卽罹，亦有著附之義。附麗者，卽一種原質之存在與他種原質之間有一種依存關係。此原質並不一定是現代化學所說之 elements，其『依存關係』亦不一定是科學上的眞實，然在古人觀念中有此一種想法，此種想法雖不完全科學，亦並非無意於將各種物質儘量給予一種在當時人看似合於邏輯之歸納，則爲事實。例如，鑽木而得火，乾燥之森林亦往往有自燃現象，遂使人有一種『火』爲附麗於木的的觀念。周易彖（上）傳，『離：麗也』，又云『百穀草木麗乎地』，疏云『麗者，附麗』，於此處可通。下文云『金之府水，木離土』，所述卽此類現象。『金之府水』，指金屬中涵蘊着水分而言，此古人觀察事物不明，例如見金屬暴露於潮潤空氣中而有潮濕現象，或日久被蝕損，皆以為水分自金屬本身產生。故譚以古人『以水聚藏於金』（頁一七七），是也。高亨則以『金之府水，火離木熾（改『木離木』之首一『木』字為『火』，以下句『若識』二字為倒，又斷『識』字屬上文，並假『識』為熾盛之熾字。）』，為『五行相生』，『如金附麗於水，火附麗於木而熾』（頁一六七）。案，火附麗於木，固為古人之一種觀念，但『金附麗於水』，則未之前聞。後世千字文云『金生麗水』，此麗水指金沙江，嚴格地言之為地理名稱，並非指水能生金之觀念，亦不宜以此『金沙』羼入五行順序中，以五行之『金』蓋泛指一般金屬，不一定為黃金，而水中並不能產生金屬，則先秦時亦已瞭然者也。高氏以此釋五行相生，謂『水生金，木生火』。其實，陰陽家所云相生，為『金生水』，非『水生金』，檢淮南天文訓等書可知，高氏說蓋謬。全條文字，在說明五行『離』，因而『無常勝』之意義。『火多』，『金多』；『府水』『離土』為兩組不同之舉例，前者言多則制勝，後者言其間依附而存在之關係。最後二句，『識』字應讀如論語『默而識之』之『識』（述而）；『數』，疑為『藪』字。藪為禽獸所聚之處，多識麋、魚之所聚，便知其所以聚之故亦唯其所利而已。如公輸言『荆有雲夢，犀兕麋鹿滿之，江漢之魚鼈黿鼉為天下富，宋所為無雉兔鮒魚（末二字原作『狐狸』，依王念孫校改）者也』，蓋為當時人之一種常識。引以為例，蓋言五行之多少、附著，不一定有固定的關係，惟所利而已。故五行關係變化，亦端視其所利，即經之所謂『宜』而決定。案，本條言『鑠金』『靡炭』，頗近於漢代以後黃白變化之言（欒氏墨子科學，論文集頁九〇——一，亦言及之）抱朴子遐覽會舉墨子五行記，為後世道教託為墨家之書。疑墨家對此一方面之原始科學，亦有所貢獻，而不同於一般之五行常勝（即相尅〕、或相生之言。惜所存之材料不多耳。

(經)無欲惡之爲益損也，說在宜。

(說)無欲惡：傷生損壽，說以少連，是誰愛也。嘗多粟，或者欲不有能傷也。若酒之於人也。且恕人利人，愛也，則唯恕弗治也。

本條經『欲惡之爲益損』當爲一命題，而墨家之說適與之反，故言『無欲惡之爲益損』。以欲惡爲益損，則苟以爲益，遂多求而以爲可欲；以爲有損，則惡絕之而惟恐其或嘗。然事物之益損因人而異，或欲之而於人有損，或欲之而於人無損；或損之而於人有害，或損之而於人不害，非可一例看待，故云『說在宜』。閒詁以經上上闌『平：知無欲惡也』之『無欲惡』與此條並論，蓋未明本條之義。張皋文云『欲惡去之有益有損，視其所宜』(卷下，頁一四)，或尤勝於孫氏之說。(說)之標牒字應爲『無欲惡』，梁(頁一三五)、譚(頁一七七)、高(頁一六八)皆以一字標牒，固不失標牒本旨(本不能必其有意義)，則當於(說)之『無欲惡』三字上另添一『無』字爲標牒。不然，如高氏云『墨子曰「欲惡傷生損壽，說以少連」』，遂言『少連曾言欲惡足以傷生損壽矣』，少通有無此言，史無可據。然此處(說)明言『傷生損壽，說以少連，是誰愛也？』，不得以『無欲惡』與下文綴成一句。『無欲惡』即經『無欲惡之爲益損』之省文。

少連，近人(譚、張仲如集解、高氏等)據論語微子，禮記雜記，家語子貢問篇，皆以爲古時達於禮之逸民。雜記(下)記孔子言少連善居喪，『三日不怠，三月不解』，蓋即墨子節葬下所云『相率強不食而爲飢』者。〔案，禮記間傳云，『斬衰三日不食，齊衰二日不食，大功三不食，小功緦麻再不食』，則少連之『三日不怠』，正不食之義，參禮記注可證。〕墨家反對之，故云如此不食爲孝，是誰愛也？故少連之行爲，儒家視爲可法者，墨家正視爲傷生損壽；故云『傷生損壽，說以少連』，猶言傷生損壽之人，正可以少連爲之代表。是乃在某一時期之生活中能行傷損者，如以此爲愛父母，究誰愛耶？是正說明損之而於人有害者也。〔然此意在墨經亦非絕對的，故下條又闡『損而不害』之義，二者當合觀，非徒一偏之論也。〕

『嘗多粟』，可謂飽食矣，正爲上文不食之反面。多食由於多欲，然多食亦可能過飽，過飽則又於人有傷，與不食之損生也同。故云『或者欲不有能傷也？』（此句爲反問之辭）有字爲『又』字。閒詁疑『或者』一句當作『或者欲有不能傷也』，謂『言多粟而或欲有之，然徒欲不足爲益損也』，實未能透徹此旨。『若酒之於人也』一句，嘗粟與飲酒互譬。少飲則歡，多飲則醉，則飲與食之事正復相同。論語鄉黨『唯酒無量，不及亂』，『不及亂』即『宜』之標準，此標準因人而不同。

最後一段（三句），惌字墨子書本常見，譚氏以爲『痴』之本字，因釋曰『亦有痴人，己不先施其愛，徒欲贏得他人之愛己，則惟此痴當成爲不治之症。』其實，此『惌』仍當作『知』字解。『且惌人利人愛也』句，『愛』字應在『惌』字下『人』字上，爲『且惌愛人利人也。』（高亨校以爲當作『且惌利人愛人也』，說亦通。然墨子書中『愛人利人』幾成一特殊之詞，法儀篇凡三見，兼愛下四見，天志中四見，其餘以『愛利』爲說者尤多，似以拙校爲近。）『則唯惌弗治也』一句，高校『惌』當作『恐』。言『惟其愛人，故欲利人，惟其欲利人，故唯恐人羣之不治』。閒詁改『治』爲『給』字，則言『言知利愛人，而力不可徧給，亦不足爲益損也』。兩說可互通。其實，卽不改原句，『則唯惌弗治也』已有惟恐天下之不治之意。經上上闌『治，求得也』條，(說)云『吾事治矣，人有治〔案，當作『有治人』〕南北』，正見其栖栖皇皇，既不知其憂勞欲惡，亦無益損之可言，此則墨家一派特有之精神，如備梯篇言『禽滑釐子事子墨子三年，手足胼胝，面目黧黑，役身給使，不敢問欲』，其生活或視少連之居喪而猶過之。然墨家以少連之傷生損壽爲無需，墨家之摩頂放踵爲利天下，非此不足謂『宜』，是亦凡事有利於人者進一步求之之主張，於經文他處亦言之累累者也。

(經)損而不害，說在餘。

(說)損：飽者去餘，適足不害。能害飽，若傷麋之無脾也。且有損而后益智者，若𤸎病之之於𤸎也。

(說)之『能害飽』，依梁校，當作『飽能害』(校釋，頁一三六)。『傷麋之無脾也』一句，閒詁舉儀禮少牢饋食禮，云『少牢饋食禮云「腊用麋」，又云「髀不升」，鄭注云「近竅賤也。古文……髀皆作脾」；此與古文體正同。言麋以共祭，而髀不登於祭俎，故傷麋雖無髀，無害於爲腊以共祭。亦損而不害之意。』案，孫氏閒詁之說似有理，然亦可能有疏失。孫引儀禮鄭注『髀不升』一句，爲注『司馬升羊右胖，髀不升』之句，在『腊用麋』句前十餘句。麋之髀升不升禮經無明文，解者亦多以爲『不升』，合於孫氏此處之意。但儀禮下文敍主人獻祝，則有『腊：兩髀屬于尻』，非全廢棄不用。孫氏注、集解(頁三四六——七)悉引之，似仍有可商。曹鏡初改『麋』爲糜(墨子箋)，譚(頁一七八)、高(頁一六九)氏皆從之。糜，卽粥。食糜過飽則傷脾，如知飽而去餘，使適足其量，則不害。『𤸎』、從畢說卽瘧字之省文。病瘧者，以損去其瘧而後爲得益，卽經下下闡『巳：成亡』條之(說)，『治病，亡也』之意，義至簡可以無說。孫氏疑『智』字衍，兩『之』字之下一

『之』字當作『人』，則（說）之末二句當爲『且有損而後益者，若瘧病之人於瘧也』，義正皎然。曹氏改末句第三『之』字爲『止』，譚氏從之，並以『益智』二字誤倒，遂校句爲『且有損而后智益者，若瘧病之止於瘧也』，謂『今有損而後始知其爲益者，如瘧病之止於瘧是已』（頁一七九），實不及閒詁。

梁任公先生謂本經上條『頗近道家言』（頁一三五），愚不敢必；但本條（說）『損而后益』，則與老子『故物，或損之而益，或益之而損』，文字上頗相近。然亦僅文字相同耳，若其說之本旨，則二者仍不相侔。

(經)知而不以五路，說在久。

(說)智以目見，而目以火見，而火不見。惟以五路智久不當，以目見，若以火。

本條（說）最後一句，張皋文讀『若以火』爲斷。（惟析上條之（說）『智者若瘧病之於瘧也』入本條爲誤；卷下，頁一五。）孫以『以火見火』爲句（且以本條之（說）僅至『智久不當』爲止，而以『以目見，若以火見火；謂火熱也，非以火之熱』爲下條之（說））。梁氏悉不謂然，謂『彼火字（指『若以火見火』句之第二火字）乃下條之牒經標題』，故以本條（說）之最後一句爲『若以火見』（頁一三七；譚氏頁一七九，高氏頁一七〇皆同）。愚案本篇各條初步抄經文及（說）大體依閒詁，即句讀亦儘可能從之，以便讀者有所根據，再加以考驗；本條逕以『若以火』爲斷，以張氏讀此條勝後人，且下條之（說），首一句實應爲『見火』；吾人如以『見火』爲二字標牒，固無不可，否則，即應於『見火』之上另添一『見』字爲標牒，不可拘於梁任公先生之說，更不可如近賢因文中少一『見』字而誤解下條之文義也。

『五路』於本條中，雖成一專門名詞，墨子書中並無旁證。梁氏以爲即五官。案，五官，荀子正名云『心有徵知。徵知，則緣耳而知聲可也，緣目而知形可也。然而徵知必待天官之當簿（薄，下同。）其類然後可也。五官簿之而不知，心徵之而無說，然人莫不然謂之不知。』但未言五官之稱。天論云，『耳、目、鼻、口、形，能各有接而不相能也，夫是之謂天官。心居中虛以治五官，夫是之謂天君』，似五官當指『耳、目、鼻、口、形』五者。楊倞注正名，言『五官：耳、目、鼻、口、心』。與注天論言『耳、目、鼻、口、形之五官』微異，蓋未細察。梁先生云『官而名以路者，謂感覺所經由之路。』

（說）之『智』即知字。（說）首之一『智』字，爲標牒；『惟以五路智』五字當在句前，竄亂於後，疑當校讀之爲『智：惟以五路智以目見，而目以火見，而火不見。久不當以目見若以火。』『以目見，而目以火見，而火不見』乃其他辯者之主張；墨家云凡類彼之知，皆可稱之爲『以五路智』（即靠五種感覺器官而能得之知覺）。若吾人對於時間（久）之知覺，則不賴此五種感覺，故『知以五路』之說，墨家遂視爲未能概括知之全部。

公孫龍子堅白論曰，『白，以目（孫仲容閒詁云公孫龍子此處『目』字下脫『見，目』二字。）以火見，而火不見，則火與目不見而神見。神不見而見離。』對於白色之認識有賴於目，又有賴於光（即『火』），但光亦非視覺之本身，目與光更賴人體之神經作用（『神』）。公孫龍子更言『神不見而見離』，猶言神經作用亦非邏輯上所謂認識(cognizance)之本身。但墨家此處則僅見吾人對於時間之了解，其方式與『以目見、若以火』（用眼睛這器官以至於光線的幫助）者不合，未及其他。時間之了解，或賴記憶，或賴想像，茲不贅言。任公先生言：『吾人之得有時間觀念，全不恃五官之感受；與以目見火不相當。時間觀念，純由時間相續而得來。』

吾人因時間而知有時間，若以火見火也。』案，梁氏校本條，已先破閒詁『以火見火』之句讀（見前），『若以火見火』之說，不能用以解釋梁校之原文也。

(經)必熱，說在頓。

(說)見火，謂火熱也，非以火之熱我有，若視曰。

經之『必熱』，爲火熱之譌。閒詁據莊子天下篇辯者之言『火不熱』，亦校改此處爲『火不熱』，曹鏡初、張仲如（集解，頁三四七）等從之。不悟『火熱』之說正爲辯者之言之反。

（說）之句讀，亦未能從閒詁以『非以火之熱』爲斷（胡適之先生中國哲學史大綱，頁一九四從之。）。梁氏以『非以火之熱我有』爲句，改下句之『曰』字爲『白』（頁一三八）。曹鏡初讀『我有』爲『俄有』，改『曰』字爲『日』（墨子箋），譚（頁一八〇）、高（頁一七一）、張仲如集解（頁三四八）皆從之。

辯者『火不熱』之說，申論之其見解有二：一、言火之熱由於吾人之主觀，非火之本身作如是觀；二、火，非熱之性質本身，二者是二，非一物。（參看馮友蘭中國哲學史，第一編第九章，頁二七二）墨者之反駁，自情理方面推測，固當一反辯者之所言。茲先將前賢釋此者，大別之析爲四說，分別觀之如次：（一）梁任公、胡適之先生說頗接近。梁云『謂火爲熱，不必以手觸火身受之，（原注：我有卽身受之意。）而始知其熱也。亦若視白卽知爲白耳。此條言兩種觀念之連絡，全恃記憶。』胡謂『一個「火」字便包含火的熱性。所以遠遠見火，便可說那火是熱的，正不必等到親自去感覺那火的熱燄。「火必熱，說在頓。」頓字也是記憶的意思。』案，兩先生或云『不必以手觸』，或云『不必等到親自去感覺』，而悉歸之於記憶作用，卽上條「知而不以五路」之意。惟梁說不用手觸而以目視白，視覺亦『五路』之知，故知梁氏之改『曰』爲白，恐有未安。

（二）高亨先生有二說。其一說與譚戒甫說相近。譚氏從曹鏡初之改字，謂『熱聚火中，非俄然而有。』引說文（卷十二，下）『我』字，『或說：我，頃頓也』，故『我』『俄』相通。然據說文，如『我』字有頃頓義，經又言『說在頓』，似相吻合，而譚氏棄之，別引莊子寓言『火與日，吾屯也』，釋文云『屯，……聚也』，爲頓字之解釋。（案，莊子寓言之言，乃景（影）答罔兩之語，謂火及日光皆可生影子，其原文與此處無關。）蓋以經文言『頓』（頃刻），而（說）言『非以火之熱俄有』，二者不相容，遂不得不爲『頓』字覓新解，釋此處之『頓』爲『熱之性常聚於火體』，因而非俄有。其以視日爲譬者，譚氏言『蓋吾人視日即知其熱，與握火得熱無以異也，因用爲譬。』（頁一八一）案，以頓爲屯聚，說文（卷九，上）段注已言之，在訓詁上本無不合；此言言『火熱』之理由在『屯聚』。惟於『視日』之解釋，尙未明顯，蓋『握火得熱』由於觸覺，即上條所云之五路智，至於『視日』，則所得當爲『日形』而非其熱，而『視日』亦所謂五路智，不足以服倡『火不熱』者之心。

高氏以『頓』爲純之借字，謂『人謂火熱也者，因火之熱乃純有，乃久有，乃長有，非因火之熱俄頃而有也。』復云『日之熱亦長有，非俄有，故曰「若視日」』（頁一七二）案，上段引譚氏『頓』爲屯聚之說，屯聚亦爲積累而非一時之事，故兩說大體可互通。

（三）高氏於上說外，又引或說云：『或曰：「我當讀爲『爾我』之我。火之本體不熱，其熱乃我之感覺所有。」亦通。』（頁一七二）此或說云火之熱『乃我之感覺所有』，與（說）之原文『非以火之熱我有』相背馳，似不可通；且云火熱乃我之感覺所有，又陷於持『火不熱』論者言火熱由於吾人之主觀，非火之本身。

（四）閒詁之句讀，雖有問題，其釋『非以火之熱』一句則云『言火雖熱，而所見者光也，非以其熱。莊子天下篇云「火不熱」，此卽其義。』此猶言火與熱非一事。亦正陷辯者論中。孫氏釋經，又改『頓』爲覩字，云『（說）無頓義。疑當作覩。說文目部云，「睹、見也」。古文作覩。』曹鏡初釋『火不熱』云『頓、遽也。謂俄頃之時也。火雖熱，而乍見之者，但見其光，不覺其熱。徐徐稍久而後熱也。此亦非目之所知也。』又云『日光亦熱，乍視之亦不熱也。』孫、曹之說，集解（頁三四七——八）悉引之，且云『孫說是也，曹說進焉』，蓋前賢不知此爲後期墨家反對辯者之言，因有此失。惟曹氏之校『曰』爲日字，仍勝於梁。

愚按：本條諸賢以『我』字爲『俄』者，在墨子書中不能得旁證。墨子迎敵祠『乃命鼓俄升』，俄字卽俄頃之意，作『俄』不作『我』。雖然，吾人固不能絕對謂本條之『我』字非用俄頃義也。又，墨子中用『頓』字極少。辭過云『兵革不頓，士民不勞』，頓字自指勞頓之意。然吾人亦不能便謂此處之『頓』字，必須作勞頓解也。愚以爲本條之關鍵在（說）首一『見』字（拙說上條已言之），『見』字斷在本條，則『見火，謂火熱也』乃人人所有之直覺或常識，此直覺或常識，亦可能由於過去之經驗（例如小兒因戲火而灼傷），故經云『說在頓』，頓卽說文『我』字或說所云『頃頓』之頓。蓋辯者從哲學上之知識論及形而上學之觀點言之，其分析本至精當，然以普通常識衡之，則不免斥之爲詭辯。墨家言火熱之知覺由於立刻之感覺，『非以我之熱我有』，謂此感覺乃人人所能有、非我一人所獨有者（所以謂之常識），而下文『若視日』之句，正以日之存在爲人人所共之知見，人人視日，皆知其晦明陰晴。用以反證『火熱』之說蓋可訴之人人之常識，不足深辯也。

(經)知其所以不知，說在以名取。

(說)智：雜所智與所不智而問之，則必曰：是所智也，是所不智也。取去俱能之，是兩智之也。

經首句『以』字，從梁校刪去（頁一三九），以涉下文而衍也。譚氏說此條，經文保留，(說)則除首一『智』字標牒外，全部移至經下下闋『聞所不知若所知，則兩知之，說在告』條之（說）『……故智其白也』與『外，親智也』兩句之間，而將該條『故智其白也』下原文『夫名以所明正所不智，不以所不智疑所明。若以尺度所不智長』廿五字移植爲本條之(說)，（頁一八一，頁二〇〇）以爲錯簡。謹按譚氏之說，在文字上並非不可通。然錯簡之由，旣不易明，而所涉之兩條如仍其原文不加改動，在文字上亦無格外難通之處，似宜從審愼。

經文之難，在名取一詞。梁任公先生以貴義篇下引一節說之：『子墨子曰：今瞽曰：「鉅者白也，黔者黑也。」雖明目者無以易之。兼白黑使瞽取焉，不能知也。故我曰瞽不知白黑者，非以其名也，以其取也。』（校釋，頁一三九） 可謂卓識。（『鉅』字無白義，俞曲園說之爲『豈』，『豈』卽皚之叚字，謂皚省作豈，又誤作巨。）墨者之言，蓋重在眞知力行，故（說）又言『取、去俱能之，是兩智之也』（智卽知字，前例甚多，可無贅。）梁先生未引貴義此節之下文。原文云，『今天下之君子之名仁也，雖禹湯無以易之。兼仁與不仁，而使天下之君子取焉，不能知也。故我曰天下之君子不知仁者，非以其名也，亦以其取也。』似更足以說明墨家析辨名實去取之眞意。兼愛下言當時之人『言而非兼，擇卽取兼』，指墨家兼士，言行爲人所傾服，因而寄託妻子，然於兼愛之理論，又羣起而非之，所謂『言行費（拂）』，本條則可謂名取拂也。非攻下云『此譬猶盲者之與人同命黑白之名，而不能分其物也』，亦可爲貴義所說作註脚。

（經）無不必待有，說在所謂。

（說）無：若無焉，則有之而后無。無天陷，則無之而無。

『有』『無』爲對立名詞。如老子言『有無相生，難易相成，長短相形，高下相傾』，所說亦皆對立名詞，此義墨家並非弗知之。經上下闕『同義交得，放有無』一條可證。高氏（頁一七四）以爲本條旨在駁老子，恐非。

『有之而后無』，固『有』『無』相對者也。『無焉』之焉字，閒詁校作『馬』，譚（頁一八二）、高（頁一七三）氏皆從說文『焉』字義，釋之爲鳳鳥，不論『馬』『焉』（鳳鳥）皆實物；在吾人意象中皆以其爲可以存在者。存在卽有，不存在卽無。今言『無焉』，是先存在而後不存在者也。其意簡而明。然墨子書中他處言『鳳鳥』者，並不用『焉』字。備城門禽滑釐問於子墨子，亦言『鳳鳥之不出』。則此處作『焉』，不無疑義。試嘗考墨子用語助詞，『焉』字用於動詞（『問』『取』『棄』『知』『語』……）後者甚多，此處之『焉』字，亦可能非一名詞。（如非攻中『古者有語』，『古者有語曰』，而尚同下云『古者有語焉』；經下上闕有『於一，有知焉，有不知焉，說在存』條，又『有指於二』條之（說）云『謂有智焉，有不智焉，可』；大取云『所未有而取焉』，『於所既有而棄焉』；固可槪見『焉』字用法。公孟云『問焉，則言；不問焉，則止』，凡二見；兼愛中云『此何難之有焉』，尤其近是者。）任何事物在情理上之可能有者，皆可姑假謂之曰『有』。今曰『無焉』，是有存在可能而無者也。例如司馬牛憂曰，『人皆有兄弟，我獨亡』（論語顏淵），此卽可能有而無之之例。其實際上本有，而今無之者，更不待言。至於『天陷』，則本無其事而今亦無之者也，故（說）釋之爲『無之而無』。蓋謂前一項之事例，乃以『有』爲其常理而『無』爲其變例者；後一項之事例，則『無』本爲其常理，今仍曰『無』亦非其變例者（今若曰有始爲其變例），二者之基本根據相異，故曰『說在所謂』。（譚氏改本條經末句『說在所謂』爲『說在有無』，謂與次條經之末句『說在有無』互譌，非。）

『天陷』之義，譚氏引莊子天下『南方有倚人焉，曰黃繚，問天地所以不墜不陷風雨雷霆之故』爲說，說似近之。張臯文云『天陷，未詳。或謂天所缺者。』（卷下，頁一五）愚亦疑『天陷』或指天生殘廢之人，如莊子養生主之『介者』右師，其情形或不同於德充符篇之三兀者。兀者被刑戮，其足本有而今無，介者天生而無之。今曰『無天陷』，猶言『無殘廢』，實際上所指爲其人肢體健全（『有』），但在論理學上則爲上述所云之『無之而無』。其辨（『所謂』）不可不明也。

(經)擢慮不疑，說在有無。

(說)擢疑，無謂也。臧也今死，而春也得文，文死也可。

閒詁據廣雅釋訓，有『揚搉』『無慮』，皆都凡之意，故孫氏以爲古書言大畧計算者，單言之亦可言『搉』『慮』，因疑本條兩『擢』字爲搉之誤。搉與榷亦通。孫氏引文選（卷六）左思魏都賦『榷惟庸蜀』，他本或作『搉』；又引荀子議兵『焉慮率用賞慶刑罰』，楊注『焉慮，無慮，猶言大凡也』。於（說）之義，閒詁云『「春也」與「臧也」對舉，疑「春」當爲斷養之「養」，形近而誤。「得文」疑當作「得之」。大意似謂亡臧而得養，畧足相當。』梁氏從胡適之校，改『文文』兩字爲『之又』，惟云『但仍未愜』；又疑此條之『無謂』，『春』諸字有誤，爲不易解，惟言『「擢」或爲「推」之譌。「推慮不疑」者，言推所以求不疑也』，復言『似亦未惬』（頁一四〇），又引胡適之言說文（卷十二，上）『擢，引也』，謂『擢』即小取篇之『援』，即推論之意。譚氏兼采孫、胡之說，以『擢』之義爲援，改『文文』爲『之又』二字，又以『慮』爲大凡，遂釋擢慮不疑爲『謂引彼事而推及此事，其是非之實大率可定，故曰不疑。』釋（說）『臧也今死，而春也得之又死也可』，爲『春亦當臧獲之類。……如服毒物，臧苟得之而死，則春得之亦可以死』。並改經之『說在有無』爲『說在所謂』，又移下條之（說）首『且猶是也』四字於本條（說）末，云『且，將也』，以歸結其『擢』即援例之義（頁一八二——三）。

張之銳（新考正墨經注）以臧爲藏，云『冬主收臧，草木皆死』，而釋『春也得文』爲『至春則春木皆抽條敷華而有文彩』，『文死也可』爲『冬時之死，爲春時之文。春時之文，至冬時復死。故曰文死也可。』張仲如集解悉引之，惟改『春也』一句爲『而春也得生生死也可』（頁三四九）。爲說此條之具哲學意義者。

高亨亦采閒詁之說，以『擢』爲搉字之誤；惟謂『搉當讀爲確』，釋『搉慮不疑』云，人於一事，既經慮求，而能確定其如何，是爲確慮。確慮則不疑之，因其已無可疑也。』爲實其說，又以經『說在有無』之『有』字爲衍。（說）之兩『文』字，高氏以爲一爲丌（其）字之譌，一則衍文。引呂氏春秋離謂篇『洧水甚大。鄭之富人有溺者，人得其死者』，『死』即尸字，謂『臧也冬死，而春也得其死也，可』，謂『未得其屍，其死可疑也。及既得其屍，則其死可無疑也』（頁一七四），以『可』字之義爲『可不疑』。

愚案，以上諸賢之說，紛紜莫衷一是。其所以各持一辭之故，一在『擢慮不疑』之解釋，一在『臧』『春』之稱謂，一在兩『文』字之校讀。三點明則本條之含義當不能外，而此三點尤當求其互相貫通。

擢，固有『引』字義，然說文（卷十二，上）拔字，擢也，則擢亦有拔義無疑。（曹鏡初、張之銳皆以擢之義爲拔。）擢慮，卽不疑；（說）云『無謂』，以事無多疑之必要也。譚氏引經下上闌『一偏棄之』條之（說），『無謂則疑也』句，云『引擢大率不疑，將得其實；實得卽得其所謂也。反之而疑，其實不得；實不得則無能謂矣。故曰疑無謂也。』其實該條墨經原文作『無謂則報也』，『疑』字係譚氏所改（頁一二九——三〇），實與本條無涉。經云『說在有無』，言問題之關鍵僅爲『有無』，固不須深加覈較者，參（說）所舉之例自明。諸賢說此者，或未能著意於『有無』二字：如譚氏，改『有無』爲『所謂』；如梁氏，則無說；高氏則以『有』字爲衍；曹氏、張之銳、張仲如等又以『有無合』爲句（『合』卽經下上闌『合與一，或復否』條之首一字，去『合』字則得『與一』二字矣，不可從。）；惟孫氏仍申其摧慮爲大凡之意，釋『有無』爲『約計其大數』，其說雖愚不能安，固自前後貫串。

『臧』『春』二字對舉，孫氏以降如伍非百（墨辯解故）、譚氏亦言之。劉申叔先生以此條『兩「文」字一爲衍字，一疑「不」之訛。』又改『春』爲春字，謂句當作『臧也今死，而春也得，不死也可。』（卷下，頁九）今案，劉先生改『春』字之原因雖未說明，竊以爲其意甚有啓發。『臧』本臧獲之意，前於本篇他處已明之，大取篇且有『藉臧也死而天下害』之句，文字與本條『臧也今死』相似。釋『臧』爲藏，在字義上固無不可（如大取亦有『聖人不爲其室臧之』；耕柱『不舉而自臧』；惟墨子中亦有藏字，凡十餘見，非必用『臧』字爲假借也。），惟衡以全條文字，則不如臧獲之說爲得。天志下記戰事之得勝者，得被征服之民，『則係操而歸：丈夫以爲僕圉胥靡，婦人以爲舂酋。』胥靡者，荀子儒效篇『鄉也胥靡之人』，楊注，『爲刑徒人也，胥相；靡，繫也』，則此『臧』『舂』之爲男女奴可知。（參前箋經上下闌『名達類私』條）（說）之『舂』，蓋卽『舂』之誤，賴天志之文字可證。兩『文』字，愚疑前一『文』字爲『夫』字，次一『文』字爲『不』字，句當作『臧也今死，而舂也得夫，不死也可』。此處之『舂』，卽臧之遺妻，或爲人所畧佔、或另予擇配、或自行改嫁，俱先秦之常俗，此類情形，至漢代未改者；有夫卽可謂之不死，墨家據此習俗，以說擢疑無謂之例，吾人當不能以現代之觀念而責古人錄奪賣買之習也。

(經)且然，不可正，而不害用工，說在宜。

(說)且，猶是也。且然，必然。且已，必已。且用工而後已者，必用工而後已。

（說）『且然必然』之句，閒詁云『舊本作「且且必然」』；吳鈔本作「且必然」』，此從閒詁用王引之校。舊本『必用工』下無『而』字，亦依王校補。

經之『正』字，曹鏡初（墨子箋）改爲『止』，譚戒甫（頁一八三）、高亨（頁一七五）從之。然『不可正』之義固甚明，無改字必要，非命下云『若言而無義，譬諸立朝夕於負鈞之上也，故有巧工必不能得正焉』，或可明此處之『正』字亦不誤。高亨以（說）『且已必已』句下，應加『且用工而後然者，必用工而後然』十三字，以爲文須相對，義亦相成，脫一句則疎。以校勘之體例言之，亦無必要。

經上上闌『且，言然也』條，可與本條同參。工、功二字在墨子中並用，其義亦可互通，惟大體言之，『工』常指『工作』而『功』常指勞績。『且用工而後已者，必用工而後已』，指事物非經努力不能有成績者，其須用工固無論矣，如經所言，亦有事之將然不可正，而猶不害用工者，其爲之所以行心之所安，且冀其猶或可正焉，故曰『說在宜』。經上下闌『合：缶、宜、必』條之（說）言『志工正也』，蓋亦宜之義。

(經)均之絕不，說在可均。

(說)均：髮均縣、輕(重)而髮絕，不均也。均，其絕也莫絕。

本條，孫淵如引列子湯問，補『輕』字下一『重』字；又據同篇，『均，其絕也莫絕』句，『均』字下亦脫一『也』。『不均也』一句，『不』字上脫一『髮』字。孫淵如、畢秋帆、孫仲容、梁任公（頁一四一）皆據列子校本條文字。張湛注湯問，云『髮甚微脃而不至絕者，至均故也。今所以絕者，猶輕重相傾，有不均處也。若其均也，寧有絕理。』

列子仲尼篇又引公孫龍曰『髮引千鈞』，張湛注云『夫物之所以斷絕者，必有不均之處。處處皆均，則不可斷。故髮雖細而得秤重物者，勢至均故也。』引魏公子牟曰『髮引千鈞，勢至等也』，張湛注云『以其至等之故，故不絕，絕則由於不等。故墨子亦有此說也。』

按，列子學者多以爲僞書。然古辭賸義，或有可存者，此條卽或據墨子而抄襲，其所據以抄襲之本自必甚早，故『均髮：均縣輕重而髮絕』之一『重』字，作僞者未必有心於此，吾人亦不妨視之爲墨經之另一本子以供參研。若曹鏡初，謂墨子本無『重』字，譚氏從之，而讀句爲『均：髮，均縣。輕而髮。絕不均也。均，其絕也；莫絕』（頁一八三），謂『輕而髮，猶云而髮輕，意卽不均之髮』，又謂『「髮」以譬於不絕；「輕而髮」以譬於絕』，然其釋，仍不得不兩引張湛列子注，謂『皆卽此義』；是不如逕從列子文多一『重』字爲尤愈。

張其鍠（墨經通解）謂『列子之文與張湛之義皆非。』其言先引仲尼篇文字及張注（見前），繼云：『髮之所縣，祇任所堪之重。過其所任，無不絕也。縣重爲髮所勝而忽絕，乃可謂不均耳。故言「髮均縣輕重」：言「均縣」則縣非一髮，言「均輕重」則均非一縣。他髮不絕而此髮絕，故責其不均。若以一髮縣千鈞而絕，而責其不均，此不求其故之說，墨家所無也。』集解（頁三五〇）悉引之。案，張氏所薄責，似僅就張湛注仲尼篇所敍，若湯問篇文字，要皆具見墨經；則張氏似懷疑仲尼篇與湯問篇所述者非一事。然仲尼篇張注所云『墨子亦有此說』者，當卽湯問篇所引。至於『均縣輕重』之義，是否卽如通解之所剖解，而『均縣輕重』與『髮引千鈞』之文所指是一是二，吾人頗難斷言。愚頗疑此點所指實爲一事，在墨經時代僅泛指平衡之理，其後名家演爲飾辯之說，如仲尼篇所云公孫龍言『髮引千鈞』，實側於『有指不至』，『有物不盡』，『有影不移』，『白馬非馬』，『孤犢未嘗有母』等諸事之間，而爲莊子天下篇辯者二十一事所遺，賴墨經而可稍見其根據。高亨先生以經之首一『均』字，爲髮字之誤，（說）『均：髮均縣輕重而髮絕』句，第二均字爲衍，『其絕也莫絕』句之首一『絕』字當作『縣』，故校（說）爲『均：髮縣輕重而髮絕，不均也。均，其縣也莫絕』（頁一七六），其釋則以『髮之粗細堅柔不等，而髮始絕；若髮之粗細堅柔等，則髮無處可絕，雖引千鈞之重亦不絕也』，說實勝於通解，而益合於物理之抽象觀念。惟高氏僅引仲尼篇以闡此條，而謂湯問篇爲『似僞造列子者鈔襲墨子』，不知如列子係僞撰，仲尼篇亦無可發明，如仍以其材料與本條相近而重視之，則二篇應無軒輊。

(經)堯之義也，生於今而處於古，而異時，說在所義二。

(說)霍，或以名視人，或以實視人。舉友富商也，是以名視人也，指是臛也，是以實視人也。堯

之義也，是聲也於今，所義之實處於古。

經之『生』字，依（說），當作『聲』字，可從王樹枏墨子斠注補正改。譚氏以『也於今』爲句，謂『也』即『施』字，『猶云延及於今』，並以『也於今』與『處於古』爲相對成文，經之『生』字爲妄增（頁一八四——五）。義亦與他說無大差別。『所義二』之『二』字，梁氏校釋（頁一四一）誤脫。

（說）之霍字，下文作『臛』。譚氏改『指是臛也』爲『指「猶是臛」也』，以符合其前釋經下上闌『假必誖，說在不然』條，（說）中『猶氏霍』之句，謂爲名家成語；不可從。梁氏以『霍』字爲衍，而以『臛』爲虎字之譌。楚辭招魂『露雞臛蠵』，王逸注『有菜曰羹，無菜曰臛。』亦即膗字，說文（卷四，下）『膗，肉羹也』，高亨從此說，惟仍據梁氏，以霍字爲衍（頁一七六——七）。閒詁以此處改『霍』爲『虎』爲不合，惟亦無新義，僅以『臛或當同上作霍』。案，此處『霍』『臛』兩字不論如何當爲一字，自不待言。（故閒詁以爲當悉作霍，畢氏以爲當悉作臛。惟譚氏以『霍』當讀爲『高』，用以詁『堯』字，云巍巍乎爲堯之高義之實。則非。）『霍』亦非衍字，皆從文義可見。淮南脩務訓『蓋聞傳書云，……堯瘦臞』，句與文子自然篇同。（張仲如閒詁箋頁一六五，集解頁三五一引同。）此處之『霍』『臛』皆當爲臞字。張皋文云，『堯者名，臛者實』（卷下，頁一六），言名實之辨甚諦，若易『臛』爲臞，義將更顯，蓋此處之『名』『實』應爲一體，如以『臛』爲虎，爲鶴（譚氏），爲肉羹，俱不能與堯之名發生聯繫；惟堯瘦臞，是其實，堯，是其名，是言說雖一，而『所義』則二。

『視人』之『視』字即示，古書多通叚，王湘綺墨子注已指出。『友富商』三字於此文意不屬，梁氏改『友』爲『彼』，以『富商』爲一『堯』字之誤，云『「堯」字上半與「𠫓」近，下半與「商」字之「儿」近，故譌而成兩字。」（頁一四二）張仲如以爲當作『堯是帝』，云『友當爲堯，草書形近而譌。富當爲寔，亦形譌。蓋是字誤加宀。商字，伍改作帝（伍非百墨辯解詁），是也。案兼愛中篇「以祇帝夏」，帝亦譌商可證。』」（集解，頁三五一；張氏閒詁箋頁一六五則以『商』字爲衍，以原文當作『寔堯』二字，句爲『舉寔堯也』。）案，墨子書中之『帝』多指上帝，無指堯舜禹湯文武者，堯舜等人墨子以爲聖王則有之，謂『商』爲帝字疑非。梁氏改句爲『舉彼堯也』，於義爲近。（『友』字乃『彼』字損泐成譌。）舉堯之名，是以名示人也。指是臚者，是以實示人。名是可舉而不可見的，臚者在當時爲可見，如指堯爲一臚者，實亦不可見而僅可想像，或以當時可見之臚者爲之忖度。謂是爲以實示人，仍不外假說之辭。

然堯之名雖聲聞於今，而其義之實則處於古而無法使之重現於今者也，故曰今古異時。經下上闌『在諸其所然未者然』條之（說）云『在堯善治，自今在諸古也。自古在之今，則堯不能治也』，說與此同。故經之所謂『所義二』者，名與實相對，二也；今與古復相對，又二也；古今皆各有名實，不能互苞，則墨家之所謂法堯舜，所法乃其聲名與精神，非執著其『所義之實』者也。

（說）末原有『若殆於城門與於臧也』一句，係經下上闌『無不讓也不可，說在始』條之（說）中文字竄亂入此條，已前釋。

(經)狗犬也，而殺狗非殺犬也可，說在重。

(說)狗：狗犬也，謂之殺犬可，若兩膍。

經之『重』字，當卽經上下闌『同：重，體，合，類』之『重同』，爲二名一實之意。狗、依爾雅釋畜，爲

『未成豪』之犬，故曰『狗，犬也』，故謂殺狗非殺犬也不可，經文脫一『不』字。（伍非百墨辯解故、張氏集解頁三五一，高氏校詮頁一七七並同。）閒詁不改經文，而謂（說）之『謂之殺犬可』當作『而殺狗謂之殺犬不可』，雖於釋經時亦嘗引『重同』之文，而未嘗深究其故。譚氏亦不改經，而謂（說）之『狗犬也』三字當作『殺狗』，疑『殺』字爛脫分成『犬也』二字，又誤倒。言經『重同』一條之次條即言『異二』，因謂『重二相對；……故狗犬同物，而殺狗非殺犬者，重而二也。』又言『既重而二，亦二而重；故殺狗亦可謂之殺犬矣』（頁一八六），此乃兩可之說，其意仍近於閒詁所引成玄英疏莊子天下篇『狗非犬』之文。成疏云『狗之與犬，一物兩名。名字既空，故狗非犬也。狗犬同實異名，名實合，則彼謂狗，此謂犬也；名實離，則彼謂狗，異於犬也。墨子曰，「狗，犬也，然狗非犬也。」』成疏引墨子有刪佚非原文，閒詁已言之。『狗非犬』之說乃天下篇所引辯者之言，非必墨家之誼，雖於名學爲殊勝，不若墨家之實事求是也。張氏集解既從欒，伍二氏於經文中可字上補一『不』字，又從閒詁改『謂之殺犬可』爲『而殺狗謂之殺犬不可』，其弊若與譚氏同。經下上闌『謂辯無勝』條，（說）云『所謂非同也，則異也。同則或謂之狗，其或謂之犬也。異則或謂之牛，牛或謂之馬也』，義本釐然可較，非持兩端者，不勞贅說。

（說）之『謂』字上，脫『殺狗』二字，當從孫、高氏補正。然高氏以『兩』字當作『甬』，謂『甬䐊者，甬借爲蛹，䐊借爲螝』，爾雅釋蟲『螝，蛹』，是此二名亦同一實，猶狗之爲犬。（頁一七八）案，䐊字仍當從楊葆彝，爲脾，即髀之假借。兩髀同體，猶犬，狗二名一實。孫仲容又疑『䐊』爲『腢』字，引儀禮士喪禮鄭注云『腢，肩頭也』；說文骨部（卷四，下）『髃，肩頭也』爲證。案，孫氏引士喪禮注，實士喪禮記（次既夕禮之後）『當腷用吉器』鄭注之文；士喪、既夕本通一篇。二者之意亦猶高氏，惟不若高氏並改『兩』字耳。

(經)使殷美，說在使。

(說)使，令使也。我使我，我不使亦使我。殿戈亦使，殿不美亦使，殿。

此條文字頗有訛竄。前賢如張皋文，據（說），以經之『殷』字爲『殿』之誤，遂云『殿，下也。不美之名亦有時而美，若軍後曰殿也。在使之異。』遂釋『殿戈』爲殿軍（卷下，頁十六）。其句讀『殿戈亦使殿，不美亦使殿』，實勝於閒詁；惟釋『我使我，我不使亦使我』云『殿，自爲之也，亦得爲使，故言使不使皆使。』孫氏以爲『義甚牽强，恐不足據。』高亨不改經文，惟校讀(說)之文字爲：『使，令使也。戍使戍，不殷（謂『以涉上下文誤爲使，經文作殷，是其證。』）、亦使戍。殿使殿（謂『戈卽使下戍字之複而又誤者。戈下亦字涉上下文而衍。』）、不美，亦使殿。』其釋殿字仍爲『殿軍』，惟云『戍以形似誤爲我，又誤衍其一。』述全條之大意爲：『戍爲苦役，殿爲危事，不能擇其可，只能論其當也。其人當守邊，則使之守邊。其人戍邊不勤，亦使之戍邊。……其人當殿軍，則使之殿軍。其人殿軍不善，亦使之殿軍。』又謂『戍而不勤，宜督而求其勤，殿而不善，宜督而求其善。此墨子言外之意也，此墨子用人之術也。』（頁一七八——九）高氏之說，愚殊不敢悉同，惟其注意經中有『殷』『美』二字，或當分而論之，故雖同意『殿』之爲殿後，仍存『不殷』『不美』之說，在方法上當有可取。愚雖不釋『殷美』爲二事，然以爲文字之訛，同一字也，此處甲字訛爲乙者，在同條中他處之甲字或未必卽訛爲乙，或竟不誤，或誤爲丙，胥當分別觀之。

譚氏以經中之『殷』字，（說）之三『殿』字，皆『役』字之誤。『美』字，『我』字，皆『義』字之訛，其中一『我』字又訛作『戈』。『亦使我』之『使』字當乙轉。遂校經文爲『使役義，說在使。』校（說）爲：『使，令使也；義使，義；義不使，亦義。使役：義亦使役；不義亦使役。』（頁一八六）譚氏自云，『本條譌舛過甚，以意校改，未知是否？』案，墨家『役身給使，不敢問欲』，此處釋『使』爲役使，固有可能，然譚氏校改之文，（說）之上段頗近墨者尚義之旨，而下段言『不義亦使役』，似乖墨氏之本圖。而『殷』『殿』並爲役字之誤，亦少旁證。

張仲如亦從張皋文之說，以『殷』爲殿。復引周禮鄉師疏：『軍在前曰啓，在後曰殿』，謂『殷、疑當爲啓殿二字之脫譌而合者，美，當爲義之形誤』，而以經當作『使，啓，殿，義，說在使』，（說）當爲『使令，使也。啓，義亦使啓，不義亦使啓。殿，義亦使殿，不義亦使殿。』（閒詁箋頁一六七，集解頁三五二）案張氏之說，不惟校改過甚，而『不義亦使殿』（一如高氏云『不美亦使殿』），恐爲學者所不能安。

孫氏閒詁釋『我使我，我不使亦使我』，云『此我字，或當經之美字，疑當並爲義，蓋兩文皆誤，而一存其上半，一存其下半也。此似當云，「義使使，義不使亦使，義」，言義者使令之，使乃其正也。以義使之爲使，以義不使之亦爲使：不使，謂禁止之也。末義字總釋上語。』復以經之『殷』字及（說）之『殿』字兩文皆誤，而疑『殷』『殿』並當爲『假』字，『戈』與『美』並當爲『義』字，校(說)『殿戈亦使，殿不美亦使，殿』爲『假義亦使，假不義亦使，假。』謂『言假者假設之，使非其正也。以假設合義爲使，假設不合義亦爲使也。末假字，亦總釋上語。』案，孫氏之校，雖距今已七十年，矧此條未爲諸賢所重，然其校改之字實較少，而破『殷』『殿』爲假，亦饒有巧思。其基本上鬱轄難通之點，爲釋（說）之上段，使字爲使令之使（此與他賢見解皆同」，釋下段之使，則為『假設』之下的況詞（此與他賢之見異），二者不能並容而不悖。案，（說）云『使：令使也』；經上下闕『使，謂，故』條（說）『使，令謂謂也』（次一『謂』字衍），與此相同，是此處之『使』、『令使』，實卽假使之意。但此一解釋，在通條數十字中，似應從一誼說之，不可更與使役或差遣之使字相混。墨子中『殹』字皆指商代言，云殹紂，殹人，殹書，鮮有別義。『殹』字復少見，尙賢上『以勞殹賞』為本條以外之僅見。其義擬於此處皆不倫。故愚疑『殹』『殿』為『假』（叚）字之譌，孫氏可謂已得其解而未得其證。案，尙賢中引呂刑『維假於民』，畢氏云『假，一本作殹』。孫仲容閒詁云『今本或作殹，乃據孔書改，非其舊也。』然後漢書（卷八十四）楊震傳附楊賜傳亦作『維殹于民』。孫淵如尙書今古文注疏（卷二十七）以為『墨子所用盡古文』。此可證『殹』『假』二字在字形上實有譌誤可能，王鳴盛（尙書後案卷二十七）所云『殹作假，未詳，疑隸變相似而誤也』。經及(說)之『美』字，疑為『義』。經文疑當作『使：假義，說在使。』

『我』字，孫氏已疑為『義』字存其下半，然全條『我』字四見，愚頗疑其或有非誤者，當分別釐定之。『使』字統經及（說）凡九見，其間亦有為他字之誤，誤者愚疑或當作『便』。『戈』字，孫氏以為『義』字脫落致誤（譚氏同）；愚擬從王湘綺本作『我』。統上三點，校經（說）如下：

（說）使：令使也。義便我，（使）；義不便我（『我』字與『亦使』互乙），亦使。假：義亦使假；不義亦使假。

所謂『義不便我，亦使』，『不義，亦使假』者，惟假使之辭，不過為辯說時之用，非其最後之主張或結論也。公輸云『（子墨子）見公輸盤，公輸盤曰：「夫子何命焉爲？」子墨子曰，「北方有侮臣（者），願藉子殺之。」公輸盤不說。子墨子曰，「請獻十金」。』此正經上下闌『使，謂，故』條之(說)所云『濕不必成』（原文『不必成濕』，據本篇前文校改），經上下闌『諾，不一，利用』條所云『利用』者也。

(經)荆之大，其沈淺也，說在具。

(說)荆：沈，荆之貝也，則沈淺，非荆淺也。若易五之一。（末句從張臯文，卷下，頁一七；閒詁斷屬下條。）

經之『具』字，孫仲容以爲並（說）之『貝』字皆當作『有』。高亨從之。（頁一七九）案，具字不誤，（說）之貝字亦當作『具』。墨子書中言楚國者荆、楚常互用，此處言荆，復言沈，沈係楚之一城，其面積據（說）如相易，猶五與一之比，故曰荆大而沈淺。淺卽淺褊、褊小義。呂氏春秋先己篇夏后啓與有扈戰不勝，曰『不可，吾地不淺，吾民不寡』是其證。閒詁亦引此，而仍改『沈』字爲沆，言『言荆地廣大，而其國所有之沆澤，則不害其褊淺。』張仲如集解（頁三五二）從之。案，沆，說文（卷十一，上）云『莽沆、大水也。……一曰大澤皃』，墨子公輸明言『荆有雲夢』，不得謂褊淺；疑孫說非是。高亨先生知沈爲一城，仍從閒詁改『具』『貝』爲有字者，言形似而誤。墨子七患篇本言食、兵、城三者『國之具也』，沈爲楚之具一說本通，似不勞改字。

春秋時有沈國。然此處所指者，當爲楚之一大縣，沈尹所食之郡也。左傳宣公十二年邲之戰，將中軍者沈尹，與墨子所染篇言『楚莊染於孫叔，沈尹』，沈尹爲同一人。（呂氏春秋當染篇作沈尹蒸、尊師篇作沈申（尹）巫、察傳篇作沈尹筮，贊能篇作沈尹莖，皆指一人。）其後如沈尹戌，爲楚左司馬，其子沈諸梁食采於葉，卽葉公子高。墨子耕柱又載『葉公子高問政於仲尼』（參論語述而，莊子人間世）。墨子書中言『沈』者指此。沈之地約當楚五分一，以其本身言之，不可謂不大，以其為荆之具言之，則荆大而沈小。譚氏以『本條有具字、貝字、及易五之一句，疑論古之圜法』，遂牽引聲轉通假之說，謂『貝沈荆，即貝朋鼎，三品大小無缺，圜法備全；故曰說在具』（頁一八七——八），恐難得當。其書具在，不備論。

（經）以檻為摶，於以為無知也，說在意。

（說）以楹之摶也見之，其於意也不易，先智意相也。若楹輕於秋，其於意也洋然。

經之『檻』，參（說）知當作『楹』，近賢除譚氏，多無異辭。譚氏不改『檻』字（頁一八八——九），則經與（說）間失連繫，而仍無新義，大旨所說亦不外改字者。譚氏讀（說）之句讀為『以：楹之摶也，見之。其於意也，不易先智。意，相也。若「楹輕於秋」，其於意也洋然。』案，此處如以『以』為標牒字，應叠一『以』字；『其於意也不易』句法與『其於意也洋然』相類，譚氏讀法固不可從。

經與（說）皆有『摶』字。但經之『摶』，係從孫氏定本閒詁改定者，道藏本原作『慱』，吳鈔本作『博』，孫改為『摶』，使經與（說）所說一貫，其意可取。孫引備城門云『疏束樹木，令足以為柴摶』，指束聚薪木；故曰『楹一大木所成、摶則合衆小木為之。今以楹之大，為摶之小，其類不相當，故云「無知」』。案，此字之為『摶』，為『搏』，殊難斷言。如備城門孫引文字，吳鈔本摶作搏，同篇下文，有『十步積摶』，摶舊本作榑，而道藏本吳鈔本並作搏。又經下下闌『缶而不可擔，說在摶』，（說）云『正九無所處而不中縣，摶也』，（說）之摶字，道藏本吳鈔本亦作搏。然曹鏡初釋摶為『圓也』，謂『杜之形圓，一見而可知也。其大小之算，非度量不能知也。徒知其圓，猶未知也。』張仲如集解（頁三五二——三）從之，譚戒甫亦以摶爲圜，皆從說文（卷十二，上）摶字『圜也，從手，專聲』（度官切）義。（段氏作『圜之也』。）孫氏引周禮（案卷十六，司徒教官之屬）羽人『百羽爲摶』，謂鄭注云『摶羽數束名也。』周禮注原文作『審、摶、縛，羽數束名也。爾雅曰，「一羽謂之箴，十羽謂之縛，百羽謂之緷。」其名音相近也。』引爾雅文見釋器。二者比量實不相符。惟『摶』『縛』二音，注以爲聲相近。孫又引考工記鮑人『卷而摶之』句，鄭司農注『摶，讀爲縛一如瑱之縛。謂卷縛韋革也。』『縛一如瑱』，見左昭二十六年傳。是固當以『摶』字爲近。然『摶』之所以誤爲『摶』者，摶、摶不清，由來已久。如考工記『摶埴之工二』，據阮元校勘記，摶字、余（仁仲）本，嘉靖本，閩、監、毛本皆作摶；『則是摶以行石也』，摶字、唐石經、余本、嘉靖本又皆作摶。又如後漢書（卷八十一）龐參傳『摶手困窮，無望來秋』，摶字據王先謙後漢書集解（卷五十一），官本均作摶。此處之誤，或亦類是。惟曹氏言楹爲圓形，而見者不知其大小之度，說似稍曲，不及孫說之簡切。高亭獨從吳鈔本以經之『摶』仍當作『博』，並云博爲欂之借字。說文（卷六，上）『欂，壁柱，從木，薄省聲。』但（說）之『摶』字，又以爲剸之借字（頁一八零——一）。兩處之釋不同，遂使經與(說)同一字句竟不相侔。又以『智』字下之『意』字爲衍，『相』字當在『若』字下；不惟破『先智意相也』一句，且於『意相』一辭，遂未能釋。

（說）之『先智』二字，閒詁以經校之，主當作『无智』，无，說文古文奇字(卷十二，下，亡部『無』字)。張仲如集解，高亭校詮俱從之。惟譚氏讀句作『其於意也，不易先智』，釋爲『若於未見之先而意之，則不易知矣』，不改『先』字。譚氏句讀不可從，其不改先字之故亦異拙說，惟愚意此處先字不必誤。經云『無知』，（說）所云『其於意也不易，先智意相也』，『其於意也洋然』，皆『無知』之故，不必改『先』爲『无』字以合經文。『先智』一詞本已見經上下闔『諾不一利用』條之（說），作『先知』。先智意相卽先事臆度之智。大取篇明云『智與意異』，謂『智』爲知，而『意』則爲度。大取云，『意楹，非意木也，意是楹之木也。』所說正與本條同。本條之『意者』之所以陷於無知，正以其先入爲主，以臆度爲確知，其義正顯。（若從高氏改字，則『意』字作衍文，大取之旁證無從參證矣。）

（說）之『以楹之摶也，見之，其於意也不易』，第一『之』字下疑脫一『爲』字，然卽不改，其指爲『以楹爲摶』之意固甚明。『其於意也不易』之『不易』二字卽不變。明見爲楹而非摶，而仍不易其初衷，則『先智意相』之所蔽大矣。次句『若楹輕於秋』之一『若』字明示謂『楹輕於秋』者，其誤正與之同。『秋』、曹鏡初以爲『秋毫也』，張之銳逕改作『秋毫』；孫以爲『當讀爲萩』，皆不過如孫言『喻輕重之失當』。張仲如舉莊子齊物論『舉莛與楹，……道通爲一』爲例（閒詁箋頁一六八，集解頁三五三），似深一層，尚非此處之旨。『洋然』、猶洋洋然（孟子萬章：『少則洋洋焉』，喻魚之悠然自得也。先智意相之人，自以爲是，亦復自得，實不自知其茫無所知也。）

（經）意未可知，說在可用過仵。

（說）段椎錐俱事於履，可用也。成繪屨過椎，與成椎過繪屨同，過仵也。

（說）之『履』字當作屨，下文屨字兩見可證。『件』字係『仵』之誤，張皐文云『依經當作仵』（卷下，頁一七）。（四部叢刊影明嘉靖癸丑本卽作『仵』）『繪』字，依閒詁『疑當爲繪』。

梁任公先生云此條難校釋，然指出『凡墨經意字，皆當讀爲億度之億。』（頁一四四）愚意至少上條與本條之『意』可證。墨子明鬼下篇有『億』字（『人民之衆兆億』），非作億度解，故億度卽用意字也。（說）分言『可用』與『過仵』；可用，指億度之言而中事實者，過仵，指億度之言與事實不符。仵卽逆牾之意。段（碫，椎物所埶之石）、椎（鍾、鎚、槌），錐三物不同，然謂其皆有用於製屨，此語不誤，億度而可用者也。然因製成繪屨須用椎，遂妄測製成一椎亦須經過繪屨之階段則誤；是億度而逆牾者也。故經云『意未可知。』閒詁釋此，言『繪爲作屨屨之材，段椎錐爲作屨屨之器；材與器兩者遇仵（改『過』爲『遇』字），以成屨屨，相須而爲用也』，似失『意未可知』之意。伍非百以過仵爲『交互之義，謂換位』，言錐與屨相穿過，言屨過錐，或錐過屨，『意義相等，換詞俱通』（集解引之，頁三五三——四）；高亨以『繪』爲『襘』字，說文（卷八，上）『襘，帶所結也』，謂『屨有底有旁，以錐穿之，以繩結之，使底旁聯合，是爲襘』（頁一八二），遂言『或襘過然後椎，或椎過然後襘，其功相同，是其事之次序可以參伍。故曰「過仵也」。』說亦與伍氏通。愚上文釋『段』字采高先生說，惟於此處『過仵』之釋則不能與高、伍氏同。經文明言『意未可知』，蓋謂有億而中，有億而不中者，而以『可用』『過仵』分釋其例。若『過仵』言『換詞相通』『其功相同』，則其本身亦『意未可知』，說與經義相悖。高氏改兩『成』字作『或』，亦非。

愚說此條其結論與譚氏（頁一九零）同，惟譚氏不改『繪』字。讀者可參閱。

（經）一少於二，而多於五，說在建（住）。

經之『住』字，孫云『疑當作位』，是也。但此字張臯文（卷下，頁六），孫氏及梁任公（頁一一二）俱以屬經上下闌（張、孫爲『住景二，說在重』；梁氏爲『景不徙，說在改爲住』。），實未當；當從後賢，爲『說在建位』。

(說)一：五有一焉，一有五焉，十二焉。

本條文字殊簡。建位者，建立『一』爲算術中之十位，則此『一』就個位言，固少於二，就十位言，且多於五。故（說）云『一：五有一焉』，此『一』指個位，故五實有五個一之多。『一有五焉』，此『一』又指十位，則十乃包含兩個五者，故云『一有五』。末句『十二焉』，卽涵『十有兩個五』之意，蓋又假定建以五爲單位而言。閒詁云『「十二焉」，疑當作十、二五焉』，其實無勞增字已可自明。張臯文云『建一爲十，累一爲二』，意有未達。伍非百以爲『「十二焉」當作一二焉。「五有一焉」之「一」，爲單位之「一」，「一有五焉」之「一」，爲進位之「一」；故曰「一二焉」。』（墨辯解故；集解頁三五四）義固可取，然「一」爲兼個位與十位所用之稱，經及（說）之前端已明，此處或不致重沓。

梁任公先生於改經之『建』字爲『進』（『住』字斷屬經上下闌）外，(說)之文字亦大加增改。讀爲：『一：五，有一五（增字）焉，一十（增字），有五（刪『焉十』二字）二焉。進，前取也。』（頁一四四）末四字則自下條（說）中破出，移植此條。說實不如前人之安。高亨先生釋經『一少於二，而多於五』，謂『一手五指，手之數一，指之數五，合而爲六。一手多於五指，是一多於五也。』又云『常人計指不計手，……又以爲一手等於五指，闕手之位而不計。墨子以爲五指之外，宜建手之位，故曰『說在建位』。』（頁一八二）其意蓋自公孫龍子通變論悟出。通變論云『謂雞足一，數足二，二而一，故三。謂牛羊足一，數足四，四而一，故五』，高氏已稱之爲詭辯；經下上闌『歐物一體也，說在俱一惟是』條之（說）曾云『若數指，指五而五一』，未言合五與一爲六也。謂墨經之說『與公孫龍大指畧同』，恐非其旨。

(經)非半弗斱，則不動，說在端。

(說)非：斱半，進前取也。前，則中無爲半，猶端也。前後取，則端中也。斱必半，毋與非半，不可斱也。

斱，與斫、斮、櫡、斸通。『毋』字從吳鈔本作『無』；（說）首一『非』字爲標牒字。

莊子天下篇辯者之言，『一尺之捶，日取其半，萬世不竭』，其言合於邏輯。但自墨家實用之觀點言之，則不可行。其不可行之故有二：一曰斱物至極微時，理論上雖存在，實際上已等於無；二曰其半不易得。故苟無一半卽弗斱，則結果將至『無』或『非半』之狀態而『不可斱』；故經云『非半弗斱，則不動。』

『斱半，進前取也』，卽天下篇所云『日取其半』之意。然苟繼續前取，必至極微細之點而『中無爲半』。此極微細之點，或非卽墨家所云『端：體之無序（厚）而最前者也』（經上下闌）之端，然亦幾於是，故曰『猶端也』。墨家述『端』之定義，前篇已論其爲『無厚而最前，且點亦不可再分，故點又爲無閒』；故如『端』仍須再破，在理論上言之，則必統測其前後而取『端中』始得爲此『端』之一半，此實際上不可能之舉，故經云『不動』，（說）云『不可斱』。閒詁，集解（頁三五四），譚氏發微（頁一九二）固俱明此義者，雖詮訓與拙說互有出入，且前賢多引司馬彪注莊子語『若其可析，則常有兩；若其不可析，其一常在』而强調其哲學的趣味，愚則以爲墨氏重踏實之言，大旨亦無殊。

梁任公先生破此條（說）中『進前取也』四字移上條（頁一四四——五），是其異處，而釋則亦引司馬彪語。高亨先生改經與（說）之『端』字悉作『竭』，又以兩『非』字爲𣦵之誤，卽莊子文中之『捶』，『進前取也』之『前』字下脫『後』字，『前則中無爲半』之『前』字爲衍，而『則中』誤倒，『毋與非半』之『毋』字從吳鈔本作『無』，『與』字改爲『其』，遂讀本條爲：『𣦵（捶）半，弗蔪則不動，說在竭。（說）𣦵：蔪半，進前後取也。中則無爲半，猶竭也。前後取則竭，中也。蔪必半，無其非半，不可蔪也。』（頁一八三——四）不惟改字甚多，其說尤異：謂『弗蔪則不動』，爲捶之半必斫斷而後能取之（案此蓋辯者不爭之事實，似不必言；），又謂捶斫之爲兩半，進而前後取之，旣經前後兩次之取，則無餘捶：言墨家對於『半捶』卽不再斫取，因此無所謂半捶之半，以此遞推之事。竊以爲墨者苟持此論，不惟無以難辯者之心，實無以立說也。

(經)可無也，有之而不可去，說在嘗然。

(說)可無也，已給則當給，不可無也。〔久，有窮無窮。〕

（說）『可無也』三字爲標牒，梁任公先生謂『無也』二字衍（頁一四六），恐不然。『當』字，據經，當係『嘗』字之誤。孫校『已給則當給』爲『已然則嘗然』，謂『然』『給』二字草書形近而誤。據說文（卷十三，上）『給，相足也』，卽張皋文所云『具也』之意（卷下，頁一七），似無須改字。〔梁任公、高亨（校詮頁一八四）此句悉依閒詁。〕（說）末五字，與下文『行循以久，說在先後』條相關，當從孫氏，次諸是條（說）『民行脩必以久也』句後。譚氏次之『宇進無近，說在敷』條之（說）後（頁一九四），疑非。

全條釋有之卽不可去之理，義至簡賅。譚（頁一九二）、高氏並以此爲駁莊子天下篇所述辯者云『孤駒未嘗有母』之言，本條雖未指出，義固極近。

(經)𤿲而不可擔，說在摶。

(說)正九，無所處而不中縣，摶也。

經之『擔』字，當從閒詁改爲搖，因漢隸變致誤。（梁氏（頁一四七）、張仲如（閒詁箋頁一七〇、集解頁三五五）皆從之。）譚氏不改此字，謂擔指擔荷，『引申卽有稽留之義，所以此經當謂星球不可稽留，以轉動之故』（頁一九三）。又以單一『𤿲』字決不能說成爲『正圓』，因改經之『而』字爲篙，句爲『𤿲篙不可擔』，謂『篙形圓可象天體』。案，本條所說爲球形，學者無異說，至云『似論天體運行之理』，恐失之過分，譚氏說不可從。高氏改『擔』字爲掎。案說文（卷十二，上）『搖，動也』，『掎，偏引也』，俱是搖撼之義，卽仍從閒詁也可。經之『摶』字，道藏本作慱，吳抄本作博，（說）之兩『摶』字二本又並作『摶』，俱以作『摶』（說文『圜也』）。閒詁云『圜者隨所置而正，故云不可搖。』」）爲安。（梁氏以意改二『摶』字爲轉，譚亦云『當假爲轉』。案圓形球體自可轉動，似不勞改字。）『九』字，當從孫校作『丸』，卽孫氏所云『圜丸之形』。『𤿲：丸無所處而不中縣』，孫氏引周禮（卷三十九）考工記，『立者中縣』（誤作直者中縣），以釋『中縣』二字。賈疏云『有直豎立者，中於繩縣之垂者』；故閒詁云『正丸卽立圜，隨所轉側，而其中線必正直，故云「無所處而不中縣」』，釋此甚當。譚氏句讀作『無處而不中，縣摶也』，因釋『縣摶』爲『懸轉』，爲行星之『懸於太空，運轉不息』（頁一九四），不悟經言『說在摶』，縣摶二字不可成一詞。

(經)宇進無近，說在敷。

(說)傴宇不可偏舉，宇也。進行者，先敷近，後敷遠。

經之首句，疑當作『宇無遠近』，『遠』字誤作進，又誤倒。（說）中遠近並舉可證。高亨先生言經之『「近」下當有遠字，轉誤寫脫』（頁一八五），蓋亦此意。（說）之『傴』字，即區；『偏』字即『徧』，『宇』字係『宇』字之誤，當剔出作標牒字，讀句爲『宇：區宇不可徧舉也。』（高氏以『傴』字爲『區人』二字誤合，讀（說）首句爲『宇：區，人不可徧舉，宇也。』並謂『本條所謂宇，乃指宇之一區，非宇之全量也。』梁氏校『傴』作區，言『區宇』又錯倒，讀句爲『宇：區，不可徧舉，宇也。』（頁一四七））案，經上下闌『閉，不及旁也』條，（說）言『尺前於區穴而後於端』，其『穴』字爲衍文；又經上下闌『庫，易也』一條，（說）亦有『區穴』一詞，而『穴』字不誤（說俱見前），則此處『區宇』或可自成一詞，指平面所佔之空間。『進』字疑涉經文『遠』字誤作『進』而衍。墨子書中無進行二字連文，次條之（說）亦有『行者』，然無進字。敷字即敷之俗。說文（卷三，下）攴部，敷字與敂字互訓，蓋布施義，引顧命『用敷遺後人』句。『區宇』猶言劃定一平面所佔之空間，此平面本無固定，故由近而起，以及於遠，遠近亦不過對待之名詞。假如區宇固定，其遠近始有意義可言。如區宇之大，等於整個空間，則遠近亦可無局限，故云『說在敷』。『說在敷』者，視區宇施布之範圍而釐定其遠近大小者也。經云『宇無遠近』，亦即此意。下條之（說）云『久有窮無窮』，指時間；本條言『宇無遠近』，則指空間也。

經上上闌『宇，彌異所也』，其（說）爲『東西家南北』；愚前以『家』字爲衍文。蓋彌異所，固徧包一切的所在而言之；『東西南北』，亦猶言『四方上下』也。然苟就『宇』之一部分而言之，姑且稱之爲『區宇』，則『區宇』自有其區劃面積，因而亦可以有相對的遠近。然區宇之數目，抽象地言之可以無窮，其範圍可伸縮，其由比較而言之遠近自亦可改變，故（說）云『不可偏舉』；則所謂『先敷近後敷遠』者，亦不過爲實際施布時之一方便說法耳。

他條經文與此可同參者尚有經上下闌『宇或徙，說在長宇久』條，依拙校經應作『宇或（域）徙，說在長。』（說）應作『長：宇徙而有處。』空間既有改變，則以先敷者爲近，後敷者爲遠，其遠者對更遠者而言又以先敷而爲近，正閒詁（『宇或徙』條）所云『轉徙不常，屢遷而無窮也。』張皋文（卷下，頁一八）、孫氏、梁氏並以次條（說）首『行者行者必先近而後遠』一句屬本條，疑非。

(經)行循以久，說在先後。

(說)行者行者必先近而後遠。遠(脩)近脩也，先後久也。民行脩必以久也。(久有窮無窮。)

經文『循』字，據（說）當作脩，應從張皋文、楊葆彝校。（脩、吳鈔本並作『修』，脩、修通。墨子書中類此者甚夥，如言『城郭修』，『城郭不修』，作『修』，又言『脩其城郭』，作『脩』，卽不據吳鈔本，舊本修脩亦多混。脩誤作循，如經下上闌『不可偏去而二』條，經之『廣與脩』，舊本脩亦誤作循。）（說）之兩『行』者，或以爲衍一（張皋文、孫氏、梁氏（頁一四七）），或以首一『行者』之『行』字爲標牒，『者』字爲衍（集解頁三五七，高氏校詮頁一八六。梁氏釋此條以（說）之首句移植上條，本條僅以一『行』字爲標牒（頁一四八）。）其實此處首一『行者』二字爲標牒，本不誤。『遠脩近脩也』一句，當從俞曲園刪『遠』字下之『脩』字，以『遠近脩也，先後久也』爲對文，謂『以地之相去言曰脩，以時之相去言曰久』（閒詁以下諸賢多從之。）

案，墨子之中之『脩』字，實涵數義。一曰體積上之『脩』，卽長度，如『廣與脩』是。一曰距離之長短，如非攻中『涂道之修遠』。一曰時間上之『脩』，脩卽長久也，如尚賢中云『夫治之法，將日至者也。日以治之，日不什脩』，『欲脩保而勿失』，『脩用之，則萬民被其利』及『則此言聖人之德，章明博大，埴固以脩久也』皆是。除以上三義外，更有脩治之一義，如脩身云：『君子察邇而邇修者也』，此『邇修』實與說苑建本所云『反本修邇，君子之道也』之『修邇』同，脩爲脩治之意。魯問云『匹夫徒步之士用吾言，行必脩』，脩身云『見不脩行，見毀，而反之身者也。此以怨省而行脩矣』，亦是此類。故本條經及(說)所云『行脩』，實同於此第四義指脩治，而（說）之『遠近脩也』一句之『脩』，則同於上述之第二義指距離。此不可不辨者。

經云『行脩以久』，（說）益之又云『民行脩必以久』，墨者欲勵其行，精進不懈，遂有此苟日新又日新之義。（說）末句『久有窮無窮』自前文『可無也，有之而不可去，說在嘗然』條之（說）中移來（從閒詁），言時間有窮而無窮，蓋個人之生命爲有窮，而人類整體之生命則無窮者也。以有涯隨無涯，在莊子一派固視之爲『殆矣』者，而墨者則又以爲『先近而後遠』，其肫摯處，遂有愚公移山之志。墨者之行爲脩與久之行，云『行脩必以久』，則脩久乃積稱，二者當合爲一事，析之爲二，不過便於言詮而已。

譚氏以（說）首句『行者行者必先近而後遠』之第一『行』字爲標牒，而讀標牒字以外之句爲『者行者必先近而後遠』，謂『者行者』卽『諸行者』，引詛楚文『諸侯』作『者侯』爲例（頁一九四—五），或嫌立異。高氏以（說）末句『無窮』之上當有『脩』字，言『久有窮，脩無窮』（頁一八七），以『久』指『人生之時間有盡』，『脩』爲『大宇之脩長無盡』，似非墨氏之旨。

本條與上一條正可參看：上條抽象地言『區宇不可徧舉』，及『先敷近，後敷遠』之意，本條則質實言之；而『行脩』一詞，指墨者本身之脩養：其人生哲學，實亦本於其宇宙觀念而生者也。〔墨家固又主張『宇』『久』二者爲不可分割者，經下上闌『不堅白說在』條（當作『宇久不堅白，說在無久與宇』）已明；此亦可補充脩久乃積稱之說。〕

（經）一法者之相與也盡（類）。若方之相合也，說在方。

（說）一方盡類，俱有法而異。或木或石，不害其方之相合也。盡類猶方也。物俱然。

經首『一』字，張皋文、畢秋帆皆以屬上闌『貞而不撓，說在勝（一）』，非。（說）之『盡類猶方也』句，舊本原作『盡貌猶方也』，王引之以隸書類貌相似，故類誤爲貌，因並改首句原文『一方貌盡』之『貌』爲類，且以『盡』爲誤倒，而應作『盡類』。閒詁從之，又於經之『盡』字下增『類』字。經文『合』字原作『召』，（說）中又作『台』，『召』『台』孫氏皆從王，改爲『合』字。然王校改『俱有法而異』爲『俱有法而不異』，且移此句於『不害其方之相合也』之下，則孫氏不能從。〔孫云：『上言「一方盡類」，明其方之同；下言「俱有法而異」，明同方之中，仍有異也。〕近賢如梁（頁一四八）、張仲如（集解頁三五七），高氏（頁一八七）多從孫。〔梁氏於經文未增『類』字，然亦無異說，或出疏畧。〕

譚氏仍從舊本，釋『一方貌盡』爲『矩爲正方之法；如以一矩皃（貌）交而成多方，其多方之相類，可以形貌盡之。』下文『盡貌猶方也』句，譚氏亦保留；惟改經文首句之『也』字爲『皃』以成『皃（貌）盡』之句，謂『也』『皃』篆文形似。（頁一九五）案，經上下闌『方，柱隅四讙也』之（說），爲『方，矩見支也』，譚已改『見支』爲『皃（貌）交』（頁九〇），謂貌有描繪義，故此次仍持前說。據以與王、孫之說相較，實不如王等改字之明白。惟譚氏以『俱有法而異』句應在『不害其方之相合也』之下，爲『據王乙轉』者（但不增『不』字爲『不異』）。

王氏之校乙，以文義衡之，似勝於孫、梁。然細研本條之（說），文字似仍有錯亂處。謹再校之如次：

（說）一方盡類：而異，或木或石，不害其方之相合也。俱有法盡類，猶方也；物俱然。

本條言由矩所成之方形。只要是方，其形必相類，卽使其質因或爲木或爲石而異，不害其方形之相合也。『法』之情形，亦與此同。法儀篇云：『百工爲方以矩，爲圓以規，直以繩，正以縣；無巧工不巧工，皆以此五者爲法。』（五者實僅四；據考工記輿人，或脫『衡以水』句。）蓋以矩爲方不過爲說明之一事例，其他百工之所爲者盡然，故法儀又云『巧者能中之，不巧者雖不能中，放依以從事，猶逾己。故百工從事，皆有法（所）度。』經上下闌云『法，所若而然也』，又云『法同則觀其同，法異則觀其宜』，是一切百工之法，只要其法同，其所得之結果，亦必相類；其或有不如者，常因從事之人智巧之不及，然無以易此說之基本正確也。至援此說以言治國家之法度，則當爲引申義，非本條文字之所及（譚氏疑經之『若方之相合也』六字爲旁注入正文，亦可從。）

（經）狂舉不可以知異，說在有（不可）。

（說）牛狂與馬惟異，以牛有齒，馬有尾，說牛之非馬也，不可；是俱有，不偏有偏無有。曰：之與馬不類，用牛〔有〕角，馬無角，是類不同也。若舉牛有角，馬無角，以是爲類之不同也，是狂舉也，猶牛有齒，馬有尾。

經文『說在有不可』句，前人如張皐文（卷下，頁一八）、孫氏（頁一四九）、譚氏（頁一九六）、高氏（頁一八七）皆以『不可』連此句。張仲如（集解頁三五八）以『不可』屬下條之（說）。案『不可』屬之下條，可以廓清下條經文首句之疑，實勝他家。且本條與次條，舊本經文本相連，張皐文、孫仲容尙作一條看；後賢因一條中有『說在……』兩句，始析之爲二，其間斷句亦有出入，如梁氏以下條之（說）至『未可亦不可』爲本條（說）之終句，以『且牛不二』爲下條（說）之開始，而改字殊多，即是一例（頁一五〇－一）；然單就經文言，則兩條本連體，『不可』二字屬上條抑屬下條，中間並無經下上闌之文字間隔。故愚采張仲如先生之說，剔『不可』二字屬下條經文之首。

（說）之首二字『牛狂』，張皐文以爲當作『狂牛』，隱含『狂』爲標牒字之意，俞曲園、孫仲容俱以『狂』字爲『性』，非。胡適之釋此言（說）當作『狂舉：牛馬雖異』，謂『「舉」字初誤作「與牛」二字，後之寫者，誤刪一牛字，以其不成文，又誤移牛字於句首耳。』（中國哲學史大綱卷上，頁二二二），頗有巧思。然吾人苟讀首句以『狂舉』爲標牒（『狂』下加舉字，並移置句首），從孫校『惟』與『雖』通，句作『牛與馬惟〔雖〕異』即可。（如以古人簡脫，『狂』字爲一字標牒，則不加舉字，從張皐文已足。）『之與馬不類』一句，『之』字上盧弨弓云『當有牛字』，梁氏則儘以上一字『曰』爲『牛』之誤。伍、譚、高氏皆以『之』字爲牛字篆書形近致誤。案，此處較牛馬之異，前節已明，今逕解『之』字爲『之牛』之省，即不改字亦無礙。（經下上闡『推類之難，說在之大小』條，『之』字上愚前釋云疑脫一『類』字。如『之』字上無脫字，則『之大小』與此處之『之與馬不類』句法相同。）『用牛角』，盧以『用牛』當爲『牛有』，張皋文、王引之則以『牛』下脫『有』字，王並言『用』當作『以』字解，故『用』非誤字；可從。

（說）之最大困難，爲既言『用牛有角，馬無角，是類不同也』，爲說者正面之主張，其下又云『若舉牛有角，馬無角，以是類之不同也，是狂舉也』，前後實相矛盾。孫校於『以是爲類之不同也，是狂舉也』刪一『不』字。張仲如集解從之。梁任公先生逕改『若舉牛有角，馬無角』句爲『若舉牛有齒，馬有尾』，不惟改字未當，且下文原文本有『猶牛有齒，馬有尾』，此處豈可架牀叠屋？譚氏據此，不改文字，惟言『今謂牛與馬不類，以牛有角，馬無角爲言；誠哉類之不同矣。然此就通常言之耳。若就辯者而言舉牛有角，馬無角以爲類之不同，是狂舉也。何則？蓋牛有角，馬無角，爲人人所習知之異。自辯者觀之，無爭彼之可言，無當勝之可見；與舉牛有齒、馬有尾何異？』然辯者之見，雖詭論鳴高，要亦訴之聽者之理解，何以必須與常人異？而此節之後一段文字，何以知其爲辯者之見？譚氏亦未究言，僅云『若舉人所習知之異以爲異，謂之狂舉。』此譚氏之說，未必爲墨者之說也。（譚引韓非解老『心不得審得失之地，則謂之狂。』而氏所闡『狂舉』之義，與所引殊無關連。案，公孫龍子通變篇云『無以類審，是謂亂名，是謂狂舉。』衡之本條（說）屢言『不類』『類不同』，則公孫龍子之旁證當非謬。未見有如譚書所說者也。）高亨先生不改字，言『牛馬皆獸，本爲同類，而非異類』，故『如果舉牛有角馬無角，以此爲類之不同，是狂舉也。』（頁一八八）以上四說，其改字者，必以原文爲未安；不改者，則以原文爲可釋。愚固傾向於改字者，是亦以原文爲未安者也，但仍未能贊同孫、梁之改法。

本條之關鍵在一『類』字。墨經中以前言『類』者，如經下上闌言『止類以行人』、『推類之難，說在之大小』、『異類不吡』諸條，經上下闌『同重體合類』條(說)之言『有以同，類同也』，『異二不體不合不類』條（說）之言『不有同，不類也』皆是。大取更言：『夫辭以類行者也：立辭而不明其類，則必困矣。』此處言牛有齒、馬有尾，本皆是事實：然牛與馬固皆有齒者，牛與馬又皆有尾者，是『俱有』，『俱有』只能說明二者之同，不能說明二者之異，與本條論『知異』之目的異，故無用。若改『齒』、『尾』爲角，而言牛有角，馬無角，則就角之一事而言，於牛則『偏有』（偏，半也，部分的也。胡適之先生(前引)從張崧年，讀爲徧；偏徧古書固通，此處之意義則非是。）於馬則『偏無有』，然不論有無，對馬、牛言，既所言皆爲角，角之一事不變，馬之所無正牛之所有，兩處之所指既同爲一事，則可互加比較，（此亦大取『辭以類行』之義。）以所舉之事爲同事類也。故本條（說）『之與馬不類，用牛有角，馬無角，是類不同也』之『不』字爲誤字，應作『是類之同也』方合。以馬雖無角，但仍可以無角之特徵與有角之牛相較，因而使人明白牛馬之異；無角與有角在邏輯上言之皆爲就同一事比較，其情形猶言獨角獸與牛比較，獨角獸爲獨角，牛爲二角之事例同。此處之『類之同』三字，僅言所舉之事類相同，非言牛馬二者爲同類也。如以牛馬二者爲同類，結果自必得高氏所云『牛馬皆獸，本爲同類，而非異類』之結論，然彼係另一事，與此處之辨說無關也。孫氏未明此旨，刪後一段『以是爲類之不同也，是狂舉也』之『不』字，蓋未詳研（說）文。

經下上闡言『異類不吡』，所說之例如『木與夜孰長』，『智與粟孰多』，皆指兩種不同之事類。如樹木之長，與長夜之長；智慧之多，與積粟之多，實僅名字同耳，其『長』與『多』，實名同實異者。故不僅『木』與『夜』不同，『智』與『粟』不同，其所執以比較之『長』與『多』亦非一事。反之，如言夜與晝時間孰長，粟與豆數目孰多，則爲就同一事類同一標準相比而有可以較量之處矣。然如同條中之『麋與霍（鶴）孰高』，雖古人或以爲一係鳥一係獸而不可互比，然就『高』之一點言之則實可相比者，蓋『高』與同條之『長』『多』似同而實不同：麋之高與鶴之高係就同一事類同一標準而相較量者也。其情形正與本條之牛有角馬無角相近。大取有云，『或壽或卒，其利天下也指若，其類在譽石。』（指字，據閒詁引蘇時學校，當作『相』。『譽石』，據畢校疑『譽名』。）言壽者固可以有譽名，夭卒者亦可以有譽名（雖然亦可以沒世而名不稱）。此在譽名之一點相較而以之爲類者，其『類』字只强調譽名之一事；如言壽者爲人，夭者亦爲人，二者本爲同類而非異類，此固係另一方面之事實，然與原文『其類在譽石（名）』之『類』字之意義並無關係矣。本條之『類之同』（以『不』字爲『之』字之誤）之解釋，於此或有可參。

說明牛馬之異而言『牛有齒，馬有尾』，此狂舉也，以『齒』『尾』非一事類。今言『牛有角，馬無角』，則是就同一事類而言之矣，是類之同也。如言『牛有角，馬無角，以是爲類之不同也』，亦是狂舉，因『牛有角，馬無角』正是類之同。（小取云，『以類取，以類予』，則不止說明同異，即辯說亦應如是也。）

(經)不可牛馬之非牛，與可之同。說在兼。

(說)或不非牛，而非牛也，則或非牛或牛而牛也可。故曰牛馬，非牛也，未可。牛馬，牛也，未

可。則或可或不可，而曰牛馬牛也未可，亦不可。且牛不二，馬不二，而牛馬二。則牛不非牛，馬不非馬，而牛馬非牛非馬，無難。

前條曾言本條經文之首『不可』二字，多家繫諸前條經文之末爲不當。張皋文（卷下，頁一八）因將兩條並作一條，故張本上條經文之末句雖爲『說在有不可』，而張氏釋『不可』爲『如非牛，不可之類』。案『非牛』之討論，全在本條。倘如舊說合併兩條爲一，此處之『不可』二字仍繫諸『說在有』之後，已覺勉强。閒詁固仍合併兩條者，然改本條經文『與可之同』爲『與不可同』。梁氏改此四字爲『其名不可』（頁一五一），高氏改四字爲『與可未可』（頁一八八）。皆不若張仲如移『不可』二字於本條經文之首，讀爲『不可牛馬之非牛』爲本條經文首句，次句『與可之同』遂貼然辭順。

（說）無標牒字。張仲如剔出首句之『不』字爲標牒（頁三五九）。然（說）首句『或不非牛』之『或』字，實與次句『則或非牛』之『或』字爲對文，疑張說非。譚（頁一九七）、高（頁一八八）俱以『牛』爲標牒，因兩氏蓋以經文首『不可』二字屬上條者；然高氏則云『牛』字轉寫誤脫，譚氏則從閒詁以『則或非牛或牛而牛也可』一句中『或牛』二字爲衍字，而以其『牛』字移置（說）前爲標牒。案本條之標牒字脫落，如補，當補『不可』二字，惟不當如張氏之從首句剔出『不』字以實之。

『或不非牛而非牛也』一句，『也』字下梁氏據明嘉靖癸丑本校增一『可』字。胡適之於墨經校釋後序盛譽之，（後序，頁二）其實張皋文亦有此『可』字（卷下，頁一九）。（欒調甫疑畢秋帆校本已用癸丑唐堯臣刻本，參看論文集頁一〇二及一〇五）『則或非牛或牛而牛也可』一句，當從閒詁，衍『或牛』二字，作『則或非牛而牛也可』。

本條之要點爲說明『牛馬』一複詞，其中有牛，亦有馬，故不能謂其非牛、馬；然亦非全爲牛或全爲馬，故亦不能謂其爲牛、馬，其義至明。（說）之後半云『且牛不二，馬不二，而牛馬二』。『二』者，一詞之中包含兩種牲畜也，既包兩種牲畜，則『牛馬』一詞，與『牛』或『馬』皆異，故曰『牛馬非牛非馬無難。』『無難』，卽張皋文云『無可難』之義。張（皋文）、孫固俱能辨此者，然於（說）之前半，『或不非牛而非牛也可』等句，張則云『有角者不獨牛，則或是牛而可謂非牛，或非牛而可謂之牛』；孫則云『此言有齒之獸，與牛相類，或不得謂非牛，而實非牛也，』並舉爾雅釋獸牛屬爲例。兩說皆非。（說）所云『或不非牛而非牛也可』，指在『牛馬』一詞中之牛，其牛本不得謂爲非牛，故曰『不非牛』，然又云謂之『非牛也者』者，以此詞既兼舉牛馬，則『牛』未能別出（如能剔出則牛仍爲牛，如下文所云『牛不非牛』『馬不非馬』之例），既不能剔出，則『牛馬』一詞豈得謂之純牛？故云『不非牛而非牛也可』。『或非牛而牛也可』之句，文字雖與此相反，然意則一貫。『非牛』之例，如馬，自不得謂其爲牛，然在『牛馬』一詞中之『馬』，其名固與牛混，苟不能將其剔出而仍混其稱，則『牛馬』一詞中之『馬』，亦無以自脫仍不得不與牛同在，就此一義言之，謂其『非牛而牛也』亦可。本條所析辨者，爲形式邏輯之用詞。張、孫諸氏析之爲兩橛以釋之，並以『有角者不獨牛』或『有齒之獸與牛相類』說前半，未察此條前後相扣，實至緊湊，以『故曰』『則』『且』等詞爲之關連，不容抵觸，亦無須另假他義。

高氏校（說）之首二句，爲『或非牛而非牛也可，或牛而牛也可』，疑非。惟高校（說）之『而曰』之下，當有『「牛馬非牛也未可」不可』九字（頁一八九），疑其甚有可能，以下句云『「牛馬牛也未可」亦不可』，句中著一『亦』字，似應有上文。然卽使此九字不添，其意亦爲下句所賅。

(經)循此循此，與彼此同。說在異。

(說)彼：正名者彼此。彼此可：彼彼止於彼，此此止於此。彼此不可：彼且此也，彼此亦可。彼此止於彼此。若是而彼此也，則彼亦且此此也。

經之兩『循』字，張皋文以爲『皆衍』，讀爲『此此與彼此同，說在異。』釋之曰『此此，此之此也。彼此，彼之此也。各此其此，同也；其所以彼此，異。』（卷下，頁一九）案，『循』字明係『彼』字之誤，故梁任公先生謂『兩循字皆彼字之譌，又錯倒相間』，而讀首句爲『彼彼此此』（頁一五一）；曹鏡初同；譚戒甫（頁一九八），高亨（頁一九一）並從之。伍非百校改爲『彼此彼此，與彼此同』，張仲如集解從之，且云『據（說）審校，第一彼此是截然各異之彼此，第二彼此是大致相同之彼此，第三彼此是亦異亦同之彼此。』（頁三五九）案張仲如謂（說）分三種『彼此』之論實未的；『循』字雖係『彼』字之誤，梁、曹、伍諸先生之校改，亦有可商。（說）之校改，如閒詁，主張在『彼且此也』下增『此亦且彼也』五字，末句『則彼亦且此此也』增爲『則彼亦且此，此亦且彼也』，集解並從之。梁氏改『彼此亦可』句爲『此亦可彼』，譚氏從之；梁又衍『彼此止於彼此』六字。譚氏不以『彼此止於彼此』六字爲衍文，惟言（說）末句之『彼』字宜重，作『則彼彼亦且此此也』。

案閒詁以下諸賢，除高亨先生外，大體上俱以本條內容，與公孫龍子名實論一段有關。名實論云：

正其所實者，正其所名也。其名正，則唯乎其彼此焉。謂彼而彼不唯乎彼（梁任公注云，『猶言不限於彼』），則彼謂不行；（梁云，『猶言彼之名不行。』）謂此而此不唯乎此，則此謂不行。其以當爲當也，不當而亂也。故彼彼當乎彼（梁云，『彼彼者，謂指彼爲彼也。』）則唯乎彼，其謂行彼；（梁云，『猶言其名行於彼』。）此此當乎此，則唯乎此，其謂行此。其以當而當也，以當而當，正也。故彼彼止於彼，此此止於此，可。（梁氏墨經校釋頁一五二引作『故彼止於彼，此止於此，可。』）彼此（梁云，『言以此爲彼』）而彼且此，（梁云，『言彼變爲此』。）此彼而彼且此，不可。（案，末二句疑當作『此彼而彼且此，彼此而此且彼，不可。』）

試將本條，共公孫龍子互校，則文字雖有不同，其意實無出入。譚氏以公孫龍子之說爲形名家之言，而墨經文字爲名家駁之之文字（頁一九八），似無以申其說。然經及(說)之文字，必先釐正，吾人始能獲得淸晰之了解。愚疑其仍有紊亂，謹先校讀如下，其援他家之說者，亦加注明：

（經）彼此（由第四字移上）、此彼，與彼此同。說在不（『不』字增，從高亨先生。）異。

（說）彼：正名者彼此。彼此可：彼彼止於彼，此此止於此，彼此止於彼此。（六字自下移前。）彼此不可：彼且此也，此亦可彼（此句從梁氏）。若是而此彼（原文二字互倒）也，則彼亦且此(原衍一『此』字)也。

本條文義，其著重似在『彼彼止於彼，此此止於此』（那個就是那個，不是別的；這個就是這個，不是別的）及『彼此止於彼此』（說那個是這個的時候，那個只許是這個）二點；故經云『彼此』『此彼』，應有一定之限制，苟無限制，則如(說)所云，『若是而此彼也，則彼亦且此也』，終至無以爲說。例如：謂雞爲雞，此爲此也（此此止於此）；謂動物爲動物，彼爲彼也(彼彼止於彼)此即簡單的『彼』『此』，說之可行者也；謂雞爲動物，是謂此爲彼（此彼），事亦可行，然應使此命題即止於此，不可再顛倒交換，因顛倒交換有時爲錯誤的，即如此例，倘顛倒其辭而謂『動物爲雞』（猶言一切動物爲雞），則謬。經之『說在不異』，言『彼此』『此彼』之說應有界限，與『彼』『此』二詞本身之有界說同，故云『不異』；原文脫『不』字，遂不可解。高亨先生不改(說)之『彼此亦可』之句，而於其下句增『不』字，作『彼此不止於彼此』。言『例如白馬爲白馬，且爲馬，則謂白馬爲馬亦可也』，以之釋『彼且此也，彼此亦可』二句，復言『彼此不止於彼此，言彼不止於彼，此不止於此也』；而於末句『則彼亦且此此也』，亦刪一『此』字，謂『如是而謂彼爲此，則因彼且爲此也。』案高氏之說，基於其句讀多與他賢異，先釋『彼：正名者彼此彼此，可』爲『設彼爲此，則謂彼爲此可也；……上彼此二字，言彼爲此也。下彼此二字，言謂彼爲此也』；釋『彼彼止於彼，此此止於此，彼此不可』，爲『設彼爲彼，而彼止於彼，不能爲此。此爲此，而此止於此，不能爲彼。則謂彼爲此，不可也。』試參前引公孫龍子名實論文字，則知高氏如此校讀，恐乖本旨。名實論與別墨之先後殊難言，然其文字即或晚出，此處亦必同衍一旨者，對墨經句讀之理解，當可借鏡。惟經文首句云『同』，又言『說在異』，前後矛盾。高氏云『異上當有不字，轉寫誤脫』，是可從。

(經)唱和同患，說無功。

(說)唱無過，無所周，若粺。和無過，使也，不得已。唱而不和，是不學也。智少而不學必寡。和而不唱，是不教也，智而不教，恐適息。使人奪人衣，罪或輕或重。使人予人酒，或厚或薄。

（說）之兩『過』字，閒詁改作『遇』字，云『與偶通』。集解頁三六〇從之。譚氏、高氏俱不改字。譚以

『無過，猶言無過差』，因釋云『教無過者，當素有培植；雖無所周徧，實若粺之精。』（粺，精米，參說文卷七，上，詩大雅召旻『彼疏斯粺』傳。）』（頁一九九）所釋『無所周』而可以爲無過差，似乖教人之旨。高氏從曹鏡初（墨子箋），改『無所周』之周字爲『害』，又主改『若粺』之若字爲『有』，以粺字爲裨益之裨之借字，因云『唱無過，無所害，有粺（裨）』。又云『當和而和，則無過，……和如無過，則和之所以使人所唱之事不得已。』（頁一九二）案閒詁改兩『過』字爲『遇』字，改『粺』字爲『稗』字，說實勝此。惟又改『周』字爲『用字（梁氏亦云『疑當作用』』，頁一五三），則可無需。此『遇』字卽遇合之遇。唱者無所遇，則無可教人，其學無從周徧，若秕稗之無用。『和無遇，使也，不得已』，孫氏釋爲『謂人不唱使然』，『明非和者之過』，則似不然。愚案『使也不得已』應作一句，指弟子事師爲之服役，疲而不得息，此在弟子固已盡弟子之職矣，然苟其所師之人，舍勞役給使外無以爲唱，則此學生亦可謂『和無遇』，以所事非其人也。譚氏釋使役之義與愚同，但云『學無過者，必先其術藝；至爲師給使，似由不得已。』蓋譚先生不改『過』字，其釋文意不能一貫，而謂古之學者，尤其墨氏之徒以爲師給使爲不得已，則大悖墨氏之論。卽譚氏所引備梯篇禽滑釐事墨子三年『手足胼胝，面目黧黑，役身給使，不敢問欲』之事已遠與之違，更不必旁徵管子弟子職、禮記內則諸書也。經云『唱和同患』，『患』字曹鏡初以爲通『串』，與『貫』同，云『唱，教也。和，學也。貫，習也。同貫者，猶云教學相長也。』譚氏、高氏、張氏集解（頁三六〇）及于省吾雙劍誃墨子新證說多相同。案『患』字仍當作『憂』義：蓋『唱』『和』者皆以有功無功而定，其所患正同。

『智少而不學必寡』，依楊葆彝，『必』字上當脫一『功』字。『智而不教』，依閒詁，『智』字下當增一

『多』字。智少，智多爲對文，梁、譚、高氏並從此義，可毋贅。〔梁氏校釋，脫『和而不唱，是不教也』八字。〕

（說）之末段，『或厚或薄』句之上，梁氏以爲當增一『功』字，可從。譚氏增一『義』字，云『使人奪人衣者：其奪衣之罪輕，而使人之罪重，蓋教之所係者大也。使人予人酒者：其使人之義薄，而予酒之義厚，蓋學之所需者急也。』高氏從譚說。案，譚氏增『義』字，因據大取『義可厚厚之，義可薄薄之』之文，大取此處文字與酒無關，難以定其當。且譚、高氏所言，愚意亦有出入。（說）前言『使也不得已』，學者給使於人也；此處言『使人』，唱者之教人也。教者之所教如當，則如使人予人酒，不論厚薄，其爲有功於飲酒之人也同；所教不當，如使人奪人衣，不論輕重，其爲有罪於失衣之人也同。言教人者誠不可不愼也。〔衣、酒之喩不過比況。如備梯言墨子哀禽滑釐之苦，『乃管酒塊脯，……以樵〔醮〕禽子』；號令篇『賜衣食酒肉』，墨子多處言酒醴粢盛，不可以非樂上、非命中、下諸篇之反對湛湎而謂酒不可以爲功也。〕

(經)聞所不知若所知，則兩知之，說在告。

(說)聞：在外者，所不知也。或曰：在室者之色，若是其色。是所不智，若所智也。猶白若黑也，誰勝。是若其色也，若白者必白。今也知其色之若白也，故智其白也。夫名：以所明正所不智，不可以所不智疑所明。若以尺度所不智長。外，親智也；室中，說智也。

（說）之『智』字與經之『知』字通，前例已不少，不必如梁氏之改『智』字爲知字。然（說）首句云『在外者所不知也』，研全條文意，此處之『所不知』，明爲『所知』，故譚氏云衍『不』字（頁二〇〇）；梁氏以意校之，補『所知也，在室者』六字，讀『在外者，所知也；在室者，所不知也』（頁一五三），則文義益暢，可從。張氏集解（頁三六一）、高氏校詮（頁一九三）俱從之。

『猶白若黑也，誰勝？』指不知一物之顏色。『若』字當作『或』字解。經下上闌『疑說在逢循遇過』條（說）云『以飲酒若以日中』即一前例。高亨先生改『猶白若黑也』爲『謂白若白，黑若黑也』，似可不必。『勝』字，梁任公先生云『訓當』。案，白黑之比較，墨子書中固常見，而經上下闌『同異交得』條，（說）中更有『兩絕勝，白黑也』之句，則此處之義益明顯。『是若其色也若白者，必白』一句，前半文字當相連，梁氏乙『是若』爲『若是』，固非；張氏集解更以『誰勝』之義爲『其色究竟誰更白、誰更黑』爲言，而釋『是若其色也』爲『言其色正相若』，去原義更遠，蓋張氏未明『是若其色也』非完全句，應連下文『若白者』讀而義始明也。

『名：以所明……』以下至『不智長』共二十四字，譚氏以爲係前文經下下闌『知其所以不知，說在以名取』條之（說），謂此處與該條原有之（說）『雜所智與所不智……』共三十二字爲錯簡，愚前已加懷疑，茲不贅。案，『夫名：以所明正所不智，不以所智疑所明』，正此處之精義。伍非百云：『言求知之道，在藉已知之前提，求未知之斷案。不當以未知之斷案，疑已知之前提。譬如以已知之尺，度所不知之長短，而長短可得而知也。若因所不知之長短，並疑及尺亦未可據，則長短終無由知，而世間知識，胥無由生，故曰「若以尺度所不知長」。』（集解頁三六二引）此意極是。故張皋文以『若以尺度，所不智，長外，親智也』爲句，云『如以尺度物，所長之外，是所不知。此不知乃親知也』之說實謬。末云『外，親智也；室中，說智也』，『外』

與『室中』，『親智』與『說智』皆對文。亦如梁氏所云『此文室中室外之喻，謂求智識者當以所已知者爲基礎，而以求同求異之法推見其所未知者。如知在外之馬其色白，聞室中之馬與此同色，則知其必亦白；若聞其不同色，則知其非白也。』（頁一五四）惟梁氏釋經上下闌『知聞說親名實合爲』條，以（說）之義，爲『據其所已知以推見其所未知』（頁七二），而於此處之『說智』，又言義詳前條。余則以『說智』之義卽自己不知而他人或告之之義，故本條經文云『說在告』。經上下闌『聞傳親』條之（說）亦云『聞：或告之，傳也。身觀焉，親也』，所云之『傳』，亦卽此處之『說』。

(經)以言爲盡誖，誖，說在其言。

(說)以誖：不可也。出入〔之人〕之言可，是不誖，則是有可也。之人之言不可，以當，必不審。

經之『在其』二字，舊倒，從閒詁據道藏本、吳寬鈔本乙。〔陸穩本、影嘉靖癸丑本悉同。〕經言以所有之言說爲盡誖，其言亦誖，以其言亦爲一種言說也。章太炎先生國故論衡原名，『謂言皆妄。詰之曰：是言妄不？則解矣』，正明此意。韓非子難勢所云矛盾之喻，將毋同。

（說）之首句『以誖』，閒詁云『猶言以爲誖』，並以爲『下「以當」文義正相對』。非。他家自梁氏以下多以『以』爲標牒字，則『誖，不可也』卽經『以言爲盡誖，誖』之義。『出入』，梁氏以爲如『論語「小德出入可也」之出入』（頁一五五）。閒詁改爲『之人』二字，極是：二字篆文與『出入』易混，且下文有『之人之言不可』，正與此處『之人之言可』相對也。譚（頁二〇〇）、高（頁一九三）皆從之。『以當，必不審』，『審』字閒詁亦改爲『當』字，云『以不可爲當，是必不當也。此卽公孫龍子〔案，名實篇〕「以當爲當，不當而亂」

之義。』梁氏此處從孫改。案，公孫龍子『以當爲當』之義與此不相侔，孫改恐非。此句『審』字與『當』字實互倒，應作『以審，必不當。』高亨先生改字與此同。愚案墨子中言『審』字之處甚多，主要者爲『審信』之義，審信卽詳加推究核實之意，如尙同上、中，皆言『甚明察以審信』，號令云『相參審信』『問之審信』皆是。『審』字亦可獨用，如備城門『不可不審也』之類；亦可與『當』字相提並論，如非攻中『情（案卽『誠』）欲（毀）譽之審，賞罰之當，刑政之不過失』是。又如貴義云：

子墨子仕人於衞。所仕者，至而反。（案，荀子富國篇『一歲而再獲之』句，楊倞注引此節，作『子墨子弟子仕於衞，而反。』）子墨子曰：『何故反？』對曰：『與我言而不當。曰，「待女以千盆」；授我五百盆，故去之也。』子墨子曰：『授子過千盆，則去之乎？』對曰：『不去。』子墨子曰：『然則非爲其不審也，爲其寡也。』

『審』字有『審信』之義，而『當』字只有是非之義，故畢秋帆校以爲文中『與我言而不當』之『當』字應作『審』。今改本條（說）之末句爲『以審必不當』，審字在此處有審察、審信之義，其意與『察之』相同，若『以當』則不能成一動詞，故愚意以爲高氏之改字爲明也。然高先生釋『以審』，爲『以此人之語言，審究天下之言，而以天下之言爲盡謬，則必不當矣』（頁一九四），愚則以爲『以審』指審察『之人之言』，『之人之言』既不可，苟反察之，必可知其不當之處。

綜合全條，立此『言爲盡悖』之說之人，其言果是，則其人之言非誖，是天下之言，實非盡悖者矣。苟其人之言爲非，則反察其人所云『言爲盡誖』，亦未必卽是也。

(經)唯吾謂，非名也則不可，說在仮。

(說)惟：謂是霍可，而猶之非夫霍也，謂彼是是也。不可謂者，毋惟乎其謂。彼猶惟乎其謂，則吾謂不行；彼若不惟其謂，則不行也。

經之『唯』字，舊本作『惟』，閒詁據吳鈔本作『唯』，以爲卽唯諾之唯，其實非是。惟唯本通，但此處不當作唯諾解，則仍依（說）作『惟』爲當。『惟吾謂』卽前釋『循此循此，與彼此同』條引公孫龍子名實篇所云『正其所實者，正其所名也。其名正，則唯乎其彼此焉。謂彼而彼不唯乎彼，則彼謂不行；謂此而此不唯乎此，則此謂不行』之意，故經云『非名也則不可，說在仮。』仮卽反，謂相違之意。閒詁以『唯』爲唯諾，故云『唯吾謂，言吾謂而彼應之，若非其正名，則吾謂而彼將不唯』，故以『仮』爲『却之不應』（引莊子寓言『與己同則應，不與己同則反』，孟子公孫丑『惡聲至必反之』爲說）；實非也。閒詁釋本條(說)，亦引名實篇，然闡其旨實非達。高亨先生以全條之『惟』字皆『離』字之解，謂『離謂』爲戰國時流行之語，呂氏春秋有離謂篇（頁一九四）。說至新，然呂氏春秋離謂篇中，並無與此條相似之辭詮，殊難必其當。譚氏據其釋經下上闌『假必誖』條(說)『猶氏霍』之義，又改此條文字，以實其『猶氏霍』爲名家恆言之說（頁二〇一——二；參頁一三四，一八四），前已證其不然。〔參看拙釋『假必誖』條；經下下闌『堯之義也生於今而處於古而異時』條。〕

本條之（說），文字疑稍有竄亂。校讀之如左：

（說）惟：謂是霍，可，而猶之非夫霍也，不可。〔二字自下句乙上。〕謂彼是，是也。謂者：惟〔此字補〕

毋惟乎其謂。彼猶惟乎其謂，則吾謂行（『行』字上原有『不』字，衍，從孫校刪）。彼若不惟其謂，則不行也。

『霍』當係『鶴』字。孫疑爲『虎』字，梁氏從之（頁一五六），皆動物名。謂一動物爲鶴，不論其爲鶴或否，既稱之爲鶴，則假設之辭已具。假設可，而假設之上更爲游移則不可。『猶之』、梁氏以意校改『猶』爲『狗』（『而狗之非夫虎也』），疑非。此『猶』字疑卽墨子常見『譬之猶』一詞（三辯，尙賢中、下，兼愛下，天志中，例不勝舉）之省：謂假設已名之爲鶴（霍），而又譬之猶非鶴也，則不可。『不可』一詞舊讀『不可謂者，毋惟乎其謂』二句相連，梁氏讀『謂彼是是也』（云『下「是」字訓此』）爲句，譚、高氏皆從之。愚案：『謂彼是，是也』當爲肯定之辭，言已假設某爲某者，卽不得又謂其爲另一事物；如此，則不論謂何物爲何物，皆只能『惟乎其謂』。『彼猶惟乎其謂』，言如辯論者承認此『惟乎其謂』之前提而不節外生枝，則辯論可有一共同之所指而獲合乎論理之發展，『則吾謂行』。反之，『彼若不惟其謂』，則雙方所辯者無互相同意之前提，其結果將益相舛違而無法獲得適當之結論。

（說）之『謂者：毋惟乎其謂』，疑『毋』字上脫一『惟』字。以『毋』字下本有一『惟』字，鈔寫者蓋以爲重沓誤刪。案『惟毋』（或作『唯毋』）一詞，在墨子中凡十數見，（尙賢中、下，兼愛下，非攻中，節用上，天志中，非樂上），此『毋』字王石臞以爲乃發語辭，本身初無意義。閒詁卷二釋尙賢中『古者聖王唯毋得賢人而使之』引王氏說綦詳（參經傳釋詞卷十，無毋亡忘妄條）。案，王氏父子之說固當，但似未注意『毋』字之前必須連『惟』（唯）字成『惟毋』一辭而後此種句法始可成立。如管子立政九敗解『唯毋』『唯無』凡連句九次，無一例外是也。此處當作『惟毋惟乎其謂』，言惟『惟乎其謂』也。

(經)無窮不害兼，說在盈否(知)。

(說)無：南者有窮則可盡，無窮則不可盡；有窮無窮未可智，則可盡不可盡未可智。人之盈之否未可智，而必人之可盡；不可盡亦未可智，而必人之可盡愛也，誖。人若不盈先窮，則人有窮也，盡有窮無難。盈無窮，則無窮盡也，盡有窮無難。

經文末一『知』字，乃經下上闌『知知之否之足見也誖(誖)』條之首一字，舊說(張皋文，卷下，頁二一；畢氏注，閒詁皆同)斷屬本條，誤。茲從吳摯甫考定墨子經下篇，仍以『知』字歸彼條。

(說)首『無』字，係標牒；舊以『無南』連讀，張皋文遂以『無南者』屬上條之(說)。閒詁云『此南即指南方。無南，猶言南無窮也』，亦屬望文生義。蓋『南者』即南方，荀子正名言『豈爲夫南者之不可盡也，離南行而北走也哉』，南者固指南方，而『南者之不可盡』之思想，或亦與當時『南方無窮而有窮』一類見解有關。本條經言『無窮不害兼』，則不論南方有窮抑無窮，墨家皆不能放棄其兼愛之思想。此點諸家概無異說。

(說)之文字稍有脫落，諸賢分別加以補斠，然未必盡當。譚(頁二〇二－三)、高(頁一九五)諸氏皆以『誖』字以上各句，爲他家難墨者之言，故云『而必人之可盡愛也，誖』，而以以下各句，爲墨者反駁之言。案，墨子書中用『誖』字者，凡六處，皆見於墨經，其他五處並無引他家相駁之言者。此處疑亦不能作如是解。又『人若不盈先窮』一句之『先』字，閒詁以爲係『无』(無)字之誤，他家多從之。高氏此處不改字，釋之爲『人若不盈於域，是人先窮也。則域縱無窮，而人有窮也』(頁一九六)，似仍以從孫說爲長。(『先』，王湘綺本即作『無』。）『智』字即『知』字，可無說。

茲仍校（說）之文字如次：

（說）無：南者有窮則可盡，無窮則不可盡；有窮無窮未可智，則可盡不可盡未可智。（原文衍『不可盡』三字，從畢氏校。）人之盈否（『否』上原有『之』字衍，從孫校。譚氏以『之盈、之否』爲句，似不然。）未可智，而必人之不可盡（『不可盡』三字，即從上文衍文移來，非如張仲如集解頁三六四所云就原文『人之可盡』句增一『不』字）；可盡不可盡亦未可智，而必人之不可盡愛也（『不』字從孫校增），誖。人若不盈无窮（原文『先』字，大約因鈔寫者偶書『無』爲『无』字，傳寫間又以形近致誤。梁氏校釋頁一五七改作『无』，即從孫校，以活字排印誤作『无』，李笠定本墨子閒詁校補下編，頁十五已爲指出，然梁先生似不能尸其咎也。），則人有窮也，盡有窮無難。盈無窮，則無窮盡也，盡无（原作『有』）窮無難。

孫氏閒詁於原文『不可盡亦未可智』一句，以爲當作『人之可盡不可盡亦未可智』，原文脫『人之可盡』四字，以上文本有『人之可盡』四字，謂此涉上文而致脫誤者；張氏集解從之。案，孫氏增四字，文意較顯，然原文似亦不必增而後始明，且『可盡不可盡未可智』之句上文本有之，並未重複『南者』二字，是以拙校不從孫氏。又『不可盡』三字衍文，諸賢幾無不從畢校者，然未究其致衍之由，是處或亦容有可商也。『盈無窮，則無窮盡矣』句，所云『盈無窮』實假定之辭，蓋就『無窮』之定義言之，則『無窮』乃不可盈者，苟無窮而能盈，則是無窮一義已不存在，故云盡无窮無難。（說）之前段言『無窮則不可盡』，乃從普通常識立論，（說）之後段言盡有窮固無難，盡無窮亦無難，僅基於無窮實不可盈，人所能盈者僅有窮之域耳之一意義：惟無窮苟可盈，則盡可盈之無窮亦無難耳。

(經)不知其數而知其盡也，說在明者。

(說)不二智其數，惡智愛民之盡文也。或者遺乎其問也。盡問人，則盡愛其所問：若不智其數，而智愛之盡文也，無難。

經之『明』字，閒詁據(說)，改爲『問』字，似較張皋文據經，改(說)之三『問』字爲『明』(卷下，頁二一)爲安。(『遺乎其問也』之『問』字，舊本譌爲『門』，孫據道藏本改正。)(說)中兩處『盡文』，『文』字俱當從孫氏改爲『之』字。高氏以『兩文字並當作人，形似而誤』(頁一九六)，恐非。經上下闔『爲窮知而縣於欲也』條之(說)，有『智之慎文也』；『名達類私』條之(說)，『有實必待文多也』，兩『文』字亦『之』字之誤，而『智之慎之也』句法，尤與本條『愛之盡之也』相類，可互參。『愛民』之『民』字，梁氏云『疑衍』(頁一五八)，非。(說)中上段言『愛民』，下句則畧民字，苟删此字，全條之主體將不明顯。『不二智其數』一句，孫氏、梁氏皆作『不一一智其數』；然梁先生以『不』爲標牒字，則(說)之首句爲『一一知其數』，於義未符。王湘綺湘潭本、曹鏡初墨子箋皆以『不二』爲『不』字重，讀爲『不：不智其數』，說至通達。高亭氏以『或者遺乎？』爲句，亦可采(頁一九六)。蓋(說)首至『或者遺乎』三句，皆設問之辭。『其問也』三字爲一句(高讀爲『其問也盡問人』，恐非。)：『其問也』之『問』字非問詁之問，乃調查之謂。譚氏據顏息庵著管子校釋，云『問字、頗與管子問篇之義相近』(頁二〇三)。案，問篇所問，有今人所謂『普查』之意：如『問死事之孤，其未有田宅者有乎』，『問死事之寡，其餼廩何如』，『問獨夫寡婦孤寡疾病者幾何人也』，『問邑之貧人債而食者幾何家』（卷九），其用意不必與墨者盡同，其『問』之方法則似無二致。『盡問人』，卽儘量調查其對象，而『盡愛其所問』，則苟有所知，一律予以賙濟也。在個人，只須此願心立，則不虞其不能盡；在國家政策，只須努力普查，一一存問，亦能遂其皆能有養之道，故『不智其數』不足爲病。

張臯文改『問』字爲『明』字，言『不知天下人之數，而可以知愛之盡，以其明之』，張仲如集解（頁三六四—五）頗加發揮，並引禮記大學，華嚴經十地品證之，似稍迂曲。

（經）不知其所處，不害愛之。說在喪子者。

無（說）。

此條承上條而言。張臯文云『不知天下民之所處而愛可及之。喪，失也。失子者，不知子之所在，不害愛子』（卷下，頁二二）。此蓋兼愛之極境。

（經）仁義之爲內外也，內；說在仵顏。

（說）仁：仁，愛也，義，利也。愛利，此也。所愛所利，彼也。愛利不相爲內外，所愛利亦不相爲外內。其爲仁內也，義外也，舉愛與所利也，是狂舉也。若左目出，右目入。

經文之第二『內』字，閒詁疑當作『非』字，梁氏從之（頁一五九）；王樹枏墨子斠注補正、高亨（頁一九七）以爲涉上文衍。曹氏墨子箋以爲『冈』卽『罔』字，譚氏（頁二〇四）從之。似皆不如張之銳新考正墨經注以爲『經舉其說而斷定之，以爲皆在內也』之諦。張仲如集解（頁三六五）卽從其說。經之『內外』二字舊本倒，孫氏從吳鈔本乙正。但(說)『所愛利亦不相爲外內』句，亦應據吳鈔本乙正，孫氏則未改原文。〔梁氏校釋多從閒詁者，則兩處皆未乙。譚氏亦然；高氏則全同閒詁。義固可自明耳。〕『所愛利亦不相爲內外』，王樹柟、譚氏並增一『所』字作『所愛所利』，亦可從；以上文固作『所愛所利』也。〔梁氏校釋於『所愛所利，彼也』句脫一『所』字。〕『其爲仁內也，義外也』之『爲』字，孫氏以爲『爲、謂字通』，梁氏用改爲『謂』字。如不改字，『其爲』作『其以爲』解，亦無礙。

『仵顏』一詞，張皋文據玉篇，以仵爲『偶敵也』，據博雅，以顏爲雒，而云『或者卽說左右目之意』(卷下，頁二三)。孫氏疑仵顏卽呂氏春秋明理篇『其民頡啎百疾』之頡啎，頡顏形近而誤，傳寫又誤倒；又疑其同於莊子天下『觭偶不仵』之意而當作『仵觭，亦抵牾不合之意』。案，呂氏春秋高注云『頡，猶大啎逆也』，其意與『仵』之抵牾之意相合，若天下篇之文，似不能刪倂之而爲仵觭。高氏讀『仵』爲伍，伍爲相參伍之意，云仵顏爲『目之出入參伍不一致』(頁一九八)。案，墨子書中用『顏』字似卽此一處，用『顏色』、則或作美貌解，如尙賢中言『不變顏色』；或作肌色神態解，如節葬下云居喪者『顏色黧黑』，非樂上言『食飲不美，面目顏色不足視』；或僅作神態解，如號令言『志意、顏色、使令、言語之請』，則此處之『顏』，如釋之爲神態之正常，或可得其正。『仵顏』、卽與正常之神態相違也。譬如以目視物，無左出右入之理，若如此主張，則與常態相違。譚氏改『目』字爲『自』、鼻之古文，云『〔目〕似無「出入」可言』，其實不然。墨者此處之言，云仁、義皆發自內心〔內〕，但仁義之心所愛所利之對象則皆在外界〔外〕，故不能析仁義而云『仁、內也；義、外也』〔以其皆爲內〕，亦不能析仁義之心所愛所利之對象爲內外〔以其皆爲外。例之以目之視物，所視之事物皆外境也，產生此視覺之感覺器官與經神中樞之活動皆爲內也，故不能言一目司內，一目司外，不必易字。『左目出』之『出』字，舊本脫。孫氏據道藏本，吳鈔本補。陸穩、唐堯臣本並同。

此條自爲墨者駁告子一派之說。仁內義外爲告子之言引見孟子告子上。（閒詁云見公孫丑篇，微誤。公孫丑上僅孟子云『告子未嘗知義，以其外之也』而已。）狂舉，已見前『狂舉不可以知異』條。

愚於本篇嘗譏近賢喜用佛教名詞如『能』『所』等詞釋墨經，愚心目中所言之『能』『所』，指如成唯識論『所緣』(ālambana)『能緣』(sālambana)一類名詞。謂此類譯經用詞之未必與墨經有關也。本條言『所愛所利』，實與上引諸詞相近，然如究析其義，墨者心中之所謂內外，其用詞涵義至多與告子同，吾人或可以較精細之外來譯詞釋之，以利現代人之理解，然於取捨之間，仍不能不三加之意。例如譚氏發微釋經上下闋『厚有所大』條，愚於箋疑前篇已辨之；譚氏釋經上上闋第一條『故所得而後成也』（箋疑略去此條），亦云『墨家分別「能、所」最明晰，本條舉「所」而「能」自見；蓋所得惟一即成故，能得雖多尚不成故也』（頁五〇），其實是條經文所云『所得而後成』之句，其『所得』二字之解釋，未必與『能』『所』等對詞有關，而必欲擬之，轉見罣礙。

（注）譚氏所云『惟一即成故』之『故』，即該條經（說）之所謂『大故』，邏輯所云足夠的原因也；所云『雖多尚不成故』之『故』，即（說）之所謂『小故』，邏輯所云必需的原因也。必需的原因有時可能即足夠的原因，然常常不是足夠的原因，故有之亦常未必即能成故。然經文之『故』，實兼小、大二者而言，小故雖如（說）所云『有之不必然，無之必不然』，然正以其『無之必不然』，故大故之不止一種成因者，亦

必包若干『無之必不然』之小故在內而後始得而成；如逕擬大故爲『所得』，實尚未究竟該條之全體也。譚氏又云『大故有之必然者，言成事之一切緣因皆具有之』，是其所謂『大故』，未必卽爲『惟一』，或則此『惟一』實集合若干大小故而成之總因，然則，析小大爲『能』『所』，而『所』之中又苞括『能』，恐又非『能』『所』之本旨矣。

(經)學之益也，說在誹者。

(說)學也，以爲不知學之無益也，故告之也是；使智學之無益也，是教也以學爲無益也，教誖。

經文『益』字上，閒詁以爲脫一『無』字，並改『誹』字爲『誖』；蓋未詳究文義。高氏詮此條，遠勝閒詁，然亦以爲『益上當有無字』，云『說中皆就學之無益立論，卽其證』（頁一九八），則非。經文云『學之益也』，乃撰墨經者之正面立論，（說）中雖累言『無益』，乃辯駁中引用，非其根本主張；如在經文中增『無』字，則似乎說者之主張爲以學爲無益矣，豈非大悖墨者之旨？如以增『無』字後『學之無益也』一類句法非撰經者之正面立論，則遍讀墨經下上下闋有『說在……』者約八十條，不見其例；殆不可行也。

舊說釋此條者，頗誤於句讀。如張皋文、誤以上條（說）『右目入』最後一『入』字屬本條（上條（說）『左目出右目入』句，『出』字舊本脫；故張氏以『若左目右目』讀之，亦自成誦，而本條（說）之首句遂得『入學也』三字。），又以『以爲不知學之無益也故告之也，是』爲句，解云『告，教也。以學也故教，是也。』次句爲『使智學之無益也是教也，以學爲無益也教，誖』，又解之云『使知學之無益也而教，則是以學之無益教矣，則誖也。』（卷下，頁二二）。孫氏句讀（見本條原文。）不能外於張氏，惟言『此言學或無益，或有益，故教亦有是有否，否則誖矣』。梁任公校釋讀（說）首二句爲『學也以爲不知，學之無益也』釋之爲『學所以求知也；學焉而得不知焉，則學之爲無益也』，並以五歲學童，教之以大學中庸文句，必愈學而愈不知爲喻（頁一六〇—一）。又改『故告之也』之『故』爲『教』字，删『使智學之無益也』句『學』字以下五字以爲涉上句而衍，而『使智』二字遂不得不併上句讀爲『教，告之也，是使知（智）。』其支離破碎之處，蓋亦由於句讀混。

張皋文以『以學之無益教』爲誖，梁氏卽云『學也以爲不知，學之無益也』，是申張氏之說也。孫氏亦承認『學或無益或有益』，而教者、亦有是有否，如以其不應教者而教，則是亦以無益之學爲教矣；三氏所說，大體如出一轍。張仲如集解又申其義云，『學必有益。教人學者，是使知學之有益也。然學者有時或不知所學之無益，故教者告之，使知學之無益，是教之有益於學者大矣』，是釋（說）之第一層意義。復云『乃非學者，竟以學爲無益，且以學無益爲教』，是釋（說）之第二層意義。（頁三六六）凡此皆舊說似是而非之處。推其致誤之由，在『以學之無益教』之一觀念。就邏輯言，無一教者承認以無益之學教人者，僅或互相斥責他人所教、所學爲無益之學耳。其或根本以學爲無益者，在墨者觀之，如提倡『學無益』說之人，如此立論且以此論教人，其本身卽爲一種矛盾。蓋嚴格言之，不論以何種主張教人，其本身之行爲亦是一種教，而在聽受其主張者亦是一種學；所學之內容爲何物，固不在此命題之內者也。故如主張『學無益』，而以此『學無益』之旨教人，使人信受奉行，則如此教人者不能謂非渴求學之之人矣；如此而獲得『學無益』之旨者不能謂非受教於人矣，受教於人卽學，則『學無益』之說卽可於提倡此理論者提倡此事之行爲上，悟見其本身之謬誤而不攻自破。（說）之句讀，應校讀如下，則義自喻：

（說）學也：以爲不知學之無益也，故告之也；是使智〔知〕學之無益也，是教也。以學爲無益也，教，誖。

墨者之駁論爲『以學爲無益』則不應學；今以學爲無益之主張教人，是有教人必仍有學之者也，如仍有學之者，則不能謂學無益；學非無益，則學無益之說，必不然矣。譚（頁二〇五）、高二氏之釋義，與拙說同；惟高氏以（說）首『學也』之『也』字及『是使智學之無益也』句之『是』字爲衍；譚氏則讀（說）首之『也』字爲『他』；兩氏皆以（說）端一『學』字爲標牒字。案，『學也』當係二字標牒；『是使智學之無益也』句『是』字決非衍字，玩句間語氣自明。

『誹者』，卽議論之人。經上上闋有『誹，明惡也』條，可參。閒詁改爲『誖者』，吳摯甫考定墨子經下篇亦讀誹爲誖，張仲如集解又刪『者』字作『說在誖』，皆不然。

（經）誹之可否，不以衆寡。說在可非。

（說）論誹：誹之可不可，以理之可誹，雖多誹，其誹是也。其理不可非，雖少誹，非也。今也謂多誹者不可，是猶以長論短。

本條經與（說）皆易明瞭，然字句間諸家仍多斟酌。（說）首句重二『誹』字，其一應剔前，作標牒字，而讀句爲『誹：論誹之可不可以理』；其下復應補一『理』字，讀次句爲『理之可誹』，文意卽至顯豁，不違如王氏引之之增多字也。

（說）『理之可誹』，『其理不可非』二句，『誹』『非』並用。王引之主改『非』爲『誹』，張仲如集解（頁三六六）、高亨（頁一九九）並從之。張臯文則以『誹』當作『非』（卷下，頁二二），閒詁、梁氏（頁一六一）、譚氏（頁二〇六）並從之。以經文及下條文字證之，似以後說爲當。

（經）非誹者諄，說在弗非。

（說）不誹，非己之誹也，不非誹，非可非也，不可非也，是不非誹也。

經文『諄』字，當從張臯文，改作『誖』（卷下，頁二二）。

（說）首『不』字，依閒詁校，當作『非誹』，爲標牒文。『非誹』即反對誹議。墨家嘗云『誹明惡也』，故不反對誹議他人。但從邏輯方面言之，反對誹議之主張，本身亦爲一種『誹』，故反對誹議者，若從純理論言之，則連『己之誹』亦當包括在內，而造成事實上之矛盾。反之，如反對誹議者不以己之誹爲非，則是客觀的『誹』之中亦有不可反對之事物存在，由是而可證明『誹』亦有正面存在之價値，不必反對。『誹』既不能反對，可見有些事物亦必有可以非之之處而無可加以反對者（『非可非也，不可非也』，首句第一『非字，爲是非之非，亦即指不對的事物，『非可非』，即不對的事物可以反對；次句『不可非』言『不非誹』之見解爲無可非。），如是則初言『非誹』之人，其結果乃至於『不非誹』，則『非誹』之爲誖明矣。經之『弗非』，與（說）之『不非誹』，意實相貫。（馮友蘭中國哲學史頁三四七——八，張仲如集解頁三六七——八，高亨校詮頁二〇〇所說，於拙說多有可參。）

案，本條之（說），舊說如張臯文經說解，孫氏閒詁，改字雖無多，但不成條貫。張氏除校經文改『諄』爲誖字外，僅改（說）首句『不誹，非己之誹也』之第二『誹』字爲是非之『非』。釋之云，『言有不誹而於我無非者』，猶言假如一事物爲當，則不應誹之，而採此不誹之態度非我之過失。釋『不非誹』以下四句，又云『蓋人若非誹，則非而亦不誹，其不誹非矣。惟其不非誹而不誹，則非是可非而不誹，乃不可非而不誹。故曰非我之非也。』猶言人若反對誹議他人，則於不對之事物亦不加誹議，此則非是；惟有平素不反對誹議者，然亦不誹議人，則必以他人之行爲或一事物之本身爲當，因而無法加以誹議，此種『不誹』，咎不在我，故（說）又曰『不誹，非己之非也。』說亦言之成理，然吾人苟用張氏之釋文，循（說）之原句而校之，則知釋文中所添之字句，甚難使人承認其爲原文中應有之義者，如『不非誹』三字如何而能產生『不非誹而不誹』之觀念？故張氏之解雖巧，似難令人置信。孫氏之校，僅改（說）首『不誹』二字爲『非誹』。然其釋『非誹，非己之誹也』一句，僅言『言㡿（斥）誹者之非，是謂非誹。』於義未切。此處『非己之誹也』之一『非』字，如作『不是』解，則句當釋爲『反對的不是自己誹議他人』，如作『反對』解，則句當釋爲『反對的也包括自己的誹議他人在內』。然不論吾人採用何種解釋，既有人『非誹』（反對誹議），客觀的情況已使其本身成立另一種『誹』，前段已具言之。

梁氏校釋先以（說）之『不誹』二字爲上條（說）之最後二字，然云『此二字衍』，不知何故。又以意改『非己之誹也』之『己』字爲『非』字，剔句首之『非』字爲標牒，作『非：非之，誹也。』移『不非誹』句之『不』字於下句，作『非誹，不非可非也』；於下文『不可非也，是不非誹也』二句，又改第一『非』字爲『誹』，第二『非』字爲『可』，改『誹』字爲『非』，讀爲『不可誹也，是不可非也』，而籠括全條大意云

『有非者則非之，所謂誹也。以誹爲非，則是不非夫可非也。教人以不可誹，無異教人以不可非，是以無是非之心爲教也。誖也。』（頁一六一——二）全條二十餘字中，改字達五六處，而衍『不誹』二字尚不在內。不知梁先生何以知其然也？譚氏改『不誹，非己之誹也』句，以『非』字爲標牒，又以『不誹』爲『不非言』三字，讀句爲『非：不非，言己之誹也不非』，而釋『己之誹』爲『誹議己過』之意（頁二〇六——七），殆亦不然。

(經)物箕(甚)不甚，說在若是。

(說)物甚長甚短，莫長於是，莫短於是，是之是也。非是者也，莫甚於是。

經文舊本『箕』字，吳鈔本作『順』，並誤。今從俞曲園、楊葆彝，改爲『甚』字。本條之（說），讀雖可通，疑文字仍有竄亂。疑當作『物甚長，莫長於是；甚短，莫短於是。是，之是也。非是也者，莫甚於是。』此處所謂『是』，卽立以爲衡量一物之長短之標準也；『是，之是也』一句最能達出此層意思。論語里仁論君子之於仁，『造次必於是，顚沛必於是』，此『是』字卽等於仁，而非仁以外之他物。本條之『是』字，在文法上用法正與之相類。

舊說如張仲如集解（頁三六八）引伍非百墨辯解故，以爲指『一物而兼有長短兩甚，是其所謂甚者不甚矣』，而張氏亦自云『言天下之物，無長無短』，以爲合乎莊子秋水所云『萬物一齊，孰短孰長者』，概非。梁氏校釋改（說）之下段文字爲『是，若是也。若是也者，非甚於是』（頁一六二），不惟以原文有誤字，且以『非』『莫』兩字誤倒，而『莫』又爲『若』字之譌，其釋亦無新義。

（經）取下以求上也，說在澤。

（說）取高下，以善不善爲度，不若山澤。處下善於處上，下所請上也。

（說）中『不若山澤』之『不』字，梁氏（頁一六二）以爲衍，高亨從之（頁二〇一），是也。梁先生云『高非必可貴，下非必可賤，惟以適不適爲標準耳。若山澤然，山以高爲適，澤以下爲適也。』案，經明言『說在澤』，『不』字之衍可證。閒詁云『所謂上者，但微高於下而已，不必如山與澤之高下縣絕。』說殊勉強，且如墨子尙同諸篇，固以一同於上爲義者，天志上云『庶人竭力從事，未得次己而爲政』，庶人之上有士，士之上有將軍、大夫，將軍、大夫之上有三公、諸侯，三公、諸侯之上爲天子，其階層分明，不啻山澤之高下。此固有權力之政府所當然。孫說似不可從。然從另一角度觀之，墨家理想中之天子，實爲古聖王，至少爲『選（擇）天下之賢可者，立以爲天子』（尙同上），故仍必自天子以至鄉里之長，層層得人，而後能舉國一心，上下親睦，中無壅遏。此則尙同尙賢之通義。故在澤者雖卑，而可以致之於山陵，如尙賢中言『舜耕歷山，陶河瀕，漁雷澤』，而堯舉以爲天子；『伊摯有莘氏女之私臣，親爲庖人，湯得之，舉以爲己相』；『傅說被褐帶索，庸築乎傅巖，武丁得之，舉以爲三公』之類；居高者雖尊，苟『無天下之士』，亦可以『殺其身而喪天下』（親士），此亦可申『取高下，以善不善爲度』之誼。高氏改二善字爲『差』，則非。張之銳新考正墨經注釋『不若山澤』，爲『言取高下，不若以山澤爲法』，是『不若』意同於『若』，仍不如從經文衍『不』字爲簡當也。『下所請上也』一句中之『請』字，閒詁云『當作謂』（茅坤本卽作『謂』，綿眇閣本並同。梁氏，高氏皆據改。）張仲如閒詁箋（頁一七九）、集解（頁三六八）並以『下所』爲句，云『所，卽書召誥「王敬作所」之所』，並言『請』字通『誠』字（閒詁箋言：『非樂諸篇屢見』而未詳）。愚案，此句當以讀『下，所誠上也』爲安。他本『請』作『謂』者，或因形近而譌。例如節葬下，舊本『中謂將欲爲仁義』，『謂』字即『請』（誠）之譌是也。此處之『所』字，不能如召誥作處所解，然『請』字，則確如張氏所指，在墨子書中多處皆與『誠』通。墨子書中無『誠』字，故如尙同中『請將欲富其國家』，節葬下『請可以富貧衆寡定危治亂乎』，明鬼下『請惑（或）聞之見之，則必以爲有』，『若使鬼神請有』，『若使鬼神請無』，以及非樂下『請將欲求興天下之利』，諸『請』字皆作『誠』字解。此處言『下，所誠上也』，蓋亦墨家一貫主張，以下人，役身給使爲之極者。

諸賢頗多以老氏『居善地，心善淵』，『知其雄，守其雌，爲天下谿』之說可與本條通。譚氏以本條爲駁老子者（頁二〇七），然細硏其旨，則又似以此條與老學相近，惟既易其句讀作『取：高下以善不善爲度，不若山澤處下善於處上，下所請，上也。』因謂『山高澤下，各擅其用，有度取山善，或度取澤善；然從無以澤處下爲獨善者矣』，又謂『廣雅云：「請，求也。」則此猶云下所求者上也；有此一語而經義益明』（頁二〇八），依違其間，似未能發明墨氏之旨。本條（說）中又舉『山澤』，學者遂引莊子天下篇惠施之言『山與澤平』，與荀子不苟、正名兩引『山淵平』之言，謂墨家此條爲駁名家之言。如高氏校詮，改三『善』字皆爲差字，以山澤爲相對之稱，謂『處下差於處上，下所謂上也』，言『下乃吾人所謂上之準』（頁二〇二），蓋亦未審墨者下人之本懷。

墨家言尙同。尙同之義，天下之百姓『聞善而不善，皆以告其上。上之所是必皆是之，上之所非必皆非之，』

此所謂『上同於天子』者也。然天子之產生，又須『選擇天下之賢可者』然後立之，而天子又必『能壹同天下之義』（引文皆見尚同上），是墨者之所謂上下，皆相對義甚明。親士篇云『王者淳澤而不出宮中，則不能流國矣』，故在上者必下士而後能得士，正此處『取下以求上也』之意。老子云『江海所以能爲百谷王者，以其善下之，故能爲百谷王』（頁六六），在文字上，亦最與親士所云『是故江河不惡小谷之滿己也，故能成其大』相近，然細究其旨，實不相同。蓋老氏之下人，不過爲一種手段，此研究哲學者皆知之，姑不具論；墨者則以『下』爲『所誠上』。其高下之別，『以善不善爲度』者，善者，其是者也；不善者，其非者也（尚同下『善非』一詞凡數見，如言『明於民之善非』，卽明於民之是非。）或則，善者，其能者也；不善者，其不能者也。（如尚賢上言「善射御之士」，備城門言「善射者」，公孟言「善笠」。）而『善不善』，在墨子中亦或可作一詞連用（如尚同下，『是以見善不善者告之』之句，善不善一詞卽尚同中所云『善與不善』之省稱，或非本條所獨有。高亨先生改『善不善』爲『差不差』，恐失其意。）故墨家雖嚴上下之分（天志上云，『無從下之政上，必從上之政下』），其所言尚同最要之主旨，則上下不能不同義，是以在墨家心目中，其處上者，應時不忘『取下以求上』之義（除前引外，魯問言『欲人之處高爵祿則以讓賢也』，乃爲上者應有之誼，非謂可以用此手段得民也。），其處下者，又應知『處下善於處上』，『下，所誠上也』之義而無所爭，如此，始能得節葬下所謂『上下調和』，尚同中所謂『上下情請爲通』之局。是故在墨氏此種制度之下，上下乃互相呼應之兩端，故居上位者雖高，然不能輕離其衆，自爲壅閉，居卑者之地位雖下，而實爲整體中之一員。若究其實際，墨家以爲或且上勞而下逸，不言聖王，卽墨家通常所云高士，恐亦非普通人所能企及，本條（說）中於『處下善於處上』、『下，所誠上也』之言三加之意，蓋爲大衆立說處上之不易，然非若老氏之愚民政策也。兼愛下云『吾聞爲高士於天下者，必爲其友之身若爲其身，爲其友之親若爲其親，然後可以爲高士於天下。是故退睹其友，飢則食之，寒則衣之，疾病侍養之，死喪葬埋之。兼士之言若此。』與此義相衡者爲兼君，則云『吾聞爲明君於天下者，必先萬民之身，後爲其身，然後可以爲明君於天下。是故退睹其萬民，飢卽食之，寒卽衣之，疾病侍養之，死喪葬埋之，兼君之言若此。』吾人茍就兼士與兼君二者比較，當知『處上』『處下』，就墨家觀點言之，實僅程度大小之別，非性質之別也。

（經）是是與是同，說在不州。

（說）不是：是則是且是焉。今是文於是，而不於是，故是不文；是不文，則是而不文焉。今是不文於是，而文與是，故文與是不文同說也。

本條經文，『是是』與『是』當分觀之。單一『是』字指『此』（這個），而『是是』一詞則爲稱一物爲『此』，其物之爲『此』與否不可知，然既稱之爲『此』，則當假定其等於『此』而加推論，故曰『是是與是同』。不州，『州』字據廣雅釋言『州，殊也』，卽不殊，鄧高鏡墨經新釋已明之。譚氏（頁二〇九）、高氏（頁二〇三）悉同。張仲如閒詁箋亦以爲廣雅之說與（說）義似可通（頁一七九），然仍從張皋文（卷下，頁二三）、楊葆彝校改爲『不文』，集解（頁三九六）與之同，不及從廣雅釋文之諦也。

（說）之文字，當與經相表裏。閒詁雖未能究其義，然亦有數處可從：（一）以爲凡『不』字並當讀爲否；（二）『文』字疑並『之』字之誤；（三）讀『今是不文〔否之〕於是，而文〔之〕與是』句，『而文〔之〕

與是』四字爲『而是文〔之〕於是』五字。案，茅坤本，嘉靖本『與』並作『於』。

近賢如梁氏，讀『文』爲『之』字，而以此條『似是辨「是」字與「之」字之用法』，云『兩字有時可通用，有時不可通用』（頁一六三）；譚氏則以（說）中有八個『文』字爲『是』字之誤（頁二〇八——九）；張仲如悉保留『文』字爲文采之文（頁三六九）；高亨校詮又以『文』爲『久』字（頁二〇二），可謂莫衷一是。茲校定（說）之文字如下：

（說）是是，則〔不〕是且是焉。今是之於是，而否〔之〕於是，故是否之；是否之，則是而否之焉，今是否之於是，而〔是〕之於是，故〔是〕之與是否之同說也？

愚校文字，在括弧內者，除首一〔不〕字，爲自原文首句『不是』之首一字移下者外，其餘三處爲添字，其『而是之於是』一句，讀與孫氏同。『文』爲『之』字之誤，墨經中他處已有先例。『不』字，除『則不是且是焉』一處外，悉假爲『否』字，蓋因古書通假，及傳寫所致；墨子中非無否字者，〔例如尙同中，兼愛下，天志中等皆有之〕，即墨經中亦屢見〔如經下上闌『合與一或復否』，『知知之否之足用也諄』，經下下闌『無窮不害兼說在盈否』，『誹之可否不以衆寡』諸條〕，然『不』『否』在古人固通用，傳鈔者誤『否』爲『不』，非無可能。

經云『是是與是同』，即（說）言『是是，則不是且是焉』之意。然而(說)末言『是之與是否之同說也？』，是之與否之二者不能並存，故雖實際上『非是』之物，在邏輯上言之，如已稱一物爲『是』，則不能同時又『否之』而以爲『非是』；故（說）之末句，作驚歎詞，實與正面申說之旨無殊。本條蓋專明『假設』之意義者，如假設者而得證實，固事理無礙；假設者而不得其證，則當虛懸；假設而得反證，則所假設者爲不當，是皆事理之常，然仍無以易此墨者言『假設』本身之意義也。張仲如、張之銳（新考正墨經注）諸氏捨邏輯而以本條所言爲哲理，未見其能申（說）中析解之理也。

一九六四年八月五日下午，作卷下竟；十月三十日謄正後，始得譚氏墨辯發微本年夏間重印本，翻閱一過，知其於前說，亦頗有修訂，姑以本篇卷下所引而可核對者畧言之：如經下上闋『通意後對』條，譚氏舊釋『䰙施』爲羈旅，改本則以爲『羇施，假爲旖施』；經下下闋『堯之義也生於今而處於古』條，譚氏舊以『霍』字得假爲高，又改『指是臛也』爲指猶是臛也，改本已刪前說，而易猶是臛之論爲霍是臛也。諸如此類，於本篇所引證及所破所立，關係似尚不大，且拙文上卷業已露布，又以學報集稿期迫，遂未改動本篇各處引文。惟所引譚書頁數，皆準一九五八年版，與改本重排之頁數，遂不相同，應加說明。

一九六四，十，三十，識於澳洲坎培拉。

拓拔氏與中原士族的婚姻關係

逯耀東

目次

第一節　與中原士族的婚姻關係

第二節　拓拔氏公主的婚姻

第三節　與中原士族通婚後所發生的問題與影響

附表：

（一）拓拔氏宗室姻戚表

（二）拓拔氏公主婚嫁表

（三）孝文帝遷都前拓拔氏后妃姓氏表

前言

拓拔氏原來是一個「長統幽都之北，廣漠之野，畜牧遷徙，射獵爲業」的草原民族，進入中原以後，和源遠流長的中國文化接觸，後來又經過孝文帝所作一連串政治、經濟、社會的改革，促使拓拔氏文化速迅的融化在中國文化裏。

在孝文帝所作的許多改革中，最有意義的便是「婚禁詔令」的頒佈，他利用政治力量，打破魏晉以來鞏固門閥制度的婚姻鎖鍊，這樣不但使其家族透過婚姻關係，獲得和中原世族大家同等的社會地位，同時使其文化能夠和中國文化澈底凝固在一起，對中國文化而言，由於這些新血液加入的刺激，又變得活潑生動，迸發出新的創造力量，此後隋唐兩代盛世，也是多有這些混合血統的人們在領導，這個新經融合的民族，又創造出一個在有些方面，能超越前代的燦爛文化，這是兩種不同類型的文化融合過程中，很重要的問題，但却很少人注意。

楊愔批評魏書，認爲「枝葉姻親，過於繁碎」（北齊書卷三十七魏收傳）雖然魏收所撰的魏書，在某些方面是失敗的，可是在這方面，却把握住當時的時代精神，不過僅利用魏書的材料，探討拓拔氏初期的婚制，以及後來中原士族的婚姻關係，還是不夠，因此不得不利用北魏的墓誌，與史傳連綴在一起，雖然非常瑣碎，但或可了解當時拓拔氏婚姻的情形。

本文是從畢業論文中所抽出的一部份，不過是分析史料，及比較各家著述所得的結論，由於個人的識見與材料的限制，有些地方仍不能週全，不過這是一個開始，希望以後能有機會對這個題目，再作進一步的討論，在本文撰寫期間，承牟潤孫師指導，錢賓四師、嚴耕望師批閱，孫同勛兄通訊討論，且供若干材料，並此致謝。

第一章　拓拔氏初期的婚姻形態

和拓拔氏初期文化一樣，作爲其社會結構重要環節的婚姻制度，也有它的原始形態，雖然這種原始形態的婚制，由於和中原文化接觸而發生轉變，但其中某些特質，所謂「仲春奔會」的婚姻形式，即使在孝文帝遷都華化以後，仍然保存在他們的社會中。這的確是一個有趣，也是值得我們探討的問題。

第一節　婚姻的形式

後漢書卷八十烏桓傳：

「其嫁娶，則先畧女通情，或半歲，百日，然後送牛馬羊畜，以爲聘幣，婿隨妻還家，妻家無尊卑，旦旦拜之，而不拜其父母，爲妻家僕役，一二年間，妻家乃厚遣送女，居處財物一皆爲辦，其俗妻後母，報寡嫂，死則歸其故夫。」

以上這段敍述是烏桓的婚姻情況，拓拔鮮卑初期習俗與烏桓相同，根據上述材料，也可得到拓拔部族初期婚姻制度的梗概。

同書同卷鮮卑傳：

「其嫁娶，則先畧通情」，案裴注三國志引魏書作：「其嫁娶，皆先私通，畧將女去」。

「唯婚姻先髡頭，以春季大會於饒樂水上，飲讌畢，然後配合。」

饒樂河的春季大會，就政治而言，是部落酋長決定軍國大事的會議，就整個部落社會言，則是全體部民一律參加，有着聯誼和促進部落間感情的意味在內，所以在這一年一度的部落聯歡會上，凡達到婚嫁年齡的青年男女都先髡頭，史記索隱引服虔云：「烏桓父子男女悉髡髮，爲輕便也」，又三國志烏桓傳注引何義門讀書記：「案說髴注云「大人曰髡，小人曰髴。」由是可知，髡頭是北方遊牧民族的風尚，而且表示青年男女已達到成年的階段，於是這些青年男女在聚會的「飲讌」中，互相選擇自己理想的對象，先行私通，然後再畧將去。

魏書卷八高祖紀下：

「太和二十年詔曰：夫婦之道，生民所先，仲春奔會，禮有達式，男女失時者，以禮會之。」

由此可知在拓拔氏遷都洛陽以後，「仲春奔會」的情形，仍然存在，所謂「仲春奔會」是早期拓拔氏婚姻制度的遺跡，和「春季月聚於饒樂河上」的聚會有着密切的關係，「男女失時者，以禮會之」，和世宗紀正始二年的詔書稱「男女怨曠，務令媾會」，及肅宗紀正光二年的詔書稱：「男女怨曠，務令會偶」，諸詔書看來，似乎拓拔氏雖入中原已久，還保留「仲春奔會」的遺跡。

至於「畧將女去」，則是一種掠奪婚(Marriage by Capture)的遺跡，證明掠奪婚曾經存在拓拔氏最初的社會裏，這是一種最原始的婚姻形式，後經演變，這種婚制雖已不存在，但假戰（Sham-fight）仍然被認爲是一種結婚的儀式。

「婿隨妻還家……爲妻家僕役二年」，三國志裴注引魏書：「婿隨妻歸，爲妻家僕役二年」。

這是典型的勞役婚（Marriage by Service），在最初的掠奪婚是一種無賠償的結婚方法，勞役婚則是對女家損的補償，同時也測驗男方耐苦的精神，勞役婚在遊牧民族中間頗盛行，（The History of Human Marriage, Vol. II Chap XXIII.）同時勞役婚的從妻居婚是母系社會特徵之一。（另詳拙「拓拔氏」初期文化）因爲男子移居於婦人族中，他爲妻族親屬所環繞，婦人遂成爲社會的中心。（F. Muller-Lyer 著，葉啓芳譯「婚姻進化史」第三章）北史鐵勒傳：「其俗大抵與突厥同，唯丈夫婚畢便就妻家，待產乳男女後歸舍」，鐵勒是匈奴民族的一支，早期和拓拔氏部族有婚姻關係，又隋書契丹傳：「結婚之法二家相許，婿輒盜婦將去，然後送牛馬爲聘，更將歸家，待有娠，乃相從還舍」，這段記載和烏桓傳所載相似，契丹和初期的鮮卑同爲東北民族，其俗應相去不遠，另一個東北民族女眞也是行勞役婚的，據大金國志稱，凡婿婚後隨妻至岳家稱「女下男」。

「其俗妻後母，報寡嫂，死則歸其故夫。」三國志烏丸傳裴注引魏書則稱：「父兄死，妻後母，執嫂，若無嫂執者，則己子以親之，次妻叔伯焉，死則歸故夫。」案三國志注引漢律稱：「婬季父之妻曰報。」由是知裴注所引訛報爲執。

據上述可知，父死，子可以妻其後母，兄死，弟可以報其寡嫂，如寡嫂之小叔死，小叔之子可以妻其伯母，小叔若無子，則輪及其他的叔伯，這很明顯的是一種繼收婚制（laevirte），這種婚制盛行在北方的遊牧民族中，史記匈奴傳稱：「父死，妻其後母，兄弟死皆取其妻妻之。」北史突厥傳：「父兄伯叔死，子弟及姪妻其後 母 世 叔 母 嫂」，在初民社會裏，認爲婚姻是一種團體契約，而不是個人的事，所以配偶死亡，其團體必須再供給一個，這表示團體對婚姻的責任與義務。這種繼收婚制在北魏初期也曾有過。

魏書卷十五昭成子孫秦明王翰傳：

「子儀……儀弟烈……烈弟觚……觚使於慕垂，垂末年政在羣下，遂止觚在羣下，遂止觚以求賂，太祖絕之，觚率左右數十騎殺其衞將走歸，爲慕容垂執歸中山，垂待之甚厚……太祖討中山，慕容普麟既立，遂害觚以固衆心……返謚秦愍王」。

同書卷十三皇后傳：

「獻明皇后賀氏……後后少子秦王觚使於于燕，慕容垂止之，后以觚不返，憂念寢疾，皇始元年崩，時年四十六。」

兩傳師載之秦王觚，同名，同事，同爵，其爲一人可知，但一爲賀后少子，即拓拔珪之同母弟，一爲秦王翰之子，即拓拔珪的從父弟。又通鑑卷一〇七太元十三年八月條：「儀，珪母弟，翰之子也。」

如上所載，儀的情形和觚相同，既是珪的同母弟，又是從父弟，如果儀和觚是翰之子，那麽賀后則應爲翰之妻，拓拔珪也應該是秦王翰之子，如果儀和觚不是翰之子，則應爲獻明之子，但是珪是遺腹子，賀后生珪後不應再有少子。

又魏書卷十五：

「秦明王翰，昭成皇帝第三子，少有高氣，年十五便請率軍征討，建國十年卒。」

而翰與獻明帝實爲慕容后之子，獻明爲長，翰爲次，慕容氏爲慕容皝之女，建國七年六月始至魏，如八年生獻明，則最早在九年始生翰，即照中國年齡計算法，到建國十年也不過二歲，北史謂翰死於建國十五年，也不過七歲，何來「年十五便請率軍征討」的事？

又賀后卒於皇始元年（西元九六年），年四十六，則她當生於建國十四年（西元三五一年），卽令翰卒於建國十五年，那時她不過兩歲，根本無法生少子觚，因此可知翰的記載根本錯誤，崔浩因直書拓拔氏舊俗而見殺，由此可見他們根本就有許多見不得人的鄙風陋俗，其一卽爲收繼婚制，後人記魏書者不敢直書，無意中漏下此一錯誤，推此而知，慕容氏先生獻明帝，再生翰，獻明娶賀后，建國三十四年獻文死，遺腹生珪，那時賀后也不過廿一歲，翰加以接收，其後兩三年翰死，因此　氏又生儀與觚，此並非憑空推測，翻閱北史魏書所載，則不難發現道武與翰子孫間的特殊關係。翰的長子儀，道武依爲左右臂，其子纂「五歲，太祖命養於宮中……太祖愛之，恩與諸皇子同」，若前論不假，則纂爲道武之親侄，視爲己子，乃是人之常情，至於道武爲觚報仇的慘烈情況，尤是發人深思。

魏書卷十五觚傳稱：

「太祖之討中山，慕容普驎自立，遂害觚以固衆心，太祖聞之哀慟，及平中山，發普驎柩斬其屍，收議害觚者傳高霸陳同等，皆夾五族以大刃剉殺之，乃改葬觚，返　秦愍王，封子夔爲豫章王以紹觚。」

魏宗室之被殺者，並不限觚一人，獨爲觚報仇，且如此慘烈。

又同書同卷：

「世祖之初育也，太祖喜，夜召儀入，太祖曰：「卿聞夜喚乃不怪懼乎？」儀曰：「臣推誠以事陛下，陛下明察，臣輒自安，忽奉夜　怪有之，懼實無也，太祖告以世祖生，儀起轉而歌舞，對飲申旦。」

世祖誕生，太宗在許多宗室中，獨召儀入宮告之，而且暢飲達旦，由此可證他們的關係決非泛泛，綜合上述，那麼在拓拔氏初期必有收繼婚制存在。

北史卷十六臨淮王傳：

「古諸侯娶九女，士有一妻一妾，皆令諸侯王置妾八人……而聖朝忽棄此數，由來漸久，習以爲常，婦人多幸生逢此世，舉朝畧是無妾，殆皆一妻。」

這是臨淮王曾孫孝友所上的表奏，他依農業社會，「廣繼嗣，修陰放」的觀念，請求宗室廣娶媵妾，從他的表奏裏可知拓拔氏「殆皆一妻」，是「由來漸久，習以爲常」的，因此也可由此推論在拓拔氏初期的社會裏是行一夫一妻制（Monogmy）的。

第二節　婚姻的範圍

魏書卷九高祖紀：

「淳風行於上古，禮化用乎近葉，是夏殷不嫌一族之婚，周世始絕同姓之娶，斯皆教隨時設，治因事改也，皇運初期，中原未混，撥亂經綸，日不暇給，古風遺樸，未遑釐改，後遂因循，迄茲莫變，朕屬有之期，當後仁之政，思易質舊，式照惟新，今悉禁絕之，有犯以不道論。」

這是孝文帝禁「一族之婚，同姓之娶」的詔令，因此有人肯定同姓之婚，曾盛行在拓拔氏的社會裏，（見李亞農「周族的氏族制與拓拔族的前期封建制」第一〇〇頁）一「族之婚，同姓之娶」即是所謂的內婚制(edogomg)，案李氏立論據趙翼而來，陔餘叢考卷卅一同姓爲婚條下：「北魏本無同姓爲婚之禁，至孝文帝始禁之。」

北史卷二十二長孫紹遠傳：

「出爲河州刺史，河右戎落，向化日近，同姓婚姻，因以成俗，紹遠導之以禮，大革弊風。」

案魏書地理志稱：「河州」，前涼置，魏初置抱罕鎮，後復置河州，在今甘肅蘭州附近，河右卽河西之地，當時爲匈奴別種稽胡所盤據，這民族「俗奸淫穢，女尤甚，將嫁之夕，方與淫者敍離，夫氏聞之，以多爲貴」。（北史稽胡傳）長孫紹遠所導化的「河右戎落」，可能就是這個民族，依照他們淫亂的情形看來，有行「同姓之婚」的可能性，因此可以推論，在拓拔氏部落聯盟時期，其中有某些部落可能有內婚現象，但並不是說卽是拓拔氏，至少在拓拔氏部落由東北進入草原以後，他們所行的是外婚制，根據現有材料分析，內婚情形絕對沒有，同時官氏志也說明「凡與帝室爲十姓，百世不通婚」，如果有，那不是拓拔氏，雖然魏書卷十三皇后傳稱，「魏氏王業之兆，始於神元，至於昭成前，世崇儉質，妃嬙嬪御率多闕焉。」但在初期有兩個不屬於鮮卑民族的部落，與拓拔氏有婚姻關係存在。他們是乙旃部落與紇骨部落。

魏書卷一〇三高車傳：

「高車之族，又有十二姓……三曰乙旃氏。」

晉書卷一二五乞伏國仁載記稱：「以其將乙旃音　爲左相」，又周書卷二文帝紀有「茹茹乙旃達官寇廣武」，這個乙旃達官應爲高車種，在當時蠕蠕族中便有許多高車部落，此可知乙旃氏是高車的姓氏，李淸南北史合注稱：「魏書氏族志（按應作官氏志）稱獻帝以叔父之胤爲乙旃氏，孝文帝改叔孫氏，此又一乙旃邪！」魏書官氏志稱：「又命叔父之胤爲乙旃氏，後改叔孫氏」，叔孫氏屬於「百世不婚」帝室十裔之一，可是在沒有改姓以前，其姓氏和高車部乙旃氏相同，他們之間的關係，頗耐人尋味。

又官氏志：「長兄紇骨氏，後改胡氏。」而魏書高車傳稱「其種有護骨氏」，隋書卷四十八鐵勒傳稱，鐵勒部族中有紇骨部。紇骨，舊唐書卷一九五回紇傳又作護骨，新唐書卷二一七回鶻傳：「回鶻，元魏時亦歸高車，或敕勒，訛爲鐵勒，」由此知鐵勒亦是高車種，紇骨氏既屬鐵勒部，亦應爲高車部族之一，其與拓拔氏的長孫氏必定有特殊的關係。

魏書官氏志：「太和十九年詔曰：「代人諸胄，先無姓族」，後漢書烏桓傳亦稱烏桓「氏姓無常」，拓拔鮮卑既與烏桓言習相同，也可證其早期是沒有姓氏的，元和姓纂卷二十二紇骨氏條下稱：「後魏獻帝與淑長元(兄之訛)匹驎爲紇骨氏，」又魏書官氏志稱：「獻帝時七分國人，使諸兄弟各攝領之。乃分其氏」，則其有姓氏在分國人之後，高車部族當時居在阿爾渾，士拉河流域，可能也在「七分國人」各攝領的範圍以內，與之互通婚姻，而當時拓拔氏可能仍停留在母系社會狀態中，「所生子皆以母族爲姓」，因而得以高車部乙旃與紇骨爲氏，以此類推其他諸兄弟的姓氏也是由外婚的結果，就是拓拔氏本身的姓氏，也是外婚的象徵，因「拓拔」二字是由「胡父鮮卑母」，或「胡母鮮卑父」轉變而來的。(另詳拙作「拓拔氏初期的文化」)

後來由於拓拔我力量日漸壯大，四方部落不斷內附，於是四方諸姓不斷向內姓方面轉變，與最初內附諸姓不斷分化，於是拓拔氏部族的婚姻範圍也隨着擴大。

魏書卷廿一咸陽王禧傳：

「王國舍人應娶八族交淸修之門。」

這卽指拓拔宗室的嬪妃，應娶於八族之內，八族卽是功勳八姓，穆、陸、賀、劉、樓、于、嵇、尉等而言，但是根據皇后傳與宗室諸王傳的資料分析，北魏前期諸帝的后妃並不僅限於所謂「八族」之中，灼然可知的「功勳八姓」是拓拔氏入中原後，受中原門閥制度的影響而定下的，前此拓拔氏的婚姻範的界限，並不十分嚴格，統計神元至孝文前期后妃的姓氏，共有五十五人，其中功勳八姓十二人，漢人十七人，然而這十七人都不是中原顯族，其餘三十二人則屬於內入諸姓與四方諸姓。（詳見附表）由此可知拓拔氏在和中原文化接觸前後，仍然保持着其他部落間的婚姻的關係。

至於拓拔氏的宗室，也和其他部落有着婚姻關係。元龍墓誌：

「君諱龍……平文六世孫……祖諱阿斗那，夫人洛陽紇干氏。」（見趙萬里「漢魏南北朝墓誌集釋」，以下所引同）。

案魏書官氏志：「紇干氏後改干氏」，元和姓纂十一「紇干氏」條下：「紇干氏，代人，孝文帝改爲干氏」，姓氏辨證三十七紇于氏條引西秦錄云：「乞伏部老父無子，養一小兒，字曰紇干，紇干華語依倚也，後周爲氏」。晉書卷一二五乞伏國仁載記：「紇干者，夏言依倚也」。唐紇干濬撰女紇干氏墓誌：「初官氏志有紇干，與後魏同出於武川，孝文南遷洛陽，改爲干氏……虜言紇干，夏言依倚，爲國家之依倚。」將紇干釋爲依倚都是附會晉書之說。

新五代史卷二十一宛彥卿傳稱：

「太祖追昭宗遷都洛陽，昭宗徬徨不忍去。謂左右爲俚語曰：紇干山頭凍死雀，何不飛去生樂處。」

御覽卷四十五紇眞山條引郡國志稱：「夏恒積雪，故彼語人語紇眞山頭凍死雀，何不飛去生處樂？」則紇干山又作紇眞山，元和郡縣志卷十八稱：「紇眞山在之中縣東三十里，虜語「紇眞」，漢語「三十里」，其山夏積霜雪」。案唐時的雲中縣卽今之山西大同縣，淸一統志卷一，九大同府山川條：「紇眞山在大同縣東，亦名紇干山」，因此晉書，十六國春秋與「紇干」，可能紇干氏依山爲部，後卽因山而爲氏。

又元龍墓誌稱其祖母紇干氏之「祖和突，南部尙書，新戎侯；父萇命，代郡尹」。俱於史無徵，干氏後來在西魏時又復其舊姓，龍門有紇干汗煞興造像謂：「大統五年四月九日……東平將軍中散大夫長史雍丘縣開國伯紇干汗煞興爲父母造像一臣」。周書卷二十七田弘稱田弘「大統時賜姓紇干氏」，庾子山集卷十四有柱國將軍紇干弘神道碑，紇干弘卽田弘。又周書卷十一晉蕩公護傳稱：「護母閻姬沒在齊，作書報護曰：「得汝母紇干同居」。齊書卷十七斛律全傳附子光傳：「武平二年，周遣其柱紇干廣畧圍宜陽」，以上所述，除北齊的田弘是賜姓外，故易相混，太和改姓，乃改胡人復性爲單姓，故十三八九，同於漢姓，大統復姓，乃去單姓而復胡之復姓，亦可言去漢姓而復胡姓，至於賜姓應分爲二，有賜漢人以胡姓者，有賜胡人以胡姓者，且賜姓與賜名同，皆易其原名姓，決不可與復姓相混。見朱希祖「西魏賜姓原流考」載「張菊生先七十生日紀念論文集」）西魏的紇干汗煞，宇文護母紇干氏，及姓纂卷十所載唐河南紇干承基都是紇干氏部落的後裔，元龍祖母之祖和拔與其父萇命或那是他們的遠祖，雖然他們的事蹟史書不載，但依其官爵必爲紇干部落的酋長。

元昭墓誌：

「曾祖皃使持節撫軍征南大軍右丞相長山王，曾祖親太妃劉氏，祖連使持節侍中征西大將軍都督河西諸軍事……祖親太妃赫連氏，親太妃字文氏。」

劉氏原來是獨孤氏，爲功勳八姓之一，赫連氏爲官氏志未載的東胡姓氏之一，宇文氏則爲因四方諸姓之一，由此可知元昭祖，祖，父三代都婚於其他部落，由此可知拓拔氏初期的宗室，與當時的部落酋長有密切的婚姻關係，即使分士定居以後，這些部落分散在各處，但仍有其潛在的勢力，拓拔氏一方面娶其酋長的女兒，另一方面也將公主下嫁其他的部落，其目的在透過婚姻關係，以維繫部落間向心的團結。

第二章　拓拔氏初期與漢人通婚所發生的問題

自拓拔氏放棄遊牧而定居以後，在高度的農業文化影響下，其原有的社會結構開始鬆懈，文化與社會形態發生變化，在轉變過程中，拓拔氏原來的婚姻制度也在轉變，因此在這個時期的婚姻，呈現出紊亂的現象，雖然他們仍然和部落酋長維持着婚姻關係，另一方面開始和漢人通婚，一個文化落後的民族，渴望着和一個文化較高的民族通婚，這是文化接觸過程中必然的現象，同時也祇有透過婚姻關係，才能使得兩個民族在種族與文化上，更密切的結合與融化，不過這時期祇是一個開始，至於眞正的結合與融化却在孝文遷都洛陽以後。

第一節　「婚禁詔令」產生的背景

由於拓拔氏對外迅速擴展，政治向君主專制集權方面轉化，其勢力逐漸控制黃河流域，形成五胡亂華後安定中原社會的一種力量，於是那些流徙在暴風雨裏的人口漸漸集中，同時對外戰爭不斷勝利，刼掠大量的漢人遷徙到代京京畿之地，於是拓拔氏和漢人接觸的機會漸多，經過一個時期的雜居共處，然後進一步便是互聯婚姻。

在這個時期，拓拔氏和漢人通婚的範圍，大概限於中原的徙民，流民，犯罪沒官的罪犯及戰爭的俘虜，至於和中原士族的婚姻情形並不顯著。

關於拓拔氏移民代京的情形，從天興元年到皇興三年五十一年間，據太祖紀，太宗紀，世祖紀等統計，有天興元年山東六州四十六萬口，又同年十二月六州二十二郡二千家，（天興五年二月癸丑），泰常三年龍城萬家，始光三年十一月七統萬七千家，延和三年營丘，成周，遼東等六郡三萬家，太延元年七月龍和六千口，太延五年涼州三萬餘家，太平眞君七年長安二千家，太平眞君九年西河五千餘家，平正元年宋國五萬家，皇興三年淸州八千九百戶。

以上十一次的移民，計四十六萬口，十四萬六千九百戶，案太祖紀稱：「徙山東六州民三十六萬口以充京師。」又魏書卷三十三張濟傳稱晉雍州刺史楊佺期問：「魏定中山，徙幾戶於北，張齊答曰：「七萬餘家，」又據魏書慕容曜自傳謂其平青州「凡獲城內戶八千六百口，四萬一千口」，上述三十六口合七萬餘戶，四萬一千口合八千六百戶，則每戶平均在五口左右，今戶以主五口計，則十四萬六千餘合七十三萬餘口，與山東六州等地所徙的四十六萬三千口，拓拔氏徙往代京人口總數在百萬以上。而在這些所遷徙的人口中，雖雜有吳蠻，徙何，高麗雜夷，匈奴，稽胡等族，但其中仍以漢人佔絕大多數。

再加上原居於該處的「雁門人」與「晉人」，在這樣的情況下，由雜居而通婚的情況一定很普遍。

另一方面，拓拔氏部族在流民飢口中，選得妻妾的情形也很多。

魏書卷九高祖本紀：

「今自太和六年已來，買定、冀、幽、相四州飢民良口者，盡還其親，雖娉爲妻妾，遇之非理，情不樂者亦離之」。

上述定、冀、幽、相等州正是中原地區，這些飢民良口當然盡屬漢人，雖然書上說「太和六年已來」，但前此，拓拔氏宗室從「飢民良口」中，選稍具姿色的作爲妻妾的情形一定不在少數，否則孝文帝決不爲此小事而特下詔書。在戰爭勝利中掠刼了大量的「生口」，將這些俘虜公賜與有功者，也是拓拔氏與漢人通婚的另一個來源。

魏書卷卅王建傳：

「從征破諸國，破二十餘部，以功賜奴婢數十口。」

魏書卷三十宿石傳：

「父沓干，世祖時，從駕討和龍，以功賜奴婢十七戶。」

魏書卷廿九奚斤傳：

「涼州平，以戰功僮隸七十戶。」

以上是圍戰功而獲得賞賜的，魏書像此類的記載尚多。拓拔氏每次對外勝利，不但參與戰爭的人都可以獲得賞賜，即留守後方的也不例外。

魏書卷四世祖紀：

「始光四年，車駕西討赫連昌，……以昌宮人及生口……班賚將士各有差。」

同書同卷：

「神麚三年……獲……赫連定車旗，簿其生口財畜，班賜將士各有差。」

又同書同卷：

「延和三年，命諸軍討山胡白龍於西河……虜其妻子班賜將士。」

又同書同卷：

「正平元年三月，車駕至自南伐……賜留臺文武所獲軍資生口各有差。」

那些被賜的奴婢與生口之中，一定有很多後來成爲拓拔氏宗室與大臣妻妾，更有直接賜以妻妾的，又元儀傳：「慕容德之敗也，太祖以（慕容）普驎妻周氏賜儀。」

根據魏書史傳及碑誌，統計北魏宗室婚姻之親家，在八十四人中，計中原士族三十六人，代北部落酋長二十四人，后族十人，其他十四人，由此比例觀之，就可以了解當時的婚姻情況。

魏書卷八高祖紀：

「中代以來，貴族之門，多率不法，或貪財賄，或因緣私好，有於苟合，無所選擇，令貴賤不分，巨細同串，塵穢清化，虧損人倫。」

這說明當時拓拔氏的宗室婚姻情形，在這個時期拓拔氏對於「諸王娉合之儀」及「宗室婚姻之戒」並沒有一定的限制，他們和漢人通婚，所娶的不是「罪犯掖庭」，便是「舅氏輕微」「族非百兩」人家的女兒，很少是中原顯族，當然在中原士族也有「營事婚宦」的人，爲了攀附這些新貴而將女兒下嫁，有時甚至還附帶經濟條件，所以顏氏家訓卷王治家篇說：「近世嫁女，有賣女納財，買婦輸絹者」，這是顏推之對北方婚姻制度的批評，其所謂「近世」，殆是上溯至北魏初期這種情形可能更普遍。

後來拓拔氏和中原士族接觸後，這種「巨細同串」的婚姻，引起中原士族的卑視，首先對這種婚姻制度批評的是高允。魏書卷四十八高允傳：

「古之婚者，皆揀擇德義之門，妙選貞閑之女，先之以媒娉，繼之以禮物，集寮友以重其別，親御輪以崇其敬，婚姻之際，如此之難，今諸王十五，賜妻別居，然所配或長少差舛，或罪人掖庭，而作宗王妃嬪，藩懿失禮之甚，無復過此，往年及今，頻有檢劾，誠是諸王過酒致責，跡其元起，亦由過色衰相棄，致此紛紜。」

中原士族認爲「藩懿失禮之甚無復過此」因此拓拔氏要想和中原士族進一步結合，必須先改革這種婚制，所以他們注意到「夫妻之義，三綱之首，禮之重者，莫過於斯，尊卑高下，宜令區別」，因此制皇族等不得與百工伎巧卑姓爲婚。

魏書卷八高宗紀：

「……今制皇族、師、傅、王、公、侯、伯及士民之家，不得及百工伎巧卑姓爲婚，犯者加罪。」

孝文帝更重申前令，於太和二年下詔稱：

「皇族、貴戚及士民之家，不惟氏族高下，與非類婚偶，先帝親發明詔，爲之禁科，而百姓習常，仍不肅改，朕今憲章舊典，祇案先制，著之律令，永爲定準，犯者以違制論。」

孝文帝所以將此「著之律令，永爲定準」，完全由當時大家，對於「高宗不得與百工伎巧卑姓爲婚」的詔令的漠視，所以在二年下詔以後，更於六年對於那些娶了「飢民良口」的宗室，而「遇之非理，非情所願者亦離之」，表面上看來是憑着各人的志願，實際上却有强迫的意味在內，及咸陽王娶任城王王的隸戶，引起孝文帝對這種婚制徹底的改革：

「(咸陽王)禧取任城王隸戶……深爲高祖所責。詔曰：『太祖龍飛九五，始稽遠則，而撥亂創業，日昃不暇。至於諸王娉合之儀，宗室婚姻之戒，或得賢淑，或乖好逑。自茲以後，其風漸缺。皆人乏窈窕，族非百兩，擬配卑濫，舅氏輕微，違典滯俗，深用爲歎。以皇子茂年，宜簡正令，前者所納，可爲媵妾，將以此平，爲六弟娉室。』」

這次改革當然還有其他客觀的因素，但是自此以後，拓拔氏宗室的婚姻範圍，祇能限於「八族」或「淸修」之門了。

第二節　「納不以禮」的問題

在拓拔氏和漢人通婚，其對象只是徙民、流民、俘虜以及罪人掖庭的時候，都沒有經過正式的婚姻手續，因此給後來北魏宗室的婚制留下一個問題，那就是所謂「納不以禮」。

魏書卷二十齊郡王傳：

「簡……妻常氏，燕郡公常喜女也，文明太后以賜簡，性幹綜，家事頗節，(簡)薨，子祐授襲，母常氏，高祖以納不以禮，不許其爲妃，世宗以母從子貴，特拜齊國太妃。」

案洛陽出土的元簡墓誌，後半殘缺，未載及簡與常氏的婚姻關係，而元簡妃常氏墓誌於出土土時損壞，僅餘篆文「

太保齊郡順王常妃誌銘」幾字。案除傳稱簡薨後，高祖「謚曰靈王，世宗時改謚曰順」，與常氏誌蓋「齊郡順王」合，其他事蹟多不可考。頗爲可惜。所幸元簡子元祐與其妃常季繁墓誌完整無缺，還可從此兩誌間尋找出些證據。

元祐墓誌稱：「王姓元諱祐，高宗文成皇帝之孫，太保齊郡順王之世子。」又其妃常季繁墓誌稱：

「妃諱季繁，侍中太宰遷西獻王澄之曾孫，遼西公園之季女，其先河內溫人，永嘉之末，乃祖避地，遂居遼西郡之肥如縣，初昭皇太后，籍聖上之德，正坤元之位，母儀天下，是以王爵加隆於父兄。世祿廣貽於子姪。」

案魏書卷十三皇后傳：「高宗乳母常氏，本遼西人，太延中以事入宮，世祖選入乳高，慈和履順，有劬勞保護之功，高宗卽位，尊爲保太后，尋爲皇太后，崩，謚曰照。」照誌作昭，傳稱常氏本遼西人，而誌則稱其本望河內溫人，遼西郡的肥如縣是常氏一族避難的寄籍，案魏書卷四世祖紀：「太延元年秋……丕等至於和龍徙男女六千口而還。」和龍卽龍城，是燕都邑所在地，這次徙民，常氏可能也在其中，因此入宮。又北史卷八十外戚傳稱：「太后之兄英字世華，自肥如令超爲散騎常侍，鎭軍，大將軍，賜遼西公，弟喜鎭東大將軍帶方公。左進光祿大夫，改封燕郡公，追豪英祖父符堅抶風太守亥爲鎭西將軍遼西簡公，父渤海太守澄爲侍中征東大將軍太宰遼西獻王。」案誌稱常季繁是「侍中太宰遼西獻王之曾孫，遼西公園之季女。」但園之名字不見於外戚傳，可能就是英的世子，因此得以襲爵，如是則常季繁乃昭太后的姪孫女，稱誌又稱：

「（常季繁）中廿五作嬪故龍驤將軍通騎直散騎常侍齊郡王祐，所奉太妃，卽妃之從姑也……妃恒事慈姑，黨陰散，風花無違於婦道，終始不僭於禮度。」

則常季繁所奉的太妃，是元簡的妻子齊國太妃常氏，既是她的婆母，又是她的從姑，元祐和常季繁則是「中表」爲婚。那麼爲什麼元簡妃常氏，高祖認爲」納不以禮，而不許爲妃」。而常季繁則可以爲妃，至於傳稱簡妃常氏，則是由文明太后所「賜」，這個「賜」字道破了內中消息。

北史卷八十外戚傳：

「（訢子）伯夫爲洛州刺史，以贓汙欺妄，徵斬於京師……後員與伯父子禽可共爲飛書誣謗朝政，事發，有司執慮刑及五族，孝文以明（昭之誤）故，罪止一門，訢年老赦免歸家，恕其孫一人扶養之，給奴婢田宅，其家僮入者百人……其女婿與親從在朝皆免官歸本鄉。十一年孝文文明太后以文昭太后故，出其家前後沒入婦女。」

這段記載雖有缺誤之處，如「訢」北史一處作訴，魏書皆作訢，同時訢置於昭太后從兄泰之下，却沒有說明與昭太后的關係，疑或即是昭太后的從兄弟。但却可以這段材料而知常氏家的婦女，乃因此事而沒入官，元簡妃常氏卽是其中之一，因此文明太后得將常氏賜於元簡。

魏書卷四十八高允傳

「今諸王十五便賜妻別居，或然所配者，或長少差舛，或罪人掖庭。」

所謂「罪人掖庭」卽是因罪沒人宮廷的婦女，案魏書卷一一一刑罰志：「大逆不道腰斬，誅其同籍，年十四已下腐刑，女子沒縣官。」當時北魏此制極嚴，往往因些微小事卽收入官家，據統計北魏宮人十塊墓碑，幾乎全部都是因罪沒入宮的，如大監劉阿素因「家遭不造，幼履宮庭」，大監劉仁華因「家門傾覆，幼履宮庭」，女尚書馮迎男因

「鄉曲之難，家沒官，女郎時年五歲，隨母配宮」，第一品張安姬因「年十三，因遭罹難，家戮沒宮」，女尚書王僧男因「父以雄俠網法……僧男與母伶丁秉獨入宮焉，時年有六聰」，內司因家以「歷城歸誠，遂入宮」，傅母王遺女因夫「爲深澤令與刺史競功抗衡，互相陵壓，以斯覲躓遂入宮」。

唐代刑法，「近承北齊，遠祖後魏」，唐六典卷六刑部都官郎中條下稱：「都官郎中掌配沒隸冊……凡反逆相坐，凡初配沒，有伎藝者，從其能配諸司，婦人工巧者入於掖庭。」又通典卷二職官五刑部尚書都官郎中條稱：「掌薄斂配役官婢。」由是知刑部都官郎中掌配沒官婢，那些因罪沒入官家的婦女，首先至刑部都官郎中處，有伎藝的依其才能，分配到公家各單位，於這些犯罪婦女中，再選「工巧者」送到宮庭去。

她們一經沒官，一般人民所享受的權利和義務皆被剝奪，左傳襄公廿三年疏引魏律：「緣坐沒爲工樂雜戶者，皆用赤紙爲籍，其卷以鉛爲軸。」並且終身服官役，又唐六典都官郎中條：「凡反逆相坐其沒家爲官奴婢，一免爲番戶，再免爲雜戶，三免爲良人，皆因赦宥所及則免之……年六十及廢疾，雖赦令不該爲並免爲番戶，七十則免爲良人，任所居樂處而編附之。」且長期爲官家輸作，又同書同卷注引：「番戶一年三番，雜戶二年五番，番皆一月，十六以上當番？」……其官奴長役無番也。」其本文則謂：「凡配官曹，長輸其作」。（詳見拙作「深宮怨」）

綜上所述，亦可見北魏婦女沒官制的一斑，這些沒入官的「罪人掖庭」，像「高允所說配「諸王子」的情形一定不少，像魏書皇后傳所載，「平文皇后王氏，年十三因事入宮」，「世祖保母竇氏，初以夫家坐事誅，與二女俱入宮」，「文明皇后（父）朗坐事誅，后遂入宮。」即元簡妃常氏的姑祖母也是「以事入宮」，因此這些被賜給王子的「罪入掖庭」。當然沒有經過「納某，問名、納吉、納徵、請期」等手續，所以是「納不以禮」，最後不能冊封爲妃，元簡妻常氏所遭遇的情形可能是這樣。

至於元祐妃常季繁同樣也被沒入官，但却可以爲妃，案常季繁墓誌稱妃正光三年薨，年四十二，而嬪於元祐時年廿五，由正光三年逆數到景明四年，這時常季繁廿五歲下嫁元祐，已是太和十一年，此在文明太后「以昭太后故，悉出其家沒入婦女」以後，殆是經過特赦，她又恢復原來身份，所以可以正常的手續納之以禮而爲妃。

第三章 中原士族的婚姻關係

如要進一步研究拓拔氏與中原士族的婚姻關係，就須先了解當時中原社會士族的婚姻情況，魏晉南北朝「士庶天隔」的門閥社會裏，婚姻是保持士庶間「淸濁分涇」最好的方法之一，王元規不婚非類，崔明惠不事卑族，都是以婚姻維持門第，不失婚宦最好的說明。

尤其是在北方，經過一場巨大的暴風雨侵襲後，整個中原社會的結構鬆懈，分劃社會等級的門閥制度的基礎也隨着搖動，因此不得不以婚姻關係，繼持門閥制度的存在，同時在異族統治下，籍着婚姻關係而鞏固團結，所以柳冲說「山東重姻婭」，其原因也許在此，因此當時社會上，都認爲「士大夫當好婚姻」，同時一個在社會上有地位的世家大族，必須「一門婚嫁，盡衣冠之美，吉凶儀範，爲世所稱」。

第一節 婚姻的等級

陳寅恪氏認爲「魏晉之際，雖一般社會有鉅族小族之分，苟小族之男子以才器著聞，則其人之政治地位及社會地位，卽與鉅族之弟子無異，小族之女子苟能以禮法見尊重，則亦可與高門通婚，非若後來士族之婚宦，專以祖宗官職高下爲標準也」（隋唐政治淵源論稿，中篇五三頁）

陳氏認爲其以上所提之理論，「關係南北朝士族問題之全部」，但陳氏所說並不能完全成立，也許小族中傑出之士，其才能受到統治者的特別眷寵，在政治地位上可以平等，但在社會地位上却仍有等差，當然小族和大族通婚關係並不是沒有，像李訢和杜超的女兒通婚那樣，但這並不是平常的事，若依陳氏之說，則門閥的等級可由政治力量或婚姻關係而打破，那麽魏晉南北朝的「門第」與「士族」根本不存在，但是從北魏來說不但是士庶之間婚姻有界限，就是大族與大族之間也有等級存在。魏書卷四七盧玄傳附崇傳：

「崇兄弟官雖不達，至於婚姻常與玄家齊等。」

范陽盧氏是中原第一流高門，盧崇兄弟雖在政治上沒有地位，但在社會上地位很高，所以他們的婚姻仍然能和盧玄家「齊等」，由此可見當時的婚姻是有等級的，不但如此，卽是同等級的大族也常常自矜門第，而「貴己賤人」。例如魏書卷五四游雅傳：

「雅勸（高）允娶於其族，允不從，雅曰：「人貴河間邢，不勝廣平游，人自棄伯度，我自愛黃頭。」人貴己賤人，皆此類也。」

伯度是游雅的號，黃頭是雅的小名，廣平游氏，河間邢氏，渤海高氏都是中原望族、而且族望也頗相近，因此可以互相聯婚，但必須有一個條件，那就是所謂「門當戶對」，其他條件尙在其次，當崔浩的弟弟將女兒嫁給王慧龍的時候，崔浩並沒有見過王慧龍。魏書卷三八王慧龍傳：

崔浩弟聞龍王氏子，以女妻之，浩既婚姻，及見慧龍曰：「信王家兒也」，王氏世皺鼻，江東謂之皺王，慧龍鼻大，浩曰：「眞貴種也。」

太原王氏是江東大族，皺鼻是王家特徵，這是淸河崔氏與太原王氏聯婚的原因，因爲他們都是一流的大族。可是崔浩對於族望較低的趙郡李氏的態度就不同了。魏書卷三十六李順傳：

「初浩弟娶順妹，又以弟子娶順女，雖二門婚媾，而浩頗輕順、順又弗之伏也，由是潛相猜忌，故浩毀之。」

由浩讚王慧龍「眞貴種也」，與對李順「潛相猜忌」的態度相比，就可以看出中原士族間婚姻的界限，他們把婚姻關係限制在一個狹小的圈子裏，就在這個狹小圈子裏選擇他們理想的婚姻對象。

魏書卷三十八王慧龍附子寶傳：

「尙書盧遐妻，崔浩女也，初寶母及遐妻俱孕，浩謂汝等所生，皆吾之自出，可指腹爲親，及爲婚，浩爲撰儀注，躬自監視，謂諸客曰：『此家禮事，宜盡其美。』」

由是可知當時的婚姻關係，在橫的方面將高門大第連繫在一起，在縱的方面又將他們的子孫連繫在一起，門閥制度由婚姻而鞏固了，因此這種大族與大族之間的婚姻，由於限制在一個狹小圈子裏，往往會發生兩個大族互爭婚嫁的現象，以上所述河間邢氏與廣平游氏互爭高允便是一例。又魏書卷三十九李寶傳附神儁傳：

「神儁二喪妻，又欲娶鄭嚴祖妹，神儁之從甥也，盧元明亦將爲婚，遂至二家鬪於嚴祖之門，鄭卒歸元明，神儁惆悵不已。」

這是隴西李氏，范陽盧氏爭娶滎陽鄭氏之女的情形。案李挺墓誌：「公諱挺，字神儁，隴西狄道人也……元妻儔中太常文貞公彭城第二女字幼妃末期而亡。又娶江陽王繼第三女阿妙卒於穰城。」傳稱神儁喪二妻，卽指劉芳女與元繼女而言，又傳瑾稱：「神儁以才學知名，爲太常劉芳所賞。」並未說劉芳以女妻之，劉芳是崔浩外甥，隴西李氏與清河崔氏也有婚姻關係，又案元勰妃李媛華墓誌稱：「父諱沖，妹適前輕騎將軍尙書部清河伯崔勗。」由此推之，劉芳與隴西李氏有間接的姻戚關係，至於隴西李氏拓拔氏的婚姻關係詳見下章，但案元繼妃墓誌稱石氏爲元繼次妃，而元繼的元妃不知誰氏，料必與隴西李氏爲親屬，因中原士族和拓拔氏宗室翁主結婚多屬中表爲婚，由神儁傳稱：「莊帝以神儁外戚之望，拜殿中尙書追論守荆州，封千乘縣侯」可知，神儁墓誌又稱：「又娶清河獻王第三女季聰」，這時當在鄭氏已歸盧門，「神儁悃悵不已」乃娶孝靜姑田清河獻王之第三女。

由此可知不但大族與寒門間有婚姻的界限，卽大族之間，亦常常爲了爭婚發生衝突，如果寒門能獲得高門女兒的下嫁那是認爲「殊賞」的。關於這一點可以從北齊陳元康的一段婚姻裏看出。北史卷五五陳元康傳：

「左衞將軍郭瓊以罪死，子婦范陽盧道虞女也，沒官，神武啓以賜元康爲妻，元康地寒，時以爲殊賞。」

元康因「地寒」，而配到范陽盧氏之女，不但認爲殊賞，而且「乃棄其故妻李氏」，這時的盧氏乃是罪人掖庭，但其族望仍然被社會所重視，因此可知政治雖對門閥制度的形成有很大的影響。但門閥制度形成以後，却不能因政治的力量改變其社會地位。又按魏書卷四七盧玄傳附儀僖傳：

「孝昌中，靈太后臨朝，黃門侍郞李神軌勢傾朝野，求結婚姻，僖慮其必敗，拒不許。」

盧儀僖拒婚李神軌，雖然「慮其必敗」是一個原因，不過門第不相配却是最重要的原因，此史卷卅二崔悛傳稱：「悛以籍地自矜……每謂盧元明曰：『天下盛門，唯我與爾，博崔趙李何事者哉！』」崔悛是清河崔氏，盧元明是范陽盧氏，都是第一流的大族世家，至於「博崔趙李」則是博陵崔氏，趙郡李氏，他們的族望較低，並不是博崔趙李沒有和崔、鄭、李、王、盧通婚的紀錄，衹是不大普遍而已，盧儀僖拒李神軌的婚事，因爲李神軌是頓丘李氏，而他的女兒遂適他族，臨婚之夕，靈太后遣中常侍服景就家勑停，內外惶怖，義僖夷然自若」，他所以「夷然自若」，是因爲他並沒有因政治力量，而改變其門第婚姻。

由於婚姻界限的存在，寒門女兒嫁到門第高的家族中，不但她本身不被尊重，就是她所生子女仍然會受到歧視。例如魏書卷卅三公孫表傳：

「表弟二子軌……娶於封氏，生二子斌，叡，軌弟盾子邃，邃睿爲從父兄弟，而睿才器小優，又封氏之甥，崔氏之婿，邃母雁門李氏，地寒縣隔，鉅鹿太守祖季眞多識北方人物，每云：「士大夫當須好婚姻，二公孫同堂兄弟耳：吉凶集會，便有士庶之分。」

公表叡與邃雖然是叔伯兄弟，但是由邃母「地寒縣隔」，因此在凶吉集會時候便分出等級來，由此可知，在門閥制度下的婚姻，圈子更小，往往由於門第高下，地望優劣在他們之間分劃出許多等級來，像淸河崔氏，滎陽鄭氏，太原王氏，范陽盧氏，隴西李氏列爲一流，廣平游氏，河間邢氏，博陵崔氏，頓丘李氏，渤海高氏等又是一流。

魏書卷三九李瑾傳：

「瑾字道瑜，美容貌，頗有才學……淸河王懌知賞之……稍遷爲通直散騎侍郎，與給事中黃門侍郎王遵業，尙書盧觀典領儀注，臨淮王彧謂瑾等曰，卿等三儁共掌帝儀，可謂甥舅國士。盧卽瑾之外兄也。」

照上面的資料，知道盧觀是李瑾的姐夫，李豜墓誌書說：「父承字伯業，夫人太原王氏，父慧龍。」而李豜之妻又是王洛成的女兒，北史卷一〇〇序傳稱：王遵業有女嫁給李德明，李德明之妹又嫁范陽盧元明，魏書卷三十八王慧龍附子寶興傳：「……及浩被誅，盧遐後妻，興從母也，緣坐沒官……（寶興子）瓊女適范陽盧道亮。」由上述可見隴西李氏，太原王氏，范陽盧氏的鏈鎖式的婚姻關係。

至於博陵崔氏與頓丘李氏等則屬另一流，他們之間維持密切的婚姻關係詳見下節，李憲墓誌稱：

「夫人河間邢氏。父肅州主薄，長子希遠，妻廣平宋氏弁。」

由此可知頓丘李氏除了和「他寒望劣」的東崔有婚姻關係外，並與河間邢氏，廣平宋氏互通婚姻，河間邢氏廣平宋氏雖也是大族，但族望較范陽盧氏等為低，魏書卷天十三宋弁傳：「高祖曰：「卿自漢魏以來，既無高官，又無儁秀……」弁曰：「臣清素自立」。」可知廣平宋氏雖屬大族，但門第並不高。

這種門第間的特殊婚姻現象，同時亦為社會一般人所承認，北史卷五五房謨傳：

「謨與子結婚盧氏，謨卒後，盧氏將改適他姓，有平陽孫景者，以明經舉孝廉，至是訟之臺府，不為理，乃持繩謂神前，北面大呼曰：「房氏清吏，忠事高祖，及其死也，妻子見陵，神而有知，當助申之，今引決於地下。」便以繩自縊於樹，衛士見之，解救送所司，朝廷哀其至誠，命女歸房氏。」

孫景並非顯族，他本身是孝廉，他以死來維護這種特殊的婚姻制度，正可代表當時社會上一般人，對於這種婚姻制度的看法。

由於這種門閥制度下的婚姻，而使他們在社會上互相標榜，在政治上互相提攜，或者更進一步結成黨羽互相鬥爭，有時更因求婚不成遂加諂讒，同時在家庭裏，由於庶長之間地望不同，常常引起無謂的糾紛。顏氏家訓卷二後娶篇：

「河北鄙側出，不豫人流，是以必須重娶，至於三四，……爰及婚宦，至於士庶之隔，孛於俗常，身沒之後，辭訟盈公門，謗辱彰於道路，子誣母爲妾，弟黜兄爲庸，播揚先人之辭迹，暴露祖考之長短，以求直己者，往往有之。」

從書所述，可以了解中原士族的婚姻情況，並且也道破了北方家庭中的糾紛原因，當時家庭裏對於「長庶」問題。所謂「嫡庶之別，所以辨上下，明貴賤」。（晉書武帝紀泰始十年詔）正是當時大族家庭糾紛的癥結所在，「庶長之別」的問題，一部份由於五胡亂華後，北方社會的特殊環境所影响而成（詳見拙作「五胡之亂中原士族勢力的延續」）但門閥婚姻却對這個問題的產生，發生了直接的影响。魏書卷二四崔玄伯附道固傳：

「道固賤出，適母兄之攸之，目連等輕侮之……畧無兄弟之禮……青州刺史新除過彭城，（劉）駿謂之曰：「崔道固人身如此，豈可爲寒士至老號，而世人以其偏庶，便相陵侮，可爲歎息。」青州刺史至州，辟爲州主薄，轉治中，後爲義隆諸子參軍事，被遣向青州募人，長史以上皆詣道固，道固諸兄，逼道固所生母自致酒炙於客前，道固驚起接取，謂諸客曰：「家無人力，老親自執劬勞。」諸客皆知其兄弟所作，咸起拜謝其母，母謂道固曰：「我賤，不足報貴賓，汝宜答拜諸客，諸客皆歎美道固母子，賤其諸兄」

又魏書卷四八高允傳：

「始神䴥中，允與從叔濟俱徵，濟子遵賤出，其兄矯常欺侮之，及父亡，不令在喪位。」

北史卷廿七李訴傳：

「訴母賤，爲諸兄所輕。」

可見，當時「世人以其偏庶相陵侮」的情形，這完全由於崔道固，高遵，李訢等「舅氏輕微」，不能和他們家庭的門第相稱，而且又不是正室，所以在家庭中受到岐視，甚至於連父親亡故都不「居喪」，同時也可看出在大家族中「嫡庶」之間的地位懸殊，魏書卷四七盧度世傳：

「初立有五子，嫡爲度世，餘皆別生，崔浩之難，其庶兄弟常欲危害之，度世常忿恨，及度世有子，每誡約令絕妾孽，不得使長以防後患。」

又魏書卷四十陸俟附字定國傳：

「初定國娶河南柳氏，子生寶安，後納范陽盧世度女，生昕之，二室俱爲舊族，而嫡庶不分，定國亡後，兩子爭襲父爵，僕射李沖有寵於時，與世度子泉婚姻相好，沖遂左右申助之，昕之由是承襲爵。」

這是因嫡庶而引起的爵位繼承問題，但在這段材料裏，可以發現另一個問題，即是由於「婚姻相好」在政治上所發生的作用，魏書卷五六鄭義傳：

「李沖貴寵與義婚好，乃就家爲中書令……出爲安東將軍兗州刺史……多所受納，故政以賄成，性又嗇吝，民有禮响者，皆不與杯酒臠肉，西門受羊酒，東門沽買之，以李沖之親，法官不糾也。」

鄭義因與李沖姻好而得官，得官以後貪贓枉法，但法官却因而不檢舉。魏書卷六六亮光韶傳：

「刺史元弼前妻是光韶繼室兄女，而弼貪惏多諸不法。詔光以親非責。」

又魏書卷四六李訢傳：

「高宗詔浩選中書學生，器業優者爲助教，浩舉其弟箱子與盧世度，李敷三人應之，給事中高讜子祐，尙書段霸兒姪等，以浩阿其親戚，言於恭宗。」

因於高祐等，將「浩阿其親戚」的事，告訴太子愰，而涉及中原士族與代北大族之間的政治衝突，這裏不便詳論此處則專論及其婚姻方面，案盧立傳稱：「司徒崔浩立之外兄，」那麽盧度世乃崔浩的內姪，至於李敷也和崔浩有婚戚關係，李順傳稱：「初浩弟娶順妹，又以弟子娶順女」，崔浩雖然看不起丘頓李氏，但由於婚戚關係，在政治上總會得到某些方便。

但也有因在政治上的衝突而遭受株連的，因崔浩之獄「范陽盧氏，太原郭氏，河東柳氏皆浩之姻親，盡夷其族。」便是一例。同時也有因求婚不遂，懷恨在心而加殘害的。如魏書卷卅三公孫表傳：

「初表與渤海封愷友善，後爲子求愷從女，愷不許，表甚銜之，及封氏爲司馬國所逮，太宗以舊族欲原之，表固證其罪，乃誅封氏。」

綜合上述，可知北魏時期的中原士族，由於族不同，而相互婚姻有着界限與等級之存在，亦因爲這種關係而使他們在政治上更密切的團結在一起，北方士族經過一場巨大暴風，而仍然能屹立存在，雖然還有許多其他因素，但那條婚姻鎖鏈確也發生了很大的影響。

第二節　中表姻戚關係

上節討論中原士族間的婚姻等級時，畧論及大族彼此間的婚姻關係，由於他們將婚姻限制在一個狹小的範圍內，如此甲族之子娶乙族之女，則其所生的子女又娶或嫁於乙族，往往數代聯婚，形成親上加親的中表姻戚關係。

元勰妃李媛華墓誌：

「祖諱寶，使持節侍中鎮西大將門府儀同三司，幷州刺史燉煌宣公。

父諱冲，司空清淵文穆公

夫人滎陽鄭氏，父德玄，字文通，宋散騎常侍，魏使持節冠軍將軍豫州刺史陽武靖侯。

兄延實，弟休纂，弟延孝

長妃適故持節鎮北將軍相州刺史滎陽鄭道昭

仲王適故司徒主簿滎陽鄭洪建

姊令妃適故持節撫軍青州刺史范陽盧道裕

妹令妃適前輕騎車將軍尚書郎中朝陽伯清河崔勗

妹稚華適今太尉參軍事河南元季海

子子納字令言，今彭城郡王，妃隴西李氏，父休纂

女季瑤今安陽公主適隴西李惑，父延實

妃諱媛華隴西狄道縣都邑風和里人也。」

案李媛華墓誌，其長姊適鄭道昭，次姊適鄭建洪，三姊適盧道裕，妹適崔勗，滎陽鄭氏，范陽盧氏，清河崔氏都是北方第一流的大族。

依誌知李冲有二女嫁於熒陽鄭氏，魏書鄭義傳稱「及李冲貴寵與義姻好」。案墓誌稱李冲所娶是鄭德玄之女兒，鄭德玄是鄭義的從父兄，義傳又稱：「義從父兄德玄，顯祖初自淮南內附拜滎陽太守」，則李冲是鄭義的姪女婿，然李冲長女下嫁鄭道昭，道昭是鄭義次子，以輩份推之，鄭道昭是鄭長妃的舅父，他們是舅甥爲婚。又冲次女嫁鄭洪建。魏書卷五十六鄭義傳亦稱洪建爲李冲女婿。與誌合。鄭洪建是鄭德玄之孫，而李冲所娶是德玄之女則是洪德與仲王中表兄妹互聯婚姻。

誌又稱：「妹稚華適今太尉參軍河南元季海」。北史卷十五年文子孫傳稱「季海妻，司空李冲之女，莊帝從母也，賜爵唐郡君……又隋書卷五四元亨傳稱：「其母魏司空李冲之女也」，與誌合。

又誌稱：「女季瑤適隴西彧，父延實」，案魏書卷八十三外戚傳：「（李）彧尚莊帝姊豐亭公主」。魏書卷十孝莊紀：「孝莊皇帝諱子攸（誌稱「子子攸字彥達」，傳未載。），彭城王第三（誌作次子）子，母李妃。」與誌合，所以李彧所尚莊帝姊豐亭公主，當即季瑤，元勰妃李媛華是李彧的姑母，因此李彧與元季瑤是中表爲婿。

魏卷四天盧玄傳附淵傳稱：「淵與李冲友喜，冲重淵門風而淵祇冲才官，故結爲婚姻。」這麽當指李媛華墓誌所說：「姊令妃適范陽盧道裕」而言，傳未傳及，但傳又稱道裕「少以學尚知名，風儀兼美，尚顯祖女樂浪公主」，則李氏應是道裕的繼室，盧道裕娶李冲次女，乃隴西李氏和范陽盧氏互相婚姻之開始，此後，李盧兩大族間的關係密切持續着。隋盧文構夫人李相月墓誌：

「曾祖韶，魏侍中吏部尚書，贈司空文宗公，祖瑾，魏通騎散騎侍郎齊州刺史，父產之齊散騎侍郎，夫人春秋八十有四，以大業十四年十月終於東都。」

案北史卷一〇〇序傳稱：「李寶子承，承子韶拜侍中除吏部尚書……韶次子瑾直通散騎常侍，於河陰遇害，贈齊州刺史，謹子彥之位北豫州刺史。」除彥之官職稍異外，皆與誌合。又北齊書卷廿九李瑾傳：「產之撫訓諸弟，友愛篤至，其舅盧道將稱之曰：『此兒風調，足爲李公家孫』，又產之弟行之風素夷坦，其舅子盧思道贈詩云：『水衡稱逸人，播陽有世親，（陽，北史傳序作揚） 形骸預冠蓋，心思出風塵（風北史序傳作囂）』時人以爲實錄。」

以輩份推之，思道是道將之子，產之既然稱道將爲舅，則產之的母親必是范陽盧氏，是盧道將的同胞姊妹或從姊妹，所以思道與產之應該是同輩，而且是中表兄弟。

又盧文構墓誌：

「文構字子康，漢侍中植，君之十三世，王父儀禧，儀同孝簡公，顯考懸之，贈郢州刺史。」

案盧文機墓誌稱文機「字子辨，祖儀禧，魏儀同簡公，父懸之，齊郢州使君」，則盧文構與盧文機是同胞兄弟，三國志魏志卷二十三盧毓傳：「盧毓字子家，涿郡涿人也，父植有名於世」，注引後漢書稱：「植字子幹，少事馬融，與鄭玄同門相友」，晉書卷四十四盧欽傳：「盧欽字子若范陽涿人也，祖植漢侍中，父毓魏司空……欽弟珽字子笏衞尉卿，子志，（志）長子諶。」又魏書卷四十六盧玄傳：「盧玄字子眞，范陽涿縣人也，曾祖諶，晉司空劉琨從事中郎，祖偃，父邈並慕容氏」，綜上所引以新唐書卷廿六宰相世系表校之，則知植生毓的毓生珽，珽生志，志生諶，諶生偃，偃生玄，玄生世度，世度生敏，敏生儀禧，儀禧生懸，懸生文構，文機，從植則文構剛好十三世，又據魏書卷四十六盧玄傳知道將與文構之祖父儀禧是同祖兄弟，所以儀禧子懸與道將子思道同輩，因此懸與李彥之也是中表關係，盧文構與李月相一個是懸的兒子，一個是彥之的女兒，兩人輩份相同，所以他們也是表兄妹結婚。由是知隴西李氏和范陽盧氏是累世聯婚，北史卷一〇〇序傳稱：「李曉自河陰家禍後，無復宦情，外兄范陽盧叔彪勸令出仕」，再如盧觀是李謹的姊夫，盧道約是李延實的姊夫，李爽是盧元明的妹夫等等，由以上所說外兄，妻弟，舅，舅子等看來，范陽盧氏與隴西李氏，多半是中表爲婿。

現在再進一步分析趙郡李氏與其他士族之間的中表婚姻關係。

李憲墓誌：

「長女長輝適營州刺史博陵崔仲哲，父秉司徒穆公。

第三女淑媛適袞州刺史博陵崔臣，父逸廷尉卿。

第二子希宗，妻博陵崔氏，父偕儀同三司。

第四子希仁，妻博陵崔氏，父孝芬儀同三司。」

由上述可知博陵崔氏與趙郡李氏有密切的婚姻關係。

魏書卷三十六李順傳附敷傳：

「敷既見待二世，兄弟親戚在朝者十餘人，弟奕又有寵於文明太后，李訢列其惡罪二十餘條，顯祖大怒，皇興四年，誅敷兄弟，削位號爲庶人……敷長子伯和，次仲良與父俱死，（長子）伯和走竄，歲餘，爲人執送殺之，伯和有庶子祖，年小藏免，後敷妻得出宮養之。」

李敷遇難，妻崔氏沒入宮，雖然傳上沒有說明她的族望，但從博趙李累世聯婚的情形推之，則其屬博陵崔氏無疑，李憲是李敷弟式之子，案誌其子女多與博崔聯婚，而傳未載，誌稱：「第三子希仁，妻博陵崔氏，父孝芬」，魏書崔挺傳稱：「始挺兄弟同居，孝芬等奉叔母李氏，若事所生，出入啓覲，家事巨細，一以諮決，每兄弟出行有獲財物，尺寸以上，皆內李氏之庫」。孝芬的叔母是振之妻，爲趙郡李氏，而孝芬的女兒又下嫁於希仁亦可能是中表互爲婚姻，希宗妻父崔楷，即逸弟，魏書崔辯傳附楷傳：「與憲同以黨附高肇，爲中尉所劾，卒贈儀同三司」與誌合，又誌稱：「長女長輝適龍驤將軍營州刺史博陵崔仲哲，」魏書崔鑒傳附仲哲傳稱：「仲哲假寧朔將軍，賜爵安平男。」太平廣記引三國典畧：「齊崔子武，幼時宿子外祖揚州刺史趙郡李憲家」，子武或即是仲哲子。誌又稱：「第三女叔婉適袞州刺史漁陽開國男博陵崔巨，父逸廷尉卿」。魏書崔辯傳附逸傳稱：「官廷尉少卿，卒贈以本官」。崔巨傳作崔巨綸，官爵與誌合。

又崔敬邕墓誌稱：

「祖秀才諱殊字敬異，夫人從事中郎趙國李烋女。

父雙護，夫人趙國李詵女。」

案敬邕是崔挺從祖弟，然其祖父之名不見於傳，夫人李烋女，烋即休字別體，北史卷二十二李士謙傳附休傳：「休字紹則，讚次子」，敬邕母是趙國李詵女，又案魏書卷廿九李順傳附說傳：「說，靈族叔，字令孫，官京兆太守」。由是可知崔李兩姓的婚姻也是累世不絕的，到北齊時候仍然繼續着。

李琮墓誌：

「（子妻）博陵崔氏，父彥遐。

（女）上和適博陵崔君宏，開府參軍事。」

李琮、崔彥遐、崔君宏等皆不見於史傳，案新唐書宰相世系表稱：後魏永昌郡守崔幼之子有彥珍、彥璋，彥昇，彥稷，彥稷之子有君綽、君肅、君贍，以行輩排之，彥遐是彥章的昆弟行，君弘是君綽的同輩，雖不能據此確定他們的世系，但可以確定他們是親上加親的，因博崔趙李之間的中表姻親是普遍的。北史卷卅二崔辯傳：

「孫巨倫，有姊明惠有才行，因眇一目，其家議欲下嫁之，巨倫姑趙國李叔胤之妻，聞之悲切曰：「吾兄承德，不幸早世，豈令此女屈事卑族，乃爲子冀納之。」

這裏說明李明惠與崔冀亦中表爲婚，再案李憲墓誌稱其長子希道娶廣平宋氏，父弁吏部尚書，又案憲傳稱：「（敷）妹夫廣平宋叔珍等皆坐鬥亂公私同時伏法」，敷爲憲的從伯，則李憲的姑母嫁給宋叔珍，叔眞是宋弁的父親，宋弁的女兒又嬪於希道，也是中表爲婚。

又魏書卷四十七盧玄傳：

「房崇吉母傅氏，世度繼外祖田兄之子婦，袞州刺史申纂妻賈氏，崇吉之姑女也，皆亡破軍中，老病憔悴，度世推及中表，致其供恤，每覲見傅氏跪向起居，隨時奉送衣被。亦有振賈氏，供其服膳。」

由此可見當時對於中表關係的重視，這完全由於大族與大族之間，將婚姻限制在小範圍內，兩個大族累世互通婚姻，像崔孝芬等奉承叔母李氏，「若事所生」，因爲博崔趙李世代婚姻，孝芬的叔母可能是他母親的親姊妹，既是叔母又是姨母，在這種雙重親屬關係下，當然要「若事所生」了。

北史卷三十盧潛傳稱：「盧懷仁著中表實錄二十卷」，惜此書已軼失，舊唐書經籍志載，齊有永元中表簿六卷，梁有大同年中表簿三卷，由此可知不但中原，即在江左亦是非常重視中表婚姻關係的。

第四章　拓拔氏宗室的婚姻

「北魏帝室多與高門通婚，至孝文遷洛而愈積極，孝文爲其弟六人聘隴西李氏，滎陽鄭氏，范陽盧氏，代郡穆氏之女，以咸陽王禧原妻出身隸戶，使爲妾媵，北魏改代人姓氏，令著籍河南，以八姓與漢人高門並論，與令宗室通婚高門爲一貫之華化政策。」（潤孫師：「敦煌唐室姓氏錄殘卷考證」見注史齋叢稿頁一七九）在兩種文化接觸過程中，首先受到影響發生變化的是生活方式的變化，繼之，則是意識形態的轉變，這兩種有形與無形的變化，最後通過互相婚姻的關係而融合完成。

第一節　與中原士族的婚姻關係

魏晉南北朝時代士族的婚姻，鎖錮在門閥制度之內，自成一範圍，這範圍亦非政治力量所能擊破，這些世族大家自標身價，並不以攀附皇家聯婚爲榮，反而帝王之家倒希望和他們聯婚。北齊書卷三文襄紀：

「世宗謂趙郡王曰：「吾爲爾娶鄭述女，門閥甚高，汝何所嫌而精神不樂。」

又北史卷二四崔㥄傳：

「婁太后爲博陵王納㥄妹爲妃，勅中使曰：「好作法用，勿使崔家笑人。」

可知雖貴爲帝王，仍然喜歡和高門大姓聯婚，可是那些世家大族却「不籍殿下（皇室）婚媾爲門戶」（梁書王峻傳），帝王之家雖在政治上有絕對權威，在社會地位上仍不能和高門相比，拓拔氏以胡人君臨中原，他們既無優厚的文化傳統作爲憑依，又無統治經驗，因此他們不能不與中原士族合作，以統治所征服的人民，經過長期合作後。到了孝文帝時，他發現如果要鞏固他的政權，消除代北與中原士族間的矛盾，必須進一步擺脫其原來文化的桎梏，澈底投入中原文化的熔爐，更密切地和中原士族結合起，在其遷都前後所作種種改革，都是朝着這方向進行，和漢族高門通婚便是許多改革裏很重要的一種，按魏書李沖傳：「高祖初依周禮置妃嬪之列，以沖女爲夫人」，盧玄傳附盧敏傳稱：「高祖納其女爲嬪」，崔休傳稱：「父伯宗，高祖納休妹爲嬪」，鄭羲傳稱：「文明太后爲高祖納其女爲嬪」。王慧龍附子王瓊傳：「高祖納其長女爲嬪」。范陽盧氏、清河崔氏、滎陽鄭氏、太原王氏都是中原大族，孝文都納其女置於後宮。此外，並納博陵崔挺女爲嬪，這似乎有意要打破中原士族的婚姻界限，使拓拔氏宗室與中原士族透過婚姻關係，而獲得更大澈底的融合。所以除了他自己娶中原士族的女兒爲嬪外，並爲其子太子恂聘中原士族的女兒爲妃。魏書卷廿二廢太子恂傳：

「高祖將爲恂娶司徒女，以女幼待年長，先爲娉彭城劉長文，滎陽鄭懿女爲左右孺子。」

同時更爲其六弟聘大族之女爲妃，魏書二十咸陽王禧傳：

「(咸陽王)禧取任城王隷戶，深爲高祖所責，……(因)以此年爲六弟娉室，長弟咸陽王禧，可聘故潁川太守隴西李輔女，次弟河南王幹，可聘故中散代郡穆明樂女，次弟廣陵王羽，可聘驃騎諮議參軍滎陽鄭平城女，次弟潁川王雍，可聘故中書博士范陽盧神寶女，次弟始平王勰，可聘廷尉隴西李沖女，季弟北海王詳，可聘吏部郎中鄭懿女。」

自此以後，拓拔氏宗室與中原士族之間，不僅限於政治上的從屬關係，而且更多了一層親戚關係，北魏宗室和中原士族中每一個大家族都有婚姻關係，所謂「國王舍人應娶於八族及清修之門」，八族是指功勳八姓而言，「清修」即中原高門世家之謂，但上述孝文六弟所娶，代北功勳八姓僅佔六分之一，由此可見當時中原士族社會地位的崇高，雖如劉芳並不是第一流大族，高祖欲聘其女爲太子孺子，他辭以「年貌非宜」，由此可見，當時中原士族對拓拔氏，尚多少有點卑視的意味，魏書卷四十陸俟傳附陸叡傳：

「叡……娶徐州刺史博陵崔鑒女，鑒謂親云平原才度不惡，但恨其姓名殊爲重複，時高祖未改其姓。」

案魏書官氏志：「步六孤氏後改陸氏」，爲神元內入功勳八姓之一，崔鑒不嫌其他，卻嫌「其姓名殊爲重複」，進一步說卽是嫌他是個鮮卑胡人了。

北史卷二四崔逞傳：

「逞六世孫叔義，父休爲青州刺史，放盜魁令出其黨，遂爲門客，在洛陽與叔義兄叔人鑄錢，事發合家逃逸，叔義見執，城陽王徽爲司州牧，臨淮王彧以非其身罪，徽以求婚不得，遂停書殺之。」

崔逞是清河崔氏，以不禮於世祖見殺（詳見拙作「拓拔氏對中原士族的態度」。）其子孫仍然自標門第不願與拓拔氏通婚，而因此得禍。當然也有些大族因政治關係而「榮利婚婚」，與拓拔氏宗室互通婚姻，但士族社會對他們這種做法，是「議者非之」的，在孝文帝利用政治力量，打破中原士族所封固的門閥婚姻界限以後，中原士族和拓拔氏通婚的情形漸漸普遍，今據所獲資料畧加分析如後：

（甲）范陽盧氏：

肅宗充華盧令媛墓誌：

「嬪諱令媛，范陽涿人，魏司空容成侯之十一世孫，錄事府君之元女，……曾祖世度，祖諱淵字伯源，父道約字季恭。」

魏志卷二十三盧毓傳稱「正光三年授印綬爵封容城侯，邑二千三百戶。」則容城侯卽盧毓，自毓下數至令媛剛好十一世。魏書卷十三皇后傳稱：「（靈）太后欲榮重門族，爲肅宗爲選納，抑屈人流，博陵崔孝芬，范陽盧道約，隴西李瓚等女但爲世婦」，傳與誌合。誌又稱：

「年甫九齡，召充椒庭，正光三年夏四日十六日卒於京師，時年十二。」

則九歲入宮應在神龜二年，這時孝明年也在十歲左右，由此也可見北魏宗室早婚的情形。

元義墓誌稱：

「子亮，妻盧氏，父元聿，尚高祖義陽公主，拜駙馬都尉司馬光祿大夫。」

魏書卷十六陽平王傳稱：「義子亮襲祖爵，齊受禪列降。」又同書卷四十七盧玄傳附元聿傳稱：「元聿字仲訓，無他才能，尚高祖女義陽長公主」與誌合，但並沒有道及盧氏嬪於元亮之事。案盧元聿是盧昶子，盧昶是盧淵之弟，淵弟敏傳：「高祖納其女爲嬪」，元聿與盧敏女爲從兄妹。因而尚高祖長公主。

又元壽安妃盧蘭墓誌：

「大妃諱蘭，幽州范陽涿縣人也，祖共書侍中盧毓，魏君同垂……祖興宗范陽太守，父延集幽州主簿。」

又案章武王元融妃盧貴蘭墓誌稱：「……范陽涿縣人也，魏司空毓九世孫，祖嶽燕太子洗馬良鄉子，魏建武將軍，父延集幽州主簿。」由前後兩誌並觀，都稱「父延集，幽州主簿」則盧蘭與盧貴蘭應爲同胞姊妹，貴蘭卒於武定四年，享年五十四歲，知其生於太和十七年，而盧蘭死時年六十七，葬於大統十七年，如盧蘭卽死於下葬那年，則應該生於太和九年，但盧蘭和盧貴蘭墓誌所載他們的祖父，一是「祖興宗范陽太守」，一是「祖巘燕太子洗馬，魏建武將軍良鄉子」，不但名字不同所任官職也不同，同時盧貴蘭與盧蘭父祖之名字都不見於史。魏書卷四七盧玄傳稱：「祖偃，父邈並仕慕容氏。」貴蘭墓誌稱妃是魏司空毓九世孫，而且貴蘭之祖亦仕於燕，則巘與玄應是同輩，興宗可能是巘字，其官職相異，或一是其生前的官職，一是其死後的諡賜。

盧貴蘭所嬪者是元融，墓誌稱融是章武王彬之子，後廢帝朗之父。魏書卷十八下融是章武王長子，廢帝則是元融的次子。其事正合。但朗可能非貴蘭所出，因融碑誌出土時，另有一塊元融妃的墓誌，所惜碑文殘闕不淸，查不出她的事蹟與姓氏，既然和元融合葬應是元融之元妃，則盧氏可能是元融的次妃或續絃。盧蘭嫁元壽安，案元壽安墓誌稱「景穆皇帝之孫，汝陰靈王第五子」。魏書卷十九上汝陰王傳稱「（汝陰王）天賜第五子修義字壽安」。以輩份推之，元壽安應是元融的族叔，盧蘭與盧貴蘭雖爲姊妹，所嫁却是叔侄。

（乙）隴西李氏：

元子邃妻李艷華墓誌：

「夫人字艷華，隴西狄道人，武昭王皓之五世孫也……祖蕤，司徒冀州刺史，父談，散騎常侍齊廣二州刺史。」

案李蕤墓誌稱：「祖寶父承字伯業，君八男、四女」。北史卷一〇〇序傳稱：「涼武昭王暠、子翻、翻子寶、寶子承、承子蘛。歷司農少卿，卒贈豫州刺史，蘛子諺，莊帝初，濟廣二州刺史。」與誌敍蘛，該歷官合，但傳稱自武昭王嵩下數到李艷華爲七世，誌作五世誤，武昭王暠誌作皓，誌稱李艷華的父親談，魏書李寶傳作詠，北史序傳作諺。又案元勰妃李媛華墓誌：「祖諱寶，父諱冲，」則李艷萃父李蘛與李媛華是同祖兄妹。案元子邃墓誌：「字德修，河南洛陽人也，曾祖魏文成皇帝，祖太尉安豐王猛，父、太保大司馬文宣王」，北史卷十九安豐王傳稱：「安豐王猛字季烈，太和五年封，爲營州刺史……薨於州，贈太尉，諡曰匡，子延明襲，……明帝初爲豫州刺史，後兼尚書右僕射」，案爾朱榮入洛，孝莊卽位，延明永安元年七月拜尚書令，二年十一月兼大司馬，故得與莊帝母族爲婚，又案李或尙莊帝姐豐亭公主，豐亭公主卽李媛華女季瑤，李或與李豐華是從兄妹，則元子邃爲李或的姊婿或妹婿。

又元徽墓誌：

「妃，隴西李氏，司空文穆公之孫女。」

魏書卷十九景穆十二王傳稱：「徽後妻莊帝舅女，侍中李或帝之姊婿」，文穆公卽李冲，則元徽妃李氏與元子邃妃李豐華亦是同從姊妹，與李或是同祖兄妹。李氏爲元徽的次妃，徽傳稱：「（徽）不能防閑，其妻于氏遂與廣陽王淵姦通。」又卷十八廣陽王傳：「（深）坐淫城陽王妃于氏，爲徽表訟，詔付丞相高陽王等宗室議決其罪，以王還第。」則于氏可能亦由此得罪而異禼，婚於李氏，所以元徽墓誌未列妃于氏之名。

又案李媛華墓誌稱「子訥字令言，今彭城邑王，妃隴西李氏，父休纂。」休纂是李媛華的胞弟，而休纂子或得尙媛華女豐亭公主，其子又嬪於李媛華長子，他們互相間都是中表爲婚。

隴西李氏，是拓拔氏宗室攀附姻親的對象。魏書卷十四神元平文孫傳：「初李冲又德望所屬……（丕）與子超冲兄女，即伯尚妹也」，可見拓拔氏宗室想與中原士族通婚急切之情。

又魏書卷四十七盧道虔傳：

「道虔尚高祖女濟南長公主，公主驕淫，聲穢遐邇，先無疹患，倉卒暴薨，時云道虔所害，世宗祕之，不苦窮治，尚書嘗奏道虔為國子博士，靈太后追主薨事，乃黜道虔為民，終身不仕，孝昌末，道虔外甥李彧尚莊帝姊豐亭公主，因籍相記，永安中除輔國將軍通直常侍。」

這裏所說的尚書應是任城王澄，魏書將相年表稱永安三年三月，尚書令高肇賜死，同年二月澄拜司空，九月兼尚書令。肅宗紀：「（永平三年）二月賜尚書令高肇死，詔太保高陽王雍入居西柏堂決庶政，又詔任城王澄為尚書令。」又案任城王澄傳：「肅宗冲幼，朝野不安，澄疏斥不預機要，而朝望所屬，領軍元義，于忠，侍中崔光表奏澄為尚書令，於是衆心忻服」。故知盧道虔傳所稱的尚書是元澄，又任城王元澄妃李氏墓誌，李氏卒於景明二年，雖未說明李氏的地望，但由於元澄舉盧道虔為國子博士，可推其是隴西李氏，因隴西李氏與范陽盧氏有密切的婚姻關係，盧道虔傳稱李彧是其外甥，李彧之父延實是盧道約之姊丈，而范陽盧道約又娶延實之妹仲玉。雖元澄為尚書時，李氏已死，而元澄念及故劍，而舉李氏的姻婭並非不可能之事，由此可推元澄妃李氏，與李延實、李媛華有親密的關係。

（丙）滎陽鄭氏：

魏書卷五十六鄭羲傳附希儁傳：

「希儁弟幼儒……承相高陽王以女妻之，幼嶲亡後，妻淫蕩兇悖，肆行無禮……從兄伯猷每謂所親曰：「從弟人才足以令德，不幸得如此婦，今復重死，可爲悲歎。」

魏書卷二十咸陽王禧傳：「潁川王雍可聘故中書范陽盧神寶女。」丞相高陽王即潁川王後所改封，則幼儒所娶是范陽盧神寶的外孫女。

又廣陵王羽納卽平城女爲妃，而平城子伯猷所納者，爲定豐王元延明女，案延明妃馮氏墓誌稱馮氏爲皇后之妹又案元悅妃馮季華墓誌稱：「第六姊安豐王妃」，則安豐王妃馮氏是馮氏的六女，鄭伯猷所娶者是馮氏所生女。

元徽墓誌稱：「妹適滎陽鄭氏」，元徽妃李氏是李冲的孫女，隴西李氏與滎陽鄭氏有很密切的婚姻關係，元徽妹可能因李氏關係而嫁於滎陽鄭氏，在陽城王的家族裏，在元徽以前沒有和中原士族通婚的紀錄，如元徽的母親是「河南乙氏，廣川公之孫女」，官氏志：「乙弗氏後改乙氏」，是四方內附諸姓之一。

元範妻鄭令妃墓誌：

「夫人諱令妃，滎陽中乎人也，齊州使君鄭實之女，濟北府君範之妻，範則景穆皇帝之曾孫，汝陰王司空公之二子。」

元範不見於史，高祖本紀：「復封前汝陰王天賜孫景和爲汝陰王」，誌稱司空公或卽景和，鄭令妃之父鄭實之名也不見於史，誌稱令妃卒於隋開皇九年，享年八十三，知其生於魏宣武正始四年，是必爲滎陽鄭氏之一支。

（丁）瑯琊王氏：

瑯琊王氏僑居江左，世爲顯族，太和十七年以家難奔魏，事見南齊書王奐傳及魏書王肅傳。

肅傳稱年三十八歲卒於壽春，時在景明二年，由此推溯到太和十七年，則王肅奔魏時年二十三歲，因肅是江左望族，奔魏時又適逢孝文帝準備遷都改革之際，因此立即受到重視。

「肅自建業來奔……高祖辛鄴，聞肅來奔，虛襟待之，引見問故……促席移景，不覺坐之疲淹也……或屏左右相對談說，至夜分不罷，肅亦能盡忠輸誠，無所隱避，自謂君臣之際，猶玄德之遇孔明也。」

由此可見王肅受高祖寵眷，而且這時他又年青，妻子沒有隨同北來，因此奉詔尙陳留長公主。公主原爲彭城長公主是劉昶子承緒妻，魏書劉昶傳：「昶子承緒，尙高祖母妹彭城長公主，爲附馬都尉」，承緒死後，公主寡居，因而下嫁王肅。

世宗充華王普賢墓誌：

「父肅，魏故侍中司空昌國簡公。

夫人陳郡謝氏，父在齊侍中右光祿大夫憲侯。

後尙陳留公主，父獻文皇帝。」

王肅傳附子紹傳：「肅臨薨，前妻攜二女與子來奔」。由普賢墓誌與廣陽王湛墓誌知，王肅的兩個女兒入魏後，一嬪於世宗，一爲廣陽王淵（傳作深）妃。

廣陽王元湛墓誌：

「父諱淵，侍中吏部尙書司徒公，雍州刺史廣陽武忠王，母瑯琊王氏，父肅尙書令司空簡公。

而王肅子於太和十七年肅奔魏時，尙在襁褓之中，案王紹墓誌稱：「春秋廿四，延昌四年八月薨」知其生於太和十六年，景明二年肅臨終前入魏，時平十歲，又案王普賢墓誌稱普賢卒於延昌二年，二十七歲，兩年後王紹又卒，得二十四歲，故知普賢長於紹五歲，普賢入魏時年已十五，所以得嬪於世宗，廣陽王淵妃雖不知其生卒年月，但其爲紹姊，可能也是普賢姊。

又王肅傳附秉傳：「肅弟秉，世宗初攜兒子誦，翊，衍等入國。」

元湛妃王令媛墓誌：

「父翊，魏侍中司空孝獻公。

母河南元氏，父澄假黃鉞太傅任城宣王。」

是王翊娶任城王澄之女，又按元義墓誌：「女僧兒年十七，適瑯琊王氏，父散騎常侍濟州刺史，」王翊傳稱「翊頗銳於榮利，結婚於元義，超轉左將軍濟州刺史」，誌稱濟州刺史卽是翊，據傳稱「結婚元義」，卽是女僧兒嬪於王翊子。

又王誦墓誌：

「祖奐，齊尙書僕射，父融黃門侍郎。」

案誌又稱「平甫十二，備遭荼蓼，泣血孺慕，幾於毀滅。」據誌知王誦生於齊高帝建元四年，永明十一年奐等被害時，誦剛好十二歲，魏書卷六十二王肅附誦傳：「誦，肅兄融之子，學涉有文才，神風淸傳，風流甚美」，入魏後，得先後兩次妻宗室之女。

王夫人寧陵公主墓誌：

「父彭城王，夫君瑯琊王君。」

案墓誌僅稱夫君瑯琊王氏而不名，但公主墓誌與王誦墓誌同出一兆，當然應是王誦之妻。

王誦妻元貴妃墓誌：

「祖，高宗文成皇帝

父，侍中太尉安豐國王」

安豐王卽元猛，寧陵公主墓誌稱公主薨於永平三年，則公主卒時誦當二十七歲，所以續娶安豐王猛女為妻，元貴妃卒於熙本二年，上距永平二年公主卒時已歷七年，則知公主是王誦元配，安豐王女是王誦繼室。元湛妃王令媛墓誌稱妃是王翊之女，而嬪為王肅姪，案元湛墓誌王肅有女嬪於廣陽王淵，則湛王肅外孫，湛母王氏與湛妃王令媛父為從兄弟，則元湛與王令媛是中表聯婚，但翊所妻是任城王元澄女。以世系言之，湛與任城王澄應為同輩，則令媛又是元湛外甥，則王媛華與元湛既是中表聯婚，又是甥舅為婚。

以上敍及范陽盧氏，隴西李氏，滎陽鄭氏，瑯琊王氏與拓拔氏宗室的婚姻關係，至於清河崔氏雖為中原大族，但經「崔浩之獄」之後，在政治上地位漸漸沒落，所以孝文既未選嬪於崔氏之家，六弟要妃亦未聘於清河之門，除崔玄伯姪（玄猷子）敞妻李氏是「公主之甥」外，和拓拔氏有婚姻關係的，是清河崔氏的另一支，卽崔逞玄孫崔休的家族，休傳稱：「高祖納休妹為嬪」，又「（休子）仲文納承相雍第二女，（休）女妻元義長庶子」，與元義墓誌：「子顥，字稚舒，妻清河崔氏，父休，尚書僕射」，與誌合，休子仲文所納是高陽王雍女，後仲文女又嬪裴延儁子敬猷，裴延儁傳稱：「敬猷妻高陽王雍外孫，或卽指此而言。又崔休弟妻安樂王長女晉寧公主」。

太原王氏和拓拔氏宗室的婚姻紀錄，除高祖納王慧龍子瓊女爲嬪外，別無資料可尋。

第二節　拓拔氏公主的婚姻

魏書卷二十四崔玄伯傳：

「太祖曾引玄伯講書，至類敬說漢祖欲以魯元公主妻匈奴，善之，嗟嘆良久，是以諸公主皆釐降于賓附之國，朝臣弟子，雖族美彥，不得尙焉。」

由此可見北魏宗室的婚姻，是有政治條件在內的，宗室王子皇孫與中原士族通婚，是爲提高並鞏固其宗室的社會地位，至於公主婚嫁，則受了漢朝和親政策的影响，對於那些來歸附的酋長與南朝前來投降的顯貴發生一種羈縻作用。（另詳見拙作「西漢前期對匈奴的政策」）

在本文附表，根據魏書，北史傳紀並參以墓誌所得統計，分析五十一個附馬都尉的家世，拓拔氏公主下嫁代北部落酋長家族者二十一人，下嫁投降北魏的南方宗室大族者十一人，下嫁歸附部落者四人，因姻戚關係下嫁后族與中原士族者十五人。

在下嫁代北酋長的廿一人中，嫁給穆氏家族的有十一人，穆氏是代北大族，魏書卷一一四官氏志稱：「丘穆陵氏後改穆氏」，是神元內入諸姓中功勳八姓之首，在穆氏門中的附馬都尉有穆眞，穆麗智，穆觀，穆壽，穆平國，穆伏平，穆羆，穆亮，穆相國，穆平城，穆紹等，穆氏家族從拓拔氏初期，到孝文遷都穆泰叛變伏誅時，一直和拓拔氏保持密切的關係，北魏宗室諸王與穆氏家族通婚的頗多，如元嘉墓誌稱妃河南穆氏，是穆壽的孫女，穆亮妹，元幹墓誌稱妃代郡穆氏，元煥墓誌稱妃河南穆氏，穆篡的女兒，元幹墓誌稱妃穆氏，元挺墓誌稱妃穆玉容，穆崇之曾孫女等。

由於穆氏和拓拔氏有着婚姻關係，他們都在幼時便入侍東宮，然後再拜附馬郡尉，穆亮子紹「九歲除員外員，入侍東宮轉太子舍人，十一尙琅琊長公主，拜駙馬都尉』。穆泰子「伯智八歲侍學東宮，十歲拜太子洗馬散騎侍郞，尙饒陽公主拜駙馬都尉」。並有死後算婚，（穆）「平城早卒，高祖時始平公主薨於宮，追贈平城駙馬都尉與公主合葬」。（以上所引皆見魏書卷二十七穆崇傳）

其他代北大族與拓拔氏聯婚的有陸氏，乙氏，萬氏，于氏等，他們的家族都是「世爲酋師」的部落酋長。

至於那些歸附而與拓拔氏聯婚的，可分兩類，一是邊境部落酋長的後裔，一是從南朝投奔來的宗室或大族。

閭伯昇墓誌：

「高祖卽茹茹主之第二子，率部歸化錫爵高昌王仕至司徒公。

夫人樂安郡公主元氏諱仲英，顯祖獻文皇帝之孫太尉咸陽王之女」

案城陽王鸞次子恭墓誌稱妃「閭氏，茹茹主之孫，景穆皇帝女平長公主孫，」閭氏當與文帝母郁久閭氏，閭大肥同族，關於茹茹內附事，北史蠕蠕傳未詳載，可能是茹茹的一部內附後，拓拔氏賜公主爲婚以作爲一種懷柔政策，又案北齊赫連子悅妻閭炫墓誌稱，閭氏曾祖大肥尙隴西公主。」而大肥傳則稱尙華陰公主，後公主薨，復尙護澤公主與誌異，但由此可知，茹茹內附後常和和拓拔氏聯婚，又閭伯昇妻元氏，父咸陽王卽禧。

劉懿墓誌：

「君諱懿字貴彌，弘農人也。
夫人長常山王之孫，尚書左僕射元生之女
長子撫軍將軍……元孫
妻驃騎大將軍司徒公元恭之女
世子散騎常侍千牛備身洪徽
妻大丞相勃海高王之第三女。」

劉懿北齊書卷十九作劉貴，北史亦作劉貴，所不同者是籍貫，誌稱劉貴是弘農人，而傳作「秀容曲陽人」，劉玉墓誌也稱「玉，弘農胡城人」，案魏書地形志恒農，屬陝州領三縣並無胡城，又案元和姓纂稱劉氏族望甚多，弘農華陰是劉氏一脈，周一良「領民酋長與六州都督」論劉玉事稱，劉玉墓誌又稱：「遠祖司徒寬之苗裔」，後漢書卷五十五劉寬傳稱：「字文饒，華陰人……父崎，順帝時爲司徒。」元和姓纂也稱：「漢高兄代王喜……後漢司徒琦始居弘農，生寬，太尉。」崎姓纂作琦誤，劉玉誌師所謂的司徒，是崎而非寬，金石錄二十三稱：「夷虜妄言出於名胄，以欺眩世俗。」大抵魏晉以來，北邊外族多喜冒漢姓，從李陵沒於匈奴，胡人冒姓李的很多，後世李太白是西域人，自稱涼武昭王之後。（見陳寅恪「李太白氏族之疑問」），所以劉玉散諸部落後定居弘農，因而攀附劉寬爲其遠祖。這與劉懿墓誌自稱爲弘農人，而攀「臨淮給事」爲遠祖的情形相似，案劉貴傳稱貴爲「秀容曲陽人」，元和郡縣志卷十四稱：「秀容城在宜芳縣南三十里，劉元海感神而生，姿容秀美，因以爲名也」，這不過是望文主義的說法，由上述知秀容在新興（今忻縣）北，晉書卷一〇三劉曜載記稱曜「隱跡管涔山」，水經汾水注稱：「水出太源汾陽北管涔山」，酈道元注謂「劉淵族子曜嘗隱避於管涔之山」，此山和秀容相近。又誌稱玉的官職：「陝肆二州大中正第一酋長敷城開國公。」考魏書地形志，秀容郎敷城屬郡，屬肆州，誌稱高歡以懿爲肆州刺史，後長子爲肆州中正贈肆州刺史，而其三子亦爲肆州主薄，且懿旣封敷城開國伯，所以應是秀容敷城人。

新唐書宰相世系表：「河南劉氏，本出匈奴之族，漢高祖以宗女妻冒頓，其俗貴者皆從母姓，因改爲劉氏，左賢王去卑裔庫仁後衞南部大人凌江將軍，弟眷生羅辰，定州刺史永安敬公，五世孫環儁，北齊中書侍郎懿公。」（姓纂孤獨條，晉書元海載記畧同）再以劉懿墓誌所載：「大將軍府騎兵參軍……第一酋長」的官職推之，劉懿應爲孝文遷都洛陽後，留在北方的孤獨氏之一支，孤獨氏和拓拔氏有很密切的婚姻關係，道武宣穆皇后劉氏，即是劉羅辰之妹，魏書卷二十三劉仁庫傳：「劉根之宗也……母平文皇帝之女，昭成皇帝復以宗女妻之。」誌稱：「長子撫軍將，銀青光祿大夫都督肆州諸軍事肆州刺史元孫。」北齊書劉貴（懿）傳稱：「長子元孫員外郎肆州中正」，與誌異，其妻元氏，「驃騎大將軍司徒公元恭女」，考拓拔氏宗室名恭的一爲節閔帝，一爲元顯恭（顯恭名恭見元恭墓誌）魏書孝莊紀：「永安三年十月，以中書將軍前東荆州刺史元（顯）公爲持節都督晉建南汾三州諸軍事，鎭西將軍，晉州刺史，兼尙書左僕射。」又北齊書劉貴傳稱「（懿）永安三年除涼州刺史」。建明初，爾朱世隆專擅，以貴爲征南將軍金紫光祿兼左僕射西道行臺，使抗孝莊行臺元（顯）恭於正平，破擒（顯）恭。」則此兩家自無通婚之理，然節閔帝雖名恭，初爲廣陵王，嗣位後爲高歡所殺，西魏時追謚爲節閔皇帝，節閔帝未曾任過司徒，所以這裏的司徒公恭，可能另爲別人。另一種可能則是元恭被擒後，其家族也被擒而配給元孫爲妻，爾朱之亂洛陽淪陷，拓拔氏宗室因此流落者不在少數，魏書肅宗紀：「孝昌二年詔曰：『頃舊京淪覆，中原喪亂，宗室子女屬籍在七廟之內，爲雜濫門所拘者，悉聽離絕。」由此知元孫娶元顯恭的女兒是可能的。劉懿所娶「常山王之孫，尙書左射元生女」，元生不見於傳，常山王遵道武四年封，二世素，三世陪斤，陪斤坐事國除，陪斤子暉，「靈太后臨朝爲尙書，卒贈尙書左僕射。」暉爲遵四世孫，不知孰是？

在下嫁北來的南朝宗室大族的十五位公主中，嫁晉朝宗室後裔的有四個，他們是司馬彌絕，司馬楚之，司馬躍，司馬朏，下嫁劉宋宗室的有五個，他們是劉昶，劉承緒，劉輝，祖孫三代都尙公主，劉昶因與所尙公主折翼，曾前後尙三主。蕭齊降魏的宗室如蕭受，蕭烈，蕭權，蕭寶卷等亦尙公主，這些南朝的宗室，不是投降北魏，便是遭受政治迫害而潛逃到北方來的，拓拔氏將公主下嫁給這些落難的宗室，一方面表示懷撫降人寬大的風度，另一方面，因在當時南北敵對的狀態下，這批流落的貴族不論怎樣，在南方仍然有他們政治或社會的潛勢力存在，因此拓拔氏除將公主下嫁他們外，並且封他們王爵，多少包含着許多政治作用在內。

至於中原士族和拓拔氏公主通婚的，他們多是后族，像杜超、馮誕，馮穆，高肇，高肇，高猛等都是由於外戚之親，而得爲駙馬都尉的，其他的大族也多由於婚姻戚關係而中表聯婚的，已畧見上述。

拓拔氏公主的婚姻非常自由，既可以離婚又可以再嫁，但這祇是限於公主方面。魏書四五裴詢傳：

「詢，美儀貌，多儀，能音律博奕……太原公主寡居，與詢私通，仍詔尙焉。」

以是知拓拔氏閨閫之防不嚴，王肅所尙的彭城公主是劉昶子婦再嫁，已見前述。

又魏書卷四九張彝傳：

「陳留公主寡居，彝意公主，主許之，僕射高肇亦望尙公主，主意不可，肇譖彝於世宗。」

由以上所述知公主再醮，完全憑自己意思決定，不過也有被迫改嫁的。如邢巒妻兄純陀墓誌：

「夫人初笄之年，言歸穆氏，良人既逝，兄太傅文宣王，違情奪義，來嬪君子。」

案夫人是任城康第五女，兄太傅文宣王郎任城王澄，由誌稱「兄……違情奪義，來嬪君子」，可知元氏再嫁，非其本意。

但尚公主的駙馬都尉，除非奉勅離婚，如穆眞尚長城公主，後奉勅離婚另尚文明太后妹，或公主薨而另娶，否則不允有次妻，甚至有「因尚公主而出要者」（魏書外戚李盆傳）王肅便是一個很好的例，王肅於太和十七年奔魏，其妻亦隨止於壽昌，壽昌爲魏所轄，後王肅尚陳留公主，其妻一直留滯在壽昌，至王肅臨終前才趕來奔喪，可是這却是十年以後的事了，由此可知，王肅雖沒有因尚公主而出妻，事實上却是分居的，在世宗夫人王普賢墓誌後，王肅妻郭氏與陳留公主並列，並沒有庶長之分。由王肅妻與兒女被阻入京的情形看來，也可以作爲拓拔氏公主下嫁而「出妻」的一種解釋。更可以爲拓拔氏初期，所行的一夫一妻制作一個註脚。

第三節　與中原士族通婚後所發生的問題與影響

自從婚禁詔令頒佈以後，便嚴厲的執行着，江陽王繼爲青州刺史，因「取民女爲婦妾，又以良人爲婢，爲御史所彈，坐免官爵」，（魏書卷十六道武七王傳）而且婚姻也有一定的界限，如魏書卷廿一高陽王雍傳：

「元妃盧氏薨，後更納博陵崔顯妹，甚有色寵，欲爲妃，世宗以崔氏，世號東崔，地寒望劣，難之。」

博陵崔氏的崔挺，崔休都曾是在朝的顯要，而且孝文與肅宗都曾納博陵崔氏女爲婚，雖然他們的望比不上崔（河淸）、王、盧、李、鄭，但是他家的社會地位不算低，但世宗却以「地寒望劣難之」，可知當時諸王的「新婦」，必須「門戶匹敵」的大家女，因此他們結婚對象的範圍縮得很小，後來有些王子所納非大族的女兒，就不得不託顯族大姓以自重。如魏書卷廿一京兆王愉傳：

「愉在徐州納妾李氏，李氏本姓楊，東郡人，夜聞其歌，悅之，遂被寵嬖，罷州還京，欲進貴之，託右郎中將趙郡李顯特爲之養父。」

由上所引，可知當時拓拔氏對宗室婚姻的制限非常嚴格，孝文帝强制宗室與中原士族通婚，並且硬性規定「前所納者，可爲妾媵」，這卽是不承認原來王妃的家庭地位，這個規定不但破壞了拓拔氏原有的婚姻制度，同時更給拓拔氏家族中平添了許多痲煩，魏書畢從敬傳稱：「魏故事，前妻雖有子，後賜之妻皆承適。」這便引起了家庭中所謂「庶長之爭」的糾紛。如魏書卷廿一咸陽王禧傳：

「咸陽王有八子，翼與昌屠氏所出，曄李妃所生也，翼容貌魁壯，風制可觀，(蕭)衍甚重之，封爲咸陽王，翼讓其嫡弟曄，衍不許。」

案禧傳，禧奉詔納隴西李輔女，所以禧前妃屠氏一降爲妾，原來的嫡子也變爲庶子，後來禧因謀反誅，翼與其弟昌，曄奔於蕭衍，當蕭衍要封翼爲咸陽王時，就發生了嫡庶繼承的問題，那時翼在江南尚如此，由此推想在當時的中原；這種問題必然發生得更多。

魏書卷十四元丕傳：

「初李冲又有德望所屬，當時貴要有抆情，遂與子超娶冲兄女，卽伯尚妹也……丕前妻隆同產數人，皆則與居。」

在最初那些嫁到拓拔氏宗室家族玄的大家女，和原來家庭人相處得必不和諧，分居祇是暫時的，一旦王子先她而死，而自已又無兒息襲爵，於是問題就發生，像趙郡王元幹家中，就發生前妻與其子對後賜之妻「不遜」的情形。如魏書卷廿一趙郡王元幹傳：

「(幹)子謐，世宗初襲爵，幹妃穆氏，表謐母趙氏等，悖禮衍常，不遜日甚，尊卑理阻，母子絕道，詔曰：『妾之事女君，猶婦人事舅姑，君臣之禮，義無求二，妾子之於君母，禮加如子之恭，何得黷我政風，可付宗正以禮治罪。』」

上述，由於婚姻所引起的家庭糾紛，不過僅是在文化接觸過程中，所掀起的片片漪漣而已，但就整個文化融和而論，孝文帝强制拓拔氏宗室，與中原士族通婚的影響是不可磨滅的，因爲這些出身於中原士族家庭的閨秀，不論在學養和德性方面，都比那些長在草原的女子强得多，她們下嫁到拓拔氏的家庭裏去，以她們文靜的氣質，來調和北方草原民族的粗獷習氣是非常有效的，同時將中國文化傳統，生活方式，倫理觀念帶到拓拔氏的家庭裏，感化宮們的夫君，教育她們的子女，經過一段潛移默化的時間以後，拓拔氏的宗室，由「我鮮卑常馬背中領生活」（宋書索虜傳）的草原武夫，一變爲「博極羣書，兼有文藻」的儒雅之士，在高祖時已有彭城王勰，任城王澄，但他們的家室都出自中原士族大家，元勰妻隴西李氏，元澄妻也是隴西李氏，繼室長樂馮氏，是馮熙的第五女（見元澄妃馮令媛墓誌），自遷都以後和中原士族通婚比較普遍，於是在拓拔氏宗室裏「文雅從容」之士越來越多，當時最著明的有延明，元彧，元熙。

魏書卷二十文成立王安豐王猛附字延明傳：

「延明既博極羣書，兼有文藻，鳩集圖書，萬有餘冊，性清儉，不營產業，與中山王熙，及弟臨淮王彧，並以才學令望有名於世，雖風流造次不及熙彧，而稽古純篤過之……以延明博學多聞，勅監金石事……所著詩賦讚頌銘誄三百餘篇，又撰五經宗略，詩禮別義，註帝王世紀及列仙傳，又以河間信都芳工筭術，引之在館，其撰古今樂事九章十二圖，又集器準九篇，芳則爲之註，皆行於世。」

同書卷十八彧傳：

「彧少有才學，時譽甚美……少與從兄安豐王延明，中山王熙以宗室博古文學齊明，時人萬能定其優劣……爲之語曰：「王王楚琳瑯，未若濟南（案彧封濟南王）備方元，彧姿制閑雅，吐發流靡，瑯雅王誦有名人也，見之未嘗不心醉忘疲……郊奏廟歌辭，時稱其美……彧性至孝，事父母盡禮，自經違離，不進酒肉，見者傷之……彧美風韻，普進止，衣冠之下，雅有容則，博覽羣書，不爲章句，所著文藻，雖多亡失，猶有傳世者。」

又同書卷十九南安王楨附孫熙傳：

「熙好學俊爽，有文才，聲著於世……熙既藩王之貴，加有文學，好奇愛異，交結偉俊，風氣甚高，名美當世，先達後進多造其門。」

其他如元暉、元洪超、元鑒、元羅、元昌、元孚、元欽、元弼、元暉業、元顯和、元匡、元畧、元徽、元端、元懌等人或經學修明，或篤志孝友，都是爲時所重的失流人物，如果再進一步分析，他們不是直接和中原士族家庭有婚姻關係，便是母族是漢人。經過長期的婚姻關係，到後來周齊隋唐。拓拔氏以才學德行名於世的更多了。

周書卷三十八元偉傳：

「魏昭成之後……偉少好學有文雅，世宗初拜師氏中大夫，受詔於麟趾殿刊正經籍……篤學愛文、政事之暇，未嘗棄書，謹慎小心，與物無忤，時人以此稱之。」

隋書卷四十六元暉傳：

「頗好學，涉獵書紀，少得美名於京下，周太祖見而禮之，開皇初拜都官尚書。」

同書卷六十二元巖傳：

「好讀書，不治章句，剛鯁有器局，以名節自許。」

同書卷六十三元壽傳：

「少孤，性仁孝，九歲喪父，哀毀骨立，宗黨鄉族咸異之，事母以孝聞，及長方正，頗涉經史。」

同書卷七十儒林傳：

「（元）善少隨父至江南，性好學，通五經、尤明左氏傳，上（高祖）每望之曰：「人倫儀表也」，凡有敷奏，辭氣抑揚，觀者屬目……上尚親臨釋典，命善講孝經，於是敷陳義理，兼之以諷諫，上大悅……善之博通在何晏之下，然以風流醞籍，俯仰可觀，音韻淸朗，聽者忘疲，由是爲後進所歸。」

舊唐書一〇二元行沖傳：

「博學多通，尤善音律及訓詁之書，舉進士……行冲以本族出於後魏，而未有編年之史，乃撰魏典三十卷，事富文簡，爲學者所稱……又充關內道按察使，行冲自以書生，不堪博擊之任，因辭按察……先是祕書監馬懷素集學者續王儉七志，左散騎常侍諸无景於麗正殿校寫四部書，事未就，而懷素无景卒，詔行冲總其事，於是行冲表請通撰古今書目解書四錄。」

同書卷一九〇文苑元萬頃傳：

「洛陽人，後景穆帝之脩，萬頃善屬文……時天后高宗廣召文學之士入禁中修撰，萬頃……與其選，前後撰烈女傳，臣軌，百僚新誡，樂書凡千餘卷，朝廷異議及百司表疏，皆密令萬頃等參決，以分宰相之權，時人謂之北門學士，萬頃屬文敏速。」

同書同卷(下)元德修傳：

河南人，少孤貧，事母以孝聞，開元中從鄉賦，歲京師，不忍離親，每行則自負板輿與母詣長安，登第後、母亡，廬於墓所，食無鹽酪，籍無茵席，刺血畫像寫佛經……(卒)門人謚爲文行先生、士大夫高其行，不名，謂之元魯山。」

至於唐一代文宗元稹，史稱他是昭成第十代孫，敍述他的事跡很多，這裏不細引，舊唐書載元姓者共七人，除元載是冒姓、元讓、元思政雖不知其出處，但中國元姓自拓拔始，他們當然拓拔氏的後人，此六人中一在孝友傳，三人在文苑傳，元行冲精通文學經籍，元稹更是大文豪，在新唐書裏又有元結，也是擅長學。這些拓拔氏的後裔到北魏末年，已與中國人沒有什麽區別，而到隋唐以後其中傑出之士，更可駕凌漢人，如果追究其原因，家學淵源是一個重要因素，而他們的「家學」，卻是嫁到拓拔氏家族去的，中原士族的女兒帶去的。

拓拔氏宗室姻戚表：

宗室姓氏	妃妻族望	妃妻家世	材料來源及備考
那斗那	洛陽紇干氏	祖和突南部尚書 父萇代郡尹	案官氏志：「紇干氏後改爲干氏」 見元龍墓誌
元度和	下邳皮氏	祖豹淮陽王父欣廣川王	魏書皮豹子傳：「豹子卒，子道明襲，道明第八喜廣川王。」喜誌作欣，又案魏書高祖紀與吐谷渾傳皮喜，作皮懽喜。 見元龍墓誌。
元鷙	遼東公孫甑生	祖順生給事中義平子。夫人河南長孫氏，（父壽字敕斤，征東將軍謚莊王。父冏字元略，大鴻臚少卿營州大中正。夫人河南長孫氏（父遐，袞泰相三州刺史。	公孫氏、祖父名位於史無徵，祖、父親河南長孫氏，亦不見於史，當與長孫道生同族。 見元鷙與妃公孫甑生墓誌
元興都	婁氏		見魏書卷十四
元丕	段氏		同上
元超	隴西李氏	李冲兄女，即伯尚妹	同上
元受久	王氏	昭成之甥生	見元倅墓誌
元邉	劉氏	明元帝之姨	同上，又見元昭墓誌

元素連	赫連氏	夏主赫連之妹	同上
元於德	南陽張氏	驪驤將軍阜城侯提之孫女	同上
元悝	叱羅氏	父興，儀曹尚書，散騎常侍袞州刺史	同上
元暉	遼東公孫氏	父順，振威將軍義平子北平太守	並見元峻，元愔墓誌
元逸	丘頓李氏	父平，侍中車騎將軍，司空武邑郡開國公	同上
元陪斤	宇文氏		見元昭墓誌
元儀	周氏		見魏書卷十五，原慕容普鄰妻，太武賜爲妃。
元均	京兆杜氏	漢御大夫閻之後	見元均暨妻杜氏墓誌
元鑒	吐谷渾氏	吐谷渾國主之胄胤，安西將軍斤之孫，安北將軍永安王之長女。太尉三老錄尚書事東陽王(丕)之外孫。	見元鑒妃吐谷渾氏墓誌
元繼	渤海南皮石婉	魏故持節將軍督荊州豫州諸軍事、荊豫青州刺史汝陽公之季女	見元繼與妃石婉等墓誌

元乂	定國胡氏	宣武太后之妹父際國太上秦公	魏書道武七王傳：「乂妻封新平郡君，後遷馮翊郡君拜女侍中」，與誌合
元亮	范陽盧氏	父聿，駙馬都尉大尉司馬	魏書盧玄傳附元聿傳稱元聿尙高祖女義陽長公主，拜駙馬都尉，與誌合。
元顥	淸河崔氏	父休，尙書僕射	案魏書崔休傳稱，「休女妻，領軍元義庶長子祕書郎稚舒。」傳稱稚舒，誌云：「字稚舒」，傳誤。
元爽	頓丘李氏	儀同三司彭城文烈公平之次女	見元爽墓誌。
元德隆	蕭氏	父寶夤，大將軍齊王	案蕭寶夤傳：「(彭城)公主攜男女就夤訣別」，傳又稱：「寶夤有子二人皆公主所出。」故蕭氏或即公主所出。見元爽墓誌
元悅	長樂信都馮季華	曾祖道鑒燕昭皇帝 曾祖親慕容氏 祖朗，眞君中入魏封西郡公薨 追封假黃鉞太宰進爵燕王 父熙襲爵，駙馬都尉 母樂陵郡君妃妃 兄恩政侍中儀曹尙書 長女平南王妃 第二、第三姊孝文后 第四、第五姊孝文昭儀。 第六姐安豐王妃 第七姐任城王妃。	魏書外戚傳稱，熙有子女數十人，則熙女名不見碑誌者必尙有之。又外戚傳稱熙尙恭宗女博陵公主，誌載妃七姊，二爲皇后，二爲昭儀，三爲王妃與元悅妃共四人。又文成文明皇后爲妃之姑。見元悅墓誌

元騰	廣平陳法珠		見元騰墓誌
元良	陸孟暉	祖司空東郡莊王著作郞之長女	魏書陸俟傳稱：「俟子麗，麗子定國賜封東郡王。遷司空，太和八年薨，謚莊王。」由是知陸氏是陸定國孫女。見元夫人陸孟華墓誌
元嘉	河南穆氏	宜都王壽之孫女司空亮之從妹	案廣陽王嘉傳稱：「妃穆氏，宜都王壽孫女，司空從妹，聰明婦人，及爲嘉妃，多所匡贊。」與誌合見元湛墓誌
元淵	瑯玡王氏	父肅尙書令	案世宗夫人王普賢墓誌，知肅有女，入魏後一爲世宗夫人，一爲廣陽王嘉妃。見元湛墓誌
元湛	瑯玡王令媛	祖琛，齊司徒從事中 夫人彭城劉氏 （父義恭，宋太宰江夏王） 父翊魏侍中司空孝獻公 夫人河南元氏 （父任城宣王）	見元湛妃王令媛墓誌
元新成	雷氏 頓丘李氏		魏書景穆十二王傳：「衍轉徐州刺史，所生母雷氏卒，表請解州」。案元衍是新成次子，由是知非李氏所出，故李氏爲新成繼室。見元新成妃李氏墓誌
元颺	瑯玡王氏		案元颺墓誌稱：「颺字遺新，景穆皇帝孫，平陽王新成第六子。」然魏書新成本傳僅稱載新成子頤，衍，

			欽而不及颺，又颺妃王氏稱載其世系，然必王肅的一系。見元颺妃王氏墓誌
元遙	安定梁氏		見元遙墓誌
元耀靈	河南尉氏	祖元，司徒淮陽景穆王 父詡侍中尚書博陵公 夫人上谷張氏 （祖白澤，殿中尚書平簡公， 父倫前將軍司農卿）	案魏書尉元傳稱：「元拜淮陽王卒諡景，穆子羽犯肅宗廟諱改詡，博陵公諡順。」與誌合，又案魏書張兗傳稱：「兗上溪陽人，次子度，度曾孫白澤，太和初官殿中尚書，喻廣平公諡簡，子倫後將軍。」亦與誌合。 見元遙墓誌
元安壽	范陽盧蘭	漢燕王盧綰，晉侍中盧毓之後 祖興宗范陽太守 父延集幽州主薄	案與盧玄同族，詳見本文 見元安壽墓誌，安壽妃盧蘭墓誌
元範	滎陽鄭氏令妃	父濟州使君鄭寶	詳見本文 見元範墓誌，及範妃鄭令妃墓誌。
元固	河南陸氏	祖拔，使持節侍中征西大將軍，相州刺史督中外諸軍事太保建安王。 父琇散騎常侍司州大中正襲爵	案魏書陸俟傳稱，長子跋，誌作拔，又案元凝妃陸順華墓誌稱拔作受洛，跋，拔相通，代北諸姓名漢譯無定，代人名拔者，有呂洛拔，于洛拔等，名跋者有伊跋。 見元固墓誌
元澄	李氏 長樂馮令華 （繼室）	太師昌黎王第五女，姑天明皇后。	李氏爲隴西李氏，詳見本文。又李氏墓誌稱：景明二年三月九日，雍州刺史任城王妃李氏薨於長安。又案澄本傳稱澄世宗初改授安西將軍雍州刺史，時在景明

			初，與誌合，又澄妃馮氏墓誌稱正始三年策封任城國妃。時李氏已先卒，由是知馮氏爲澄繼室，且知拓拔氏當時行一夫一妻制。並見元澄，澄妃李氏，馮氏墓誌
元康	孟氏		澄父，見魏書任城王傳。
元誘	長樂馮氏 河南汾陰薛伯徽	祖太宰燕宣王，父太師武懿公尚書之玄孫，雍秦二州刺史之曾孫，河東南府君之孫三公郎之長女	案魏書薛辨傳：「其先自蜀徙河南之陰汾，士姚興尚書，辨子謹卒贈秦雍二州刺史，謹子古拔，太和六年改河東公。」案誌稱之尚書卽辨，刺史郎謹，河東府君卽古拔，三公郎則不知何所指，蓋謹子胤，崇業均不及三公郎，其間有缺，不可考見元誘墓誌，誘妻馮氏，薛氏墓誌
元畧	范陽盧眞心	父尚之，出身中書，皇子諮議，濟青二州刺史	見元畧墓誌
元壽	麪氏	澆河太守麴寧孫之長女	案澆河初爲呂光屬地，麴氏爲平西顯姓，晉書公乾歸傳有「侍中麪景」，元和姓纂十「漢有麴生朗避於湟中，因居平西，十一代孫嘉仕沮渠氏，後立高昌王。」或卽妃同族。見元壽妃麴氏墓誌
元鸞	河南乙氏		案元徽墓誌稱：「太妃河南乙氏，廣川公之孫女」卽乙環之裔，魏書官氏志稱：「乙弗氏後改乙氏。」見元顯魏墓誌
元延	長樂馮氏	父熙	同上

元智	河南薛氏	父和南青州刺史	同上
元懷	閭氏	茹茹主公曾孫景穆帝長公主之孫 父閭世顯安固伯	當與文成帝母郁久閭氏、閭大肥、閭毗等同族，詳見本文 見「元恭墓誌」
元徽	隴西李氏	司空文穆公冲之孫女	詳見本文 見「元徽墓誌」
元融	范陽盧貴蘭	魏司空毓九世孫 粗嶽燕太子說馬，魏建武將軍良鄉子 祖母魯郡孔氏 父延集幽州主薄 母趙郡李氏	詳見本文 見「元融妃盧貴蘭墓誌」 詳見元固妃
元凝	河南洛陽陸順華	祖洛拔相州刺史吏部尚書太保建安王 父誘襲爵給事中司州大中正	見元凝妃陸順華墓誌
元湛	河南汾陰薛慧命	曾祖謹陪陵公祖初古拔河東康公 父胤襲爵	見元湛妃薛慧命墓誌
元楨	馮翊仇氏	本州別駕仇牛之長女	魏書閹官傳稱仇保齊，本姓侯氏，外祖仇款始出馮翊重泉，款生二子，長目嵩……有孫女適安南王楨，生武竟王彬，與誌合 見元舉墓誌

元彬	中山張氏	小種之女，種爲本郡功曹	同上
元崢	長樂馮氏	昌黎王第三女平南王誕之妹	同上
元舉	勃海高氏	父事黃門郎武衞將軍夏州刺史	同上
元願平	樂浪王氏	祖燕儀同三司武包公六世孫父道岷冀齊二州刺史	見元願平妻王氏墓誌
元挺	河南穆王容	曾祖提寧南將軍相州刺史 祖袁中堅將軍 父如意大將軍東萊太守	案魏書穆崇傳稱「崇宗人醜善，子莫提從征中原，爲中山太守，除寧南將軍，相州刺史。」誌之提與傳之莫提官職相同，當爲一人，傳僅載莫提子吐，則子袁，孫如意未載，見元挺要穆玉容墓誌
元幹	南安譙氏	父鰲頭本州治中從事吏，濟南太守	見元煥墓誌
	代郡穆氏	父中散代郡穆明樂	見魏書咸陽王禧傳
元諶	渤海高氏	父信便持節將軍，豐瀛二州刺史	元煥墓誌
元煥	河南穆氏	父纂荊州長史	見元煥墓誌
賀洛干	上谷侯氏	父后拔平南將軍洛州刺史	案元煥墓誌稱賀洛干爲煥之繼曾祖廣川王，然魏書廣川王本傳廣川畧與誌畧，又案洛陽龍門廣川王造像銘有廣川王賀蘭干，與誌稱賀洛干或即譯音之差異。見元煥墓誌

元諧	太原王氏	父叡侍中吏部尚書衞大將軍尚書令太宰公中宣王	見同上
元靈遵	河南宇文氏	父伯昇鎮東府長史懸氏侯	見元煥墓誌
元簡	常氏		詳見本文 見元簡墓誌及簡妃常氏墓誌蓋
元祐	長樂常氏	曾祖澄西獻王 父遼西公	見元祐墓誌與妃常季繁 詳見本文
元延明	長樂馮氏	（文明）皇后之妹	見元延明墓誌及妃馮氏墓誌
元謐	長樂馮令葨	高祖燕昭文皇帝 曾祖燕宣王 祖熙 父修尚書東平公	見元謐及妃馮氏墓誌
元譚	河內司馬氏	曾祖眞，司徒楊州刺史瑯琊貞王 祖冀州刺史瑯琊康王 父纂鎮遠南青州刺史	案魏書司馬楚之傳，貞王即楚之，康王乃楚之子金龍，妃即金龍之孫女。 見元譚與妃司馬氏墓誌
元顥	頓丘李元姜	祖太宰宣王 父奇頓丘公	見顥墓誌及妃李元姜墓誌
元瑞	長樂馮氏	祖朗燕王 父燕州使君	見元瑞墓誌與馮氏墓誌

元　勰	隴西李氏	祖寶儀同三司燉煌公 父冲司空清淵公	見元勰墓誌及妃李媛華墓誌，魏書咸陽王傳 詳見本文
元　禧	隴西李氏	父李輔	見魏書咸陽王禧傳
元　羽	滎陽鄭氏	父鄭平城	同　上
元　雍	范陽盧氏	父盧神寶	同　上
元　詳	滎陽鄭氏	父鄭懿	同　上
元　納	隴西李氏	父述纂	詳見本文 見元勰妃李媛華墓誌
元　愉	恒農楊氏	祖伯念秦州刺史	見元寶月墓誌
元寶月	蘭陵蕭氏	曾祖齊太祖 父子賢齊太子 詹事平樂侯	見元寶月墓誌
元　懌	河南羅氏	父蓋使持節撫將軍濟袞二州刺史	見元寶月墓誌及孝文五王傳
元　亶	安定胡氏	父持節散騎右將軍臨涇公	洛陽龍門有清河王妃造像銘曰：「信女佛弟子妃胡智。」又魏書外戚傳稱：「胡國珍子僧洗襲爵…改爲臨涇伯，後進爲公，女爲清河王亶妃。」與誌合
元寶建	武城崔氏	父悛驃騎大將軍徐州刺史	見元寶月墓誌

拓拔氏公主婚嫁表：

公主	駙馬	駙馬家世	備考
長城公主	穆眞	祖穆崇，征虜將軍歷陽公散騎常侍，後遷太尉加侍中徙安邑公潛乙九，富城公加建中將軍。	後勅離婚納文明太后妹
饒陽公主	穆麗智	父眞	八歲入侍東宮
宜陽公主	穆觀	父穆崇	
樂陵公主	穆壽	父觀	
城陽公主	穆平國	父壽	
濟元公主	穆伏干	父平國	
新平長公主	穆羆	父平國	
中山長公主	穆亮	父平國	
琅琊公主	穆紹	父亮	
長樂公主	穆相國	父崇	九歲入侍東宮，轉太子舍人，十一歲尚公主
始平公主	穆平城	父壽	早卒，始平公主薨於宮，追贈駙馬都尉與公主合葬。（以上見魏書卷二十七）

上谷公主	宿石	天興四年父子歸闕	見魏書卷三十
華陰公主	閭大肥	蠕蠕人，太祖時與弟率宗族入魏	案赫連悅妻閭炫墓誌稱曾祖大肥尚隴西公主與傳異
護澤公主	閭大肥		華陰公主薨復尚護澤公主（見魏書卷三十）
南安長公主	魯統內		（見魏書卷卅四）
河南公主	萬振	代人，祖眞，世爲西帥，率部民隨世祖征伐，以功除平西將軍敦煌公	（見魏書卷卅四）
高陽公主	萬安國	萬振子	以國甥故得尚公主
華陰公主	奚牧	世爲紇奚部帥，父振皇初始卒衆歸國	（見魏書卷廿八）
臨　公主	司馬彌陁	世司馬體之河內溫人晉宣帝季弟之後	先娶毗陵公竇謹女
河內公主	司馬楚之	晉宣帝弟旭之八世孫	子金龍初納賀源女，後納沮渠牧犍女，世祖姐妹武威公主所生。
趙郡公主	司馬躍	父楚之	（見魏書卷卅七）
華陽公主	司馬朏		世宗妹（同上）
饒安公主	刁宣		中山王熙之女（卷卅八）
常山公主	陸定國	陸俟孫	顯祖女（見魏書卷四十）

上谷公主	乙　瓌	代人，其先世統部落，時世祖其先遣瓌入貢因留之。	世祖女（見魏書卷四十四）
安樂公主	乙乾歸	乙瓌子	恭宗女（同上）
淮陽公主	乙　瑗	乙乾歸次子	（同上）
太原長公主	裴　詢		（見魏書卷四十五）
樂良公主	盧道裕	盧玄子	（魏書卷四十七）
濟南長公主	盧道虔		（同上）
豐亭公主	李　彧	李冲孫	彭城王勰女（見卷五十三）
義陽公主	盧元聿	盧昶子	高祖女（見魏書卷四十七）
滄水公主	李世安	李孝伯兄祥子	（見魏書卷五十三）
武邑公主	劉　昶	劉義隆第九子和平十九年歸魏	（見魏書卷五十七）
興長公主	劉　昶		武邑公主薨而尚長興公主（同上）
平陽公主	劉　昶		長興公主薨改尚平陽公主（同上）
彭城公主	劉承緒	劉昶子	（同上）
蘭陵公主	劉　輝	劉承緒子	世宗第二姊（同上）

南陽公主	蕭寶夤	蕭鸞第六子景明二年歸魏	（見魏書卷五十九）
建德公主	蕭　烈	寶夤長子	（同上）
壽陽公主	蕭寶卷	寶夤兄	（同上）
彭城公主	王　肅	太和十七年自建業來奔	公主原適劉承緒，承緒薨而改嫁王肅（詳本文）
陳留公主	張　彝		（見魏書卷六十四）
晉寧公主	崔　夤	崔休弟	安樂王延明長女（卷六十九）
武威公主	高　潛	高崇父	魏書卷八十三外戚傳
隴西公主	姚黃媚	姚興太子、太宗昭哀皇后之兄	（同上）（同上）
南安公主	杜　超	密皇后之兄	（同上）
樂安公主	馮　誕	馮熙子	（同上）
順陽公主	馮　穆	馮誕子	高祖女（同上）
高平公主	高　肇	文昭太后兄	世宗姑（同上）
長樂公主	高　猛	高肇子	世宗同母妹（同上）

東陽公主	于烈		汝陰王女（見于烈墓誌）
襄城公主	崔瓚	崔邏子	莊帝妹

孝文帝以前拓拔天后妃姓氏表：

帝號	后妃	姓氏	改姓前姓氏	備考
神元	皇后	竇氏	紇豆陵氏	
文帝	皇后	封氏	是賁氏	
	次妃	蘭氏	烏洛蘭氏	
桓帝	皇后	祁氏	賀賴氏	
平文	皇后	王氏		年十三因事入宮
昭成	皇后	慕容氏	慕容氏	
獻明	皇后	賀氏	賀賴氏	
道武	穆皇后	劉氏	獨孤氏	
	皇后	慕容氏	慕容氏	
	夫人	賀氏	賀賴氏	
	夫人	王氏		
	夫人	王氏		
	夫人	段氏	徒何段氏	

明元	昭哀皇后 密皇后 夫人 夫人	姚氏 杜氏 慕容氏 尹氏	慕容氏	姚興女 不可考
太武	皇后 椒房 椒房 椒房 昭儀 皇后	賀氏 越氏 舒氏 弗氏 伏氏 石氏 赫連氏	賀賴氏 越勒氏 俟伏斤氏 嗢石蘭氏 赫連氏	入宮未定位者爲椒房 姓氏不可考
景穆	恭皇后 椒房 椒房 椒房 椒房 椒房 椒房	郁久閭氏 袁氏 陽氏 孟氏 劉氏 慕容氏 尉氏 孟氏	郁久閭氏 獨孤氏 慕容氏 尉遲氏	
文成	文明皇后 夫人 夫人 夫人 嬪 嬪	馮氏 李氏 渠沮氏 悅氏 韓玄氏 耿氏 狄氏	渠沮氏 韓玄氏	

獻文	恩元皇后	李氏		
	昭儀	封氏	是賁氏	
	貴人	韓氏	出大汗氏	
	椒房	孟氏		
	貴人	潘氏	破多羅氏	
	椒房	高氏		
	夫人	侯氏	勿忸于氏	
	嬪	于骨氏	又古口引氏	遷洛後改侯氏
孝文	貞皇后	林氏		
	廢皇后	馮氏		
	幽皇后	馮氏		
	昭皇后	高氏		
	貴人	袁氏		
	夫人	羅氏		
	充華	鄭氏		
	充華	趙氏		充華品秩不見於皇后傳

附注：右表材料分見魏書卷十三皇后傳，卷十六道武七王傳，卷十七明元王傳，卷十八太武五王傳，卷十九，景穆十二王傳，卷廿文成五五王傳，卷廿一獻文天王傳，卷廿二孝文五王傳，顯祖嬪侯骨氏墓誌，世宗貴華王普賢墓誌，高宗嬪耿氏墓誌，顯祖嬪成氏墓誌，高宗嬪狄氏墓誌，高宗妃子仙姬墓誌，高祖充華趙氏墓誌。

陶淵明畫像

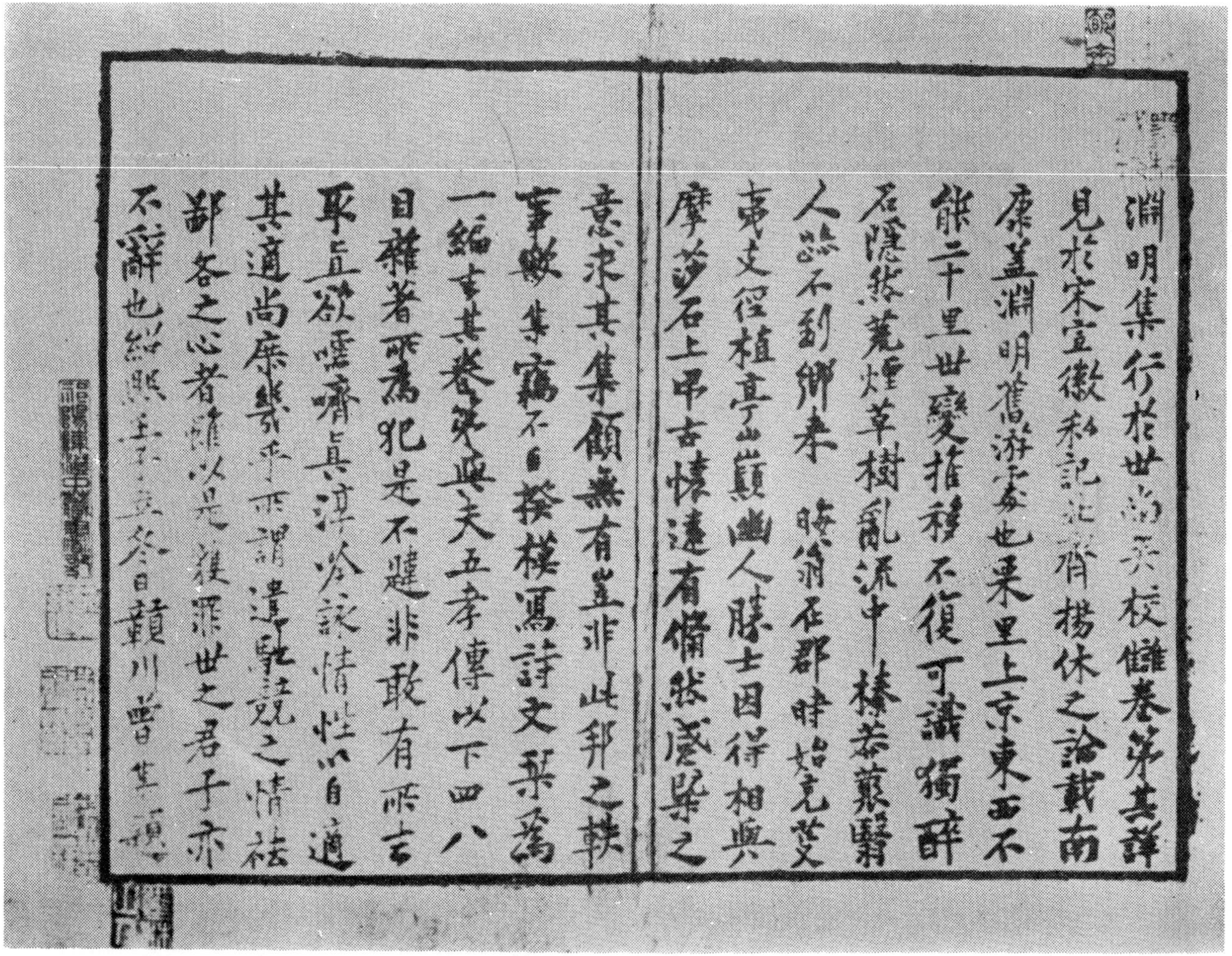

淵明集行於世尚矣校讎參差其辭
見於宋宣獻私記比觀楊休之論載南
康蓋淵明舊游之地也栗里上京東西不
能二十里世變推移不復可識獨醉
石隱然荒煙草樹亂流中榛莽蘙翳
人跡不到鄉來　晦翁在郡時始克芟艾
東丈徑植亭山巔幽人勝士因得相與
摩挲石上弔古懷遠有慨然感歎之
意求其集顧無有豈非此邦之軼
事歟集竊不自揆模寫詩文釐為
一編首其卷次與夫五孝傳以下四八
目雜著所為犯是不韙非敢有所去
取且欲噫嘻其淳吟詠情性以自適
其適尚庶幾乎所謂遺馳競之情祛
鄙吝之心者雖以是獲罪世之君子亦
不辭也紹熙壬子冬日贛川曾集題

宋曾集本陶集跋

陶淵明年譜彙訂

楊勇撰

目錄

景印本・第七卷・第一期

序

陶淵明年譜，存者有宋王質栗里譜，吳仁傑陶靖節先生年譜，淸丁晏陶靖節年譜，楊希閔陶靖節年譜，及近人梁啓超陶淵明年譜，傅東華陶淵明年譜，古直陶靖節年譜，逯欽立陶淵明年譜藁等，凡八種。宋史李燾傳有陶潛新傳並詩譜各三卷，陳沆詩比興箋引明潘璁有淵明年譜，惜皆佚。

王譜草創疏畧，時有紕繆，然實自成一家。吳譜比王爲詳，而違失亦過之；其論淵明名字，足爲後人參攷。丁譜多沿王、吳之舊，竄點變通，亦見裁成之美；然譜前所舉四謬，實唯二三兩事可取。楊譜簡畧，未脫前人窠臼；獨論出處，所舉材料頗見審要。梁譜識見殊高，所論甚廣，而倉卒成書，難盡精核；於淵明年壽新說，按之時事，實多牽强。古譜徵引繁博，見解離奇。逯譜則循古譜之迹，加以修訂圓融而已；獨論出處及訂正柴桑城址，均爲前譜所未及。傅譜主旨在駁擊梁譜，所見有限；於定諸子年齡及釋游斜川詩，辛丑七月赴假還江陵詩，爲得旨趣之實。

陳振孫書錄解題，言蜀人張縯（季長）有吳譜辨證，其書已佚；李公煥陶集箋註附錄僅四條，所論大致平穩；其中游斜川詩涉及淵明年壽，則頗啓紛擾。淸陶澍亦倣季長之例，以王、吳二譜並列於前，參攷宋元以來諸家之說，爲攷異二卷；旁徵博引，辨析精微，詞審旨切，條流更明，後譜式之。然論出處，彌生曲說，良由囿於淵明「恥事二姓」之成見也。

上舉諸家，雖於淵明名字、年壽、里居、出處考訂甚勤，然各有偏蔽；眞僞舛雜，是非相貿，世以爲惑。勇涉學日淺，深感論定之難；唯年來搜採研核，似有所悟。乃分別異同，刪其游辭，取其要實，撰輯成編，顏曰「陶淵明年譜彙訂」；蓋亦彙通諸說，訂正訛謬云爾。倘能有得，則錢（賓四）、潘（石禪）、鄭（因百）諸師之所啓導也。

癸卯仲冬楊勇序於香港中文大學新亞學院中國文學系。

凡例

一、本編簡稱王質栗里譜爲王譜，吳仁傑陶靖節先生年譜爲吳譜，丁晏陶靖節年譜爲丁譜，楊希閔陶靖節年譜爲楊譜，梁啓超陶淵明年譜爲梁譜，傅東華陶淵明年譜爲傅譜，古直陶靖節年譜爲古譜，逯欽立陶淵明年譜藁爲逯譜，張縯吳譜辨正爲張辨，陶澍陶淵明年譜攷異爲陶攷，顏延之陶徵士誄爲顏誄，宋書本傳爲宋傳，昭明太子陶淵明傳爲蕭傳，南史本傳爲南傳，晉書本傳爲晉傳，蓮社高賢傳爲蓮傳；他書簡稱，概同此例。

二、本編主旨在辨正王譜、吳譜、張辨、陶攷、丁譜、楊譜、梁譜、傅譜、古譜、逯譜等之論據；期使淵明之出處、事跡、年壽、里居、名號等皆能詳實確定。

三、所辨之事，先詳其本末，而後及於他譜之是非異同。

四、前人論陶之作，內容詳實者，多取爲據。「今按」以下，乃補充之意見。

五、以詩文繫年，爲本文組成之重要部分；詩文編年，概依內容而定。

六、時事一欄，前譜多畧；特依年月錄其與淵明事蹟有關者，以明淵明時代之實況。

七、所引各譜，多擷其要實，省節煩詞，期使讀吾書者，同時如見諸譜也。

陶淵明傳彙訂①

陶淵明，字元亮，入宋更名潛②，尋陽柴桑人。曾祖侃，晉大司馬，長沙桓公③。祖茂，武昌太守④。淵明少有高趣，博學、善屬文；穎脫不羈，任眞自得，鄉鄰貴之。宅邊有五柳樹，嘗著五柳先生傳以自況，時人謂之實錄⑤。母老、子幼⑥、家貧；起爲州祭酒。不堪吏職，少日，自解歸。州召主簿不就，躬耕自資，遂抱羸疾⑦。桓玄鎭江陵，邀淵明參其幕，尋又耻其所爲；會母喪，遂歸⑧。復爲鎭軍、建威參軍。謂親朋曰：「聊欲絃歌以爲三徑之資，可乎？」執事者聞之，以爲彭澤令⑨。不以家累自隨，送一力給其子，書曰：「汝旦夕之費，自資爲難，今遣此力，助汝薪水之勞；此亦人子也，可善遇之⑩！」公田悉令吏種秫，曰：「吾常得醉於酒足矣！」妻子固請種秔，乃使二頃五十畝種秫，五十畝種秔⑪。郡遣督郵至，吏請曰：「應束帶見之。」淵明歎曰：「我豈能爲五斗米折腰向鄉里小兒⑫？」會程氏妹卒，情在駿奔，乃自免去職；賦歸去來辭，時義熙元年乙巳十一月也⑬。

義熙末，徵著作佐郎，不就⑭。時周續之入廬山事釋慧遠，彭城劉遺民亦遁迹匡山，與淵明稱爲「尋陽三隱⑮」。慧遠結白蓮社，以書招之。淵明曰：「若許飲，則往！」許之，遂造焉；及抵寺門，頻聞鐘聲，攢眉而退⑯。

既絕州郡覲謁，其鄉親張野及周旋人羊松齡、龐通之等或有酒要之，或要之共至酒坐，雖不識主人，亦無忤也。酣醉便反。未嘗有所造詣，所之唯田舍及廬山游觀而已⑰。江州刺史王弘欲識之，不能致；弘密知其當往廬山，每令淵明故人龐通之齎酒具於半道候之；淵明既遇酒，便引酌野亭，欣然忘進；俄頃弘至，遂歡宴終日⑱。淵明無履，弘顧左右爲之造履；左右請履度，淵明便於坐申脚令度焉。弘要之還州，問其所乘？答曰：「素有脚疾，向乘籃輿，亦足自反。」乃令一門生二兒共轝之州，而言笑賞適，不覺有羨於華軒也⑲。弘後欲見，便於林澤間候之⑳。

先是，顏延之爲劉柳後軍功曹；在尋陽，與淵明情款㉑；後爲始安郡，經過，日造飲焉㉒。延之臨去，留二萬錢與淵明，淵明悉送酒家，稍就取酒㉓。

嘗九月九日無酒，出宅邊菊叢中坐；久之，滿手把菊；忽值王弘送酒至，即便就酌㉔。每醉，則大適，融然，未嘗有慍喜之色。無酒亦雅詠不輟。嘗言：「夏月虛閒，高臥北窗之下，淸風颯至，自謂是羲皇上人㉕！」性不解音律，而畜無絃琴一張；於朋酒之會，輒撫而和之，以寄其意。曰：「但識琴中趣，何勞絃上聲㉖？」貴賤造之者，有酒輒設；若先醉，便語客：「我醉欲眠，卿可去！」其眞率如此㉗。郡將常候之，値其釀熟，取頭上葛巾漉酒，畢，還復著之㉘。

義熙間，刺史檀韶苦請周續之出州，與學士祖企、謝景夷三人，共在城北講禮，加以讎校；所在公廨，近於馬隊。是以淵明詩云：「周生述孔業，祖謝響然臻；馬隊非講肆，校書亦已勤？」譏之也㉙。後刺史檀道濟往候之，偃臥瘠餒有日矣。道濟謂曰：「賢者處世，天下無道則隱，有道則至；今子生文明之世，奈何自苦如此？」對曰：「潛也無敢望賢，志不及也！」道濟饋以粱肉，麾而去之。其孤介如此㉚。

淵明弱年薄宦，不潔去就之迹，自以曾祖晉世宰輔，恥復屈身後代；自宋高祖王業漸隆，不復肯仕㉛。所著文章，皆題年月，義熙以前，則書晉氏年號，自永初以來，唯識甲子而已㉜。妻翟氏，志趣亦同，能安苦節㉝。子男五：儼、俟、份、佚、佟㉞。有文集行世㉟。元嘉四年將復徵命，十一月卒於柴桑縣之南里㊱，時年六十三，世號「靖節先生㊲」。

附註

① 陶淵明傳存者，有沈約宋書隱逸傳本傳，蕭統陶淵明傳，蓮社高賢傳本傳，晉書隱逸傳本傳，南史隱逸傳本傳等，敍次多未純備。宋李燾撰淵明新傳三卷，今佚。近人何聯奎、游國恩亦嘗撰之，則誣妄晦澀，不明旨歸。茲篇，但就衆作彙訂，緝其要實，詳其意趣。

② 各傳載淵明名字不一，本文考訂，見譜一歲條。

③ 各傳同，顏誄有「韜此洪族，蔑彼名級」語，蓋亦指侃爲淵明曾祖。集有命子詩，於「桓桓長沙」後，即承以「肅矣我祖」語，知侃爲淵明曾祖無疑。辨見譜一歲條及五十七歲條。

④ 依晉傳。他傳無。

⑤ 依蕭傳。他傳概同。

⑥ 各傳作「親老家貧」，顏誄作「母老子幼」。淵明父早卒，見譜八歲條。傳謂「親老」，似易含混，故改訂如此。

⑦ 宋、蕭、晉、南傳概同。蓮傳未載。

⑧ 淵明仕桓玄，各傳未書，蓋欲諱之也。以辛丑七月赴江陵及庚子五月從都還詩徵之，則仕玄或即於桓玄與殷仲

堪結盟尋陽之時；辨見譜三十四歲條。

⑨ 各傳概同。拙著陶淵明年壽考，辨析甚詳；載新亞學術年刊第五期。淵明四十歲甲辰參劉裕鎮軍，四十一歲乙巳三月爲劉懷肅建威參軍，八月補彭澤令。並詳本書四十歲、四十一歲條。

⑩ 依蕭傳、南傳。宋傳、蓮傳、晉傳無載。

⑪ 依蕭傳。宋傳、南傳概同。蓮傳無載。晉傳二頃作一頃，誤。

⑫ 依蕭傳。他傳概同。

⑬ 依陶集歸去來辭序。晉傳作「義熙三年，解印去縣。」誤。

⑭ 依宋傳、南傳。蕭傳作「徵著作郎」。蓮傳未載。

⑮ 周續之、劉遺民事釋慧遠，在元興元年前後。宋傳、南傳未載。蕭傳敍次則與檀韶請周續之出州事含混。蓮傳次在宋受禪後，皆失實。

⑯ 依蓮傳；而其繫於傳末則誤。他傳失載。陶集有形、影、神詩，當爲駁斥慧遠形盡神不滅論而發。又徵陶集用典，知淵明沉浸於儒家莊子者深，而與佛說頗有所不入。

⑰ 依晉傳。他傳未載。

⑱ 依晉傳。他傳概同。作「半道栗里要之」，則誤。淵明晚年定居南村，卽南里；其地在柴桑縣負郭。往來廬山，栗里非必經之地。拙著陶淵明里居考，及陶淵明還舊居詩考釋有詳述。見香港大專學風五期，新亞學術年刊六期。

⑲依晉傳。他傳詳畧不一。

⑳依晉傳。宋傳、蓮傳未載。

㉑顏延之爲劉柳後軍功曹，事在義熙十一年；王弘刺江州在義熙十四年，故云「先是」；今依蕭傳。宋傳、南傳同。晉傳、蓮傳失載。

㉒顏爲始安郡在元嘉元年，此依蕭傳。宋傳、南傳同。晉傳、蓮傳失載。

㉓依蕭傳。宋傳、南傳、晉傳同。蓮傳失載。

㉔依宋傳。蕭傳、南傳同。蓮傳失載。晉傳於「弘後欲見」下，作「至於酒米乏絕，亦時相贍。」

㉕依晉傳、蓮傳。南傳、宋傳、蕭傳失載。

㉖依晉傳、蓮傳。宋傳、蕭傳、南傳概同。

㉗依宋傳。蕭傳、南傳同。晉傳、蓮傳失載。

㉘依宋傳。蕭傳、南傳同。晉傳、蓮傳失載。

㉙檀韶刺江州在義熙十二年。蕭傳作後刺史，非。宋傳、蓮傳、晉傳、南傳失載。

㉚檀道濟刺江州在元嘉三年。蕭傳、南傳次「州召主簿」後，誤。宋傳、蓮傳、晉傳失載。

㉛依宋傳。南傳同。蕭傳、蓮傳、晉傳失載。

㉜依宋傳。南傳作「唯云甲子而已」。

㉝依蕭傳。南傳概同。宋傳、晉傳、蓮傳失載。

㉞ 依集增。各傳未載。

㉟ 依晉傳。他傳失載。

㊱ 依南傳。他傳概同。「十一月」三字據朱子綱目增。自祭文及擬輓歌辭均作「九月」。南里，蕭選、顏誄作「某里」，集所附誄作「柴桑里」。

㊲ 依南傳。他傳概同。

陶淵明年紀各家對照表

帝	年號	各家年齡 甲	乙	丙	丁	戊	己	附註
晉哀帝丕	興寧三年 乙丑（三六五）年	1	14					甲：王、吳譜、陶考、丁、楊、傅譜，皆定今年生。乙：張辨。丙：郭銀田。丁：梁譜。戊：古、逯譜、
海西公奕	太和元年 丙寅（三六六）年	2	15					賴義輝。己：吳摯甫。
	太和二年 丁卯（三六七）年	3	16	1				郭銀田主六十一歲說，當在是年生。
	太和三年 戊辰（三六八）年	4	17	2				
	太和四年 己巳（三六九）年	5	18	3				
	太和五年 庚午（三七〇）年	6	19	4				
	太和六年 咸安元年 辛未（三七一）年	7	20	5				十一月己酉改元。

簡文帝昱	咸安二年壬申（三七二）	8	21	6	1			梁譜主五十六歲說，當在是年生。
孝武帝昌明	寧康元年癸酉（三七三）	9	22	7	2			
	寧康二年甲戌（三七四）	10	23	8	3			
	寧康三年乙亥（三七五）	11	24	9	4			
	太元元年丙子（三七六）	12	25	10	5	1		古、逯二譜及賴義輝主五十二歲說，當在是年生。
	太元二年丁丑（三七七）	13	26	11	6	2	1	吳摯甫主五十一歲說，當在是年生。
	太元三年戊寅（三七八）	14	27	12	7	3	2	
	太元四年己卯（三七九）	15	28	13	8	4	3	
	太元五年庚辰（三八〇）	16	29	14	9	5	4	

太元六年 辛巳（三八一）	17	30	15	10	6	5
太元七年 壬午（三八二）	18	31	16	11	7	6
太元八年 癸未（三八三）	19	32	17	12	8	7
太元九年 甲申（三八四）	20	33	18	13	9	8
太元十年 乙酉（三八五）	21	34	19	14	10	9
太元十一年 丙戌（三八六）	22	35	20	15	11	10
太元十二年 丁亥（三八七）	23	36	21	16	12	11
太元十三年 戊子（三八八）	24	37	22	17	13	12
太元十四年 己丑（三八九）	25	38	23	18	14	13

太元十五年 庚寅（三九〇）	26	39	24	19	15	14
太元十六年 辛卯（三九一）	27	40	25	20	16	15
太元十七年 壬辰（三九二）	28	41	26	21	17	16
太元十八年 癸巳（三九三）	29	42	27	22	18	17
太元十九年 甲午（三九四）	30	43	28	23	19	18
太元二十年 乙未（三九五）	31	44	29	24	20	19
太元廿一年 丙申（三九六）	32	45	30	25	21	20
安帝 德宗 隆安元年 丁酉（三九七）	33	46	31	26	22	21
隆安二年 戊戌（三九八）	34	47	32	27	23	22

隆安三年 己亥（三九九）	35	48	33	28	24	23	
隆安四年 庚子（四〇〇）	36	49	34	29	25	24	
隆安五年 辛丑（四〇一）	37	50	35	30	26	25	張縯定七十六歲，以辛丑游斜川詩「開歲倏五十」推。
元興元年 壬寅（四〇二）	38	51	36	31	27	26	
元興二年 癸卯（四〇三）	39	52	37	32	28	27	
元興三年 甲辰（四〇四）	40	53	38	33	29	28	
義熙元年 乙巳（四〇五）	41	54	39	34	30	29	
義熙二年 丙午（四〇六）	42	55	40	35	31	30	
義熙三年 丁未（四〇七）	43	56	41	36	32	31	

義熙四年 戊申（四〇八）	44	57	42	37	33	32
義熙五年 己酉（四〇九）	45	58	43	38	34	33
義熙六年 庚戌（四一〇）	46	59	44	39	35	34
義熙七年 辛亥（四一一）	47	60	45	40	36	35
義熙八年 壬子（四一二）	48	61	46	41	37	36
義熙九年 癸丑（四一三）	49	62	47	42	38	37
義熙十年 甲寅（四一四）	50	63	48	43	39	38
義熙十一年 乙卯（四一五）	51	64	49	44	40	39
義熙十二年 丙辰（四一六）	52	65	50	45	41	40

帝	年							記事
	義熙十三年丁巳（四一七）	53	66	51	46	42	41	
	義熙十四年戊午（四一八）	54	67	52	47	43	42	
恭帝德文	元熙元年己未（四一九）	55	68	53	48	44	43	
宋武帝裕	元熙二年永初元年庚申（四二〇）	56	69	54	49	45	44	六月丁卯改元，宋武帝卽位。
	永初二年辛酉（四二一）	57	70	55	50	46	45	
	永初三年壬戌（四二二）	58	71	56	51	47	46	
少帝義符	景平元年癸亥（四二三）	59	72	57	52	48	47	
文帝義隆	景平二年元嘉元年甲子（四二四）	60	73	58	53	49	48	八月丁酉改元，文帝卽位。
	元嘉二年乙丑（四二五）	61	74	59	54	50	49	

元嘉三年丙寅（四二六）	62	75	60	55	51	50
元嘉四年丁卯（四二七）	63	76	61	56	52	51

陶淵明世系

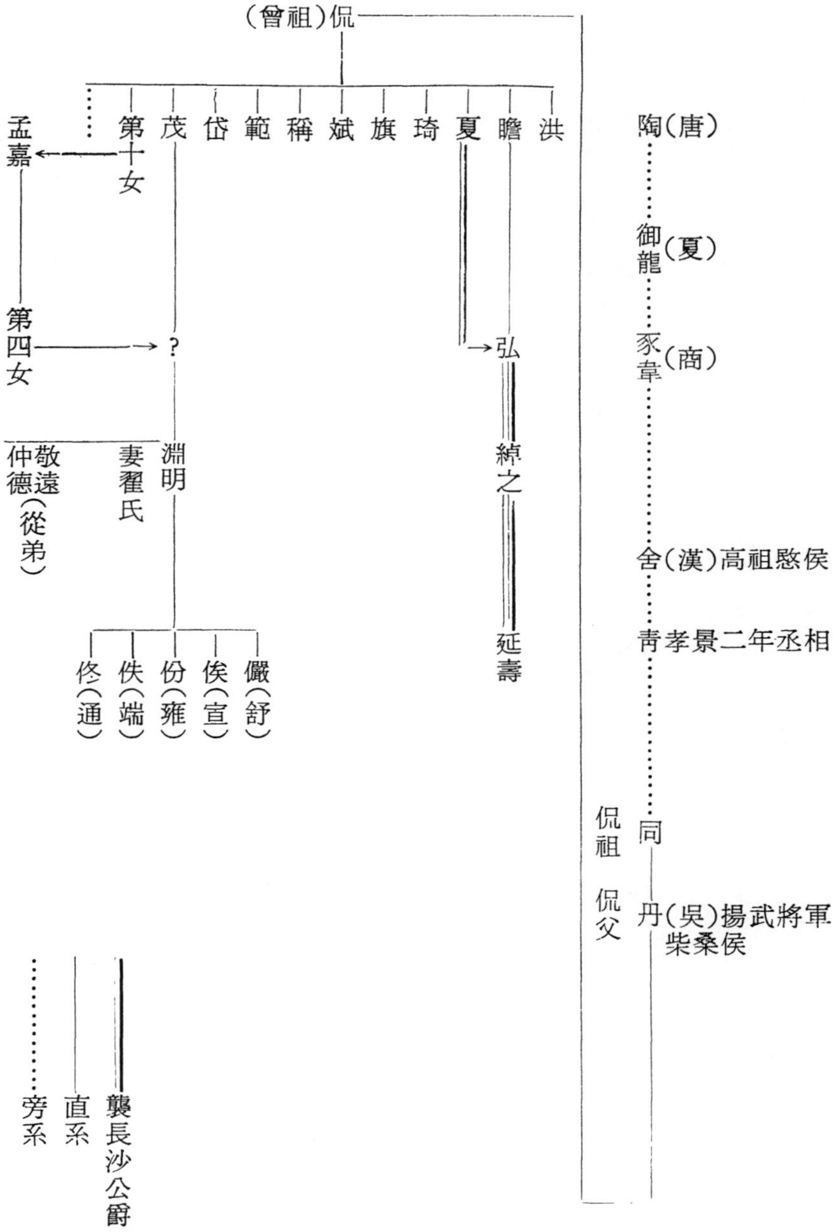
(曾祖)侃
洪
瞻
夏
琦
旗
斌
稱
範
岱
茂
第十女
孟嘉
第四女
?
弘
綽之
延壽
淵明
妻翟氏
敬遠
仲德(從弟)
儼(舒)
俟(宣)
份(雍)
佚(端)
佟(通)
陶(唐)
御龍(夏)
豕韋(商)
舍(漢)高祖愍侯
青孝景二年丞相
侃祖
同
侃父
丹(吳)揚武將軍柴桑侯
襲長沙公爵
直系
旁系

陶淵明里居概圖

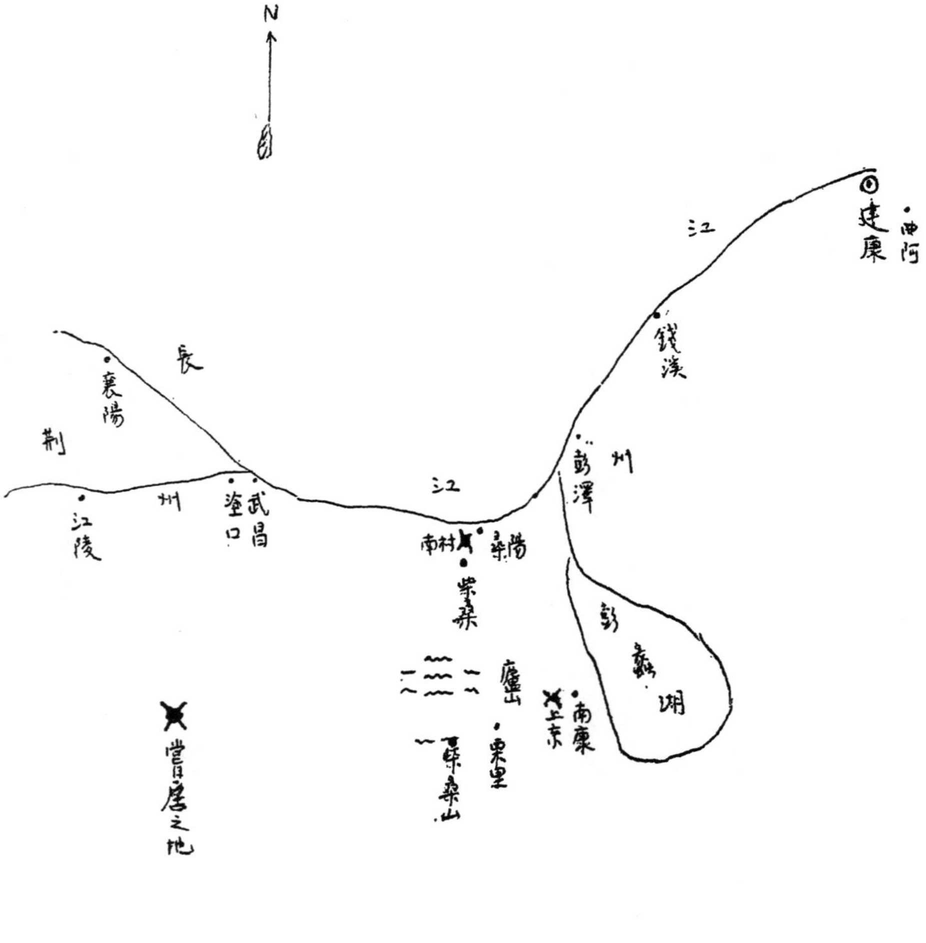

年譜

晉哀帝興寧三年乙丑（西曆紀元三六五）**生**。

淵明生。

按：顏誄曰：「有詔徵著作郎，稱疾不赴，春秋六十有三，元嘉四年月日，卒於尋陽縣之柴桑里。」宋傳曰：「潛元嘉四年卒，時年六十三。」蕭傳曰：「元嘉四年將復徵命，會卒，時年六十三。」晉傳曰：「以宋元嘉中卒，時年六十三。」集有自祭文曰：「歲維丁卯，律中無射，天寒夜長，風氣蕭索；陶子將辭逆旅之館，永歸於本宅。」朱子通鑑綱目，於元嘉四年十一月，特書「晉徵士陶潛卒」。據此，淵明年六十三，卒於元嘉四年丁卯爲實。王、吳譜、陶攷、丁、楊、傅譜定今年生，是也。

張辨據辛丑游斜川詩「開歲倏五十」語，推淵明生於壬子；自壬子至辛丑，爲年五十，迄於丁卯，謂得壽七十六。梁譜據集中自述語，凡十二處，具證八事，推淵明壽僅得五十六；繫其生年於咸安二年壬申。古譜舉祭從弟敬遠文，歸園田居詩第一，飲酒詩第十六，第十九及癸卯懷古田舍詩，歸去來辭序；又以飲酒詩第十九與史文相符合，凡四事，證淵明壽止五十二；其生年在太元元年丙子。逯譜以古譜之論證欠妥，乃據飲酒詩第十九首，具證四事，亦謂淵明壽止五十二；其生年與古譜同。此外，郭銀田主六十一歲說（見郭銀田園詩人與陶潛），賴義輝主五十二歲說（見嶺南學報六卷一期），吳摯甫主五十一歲說（見吳注古詩鈔）；所據均甚疏簡，不如梁、古、逯譜之能自圓其說。然皆與戊申遇火詩，辛丑赴假還江陵詩相乖逆。且梁、古、逯三譜有改詩題甲子者，有改詩語文字者，有牽强附會杜撰臆說者；按之詩文時事，多難自通。此下將逐年辨正之。

名淵明，字元亮，入宋更名潛。

淵明名字，古今計有十說：

一、潛字淵明。宋傳、南傳、蓮傳主之。蕭傳作或說。

二、淵明字元亮。蕭傳主之。宋傳作或說。

三、潛字元亮。晉傳主之。

四、字深明，名元亮。南傳作或說（王鳴盛十七史商榷作淵明字元亮）；深卽淵，避唐高祖諱改。

五、潛字淵明前所行，淵明字元亮後所更，蓋以自別於晉宋之間。吳譜引葉夢得說。

六、淵明字元亮，一名潛。晁公武郡齋讀書志主之。

七、淵明字元亮，入宋更名潛。吳譜主之。張縯、朱自清、逯譜從其說。

八、義熙中淵明字元亮，元嘉中潛字淵明。明熊人霖主之。

九、淵明字元亮，小名潛。梁譜疑其如此。

十、潛字元亮，小名淵明。古譜引羅闕雲說。

今按：吳譜曰：「按先生之名淵明，見於集中者三；其名潛，見於本傳者一。集載孟府君傳及祭程氏妹文，皆自名淵明。又按蕭統所作傳，及晉書、南史載先生對道濟之言，則自稱曰潛。孟傳不著歲月，祭妹文晉義熙三年所作。據此，即先生在晉名淵明可見也。對道濟，實在宋元嘉，則先生至是蓋更名潛矣。又延之作先生誄，云有晉聘士陶淵明。既以先生爲晉臣，用其舊名宜矣。延之與先生厚善，著其爲晉徵士，又書其晉時之名，豈亦因是以見先生之意耶！本傳當書：陶淵明字元亮，入宋更名潛。」吳說得之。孟傳曰：「淵明先親，君之第四女也；凱風寒泉之思，實鍾厥心。」則此文當作於母孟卒後未久。李公煥曰：「晉安帝隆安五年秋七月，赴假還江陵；是冬，母孟氏卒。」徵之他詩，其說可信。則嘉傳作於淵明丁憂之中，即隆安五年辛丑至元興二年癸丑無疑。據此，在晉名淵明爲實；其對道濟，在宋元嘉三年，亦當以名自見。則入宋更名之說，當可信。吳譜、張辨、逯譜是，他說似未允。

尋陽柴桑人，少長柴桑山。

淵明籍貫，各譜皆從宋傳作「尋陽柴桑人」。然柴桑故城，究在何處，前人皆未能審定。陶攷謂爲廬山之南，逯譜謂爲廬山之北，距尋陽西南約二十里。今按：杜佑通典百八十二潯陽郡潯陽條曰：「潯、水名，漢舊縣在江北，今蘄春界，晉溫嶠移於此，隋改爲彭蠡縣，又改爲湓城縣，有湓水、浪井、彭蠡湖、匡廬山，今縣南楚城驛，即舊柴桑縣也。」元和郡縣志曰：「柴桑故城在尋陽縣西南二十里。」宋樂史太平寰宇記百十一江州德化縣條曰：「楚城驛在縣南，即舊柴桑縣也。」據此，柴桑故城在今九江西南約二十里，古之楚城驛無疑也。逯譜是，陶攷非。

柴桑故城在廬山之北，地近尋陽；前人咸以淵明生長其地，因之曲說繁生，頗乖詩旨。今按：淵明舊宅（即生長地）在柴桑山，距縣邑約七十里；在廬山之南，旁接栗里，上京之西南也。王象之輿地紀勝卷三十江州條下曰：「柴桑山，在德化縣西南九十里。」寰宇記曰：「柴桑山，近栗里原，陶潛此中人。」又曰：「栗里在廬山南，當澗有陶公醉石。」名勝志曰：「陶潛舊宅在柴桑山。」大明一統志九江府山川條曰：「柴桑山在府城西南九十里。」朱子跋顏魯公詩云：「栗里在南康軍西北五十里，谷中有巨石，相傳是陶公醉眠處，余嘗往遊而悲之，爲作歸去來館於其側。」駱庭芝斜川辨曰：「世人或以楚城是柴桑故縣，遂指爲淵明所居，非也；質之歸去來辭或命巾車，或棹孤舟，今楚城無泛舟之溪也。又云舟搖搖以輕颺，風飄飄而吹衣，問征夫以前路，恨晨光之熹微；乃瞻衡宇，載欣載奔，僮僕歡迎，稚子候門。則知所居在江濱爲不遠矣。」各說皆相得而益彰。淵明舊宅之在柴桑山明矣。集中庚子歲五月中從都還詩「行行循歸路，計日望舊居」。還舊居詩「履歷周故居」。悲從弟仲德詩「銜悲過舊宅」；皆指此地。諸譜以爲淵明生長在柴桑縣邑者，非也。又柴桑山，地近栗里原（或名栗里鋪，或名栗里）。栗里、淵明平居常遊之地也，古蹟遺留，後人更相傳述；實則淵明未嘗居其地。淵明中年遷居上京，又徙南村，詳見後。

曾祖侃，晉大司馬，長沙桓公。

淵明曾祖侃，諸譜皆從宋書作「曾祖侃，晉大司馬。」集有贈長沙公詩，各本題作「贈長沙公族祖」，序作「長沙公於余爲族祖同出大司馬昭穆既遠以爲路人經過潯陽臨別贈此」；別本序有作「余於長沙公爲族祖同出大司馬昭穆既遠以爲路人經過潯陽臨別贈此」者。李公煥注其序，云大司馬爲漢高帝時陶舍。全祖望（見鮚埼亭集）、王昶（春融堂集四十三書陶淵明傳後）則謂淵明爲侃七世孫。姚瑩東溟文後集一，有與方植之論淵明爲桓公後說，則謂爲六世孫。曾星笠有陶淵明世系再考（載廣州文學雜誌四），謂淵明祖行決無襲爵長沙公者，疑史傳脫去一代。洪亮吉曉讀書齋二錄，閻詠左汾近稿，方東樹昭昧詹言，則直以淵明不出於侃後。今按：錢大昕讀陶詩跋曰：「靖節爲桓公曾孫，載於晉宋之書，千有餘年，從無異議。近有山陽閻詠，乃據贈長沙公詩序昭穆既遠，已爲路人二語，辨其非侃後；且謂元亮自有祖，何必藉侃自重。詠既名父子，說又新奇，恐後來通儒惑於其說，故不可不辨。靖節自述世系，莫備於命子詩：首溯得姓之始，次述遠祖愍侯舍、丞相青，然後頌揚勳德，即以祖考承之，此士行爲淵明曾大父之實證也。六朝最重門第，百家之譜皆上於吏部，沈休文撰宋史在齊永明三年，親見譜諜，故於本傳書之。梁昭明太子作靖節傳，不過承宋書舊文；而閻乃云始於昭明誤讀命子詩，其謬一也。昭明傳云：自以曾祖晉世宰輔，恥於屈身異代；此亦出宋書之文，而閻以訾昭明，則是宋書亦未寓目。曾不知休文卒時，昭明才十有三歲，即使傳有舛誤，亦當先訾休文，況傳本不誤乎？其謬二也。且使士行與元亮果屬遠如路人也者，則命子篇中何用述其勳德？攀援貴族，鄉黨自好者不爲；元亮千秋高士，豈宜有此？其謬三也。閻所據者，惟有贈長沙詩序，而序固言同出大司馬矣；大司馬之稱，非侃而誰？閻亦知其不可通也，詞遁而窮，因檢史漢表陶舍曾以右司馬從漢王，遂謂序中大司馬當作右司馬，謂舍非侃也。不知漢初軍營有左右司馬，品秩最卑，不過中涓舍人之比；舍位爲列侯，不稱侯而稱右司馬，在通官制者，且知其不可，豈得以誣靖節乎？夫擅改古書以成曲說，最爲後儒之陋，況此大司馬，又萬萬無可改之理！其謬四也。惟是長沙公與靖節屬小功之親，而云昭穆既遠，已爲路人，似有罅可指；今以晉書攷之，士行雖以功名終，而諸子不協，自相魚肉；再傳之後，視如路人，固其宜矣。昭穆猶言兩世，兩世未遠，而情誼已疏，故有慨然寤歎，念茲厥初之句。其云昭穆既遠者，隱痛家難，不忍斥言之耳。若以爲同出於舍，則自漢初分支，已閱六百餘年，人易世疏，又何足怪？其謬五也。閻又云：侃廬江人，元亮潯陽柴桑人，其址不同。考潯陽郡，卽廬江所分，南渡後移於江南。士行生於未分之前，元亮生於僭立之後；史各據實書之，似異而實同也。顏延之作靖節誄，雖不敍先世，而其詞曰韜此洪族，蔑彼名級；苟非宰輔之胄，焉得洪族之稱？此亦一證也。」辛楣此論，反復以箴閻氏之失，最爲明晰。淵明非侃曾孫或侃後之說，不足信。

祖茂，武昌太守。

按：晉傳曰：「祖茂，武昌太守。」丁、楊、梁、傅、古、逯譜著之，是也。命子詩曰：「肅矣我祖，愼終若始，直方二臺，惠和千里！」漢書曰：「郡守專治千里。」淵明祖茂，爲武昌太守爲實。梁譜又謂二臺是任京秩，古譜以二臺當作三臺，謂爲任臺郎，逯譜謂二臺指刺荆、江二州，皆未審。今按：漢官儀：「御史臺內掌蘭臺祕書，外督諸州刺史，故以蘭臺爲內臺，刺史治所爲外臺。」所謂二臺：實指內臺外臺，猶言內外是也。易坤文言曰：「君子敬以直內，義以方外。」直方乃指德義，謂德義著於內外是也。梁、古、逯三說不足據。

父某，疑亦仕。

按：命子詩曰：「於皇仁考，淡焉虛止；寄跡風雲，冥茲慍喜。」詩意明指仕宦。楊譜謂父某未仕，李篯引陶茂麟家譜云：「父姿城太守，生五子，史失載。」皆未是。又姿城於地志無攷，不足據。

母孟氏，征西大將軍長史孟嘉第四女。

按：梁譜曰：「集中有征西大將軍長史孟府君傳，稱嘉娶大司馬長沙桓公陶侃第十女；是先生之外王母，亦卽祖姑；其父母中表爲婚也。」其說是。

海西公太和元年丙寅（三六六）**二歲**。

太和二年丁卯（三六七）**三歲**。

太和三年戊辰（三六八）**四歲**。

十二月，加大司馬温殊禮，位在諸侯王上。

程氏妹生。

按：祭程氏妹文曰：「慈母早世，時尚乳嬰；我年二六，爾纔九齡。」知淵明長程氏妹三歲，則當繫於是年。古、逯譜是。梁、傅譜繫于三歲誤。

太和四年己巳（三六九）**五歲**。

三月，大司馬温，徐、兗二州刺史郗愔，江州刺史桓冲，豫州刺史袁眞伐燕，大破之。八月，燕求救於秦，晉軍敗退，温深以爲恥。

太和五年庚午（三七〇）**六歲**。

太和六年　簡文帝咸安元年辛未（三七一）**七歲**。

十一月，大司馬温廢帝爲東海王，立會稽王昱爲帝。十二月，又廢東海王爲海西公。

咸安二年壬申（三七二）**八歲**。

七月，帝崩，太子即皇帝位。

喪父。

按：祭敬遠文曰：「相及齠齔，並罹偏咎。」湯東澗注：「齠與齔義同毀齒也。家語曰：男子八歲而齔。靖節年三十七母孟氏卒，是偏咎爲失怙也。」陶攷曰：「顏延之陶徵士誄有家貧母老，捧檄致親云云，則以偏咎爲失怙良是。惟齠乃髫之俗字。玉篇：髫、小兒髮。廣韻：髫、小兒髮，俗作齠，不與齔通。則先生失怙不定在八歲時。又按：先生詩凡兩用偏字，此云偏咎，又有始室喪偏之語。蓋妻之言齊，喪一則偏；具慶失一，故曰偏咎也。」其說是。今按：說文：「男八月生齒，八歲而齔；女七月生齒，七歲而齔齒。」則祭文實泛指幼年，意淵明敬遠皆於幼年喪偏；故命子詩有「於皇仁考」語。陶攷所定是。梁、古、逯譜以十二庶母喪當此，非。辨見後。

孝武帝寧康元年癸酉（三七三）**九歲**。

正月己丑朔，大赦，改元。八月，太后臨朝攝政，以尚書僕射王彪之爲尚書令，吏部尚書謝安爲尚書僕射，共掌朝政。

寧康二年甲戌（三七四）**十歲**。

二月，詔謝安總中書。

寧康三年乙亥（三七五）**十一歲**。

六月，秦將王猛寢疾，堅親爲之祈南北郊及宗廟社稷。七月，堅親至猛第視疾；猛曰：「晉雖僻處江南，然正朔相承，上下安和；臣沒之後，願勿以晉爲圖！」言終而卒。

宗炳生。炳妙善琴書，精於言理，每游山水，往即忘歸；凡所游履，皆圖之於室。謂人曰：「撫琴動操，欲令衆山皆響！」後入廬山事釋慧遠。見宋書本傳。

太元元年丙子（三七六）**十二歲**。

正月壬寅朔，帝加元服，皇太后下詔歸政。甲辰，改元。

庶母喪。

集有祭程氏妹文曰：「慈妣早世，時尚孺嬰；我年二六，爾纔九齡。」王、吳、楊譜謂淵明母孟氏卒於十二歲，非也。今按：陶考曰：「澍按顏延之誄云：母老子幼，就養勤匱；遠惟田生致親之義，近悟毛子捧檄之懷，似爲州祭酒以後母夫人尚在；若十二歲卽失母，無所謂田生毛子云云也。延之與先生同時，宜所審知，及考湯東澗注祭妹文，以慈妣爲庶母。於昔在江陵，重罹天罰注云：晉安帝隆安五年秋七月赴江陵，假還，是冬母夫人孟氏卒。於是積年之疑始釋。然則慈母早世者，蓋程氏妹之生母，而先生之庶母也。」其說是。王、吳、楊譜又以江陵之喪爲丁太公憂，而命子詩「於皇仁考」後，卽云「嗟予寡陋，瞻望弗及。」若隆安五年太公始卒，則是年淵明已三十七矣，胡得云弗及乎？考命子詩實作於二十七歲（辨見後），其時卽云「於皇仁考」，則淵明出仕之前太公果已卒。王、吳、楊譜之誤明矣。梁譜曰：「祭妹文慈妣早世，我年二六，此則是喪母也。然顏誄云母老子幼，就養勤匱；顏延之與先生交舊，語當可信。此兩文不能相容，必有一爲傳寫之誤，非顏誄父誤母，則祭文考誤妣矣。按命子篇稱其父曰仁考，是長子儼生時，先生父已沒。又庚子歲從都還篇云：歸子念前途，凱風負我心。是先生二十九歲時其母猶存；然則祭文妣字必誤也。殆原作慈考，俗子傳鈔，以慈當屬妣，故妄改耶。」傳、古、逯譜從其說。今按：梁譜之說誤甚，慈妣二字各本無異文，祭妹文於「慈妣早世，爾才九齡」後，卽接以「爰從靡識，撫髫相成」語，味此情韻，實是丁內艱；若爲喪父，不當如此遺詞。梁譜又曰：「陶考於八歲條下，引祭從弟敬遠文相及髫齔，並罹偏咎語，謂八歲爲齔，疑先生丁憂在彼年，不知彼文言已與敬遠年齒相及，幼年皆罹偏咎耳。先生蓋長敬遠數歲，十二正屬髫年，敬遠正向齔耶。」古譜曰：「先生與敬遠年齡之差數，卽於相及髫齔一句定之。說文：男八歲而齔，及齔尚未齔，止七歲耳。髫、童子髮也。證以祭程氏妹文，則先生罹咎時，年正十二，十二正髫年也。詳此，先生與敬遠年齡之差數僅爲五歲。」按：梁、古二說極謬。祭敬遠文曰：「惟我與爾，匪但親友；父則同生，母則從母。相及髫齔，並罹偏咎；斯情實深，斯愛實厚！」則「相及髫齔，並罹偏咎」者，猶言彼此皆於髫齔之年，並罹偏咎之痛耳；非謂二人年齒相及喪父也。且髫齔二字，各本陶集幾皆作髫齒：宋紹興三年曾集本，莫友芝校本，紹興十年蘇寫本，李公煥箋註本，劉世珩景李公煥宋本，明張溥百三家本，嚴可均上古全文本，廣州翰墨園本皆同；獨淸陶澍集註本作髫齔。梁、古二氏如不先闢髫齔之非，則其所依據者必難自立。又此二字，實泛指幼年，不能割裂分舉；蔡邕薦邊讓文云：「髫齔夙孤，不盡家訓。」（後漢書一一〇卷下）衛玠別傳云：「髫齔時乘白羊車於洛陽市上。」（世說卷五頁二註）晉陽秋云：「謝尚髫齔喪兄，哀慟過人。」（世說卷一頁二十二註）若依古譜，則同一事而十二歲八歲並舉，成何語法？賴義輝辨之甚詳，見嶺南學報六卷一期。

太元二年丁丑（三七七）**十三歲**。

朝廷方以秦寇爲憂，詔求文武良將可以鎮北方者；謝安以兄子玄應詔。玄募驍勇之士，得彭城劉牢之等數十人以爲參軍，常領精銳爲前鋒，戰無不捷，時號「北府兵」。

周續之生，別見後。

太元三年戊寅（三七八）**十四歲**。

四月，秦兵十萬寇襄陽。八月，秦兗州刺史彭超攻彭城，詔以右將軍毛虎生帥衆五萬鎮姑孰禦之。

太元四年己卯（三七九）**十五歲**。

正月，秦長樂公丕命諸軍幷力攻襄陽。二月，襄陽陷，刺史朱序被執。謝玄帥衆救彭城，終爲秦兵所敗。五月，秦兵六萬圍幽州刺史田洛於三阿；去廣陵僅百里，朝廷大震。

釋慧遠初至廬山，別見後。

時有志於聖人之學。

按：淵明有志聖人之學，俱見於集中詩文。始作鎭軍參軍經曲阿詩曰：「弱齡寄事外，委懷在琴書。」飲酒詩第十六首曰：「少年罕人事，游好在六經。」與子儼等疏曰：「少學琴書。」感士不遇賦曰：「師聖人之遺書。」癸卯始春懷古田舍詩第二首曰：「先師有遺訓，憂道不憂貧。」飲酒詩第二十首曰：「汲汲魯中叟，彌縫使其淳；鳳鳥雖不至，禮樂暫得新。洙泗輟微響，漂流逮狂秦；如何絕世下，六籍無一親？」意皆以孔子爲先師，六經爲要典。論語曰：「子十有五而志於學」，姑依此義繫之。

太元五年庚辰（三八〇）**十六歲**。

四月，大旱。五月，大水。

從弟敬遠生。

按：祭從弟敬遠文曰：「歲在辛亥，月惟仲秋，旬有九日，從弟敬遠，卜辰云窆，永寧后土。」又曰：「年甫過立，奄與世辭。」辛亥淵明年四十七，祭敬遠文云年甫過立；以敬遠辛年（辛亥）三十一而論，二人相差已十五歲，知敬遠最遲亦生於是年。古、逯譜謂二人相差僅五歲，梁譜謂二人相差不遠，皆不足據。

太元六年辛巳（三八一）**十七歲**。

六月，揚、荊、江三州大水。是歲，江東大饑。

太元七年壬午（三八二）**十八歲**。

十月，秦王堅會羣臣於太極殿，圖伐晉室，羣臣咸以爲不可；獨秘書監朱彤，京兆尹慕容垂從其意。

太元八年癸未（三八三）**十九歲**。

三月，始興、南康、廬陵大水，平地五尺。五月，桓沖帥衆十萬伐秦，攻襄陽。七月，堅遂下詔大擧入寇，率步騎九十萬南下。詔以尚書僕射謝石爲征討大都督，以謝玄、謝琰、桓伊等衆共八萬拒之。十一月，謝玄等强渡肥水，大敗秦兵，堅中流矢而脫。

謝安得驛書，過戶限，不覺屐齒之折。

太元九年甲申（三八四）**二十歲**。

八月，謝安奏請乘氐傾敗，開拓中原。九月，前鋒都督謝玄攻克鄄城。

顏延之生，別見後。

太元十年乙酉（三八五）**二十一歲**。

三月，劉牢之與慕容垂戰，敗退屯黎陽。四月，劉牢之與垂戰於王橋澤，王師又敗。五月，江南大水。七月，旱饑。

謝靈運生，別見後。

時燕兵入侵，晉師敗績；天下水旱，連年饑饉。

集有恐詩楚調示龐主簿鄧治中詩曰：「弱冠逢世阻，始室喪其偏。」吳譜曰：「按晉紀及五行紀，太元八年、十年連年旱潦饑饉，先生時年方弱冠故云。」陶考曰：「時秦兵入寇，天下分裂，所謂世阻，固不止於旱潦饑饉。」王譜指二十失妾，丁、楊、梁譜謂二十喪妻。今按：弱冠始室對文，世阻指時事。據孝武紀，太元六年辛已六月，揚、荆、江三州大水，是歲，江東大饑。太元八年癸未三月，始興、南康、廬陵大水，平地五尺。七月，秦王堅大舉入寇。太元十年乙酉三月，劉牢之與燕兵戰，敗，退屯黎陽。四月，王師又敗。五月，江南大水。七月，旱饑。則「弱冠逢世阻」語爲實。吳譜、陶考近是。王、丁、楊、梁譜以二十失妾或喪妻，殆皆以弱冠始室直貫連讀爲一意也。始室喪其偏，見三十歲。古、逯譜以弱冠世阻指太元二十一年孝武遇崩事，益不足論。

太元十一年丙戌（三八六）**二十二歲**。

雷次宗生，見宋書本傳。

太元十二年丁亥（三八七）**二十三歲**。

太元十三年戊子（三八八）**二十四歲**。

太元十四年己丑（三八九）**二十五歲**。

司馬道子勢傾內外，帝漸不安。中書侍郎范寧、徐邈數進忠言，補正闕失，指斥姦黨。

太元十五年庚寅（三九〇）**二十六歲**。

司馬道子恃寵驕恣，帝益不平。以中書令王恭爲都督青、兗、幽、幷、冀五州諸軍事，青、兗二州刺史；鎭京口，濟制道子。道子知帝於己有所圖，亦以侍中王國寶爲中書令，俄兼中領軍。

殷景仁生，別見後。

太元十六年辛卯（三九一）二十七歲。

長子儼生，作命子詩。

按：命子詩曰：「嗟余寡陋，瞻望弗及；顧慚華鬢，負影隻立。三千之罪，無後爲急！我誠念哉，呱聞爾泣！」知淵明生子必不早。顏誄曰：「母老子幼，就養勤匱；遠惟田生致親之議，近悟毛子捧檄之懷。」知淵明出仕之前有子不止一人。和郭主簿詩曰：「弱子戲我側，學語未成音。」知淵明作此詩，弱子通已三四歲。蕭傳曰：「爲彭澤令，不以家累自隨，送一力給其子，書曰：汝旦夕之費，自給爲難，今遣此力，助汝薪水之勞；此亦人子也，可善遇之！」知淵明遷彭澤令，長子儼最低亦十四五歲。責子詩曰：「白髮被兩鬢，肌膚不復實。雖有五男兒，總不好紙筆；阿舒已二八，懶惰故無匹。」知阿舒儼十六歲，淵明已「白髮被兩鬢，肌膚不復實」矣。其年亦必在四十以上爲安。

綜上推之，淵明長子儼蓋生於二十七歲，次子宣生於二十九歲；如此，二十九歲出仕之時，已有子二人。此顏誄所謂「母老子幼，就養勤匱」者也。順次而推，至五子通四歲，適元興元年壬寅，時淵明居憂柴桑，休官未久，生活境狀最佳。和郭詩曰：「園蔬有餘滋，舊谷猶儲今；」「弱子戲吾側，學語未成音」者也。再推，淵明四十一爲彭澤令，長子儼已十五歲；如此年齡，方知「善遇人子」，與粗理「薪水之勞」。按：曲禮有童子十五負薪之義，與此亦合。又與子儼疏「汝輩稚少家貧，每役薪水之勞」語可印證。次年四十二，正阿舒十六，詩曰：「白髮被兩鬢，肌膚不復實。」是也。則詩文與史事吻合貫通矣。梁譜謂淵明十九歲生儼，古譜謂二十一歲生儼。則與命子詩「顧慚華鬢，負影孤立，三千之罪，無後爲急」語相乖。若此而推，淵明作責子詩，年方三十四或三十六歲，其時始見二毛，尙可强通，而「肌膚不復實」，則不符實情。又古譜定三十歸田，其時長子儼方十歲；童蒙無知，何能及於「薪水之勞」？又焉知「善遇人子」之事？傅譜定二十六歲生儼近實。梁、古譜又視命子詩「顧慚華鬢，負影孤立」語，與十九或二十一歲生子之情狀太不合，梁乃謂命子詩爲儼三歲時作，古謂十歲時作。不知詩又云：「厲夜生子，遽而求火；凡百有心，奚特於我？」此等措詞，決非三年十年後語氣也。

太元十七年壬辰（三九二）**二十八歲**。

十一月，帝欲制道子，以黃門郎殷仲堪爲都督荆、益、寧三州諸軍事，荆州刺史，鎭江陵。是歲秋冬大旱。

著五柳先生傳。

按：蕭傳曰：「淵明少有高趣，博學、善屬文；穎脫不羣，任眞自得。嘗著五柳先生傳以自況，時人謂之實錄。」下卽云：「親老家貧，起爲州祭酒。」是知五柳先生傳當作於始仕之前。

躬耕。

按：飲酒詩曰：「疇昔苦長飢，投耒去學仕。」知仕前嘗躬耕。又癸卯始春懷古田舍詩曰：「在昔聞南畝，當年竟未踐。」知是時既耕而未底於事也明矣。

太元十八年癸巳（三九三）二十九歲。

六月，始興、南康、廬陵大水，深五丈。七月，旱。

次子俟生。

按：責子詩曰：「阿舒已二八，懶惰故無匹；阿宣行志學，而不愛文術。」知長二子相差兩歲。淵明五子：儼、俟、份、佚、佟；小名舒、宣、雍、端、通。阿舒儼生於二十七歲，阿宣俟當生於是年。梁譜定二十一歲生俟，傅譜定二十八歲，均沿長子生年而誤。

起爲州祭酒，不堪吏職；少日，自解歸。

宋傳曰：「親老家貧，起爲州祭酒，不堪吏職；少日，自解歸。」蕭傳、晉傳、南傳同。王譜云：淵明初仕在壬辰癸巳之間。吳譜、陶考、丁、楊、傅譜均定二十九歲出仕。今按：飲酒詩第十九首曰：「疇昔苦長飢，投耒去學仕。」又曰：「是時向立年，意志多所恥。」晉書孝武紀曰：「壬辰秋冬，太旱。癸巳六月，始興、南康、廬陵大水，深五丈。七月，旱。」所謂向立年，苦長飢當指此時。詠貧士詩第一首曰：「遲遲出林翮，未夕復來歸。」魏晉之際，高門之士多早發，淵明祖代世簪，而二十九歲始出仕，可謂遲遲出林者矣。劉履選詩補註卷五曰：「遲遲出林，未夕來歸者，則自況其審時出處與衆異趨也。」則淵明二十九出仕之說，固無疑義。梁譜又曰：「顏誄曰：初辭州府三命。昭明傳云：親老家貧，起爲州祭酒，不堪吏職；少日，自解歸，州召主簿不就；其年月無可考。吳譜於本年云：是歲爲江州祭酒。湯注於赴假還江陵詩下亦云：癸巳爲州祭酒。彼等皆以癸巳爲先生年二十九歲。又以先生其年初出仕，故附會爲此說。吾儕若以謹嚴態度，只能謂州府辟命爲鎮軍參軍以前事。其年則當闕疑也。」又按：傳譜曰：「梁譜膠執顏誄州府三命不就之句，而否認出仕州祭酒爲投耒學仕，甚屬無謂；蓋本傳所謂親老家貧，起爲州祭酒，不堪吏職云云，豈可一筆抹煞耶？」其說甚是。又古、逯譜及賴義輝皆執宋傳「潛弱年薄宦，不潔去就之迹」語，云淵明弱冠二十歲初仕，而附會雜詩「荏苒經十載，暫爲人所羈。」謂淵明三十歲歸田；又以乙巳三十歸田順推，謂淵明壽止五十二。據此，則與飲酒詩向立年所恥語大相乖逆。淵明怨詩楚調，歷述生平舛遇：二十則謂逢世阻，三十則謂喪其偏，乃至當時窮困之狀，及後此寄望，皆備述篇章；獨於二十出仕，隻言未及。且弱年二字，實泛指少年。有會而作曰：「弱年逢家乏，老至更長飢。」可證。此外如「弱齡寄事外，委懷在琴書。」「少年罕人事，游好在六經。」「少無適俗韻，性本愛丘山」等語。若依古譜，則淵明二十歲方讀書，而又非出仕明甚；知古說實強詞附會耳。雜詩曰：「憶我少壯時，無樂自欣豫；猛志逸四海，騫翮思遠翥。」擬古詩曰：「少時壯且厲，撫劍獨行遊；誰言行遊近，張掖至幽州。」此謂少壯，正指初出仕時期。

太元十九年甲午（三九四）**三十歲**。

七月，荊、徐二州大水，傷秋稼，詔遣使振卹之。

州召主簿不就；躬耕自資，遂抱羸疾。

按：宋傳述「起爲州祭酒，不堪吏職，少日自解歸」後，即云「州召主簿不就，躬耕自資，遂抱羸疾。」知躬耕自資至於羸疾者，始自今年；而迄隆安二年戊戌，幾五年矣。

三子份、四子佚生。

按：責子詩曰：「阿宣行志學，而不愛文術；雍端年十三，不識六與七。」知三四子同年，而少次子一周。次子生於上歲，則份、佚生於是年。陶考曰：「先生長子儼，蓋前妻所生，餘或翟出，故疏言雖不同生；若份、佚同歲，以顏誄居無僕妾證之，當是孿生耳。」今按：份、佚同年孿生，當是事實，然非翟氏所出。淵明五子，翟氏唯出佟一人，辨見後。顏誄僕妾，實臣妾意。說文：「僕，給事者。」有辠女子給事者。又周禮大宰以九職任萬民，八曰臣妾。注曰：「臣妾爲男女貧賤之稱。」後漢書黃香傳曰：「香家貧，內無僕妾，躬執勤苦。」顏誄實與香傳意同。陶說誤。

原配夫人卒。

按：怨詩楚調示龐主簿鄧治中詩曰：「弱冠逢世阻，始室喪其偏。」弱冠詳前。始室，禮記內則曰：「三十而有室，始理男事。」喪偏，喪偶也。左傳：「齊雀子生成，及彊而寡。」杜注：「偏喪曰寡。」知淵明三十喪偶爲實。與子儼等疏曰：「汝等雖不同生，當思四海兄弟之義；他人尙爾，況共父之人哉？」本傳云：「其妻翟氏，志趣亦同，能安苦節；夫耕於前，妻鉏於後。」則翟氏當爲繼室也。幷見前。

太元二十年乙未（三九五）**三十一歲**。

會稽王道子專權奢縱，帝益惡之；乃擢時望及所親幸王恭、郗恢、殷仲堪、王珣等使居內外要任。道子亦樹王國寶及其弟琅邪內史緒以爲腹心。六月，荆、徐二州大水。

太元二十一年丙申（三九六）**三十二歲**。

五月，大水。九月，帝性嗜酒，流連內殿；時張貴人年近三十，帝戲之曰：「汝以年亦當廢矣，吾意更屬少者？」貴人潛怒，乘帝醉，使婢以被蒙帝面，弒之。

繼娶翟氏。

按：傳譜曰：「昭明傳稱其妻翟氏，亦能安勤苦，與其志同。覩責子篇，諸子不同母，則此翟氏之爲繼娶則無疑義。先生喪偶既在三十，五子佟又祇小四子四歲，則繼娶之年必在此一兩年內。」其說極是。梁譜定二十歲淵明喪妻，旋卽繼娶，不足信。又晉書隱逸傳有翟湯，湯子莊，莊子矯，矯子法賜，世有隱行，亦潯陽人；翟氏或其族耶？

安帝隆安元年丁酉（三九七）**三十三歲**。

正月己亥朔，帝加元服，改元。會稽王道子悉以東宮兵配國寶，使領之。四月，王恭上表罪狀國寶，舉兵討之；道子懼，賜國寶死。遣使至恭，深謝前愆，恭始罷兵。

隆安二年戊戌（三九八）**三十四歲**。

七月，王恭、殷仲堪、桓玄連盟同趨京師。九月，道子討王恭，誘王恭部曲將劉牢之叛，許事成以恭位號授之；軍至竹里，牢之斬前鋒帳下督顏延以降。王恭死。十一月，殷仲堪、桓玄退尋陽，又盟，推桓玄爲盟主。會稽妖人孫泰，收兵聚貨，識者皆憂其爲亂；道子誘而斬之，幷其六子。兄子恩逃入海，聚亡命百餘人，謀復讎。

仕桓玄始是年冬。

按：集有辛丑歲七月中赴假還江陵夜行塗口詩，專敘行役事。江陵之行，於史無徵，論者頗衆，而終失其實。

葉夢得謂：荆州刺史自隆安三年桓玄襲殺殷仲堪，卽代其任，至於篡，未別授人；淵明之行在五年，疑其嘗玄迫仕也。朱自清、逯譜從其說，是也。又庚子歲五月中從都還詩，亦歎行役；且曰：「久游戀所生」，淵明二十九仕州祭酒，少日自解歸，旋卽躬耕自資，遂抱羸疾，中未他任；此云久游，必庚子前從仕有日。又考復爲鎭軍參軍在甲辰，建威參軍在乙巳；以全集之記年詩推敲，則仕玄之說，無庸諱也。惟所仕何官，則無可考。通鑑記桓玄本年十一月與殷仲堪盟於尋陽；淵明之仕玄，殆在其時。逯譜謂淵明仕玄在庚子，則與五月從都還詩久游語不協矣。

隆安三年己亥（三九九）**三十五歲**。

會稽世子元顯，生殺任意，東土黎庶苦之。十一月，孫恩藉民心騷動，自海島帥其黨內侵，浙東八郡人，一時起兵應恩；旬日之中，衆數十萬。恩並表道子及元顯罪。詔以劉牢之進擊之，恩逃入海。是歲，荆州大水，平地三丈。桓玄以殷仲堪、楊佺期爲內憂，乘江陵大水而伐之，仲堪、佺期並死。

在江陵桓玄幕。

按：淵明上歲仕玄，今則在江陵，時桓玄已奪殷仲堪位號矣。

五子佟生。

按：責子詩曰：「雍端年十三，不識六與七；通子垂九齡，但覓梨與栗。」知五子佟應少三四子將五歲。三四子生於三十歲，則五子當生是年。梁譜定二十七歲生佟，傅譜定三十三，皆沿其長子儼生年而誤。

隆安四年庚子（四〇〇）**三十六歲**。

二月，以玄爲都督荆、司、雍等八州諸軍事，荆、江二州刺史。五月，孫恩寇浙郡，詔遣寧朔將軍高雅之等拒之。十一月，詔以劉牢之帥衆擊恩，恩走入海。

五月中，從都還阻風於規林。

集有庚子歲五月中從都還阻風於規林詩，曰：「行行循歸路，計日望舊居；一欣侍溫顏，再喜見友於！鼓棹路崎曲，指景限西隅；江山豈不險，歸子念前途。凱風負我心，戢枻守窮湖；高莽眇無界，夏木獨森疎。誰言客舟遠，近瞻百里餘；延目識南嶺，豈歎將焉如！」丁、傅、古譜謂淵明此行由京師還柴桑，梁譜謂此行由劉牢之幕還江陵寓所，王譜以為此年從劉牢之鎮軍銜命自京師上江陵，吳譜以淵明就辟鎮軍，至是乃絜家居京師，楊譜以參鎮軍移家都下；王、吳、楊三譜又與還舊居詩「疇昔家上京」相涉，謂上京為上都。今按：規林，地無考，以詩推之，當在鄱陽湖附近；舊居指柴桑山，湖指鄱陽湖，亦即彭蠡，南嶺即南阜廬山。第二首「久游戀所生」，所生即所生地。據此，淵明此行實由都還舊里省親。檢晉書桓玄傳，謂玄自為荊、江二州刺史後，屢上表求討孫恩，詔輒不許，恩逼近京師，復上疏請討之，會恩已走云云。又安帝紀，謂孫恩騷動浙郡，始自隆安三年己亥；而逼近京師，在五年春夏之交。則桓玄屢上表，必在庚子春。據上所推，淵明此行殆奉桓玄命使都，公畢便道歸省；故詩曰：「一欣侍溫顏，再喜見友于！」又知出游既久，歸家心切；故詩曰：「久游戀所生，如何淹在茲？」故當年留居舊里，明年正月有斜川之游，七月赴假還江陵任所，而其詩又有「如何舍此去？遙遙至西荊」之歎。如此，全詩脈絡通貫，不煩曲說而耆然成章矣。諸譜誤，不足據。

隆安五年辛丑（四〇一）**三十七歲**。

二月，孫恩復寇浹口，劉牢之擊之，恩復走入海。六月，恩浮海至丹徒，戰士十餘萬，樓船千餘艘，建康震駭。詔使劉裕自海鹽入援；裕帥所領千餘人奔擊，恩大敗，狼狽而還。尋復徑向京師。既而知京師有備，遂浮海北走郁州。七月，劉裕又重剿孫恩，恩由是衰弱南走。

正月五日，與二三鄰曲同游斜川。

游斜川詩序曰：「辛丑（一作酉）正月五日，天氣澄和，風物閑美；與二三鄰曲，同遊斜川。臨長流，望曾城，魴鯉躍鱗於將夕，水鷗乘和以飜飛！彼南皐者，名實舊矣，不復乃為嗟歎；若夫曾城，傍無依按，獨秀中皐，遙想靈山，有愛嘉名，欣對不足，率爾賦詩。悲日月之遂往，悼吾年之不留。各疏年紀鄉里，以記其時日。」詩曰：「開歲倏五十（一作日），吾生行歸休；念之動中懷，及辰為茲遊。氣和天惟澄，班坐依遠流；弱湍馳文魴，閑谷矯鳴鷗。迥澤散游目，緬然睇曾丘；雖微九重秀，顧瞻無匹儔！提壺接賓侶，引滿更獻酬；未知從今去，當復如此不？中觴縱遙情，忘彼千歲憂。且極今朝樂，明日非所求！」（據曾集本）王譜、陶考、丁譜序作「辛丑正月五日」，詩作「開歲倏五日」。傅譜序作「辛酉正月五日」，詩作「開歲倏五日」。吳、梁譜序作「辛酉正月五日」，詩作「開歲倏五十」。張辨序作「辛丑正月五日」，詩作「開歲倏五十」。古譜序作「乙丑正月五日」，詩作「開歲倏五十」。逯譜序作「正月五日辛酉」，詩作「開歲倏五十」，而又繫此詩於乙丑年。年代愈後，說愈紛歧，淵明年壽亦由此而起爭辯。今按：馬永卿懶眞子卷一曰：「世所傳五柳集數本不同，謹按淵明乙丑生，至乙巳歲賦歸去來，是時四十一矣；今游斜川詩，或云開歲倏五十，皆非也。若云開歲倏五日，則正序所謂正月五日，言開歲倏忽五日耳。近得廬山東林寺舊本作五日，宜以為正。」此東林寺舊本今雖不傳，然可信其決非杜撰；且東坡亦嘗見之。蘇氏於「羲皇去我久」詩，跋云：「余聞江州東林寺有陶淵明詩集，方欲遣人求之，而江州忽送一部遺余；字大紙厚，甚可喜也。」而蘇過叔黨，小斜川詩引曰：「今歲適在辛丑，而余年亦五十，蓋淵明與余同生於壬子歲也。」是或叔黨未見此本，或雖見之而漫據他本未經細校耳。張縯推淵明壽爲七十六，殆亦叔黨所據之本。逮南宋吳仁傑時，或以辛丑五十與六十三歲說太不合，因改辛丑爲辛酉。王譜曰：「有游斜川詩並序，別本作辛丑者，非是。先生是年五十七，然詩云：開歲倏五十，或疑是辛亥歲作，是年四十九，故言開歲倏五十，猶言來歲云爾。」自後則有辛丑與辛酉，五日與五十並行之本。及梁譜出，則直以辛酉五十爲是，而謂辛丑五日爲俗子所改，遂據以爲淵明壽止五十六歲之無上權威資料。古譜以辛丑五十與其譜五十二歲說太不合，又以辛丑當作乙丑，是卽乙丑五十之說。及逯譜，更檢廿史朔潤表乙丑之年，正月五日干支爲辛酉，遂以乙丑五十，正月五日爲辛酉，此皆臆測杜撰。若校書以古本爲準，則東林寺舊本，宜最可信。是知此詩序原爲辛丑，詩作「開歲倏五日」爲實。

梁譜又曰：「俗子見序中有正月五日語，因奮臆改五十爲五日；殊不知開歲倏五日，吾生行歸休，此二語如何能相連成意？慨歎於歲月擲人者豈以日計耶？況序中明言各疏年紀；若作開歲倏五日，所疏年紀何在耶？」今按：傅譜曰：「吾人若注意一倏字之意，則正非五日不能相連成意。五十之歲月，豈能倏然而至耶？歸去來辭云：善萬物之得時，感吾生之行休。蓋歲時伏臘，最易惹起歲月擲人之感；甫言換歲，倏又五日，光陰誠迅速哉！其在暮年，能不起歸休之感乎？至序中末句，明言各疏年紀鄉里以記其時日，此年紀鄉里，似皆附注詩後，集中不載。梁譜爲自圓其說計，特將鄉里二字刪去，然各本俱有此二字，梁先生詎能一手掩盡！卽如梁先生所言，五十爲疏年紀，然則所疏之鄉里何在耶？此爲梁譜推算淵明得年僅五十六之主證，而如是其粗疏，則其他證據可知矣。」竊謂開歲倏五十，應在歲末未開歲前言之始合，今定作開歲倏五日，傳譜謂言光陰之迅疾，最得詩意。蓋序文已明言之曰：「悲日月之遂往，悼吾年之不留。」是也。惟其謂暮年能不起歸休之說，則以此詩序作辛酉而誤，似未深實。

七月，赴假還江陵。

按：集有辛丑歲七月赴假還江陵夜行塗口詩，詩曰：「閑居三十載，遂與塵事冥；詩書敦宿好，園林無世情。如何舍此去，遙遙至西荆！叩枻新秋月，臨流別友生；涼風起將夕，夜景湛虛明。昭昭天宇闊，晶晶川上平。懷役不遑寐，中宵尚孤征！商歌非我事，依依在耦耕。投冠旋舊墟，不爲好爵縈；養眞衡門下，庶以善自名！」詩題赴假還江陵，即銷假還江陵意。塗口，地名，一作塗中誤。李善文選注曰：「按江圖自沙陽下流一百五十里至赤圻，赤圻二十五里至塗口，今武昌府之嘉魚蒲圻二縣，皆晉沙陽縣地。嘉魚縣北，尚有沙陽故城遺址。」陶考曰：「以里計之，塗口當在九江府上流九十里。」詩意專述行役，與詩題赴假夜行意合；蓋桓玄幕府有急詔，須得速還，故得中宵孤征。逯譜曰：「淵明是歲曾返原籍，至七月赴假還荆州。」梁、傅譜以還江陵爲還寓，吳譜謂爲省親，皆與詩意違逆。淵明去年庚子之還明是歸省還柴桑，何以今突然又移家江陵？果作還江陵，何又云「田園日夢想，安得久離析？」王譜謂淵明留潯陽踰年，當是予告在鄉，至是往赴。然則爲何而赴，語極含混；察之，似亦未知情節之實。陶攷以赴假爲假歸，古譜從其說，而釋赴假爲急假。然其箋陶詩，於此作題下引世說「陸機赴假還洛」，以明「赴假」之義；此文見自新篇，云陸機赴假還洛，輜重甚盛。然此詩寧類急假耶？抑機吳人，若云假還，理應還鄉里，何得向洛耶？足知赴假當即今之銷假意；淵明正是銷假赴官，乃有

「投冠」、「養眞」等語耳。

又詩開端曰：「閑居三十載，遂與塵事冥。」梁譜云：辛丑淵明年三十，與辛丑五十正合，此爲考證淵明年壽之無上權威資料也。殊不知如彼之說，則詩意有不可通者。據梁譜：淵明隆安二年戊戌爲鎭軍參軍，並謂三年己亥，四年庚子皆在軍幕，則至五年辛丑，卽淵明三十歲時，不得云閑居三十載矣。吾人由此亦可斷定淵明彼時之年決不止三十歲，蓋此所謂「閑居三十載」者，乃舉其閑居成數，指未投耒以前之一段期間而言。考淵明起爲州祭酒實在二十九歲；少日卽解歸，州召主簿不就，至戊戌桓玄盟尋陽時再仕，其時三十四歲；則與「閑居三十載」之語正合。然詩中何以特提此三十年之閑居生活耶？當知此詩主眼在第五句「如何舍此去」之「此」字。此者，故鄉也。作者之意若曰：此故鄉者，吾嘗於此有三十年之閑居生活，吾嘗於此而與塵事遠隔，吾嘗於此與詩書敦宿好，吾嘗於此賞林園之雅趣，今如何捨此而遙遙至西荆乎？蓋作者居家閑適，而今赴假還任，忽又觸起故鄉之念；於是當初三十年之閑居生活，遂不覺復現於想境！此正全詩之精神所在。乃梁譜未見及此，妄以閑居三十載爲當時作詩年齡，豈非盲人道黑白乎？然梁譜又曰：「後世注釋家泥視閑居二字，必謂此詩爲辭官後三十年所作，若辛丑年先生已辭官三十載，然則先生之生當在永和前矣，有是理耶？」然閑居何必在歸官之後？古譜以梁譜此說太牽强，又以三十年閑居與其譜五十二說不合，乃又改三十爲二十，謂淵明二十一起爲州祭酒，二十以前屬閑居時期。逯譜從其說。皆臆測附會，不足信也。

冬，母孟夫人卒。

按：祭妹文曰：「昔在江陵，重罹天罰；兄弟索居，乖隔楚越。伊我與爾，百哀是切！黯黯高雲，蕭蕭冬月。

白雲掩晨，長風悲節！感惟崩號，興言泣血。」李公煥注云：「晉安帝隆安五年秋七月，赴假還江陵，是冬，母孟氏卒。」其說是。梁、傅、古、逯譜以江陵之喪爲丁母憂，是也。王、吳、丁、楊譜以爲失父，誤。說具前。命子詩「於皇仁考」，以及顏誄「母老子幼，就養勤匱」諸語，皆證淵明父已早喪。

元興元年壬寅（四〇二）三十八歲。

正月庚午朔，下詔罪狀桓玄；以尚書令元顯爲驃騎大將軍，征討大都督。玄聞之，抗表傳檄，罪狀元顯，舉兵東下。三月，元顯前鋒劉牢之降玄；元顯敗，帝遣侍中勞玄於安樂渚。玄入京都，總百揆事，斬元顯，徙道子安成郡。孫恩寇臨海，太守辛景擊破之；恩赴海死，衆推其妹夫盧循統之。

居憂柴桑，有和郭主簿詩。

按：和郭主簿詩第一首曰：「弱子戲吾側，學語未成音。」知作詩之時弱子當在三四歲。責子詩曰：「通子垂九齡」。淵明五子，通行五最幼，依長子儼生於二十七歲推，通四歲適淵明三十八。詩又曰：「息交遊閑業，臥起弄書琴；園蔬有餘滋，舊谷猶儲今。」時休職未久，生活佳適，與丁憂時間亦合。吳譜曰：「桓元舉兵犯京師，政自己出，改元太亨，是年先生居憂。」其說是。梁、傅譜以此時在江陵居憂，均誤。證以本年廬山釋慧遠組白蓮社，邀淵明，終却之之事，則深信矣。若在江陵，何得易來易往耶？

七月，廬山釋慧遠組白蓮社。

按：陶攷曰：「廬山東林寺主釋慧遠，集緇素百二十有三人，於山西巖下般若臺精舍結白蓮社，歲以春秋二節，朝宗靈像。及是秋七月二十八日，命劉遺民撰同誓文，以申嚴斯事；其間譽望尤著爲當世推重者，號社中十八賢：劉遺民、張詮、雷次宗、宗炳、周續之、張野等預焉。時祕書丞謝靈運才學爲江左冠，而負才傲物，少所推挹，一見遠公，遽改容致敬；因於神殿後鑿二池植白蓮以規求入社；遠公察其心雜，拒之。靈運晚節疏放不檢，果不克令終。中書侍郎范寧，直節立朝，爲權貴潛忌；出守豫章，遠公移書邀入社，寧辭不至，蓋未能頓委世緣也。靖節與遠公雅素，爲方外交，而不願齒社列。遠公遂作詩博酒鄭重招致，竟不可詘。按梁僧慧皎高僧傳，遠公持律精苦，雖豉酒米汁及密水之微，且誓死不犯；乃欽靖節風概，顧我能致之者，力爲之不暇卹；靖節反麾而謝之，或與樵蘇田父班荆道舊於何庸流，能窺其趣哉。靖節每來社中，一日，謁遠公，甫及寺外，聞鐘聲，不覺顰容，遽命還駕；法眼禪師晚參示衆云：今夜撞鐘鳴，復來有何事？若是陶淵明，攢眉却回去！此靖節洞明心要，惟法眼特爲揄揚。張商英有詩云：虎溪回首去，陶令趣何深？謝無逸詩云：淵明從遠公，了此一大事；下視區中賢，畧不可人意。遠公居山餘三十年，影不出山，跡不入俗，送賓遊履，常以虎溪爲界。他日傾，與靖節、簡寂禪觀主陸修靜語道，不覺過虎溪百步，虎輒驟鳴；因相與大笑而別。石恪遂作三笑圖，東坡贊之。李伯時蓮社圖，李元宗紀之，足標一時之風致云。」此釋慧遠優遇淵明之一斑也。誓願文曰：「維歲在攝提格，七月戊辰朔，二十八日乙未。法師釋慧遠貞感幽奧，霜懷特發，乃延命同志，息心貞信之士百二十三人，集於廬山之陰，般若精舍阿彌陀佛像前，率以香草，敬薦而誓焉。」誓文但記歲陰不記陽，於是結社之年遂生疑問。陶攷、楊、梁、傅譜定義熙十年甲寅。古、逯譜定元興元年壬寅。今按：儲皖峯蓮社年月續考曰：「檢陳垣廿史朔閏表，東晉寅年與七月二十八乙未合者，唯在壬寅。」又古譜曰：「考宋書周續之傳，景平元年卒，年四十七；宗炳元嘉二十五年卒，年六十三。若在庚寅，則結社之年續之年十三，宗炳十五，次宗僅四歲，失之過早；若在甲寅，則結社之年，劉遺民卒已四年，遠公逾二年亦卒，則失之過遲；唯在元興元年壬寅爲適。」儲、古二說相合。知白蓮社結於今年壬寅七月爲實。古、逯譜是，陶攷、梁、傅譜非。

元興二年癸卯（四〇三）三十九歲。

八月，劉裕破盧循於永嘉，循浮海南遁。九月，冊命桓玄爲相國、總百揆、封十郡、爲楚王、加九錫。十一月，卞範之爲禪詔，使臨川王寶逼帝書之；帝臨軒，遣兼太保王謐奉璽綬，禪位于楚。十二月，玄遷帝於尋陽。

居憂柴桑，復躬耕，有始春懷古田舍詩。

集有癸卯始春懷古田舍詩。王譜以自江陵歸柴桑，復適京都，宅憂居家思湓城；梁譜以爲在江陵懷柴桑古里；皆未是。今按：始春懷古田舍詩第一首有「是以植杖翁，悠然不復返」句，第二首有「耕者有時息，行者無問津」句，知懷古田舍，實於田舍懷古；第一首懷植杖翁荷蓧丈人，第二首懷長沮桀溺；詩均在懷古言志，非在他鄉懷古里也。陶攷曰：「觀詩中稱顏子丈人先師者，當是于田舍中懷古也。」其說是。王譜既知從都還爲還潯陽，游斜川爲留潯陽踰年，則固知舊居之在潯陽矣。今又以癸卯懷古田舍之作，爲自江陵歸柴桑，復適京都，宅憂居家思湓城；如是，在官則遲迴於故里，居憂反留戀於京師，揆之人情，殊爲不近。梁譜以爲在江陵懷柴桑者，則與詩語相違。詩云平疇良苗，即事多欣，乃田家實景；若在江陵，有是情是景乎？知二說之非。又詩開端曰：「在昔聞南畝，當年竟未踐。」吳、傅譜謂此詩作於淵明未仕前之辛卯。古、逯譜以今歲淵明始躬耕。皆未明詩旨之實。今按：淵明未仕之前確嘗躬耕，辭州主簿後再躬耕，遂即抱羸疾；今癸卯居憂又躬耕，頗以疇昔南畝之志未嘗底其成，故詩曰：「瞻望邈難逮，轉欲志長勤。」「秉耒歡時務，解顏勸農人」。

自不能以此詩繫彼年可知。傳譜又曰：「是（辛卯）年十一月又與從弟敬遠詩，集中亦誤作癸卯。」若爾，淵明辛亥年有祭敬遠文，文曰：「年甫過立，奄與世辭。」就辛亥敬遠三十一歲論，則辛卯為十一歲；而與從弟詩曰：「高操非所攀，謬得固窮節；平津苟不由，栖遲詎為拙！」示十一歲童子以此詩，豈為近情？知始春懷古詩之作於癸卯無疑也。

又飲酒詩曰：「投耒去學仕」，明未仕之前嘗躬耕也。若依古、逯譜癸卯始躬耕言，則何以解庚子歲五月中從都還及辛丑歲七月赴假還二詩？獨觀庚子辛丑二詩，淵明癸卯之前最少嘗仕兩年，豈非與「投耒學仕」語相逆乎？然則淵明癸卯實第三次躬耕矣。

詩云：「在昔聞南畝，當年竟未踐。」作者蓋謂當年嘗從耕，以年災長饑，故投耒學仕；是以南畝之志終未實踐。今再事田舍，則欲「轉志長勤」，以底於成。如此上下文義與第二首詩意方能連貫。不然，既云聞南畝，又謂竟未踐，復謂「轉欲志長勤」，豈不自相牴牾耶？

作勸農詩。

按：始春懷古田舍詩：「秉耒歡時務，解顏勸農人；雖未量歲功，即事多所欣！」勸農詩曰：「民生在勤，勤則不匱，宴安自逸，歲暮奚冀！」二詩意旨相通，知為同時作。古、逯譜是。

五月，有和胡西曹示顧賊曹詩。

按：和胡西曹示顧賊曹詩曰：「感物願及時，每恨靡所揮。」淵明尚欲及時有為，且恨無發揮機會。此詩必作於乙己歸田以前。詩又曰：「悠悠待秋稼，寥落將賒遲。」知必作於乙己前從耕之時；而及時有為之感，乃起於詩人之失收也。詩又曰：「蕤賓五月中，清朝起南颸。」禮記月令曰：「仲夏之月為蕤賓。」知作詩時間在今年五月；以其秋稼晚遲，故十二月作與從弟詩有「勁氣侵襟袖，簞瓢謝屢設」之歎。

作十二月中與從弟敬遠詩。

按：詩有「寢迹衡門下，邈與世相絕」句，知是冬淵明在柴桑舊里。丁、梁、吳、古、逯譜所言同，是也。王譜以此詩在京都作，失解。詩又曰：「淒淒歲暮風，翳翳經日雪；傾耳無希聲，在目皓已潔！勁氣侵襟袖，簞瓢謝屢設；蕭索空宇中，了無一可悅。」與始春懷古田舍及和胡西曹詩意相通。古譜曰：「祭敬遠文：念疇昔日，同房之歡，冬無縕褐，夏渴瓢簞；每憶有秋，我將其刈。與汝偕行，舫舟同濟；三宿水濱，樂飲川界。是先生躬耕，敬遠實與同志而相樂也。」其言是。

作孟嘉傳。

按：孟嘉傳曰：「淵明先親，君之第四女也；凱風寒泉之思，實鍾厥心。」知本文必作於母孟夫人逝世不久。淵明母孟辛丑冬卒，姑繫於此。

劉遺民棄柴桑令，隱居廬山。

按：唐釋元康肇論疏引慧遠所作傳，有「劉遺民於桓玄東下后入廬山隱居」語；桓玄起兵於上年，則劉入廬山隱居當在今歲。

元興三年甲辰（四〇四）**四十歲**。

正月，劉裕從徐、兗二州刺史桓修入朝；玄謂王謐曰：「此人風骨不常，蓋人傑也！」玄后劉氏有智鑒，亦謂玄曰：「劉裕龍行虎踞，視瞻不凡，恐終不為人下！」劉裕密與何無忌謀興復晉室，無忌夜於屏風裏草檄文，忌母登櫈密窺之，問所與同謀者；曰：「劉裕！」母喜甚。二月，劉裕、劉毅、何無忌等舉義兵，推裕為盟主。三月，玄衆潰；玄浮江南逃，逼帝西上。桓玄司徒王謐推劉裕行鎮軍將軍。四月，裕遷劉敬宣為建威將軍，江州刺史。

作連雨獨飲、停雲、時運詩。

逯譜曰：「停雲、時運、榮木三詩，皆冠小序，而序文結構句法悉同，疑為同時之作，故若是畫一也。」其說有見。今按：停雲、時運、榮木、連雨獨飲、始作鎮軍參軍經曲阿諸詩皆今年作；述事比義，脈絡通貫。停雲序曰：「停雲，思親友也。罇湛新醪，園列初榮，願言不從，歎息彌襟！」詩曰：「靄靄停雲，濛濛時雨，八表同昏，平路伊阻。」時運序曰：「時運，游暮春也。春服既成，景物斯和，偶景獨游，欣慨交心。」詩曰：「洋洋平澤，乃漱乃濯，邈邈遐景，載欣載矚。」知作詩時間皆在春季。且苦雨獨游，與連雨獨飲詩題相一。連雨獨飲詩曰：「自我抱茲獨，僶俛四十年。」榮木詩曰：「四十無聞，斯不足畏！」二詩實作於是年。又時運詩曰：「有風自南，翼彼新苗。」「延目中流，悠想清沂。」作詩地點實在東都。據此，淵明今年春季的在建康，故作停運、時運、連雨獨飲詩；夏又作榮木詩。劉裕任鎮軍將軍在三月，淵明任鎮軍參軍當在其後；如此，始作鎮軍參軍經曲阿詩，亦是年春初至曲阿作也。

始作鎮軍參軍。

淵明為鎮軍參軍，說最紛歧。王、吳、丁、楊譜、方東樹皆謂：淵明參鎮軍在隆安四年庚子。陶攷、古譜、趙曦明謂在隆安三年己亥。梁、傳譜定隆安二年戊戌。趙泉山、湯東澗定在太原二年乙未。李善文選注、葉夢得、惲敬、吳淇、朱自淸，逯譜則謂在元興三年甲辰。主庚子以前任參軍者，鎭軍將軍或謂王恭，或謂劉牢之，或未指何人。主元興三年者，則謂鎭軍是劉裕。今按：淵明元興三年參劉裕鎭軍參軍屬實。榮木詩序曰：「榮木，念將老也；日月推遷，已復有（一作九）夏，總角聞道，白首無成！」詩曰：「先師遺訓，余豈之（一作云）墜，四十無聞，斯不足（一作可）畏！脂我名車（一作行車），策我名驥；千里雖遙，孰敢不至？」詩詠及時自勉，依道立善之旨明甚。程箋曰：「脂車、策驥四語，正是邁往圖功，有孔席不暇暖之意。」其言甚是。趙泉山曰：「四十無聞，斯不足畏，時靖節年四十也。」逯譜曰：「先師遺訓，余豈云墜，四十無聞，斯不足畏；故知此詩爲四十歲作。」吳、丁、梁、傅譜同。陶攷於吳譜未置異詞，意亦同其所說。則榮木詩爲淵明四十作，可爲定論。禮記月令曰：「仲夏之月，木堇榮。」知作詩時間爲四十歲之五月，時淵明服闋；而邁往圖功，已不復在柴桑矣。淵明四十，時爲元興三年甲辰。晉書安帝紀曰：「元興三年甲辰，三月壬辰，桓玄司徒王謐推劉裕行鎭軍將軍，徐州刺史，都督揚、徐、兗、靑、冀、幽八州諸軍事，假節。」李善注始作鎭軍參軍經曲阿詩曰：「臧榮緒晉書曰：宋武帝行鎭軍將軍，辟公參其軍事。」文獻通考曰：「劉裕起兵討桓玄，爲鎭軍將軍，淵明參其軍事。」葉少蘊、惲敬、吳淇、朱自淸、逯欽立皆從其說。是知淵明參劉裕鎭軍爲實。又榮木詩曰：「脂我名車，策我名驥。」與始作鎭軍參軍詩「時來苟冥會，婉孌憩通衢，投策命晨裝，暫與園田疎」意同。詩題「始作鎭軍參軍」，卽四十始爲參軍，意有自慚焉。梁譜所謂始仕，非也。曲阿，今丹陽縣境。通鑑曰：「元興三年甲辰，三月，劉裕入建康；庚申，裕屯石頭，立留臺百官。」知劉裕鎭軍實在石頭。建康志曰：「石頭，北緣大江，南抵秦淮口，去臺城九里，六朝以來，皆守此爲固，諸葛所云石頭虎踞是也。」江寧府志曰：「石頭，自江北而來，山皆無石，至此山始有石，故名。」丹陽故郡治宛陵，吳徙建業，地在今江寧縣東南，是曲阿實與石頭同在江寧縣境。詩題「經曲阿」，乃赴石頭劉裕鎮軍必經之途。始作鎮軍參軍詩曰：「我行豈不遙，登涉千里餘。」即述由柴桑至曲阿里程。然則淵明四十始作鎮軍參軍，乃萬萬無可疑者。前人以淵明乙未、戊戌、已亥、庚子參鎮軍將軍，而以劉牢之、王恭前將軍為鎮衞軍，而強作鎮軍當之，皆大誤也。

義熙元年乙已（四〇五）四十一歲。

正月，乘輿反正。二月，何無忌奉帝東還。三月，桓振自鄖城襲江陵，荊州刺史司馬休之戰敗，振自稱荊州刺史。建威將軍劉懷肅討振，斬之。復取江陵。甲午，帝至建康，加鎮軍將軍劉裕為侍中、車騎將軍，都督中外諸軍事。

三月，為建威將軍參軍，使都經錢溪。

淵明為建威參軍，說亦不一。吳譜謂乙己三月為建威參軍，主將劉懷肅。王譜、溫汝能謂庚子始事鎮軍，繼事建威。韓子蒼謂自庚子始作建威參軍。陶考謂在乙已，主將劉敬宣。丁、楊譜作乙已三月。梁、傅、古譜謂在甲辰，主將劉敬宣。逯謂乙已三月，主將劉敬宣。牟巘謂參劉裕。今按：作乙已三月為建威參軍，主將劉懷肅是，他說皆非。詩曰：「我不踐斯境，歲月好已積；晨夕看山川，事事悉如昔。微雨洗高林，清飆矯雲翮；眷彼品物存，義風都未隔。伊余何為者，勉勵從茲役！一形似有制，素襟不可易。園田日夢想，安得久離析？終懷在歸舟，諒哉宜霜柏！」詩題應讀作「乙已歲三月為建威參軍，使都經錢溪。」諸譜引作「乙已歲三月為建威將軍使都經錢溪」者誤。錢溪，今安徽貴池縣梅根港，地居尋陽建康之間。六朝以來，皆於此鼓鑄，故名。詩曰：「我不踐斯境，歲月好已積。」知故歲為鎮軍參軍赴石頭，或因行役匆促，未嘗暢游其地，但舟車經過之耳；今親踐細覽，晨夕與山川爲友，而未覺有異，故謂「義風都未隔」。是知今此之游與故歲之匆促經過有異也。詩實今年三月作。吳譜曰：「是年劉懷肅爲建威將軍，江州刺史，先生實參建威軍事。」其說近實。又按：通鑑曰：「義熙元年三月，桓振自鄖城襲江陵，荊州刺史司馬休之戰敗，奔襄陽，振自稱荊州刺史；建威將軍劉懷肅自雲杜引兵馳赴，與振戰於沙橋。劉毅遣度武將軍唐興助之，臨陣斬振，復取江陵。」又曰：「初，劉毅嘗爲劉敬宣寧朔參軍，時人或以雄傑許之；敬宣曰：夫非常之才，自有調度，豈得便謂此君爲人豪耶？此君之性，外寬內忌，自伐而尙人；若一旦遭遇，亦當以陵上取禍耳！毅聞而恨之。及敬宣爲江州，辭以無功，不宜授任先於毅等。裕不許，毅使人言於裕曰：劉敬宣不豫建義，猛將勞臣，方須敍報，如敬宣之比，宜令在後，若使君不忘平生，正可爲員外常侍耳；聞已授郡，實爲過優；尋復爲江州，尤用駭惋！敬宣愈不自安，自表解職，乃召爲宣城內史。」今通鑑繫敬宣自表解職於本年三月末，而淵明三月已在錢溪，諸譜以使都乃爲敬宣解職，則與時間不合也。敬宣爲牢之子，諸譜以淵明前旣參劉牢之鎭軍，而上年敬宣爲江州，必以世交而參其軍。不知歸去來辭序又曰：「諸侯以惠愛爲德，家叔以余貧苦，遂見用於小邑。」則此諸侯，當是建威將軍；若是敬宣，彼旣離職，彭澤爲江州所轄，何能惠及淵明？況淵明爲鎭軍又非劉牢之幕也。意者：劉懷肅平定江陵，江州要樞，刺史重職，不能久虛，懷肅權宜兼之，故便命職。徵通鑑載何無忌明年十二月方刺江州，中間並無他人繼敬宣刺江州，是懷肅爲淵明建威將軍可信也。

作雜詩九、十、十一三首。

按：雜詩凡十二首，前八首詞旨連貫，當爲一時之作（別見後）。九、十、十一三首但詠行役，爲另一時作。

第十首曰：「荏苒經十載，暫爲人所羈。」十載，統詞，淵明二十九歲出仕，其間或仕或息，前後不過此數，知作詩時間當在今年。第九首曰：「遙遙從羈役，一心處兩端；掩淚汎東逝，順流追時遷！慷慨思南歸，路遐無由緣。」第十首又曰：「駐役無停息，軒裳逝東崖。」知作詩地點實在東都。第十一首曰：「春燕應節起，高飛拂塵梁；」「愁人難爲辭，遙遙春夜長。」知作詩時間爲今年春末。以此言之，淵明爲建威參軍使都，雜詩九、十、十一三首乃在京師有所感而發也。第十二首娟娟六句，氣味不類，前人疑爲擬古之十，殆是。

遷居上京。

上京，王、吳譜以爲上都；又以庚子始事鎮軍，至此還柴桑舊居。梁譜以荊州在長江上游，以江陵當此。傅譜以庚子遷江陵，今年還柴桑。逯譜以太元二十年乙未遷上京，又以明年還西盧。而皆以還舊居詩「疇者家上京，六載（注一作十）去還歸」語相附會。古譜則曰：「遷居上京，當在元興三年。」今按：上說皆非是。上京地在星子縣西，與柴桑山、彭蠡湖側近。南康志曰：「近城五里，地名上京，亦有淵明故居。」名勝志曰：「南康城西七里爲玉京山，亦名上京，有淵明舊居；其詩曰：疇昔家上京即此。當湖之濱，一峯最秀，東西雲山煙水數百里，浩淼縈帶，皆列几席前。」朱子語錄曰：「廬山有淵明古跡曰上原，淵明集作上京，今土人作荆，江中有盤石，石上有痕，云淵明醉臥其上，名淵明醉石。」朱子在南康與雀嘉彥書云：「前日出山，在上京坡遇雨，巾履沾濕。」曾集跋淵明集曰：「南康盖淵明舊游處也；栗里上京東西不過二十里，世變推移，不復可識，獨醉石隱然，荒煙草樹亂流中，榛莽蘩翳，人跡不到。」清惲敬陶靖節集書後曰：「敬嘗遊廬山，求所謂栗里者得之；其他西南距柴桑，（按：當作柴桑山，後人簡稱而誤。）東北望上京，廬山之陽谷也。」據諸說，則上京爲山名，山有淵明舊居，鑿然無疑也。蕭傳曰：「爲彭澤令，不以家累自隨，送一力給其子，書曰：汝旦夕之費，自給爲難，今遣此力，助汝薪水之勞；此亦人子也，可善遇之！」以與殷晉安別詩推之，淵明補彭澤令前夕遷此無疑。淵明上京之宅，可見於歸園田居詩及戊申遇火詩。歸園田居詩第一首曰：「開荒南野際，守拙歸園田；方宅十餘畝，草屋十八九間。」第二首曰：「野外罕人事，窮巷寡輪鞅。」戊申遇火詩曰：「草廬寄窮巷，甘以辭華軒；正夏長風急，林室頓燒燔。一宅無遺宇，舫舟蔭門前。」二詩情況皆相應。知上京之宅在窮巷、爲草廬，然而寬敞大宇也。田園詩第二首又曰：「時復墟曲中，披草共來往；相見無雜言，但道桑麻長。」淵明卜居上京，鄰曲皆農人可知。與南村之宅比觀，則彼此相異自見。

八月，補彭澤令。十一月，自表解職。

按：歸去來兮辭序曰：「余家貧，耕植不足以自給，生生所資，未見其術；親友多勸余爲長吏；脫然有懷，求之靡途。會四方有事，諸侯以惠愛爲德，家叔以余貧苦，遂見用於小邑。彭澤去家百里，公田之利，足以爲酒，故便求之；及少日，眷然有歸歟之情。何則，性質自然，非矯厲所得；飢凍雖切，違己交病。嘗從人事，皆口腹自役。於是悵然慷慨，深愧平生之志，猶望一稔，當斂裳宵逝。尋程氏妹喪於武昌，情在駿奔，自免去職。仲秋至冬，在官八十餘日，因事順心，命篇曰歸去來兮。乙巳歲十一月也。」以十一月初上溯八十餘日，知八月秒即補彭澤令。各譜同，是也。王譜作九月補令職，亦無失。宋傳曰：「復爲鎮軍、建威參軍，謂親朋曰：聊欲絃歌以爲三徑之資可乎？執事者聞之，以爲彭澤令；公田悉令吏種秫稻，妻子固請種秔，乃使二頃五十畝種秫，五十畝種秔。郡遣督郵至縣，吏白應束帶見之。潛歎曰：我不爲五斗米折腰向鄉里小人。即日解綬去職，賦歸去來。」知其去職，程氏妹喪及督郵至實託辭；而性質自然，非矯厲所得，爲本因也。

歸去來兮辭曰：「農人告余以春及，將有事於西疇。」「木欣欣以向榮，泉涓涓而始流。」知辭作於次年春，辭成後補以序，序則追記，故曰「乙巳歲十一月」。晉傳謂辭彭澤於義熙三年，誤。

家叔，當爲陶夔，即孟府君傳所謂叔父太常夔是也。陶考引司馬氏傳曰：「德宗復立於江陵，改年義熙，尚書陶夔迎德宗達於板橋，大風暴起，龍舟沉沒，死者十餘人，當即此陶夔。惟太常與尚書，應是前後所歷官不同耳。」其說是。

十一月，程氏妹卒於武昌。

按：歸去來辭序曰：「尋程氏妹喪於武昌，情在駿奔，自免去職。乙巳歲十一月也。」祭程氏妹文曰：「維晉義熙三年五月甲辰，程氏妹服制再周。」兩文相推，時間吻合；知程妹卒於十一月爲實。別見義熙三年。

義熙二年丙午（四〇六）**四十二歲**。

十月，尚書論建義功，奏封劉裕豫章郡公。十二月，何無忌爲都督荆、江、豫三州八郡軍事，江州刺史。

作歸園田居詩。

歸園田居詩，凡六首。第六首「種苗在東皐」，與他詩不類，湯漢疑爲江淹雜擬，近實。第一首曰：「少無適俗韻，性本愛丘山，誤落塵網中，一去三十年。羈鳥戀舊林，池魚思故淵；開荒南野際，守拙歸園田。」王、梁、古、逯譜以此詩爲三十歲作；三十乃云人世。吳譜、陶考、傅譜、劉履、朱自淸皆謂三十當作十三；十三乃指人事。方東樹曰：「其仕以三十六，首尾共止六年耳；所云三十，指已去之年，舉其大數，對今四十言之。」皆臆測附會。今按：三十各本無異文，詩題歸園田居，與詩內容合，明是棄官歸隱之作。第一首一二言與三四言對文，謂少年愛丘山爲非塵網也。始作鎭軍參軍詩「弱齡寄事外，委懷在琴書。」飲酒詩第十六首「少年罕人事，游好在六經。」歸園田居詩第二首「野外罕人事，窮巷寡輪鞅。」辛丑赴江陵詩「詩書敦宿好，園林無世情。」皆言少年得人生之樂。然自知人事、入世途，則此樂遂已；人生碌碌，又因家貧，不得不仕；仕又不得不與官僚相與，此即世界之塵網也。與辛丑赴江陵詩「閑居三十載，遂與塵事冥」相印。若以十餘歲知人事始，至四十餘歲歸園田居，其間相隔約三十載，正所謂「一去三十年」之意。歸園田居詩第二首曰：「桑麻日已長，我土日已廣。」知作詩時間爲歸田後之二三年，時四十二三歲也。第四首曰：「徘徊丘壠間，依依昔人居，井竈有遺處，桑竹殘朽株；借問採薪者，此人皆焉如？薪者向我言，死沒無復餘。一世異朝市，此語眞不虛！」一世、三十年，與前詩「一去三十年」語合；作者蓋謂：十餘歲方知人事，卽游其地，繼以三十年之世事變遷，不復可識。故有「一世異朝市」之歎。是以作詩之時，非四十以上則不可通。而三十實泛指塵世也。

若以三十爲作詩年齡，不僅前後世情之異，無由而知；而上下文義俱不連貫矣。若作十三，則與從仕時間不合。淵明向立始仕，至四十一歸田，其間忽仕忽歸，不過十年；雜詩「荏苒經十載，暫爲人所羈。」是也。若作「十三」，豈非前後矛盾乎？而詩人摛詞，亦不當若是之板拙也！

又作歸鳥詩。

按：詩有「雖不懷游，見林情依。」「豈思天路，欣反舊棲」語。與歸園田居詩「羈鳥戀舊林，池魚思故淵」

意同。知二詩爲同一時間作。

作責子詩。

按：責子詩曰：「阿舒已二八，懶惰故無匹。」又曰：「通子垂九齡，但覓梨與栗。」長子儼生於二十七，知責子詩作於今年。詩又曰：「白髮被兩鬢，肌膚不復實。」非四十以上不足語此。梁譜定三十五歲作，古譜定三十六歲作，均過早。少年白頭尚可論，肌膚不實似不切。傅譜定四十一歲作，近實；然與他詩又相違矣。

義熙三年丁未（四〇七）**四十三歲**。

五月，程氏妹服制再周。

按：祭程氏妹文曰：「維晉義熙三年五月甲辰，程氏妹服制再周，淵明以少牢之奠，俛而酹之。」程妹之喪，詳歸去來辭序乙巳歲十一月也。自彼至此，爲時十八月。禮喪服分五等，於已嫁之妹，應服大功，期九月；再周，十八月也。祭文與歸去來辭序所記合。吳、丁、古譜載五月有祭妹文，似太籠統。王、梁、傅、逯譜以再周爲二年，誤。

義熙四年戊申（四〇八）**四十四歲**。

正月，徵車騎將軍劉裕爲侍中，開府儀同三司。

六月，上京宅遇火。

集有戊申遇火詩，曰：「草廬寄窮巷，甘以辭華軒，正夏長風急，林室頓燒燔；一宅無遺宇，舫舟蔭門前。迢迢新秋夕，亭亭月將圓；果菜始復生，驚鳥尚未還。總髮抱孤念，奄出四十年。」李公煥、陶考、丁、楊譜皆謂此年所燬者爲柴桑縣之柴桑里舊宅。古、逯譜則以爲南村之宅。今按：戊申所燬，實上京宅也。淵明補彭澤令前夕遷此，亦歸田園時所居者也。歸園田居詩曰：「野外罕人事，窮巷寡輪鞅。」本詩曰：「草廬寄窮巷，甘以辭華軒。」二詩意合，知所居者爲窮巷也。歸園田居詩曰：「方宅十餘畝，草屋八九間。」本詩曰：「一宅無遺宇，方舟蔭門前。」無遺宇即多數八九間意，二詩亦合；知遇火者爲一大宇也。李公煥曰：「至是遇回祿之變，越後年徙居南里之南村。」其說是。南村在柴桑（尋陽）負郭，其宅卑小，故移居詩曰：「弊廬何必廣，取足蔽牀席。」是也。與戊申遇火詩「一宅無遺宇」比較，不同明矣。又淵明舊宅，實在柴桑山。觀集中詩，晚年尙存：還舊居詩「履歷周故居」，悲從弟仲德詩「銜悲過舊宅」，咸可證矣。

又梁譜云：「集中紀年詩，有戊申歲六月中遇火詩一首，中有總髮抱孤念，奄出四十年語，似是年已逾四十；然則與辛丑三十，辛酉五十諸文相矛盾。四十當是四九之誤。」古、逯譜又以戊甲四十與其譜五十二歲說不合，乃謂戊申爲戊午之譌。今按：戊申詩各本無異文，時淵明年四十四，詩「奄出四十年」是也。梁、古、逯譜强改文詞以就其說耳。

義熙五年己酉（四〇九）**四十五歲**。

三月，車騎將軍劉裕帥師伐南燕。五月，劉裕過大峴，燕兵不出，喜形於色。六月，燕兵大敗於朐城，獲其玉璽、輦及豹尾。裕乘勝至廣固，長圍守之。

有和、酬劉柴桑詩。

按：蓮傳曰：「劉程之，字仲思，俗以其不仕於宋，旌號曰遺民，爲社中十八賢之一。」隋書經籍志有柴桑令劉遺民集五卷。蕭傳曰：「時周續之入廬山，事釋慧遠，彭城劉遺民亦遁迹匡山；淵明又不應徵命，謂之潯陽三隱。」唐釋元康肇論疏引慧遠所作傳，謂劉遺民於桓玄東下後入廬山，居山十二年卒。桓玄起兵於元興元年，則遺民入山當爲元興二年。和詩曰：「山澤久見招，胡事乃躊躇？直爲親舊故，未忍言索居！良辰入奇懷，挈杖還西廬；荒塗無歸人，時時見廢墟。茅茨已就治，新疇復應畬。」雅爾曰：畬，三歲田，淵明四十一歸田，知與遺民和酬，當在此二三年內。逯譜定今年作是也。王譜繫在庚申五十六歲，楊譜繫在甲寅五十歲，均誤。蓋其時遺民早登鬼錄矣。又酬詩曰：「新葵鬱北牖，嘉穗養南疇。」南疇、新疇、西廬、西田，皆在上京。

有己酉九月九日詩。

按：九九重陽，時序暮秋；草木凋謝，人亦生悲。詩曰：「蔓草不復榮，園木空自凋。」「哀蟬無留響，叢雁鳴雲霄。」「從古皆有沒，念之中心焦。」感物吟志，藉此而發。陶考曰：「是歲宋公滅燕，加太尉，不臣之節已形，詩中哀蟬心焦句，蓋亦有爲而言與！」其說牽強。時劉裕逆跡未著，何之此感？且易代之歎，事皆在飲酒詩後；而今劉裕伐燕，張邵譽爲命世人傑，豈可以不臣類之哉。

義熙六年庚戌（四一〇）**四十六歲**。

二月，劉裕悉衆攻南燕，克之。徐道覆聞劉裕北伐，勸盧循乘虛襲建康。徐率始興之衆直指尋陽，何無忌與戰，敗死，江州覆沒；中州震駭，朝廷急徵裕。四月，裕至建康；盧循至尋陽，聞裕已到，退攻江陵。尋盧循至淮口，中外戒嚴；朱齡石擊退之。裕加黃鉞。七月，盧循退尋陽。十月，裕南擊盧循。十二月，循大敗，走還尋陽。

九月中，於西田穫稻。

按：是歲妖賊蔓起，兵燹遍野，潯陽一地，尤為四戰之衝。通鑑、晉書載：二月，盧循帥衆直指潯陽，何無忌自潯陽引兵拒盧循。三月，何無忌戰死豫章，江州覆沒。四月，盧循至潯陽，聞裕已還，欲退還潯陽，攻取江陵。劉毅與盧循戰於桑落洲（潯陽東北），毅大敗。七月，盧循自蔡洲南還潯陽。八月，王鎮之至潯陽，為荀林（孫思部）所破。九月，劉遵斬荀林於巴陵。十月，劉道規拒徐道覆於豫章口，斬首萬餘級，赴水死者殆盡。道覆單舸走還湓口（潯陽）。十二月，劉裕與盧循、徐道覆戰於大雷，循兵大敗，走還潯陽。細檢史文，全年唯九月戰事在巴陵，距潯陽稍遠。詩曰：「盥濯息簷下，斗酒散襟顏；但願長如此，躬耕非所歎！」是也。刀兵稍定，宛若太平盛世，此詩之所以作也。陶考以宋公加黃鉞不臣事當此，誤甚。又逯譜云：「君庚戌九月中於西田穫早稻詩，九月所穫，不為早稻，九早二字，必有一誤。或當作七月。」其說是。按：九七形近而誤，潯陽地屬北溫帶，九月嚴霜披地，不當止「風氣先寒」之感。擬輓歌辭曰：「嚴霜九月中」，可證。

移居南村。

南村，李公煥曰：「即栗里也」。何孟春曰：「柴桑之南村」。均未審。今按：古譜曰：「案南村，即南里。通考先生詩文以及誄傳，而知南村實在潯陽負郭。（中略）自義熙七年至元嘉四年，凡十七年，先生蹤跡皆在潯陽。其尤顯著者，如因家潯陽，如過潯陽見贈，如經過潯陽臨別贈此，如在潯陽與潛情款，如經過潯陽日造淵明飲焉。皆確指其地，不可假借。然則南村在潯陽負郭，實無可疑也。又案晉傳：弘每令人候之，密知當往廬山，乃遣其故人龐通之等齎酒先於半道要之。曰當往廬山，明先生居不在廬山也；曰每令人候之，明先生居邇尋陽，乃可密知其出入也。」其說極是。又晉書地理志曰：「義熙八年，省尋陽縣入柴桑縣。」又漢書補注閻若璩曰：「漢尋陽縣在大江北，今黃州府蘄春東潯水城是，東晉成帝移於江南，今九江府德化縣西十五里是。杜佑曰：溫嶠所移也。」據此，尋陽與柴桑所治毗近可知。而南村則在兩縣之間耳。酬丁柴桑詩曰：「有客有客，爰來爰止，秉直司聰，于惠百里。餐勝如歸，聆善若始。匪惟諧也，屢有良游，載言載眺，以寫我憂。放歡一遇，既醉還休，實欣心期，方從我游。」古者方牧不逾限，丁柴桑與淵明交好，常時歡飲，則南村又當在柴桑境矣。或此詩作於尋陽省入柴桑之後，亦未可知。

移居詩曰：「懷此頗有年，今日從茲役。」與殷晉安別詩曰：「去歲家南里，薄作少時鄰。」殷詩作於明年（詳下條），所謂去歲，則移居詩在今年作。李公煥戊申遇火詩注曰：「越後年徙居南里之南村。」其語協。詩曰：「春秋多佳日，登高賦新詩。」知移居在今年九月西田穫早稻之後。傅、古譜定移居在今年，是也。逯譜謂殷晉安義熙九年癸丑東下，淵明移居在義熙八年壬子，非。

淵明南村之宅，卑小而僅容牀席；顧其移居，欲與素心人相共耳。詩曰：「昔欲居南村，非爲卜其宅，聞多素心人，樂爲數晨夕。」又曰：「弊廬何必廣，取足蔽牀席。」可證。若與昔居上京之「方宅十餘畝，草屋八九間」相較，則不可同日而語矣。詩曰：「鄰曲時時來，抗言談在昔，奇文共欣賞，疑義相與析。」又曰：「春秋多佳日，登高賦新詩；過門更相呼，有酒斟酌之。農務各自歸，閑暇輒相思；相思則披衣，言笑無厭時。」知南村鄰好，皆墨客騷人也。若與上京時「相見無雜言，但道桑麻長」之鄰曲相較，則又天壤自別矣。如此，顯然判上京與南村二宅之相異也。

義熙七年辛亥（四一一）四十七歲。

二月，孟懷玉克始興，斬徐道覆。三月，劉裕始受太尉、中書監，以劉穆之爲太尉司馬，陳郡殷景仁爲行參軍。四月，盧循投水死。

春，與殷晉安別。

按：殷名鐵，字景仁，後以字行。與殷晉安別詩序曰：「殷先作晉安南府長史掾，因居潯陽；後作太尉參軍，移家東下，作此以贈。」宋書殷景仁傳曰：「景仁，陳郡長平人。初爲劉毅後參軍，高祖太尉行參軍。」通鑑曰：「義熙七年辛亥三月，劉裕始受太尉、中書監，陳郡殷景仁爲行參軍。」知殷之任太尉參軍實在今年。詩曰：「語默自殊勢，亦知當乖分。未謂事已及，興言在茲春。」知作詩時間在今年春月。即殷移家東下之時。詩又曰：「去歲家南里，薄作少時鄰。」知淵明上年嘗與殷卜鄰。而上年庚戌已遷居南村矣。與李公煥戊申遇火詩注合。以此上溯六年，即「疇昔家上京」之時也。吳譜、陶考、傅、古譜謂與殷詩在今年作，是也。梁譜以此詩作於庚戌，逯譜謂作於癸丑，皆未深考。

八月，祭從弟敬遠。

按：集有祭從弟敬遠文，文曰：「歲在辛亥，月維仲秋，從弟敬遠，卜辰云窆。」知辛亥八月爲從弟敬遠安厝之期。又曰：「年甫過立，奄與世辭。」知敬遠過立而卒。淵明今年四十七；敬遠過立而卒，今年始葬，則淵明最低限度應長敬遠十五歲。王、吳、丁、傅譜所定是。梁譜執「相及齠齔」語，云二人年齒相去不遠，古譜更以「及齔」七歲，指敬遠；齠年十二歲，爲淵明自指，則二人相差僅五歲。逯譜從其說，皆不足據。辨見前。

義熙八年壬子（四一二）四十八歲。

九月，劉毅多變易守宰，自樹藩籬；裕以詔書罪狀毅。十月，毅自殺。十二月，加太尉裕太傅。

義熙九年癸丑（四一三）四十九歲。

諸葛長民驕縱貪侈，所爲多不法。劉裕自江陵東還，輕舟徑進，潛入內府殺之，及其弟黎民、幼民、從弟秀之。

作形影神詩。

按：古直陶淵明詩文箋註，計淵明詩用事以莊子最多，共四十九次；論語次之，三十七次；列子又次之，二十一次。吳瞻泰陶詩彙註及陶澍陶淵明集註，亦以莊子列子爲多。是知淵明頗愛莊列。集載形影神詩，序曰：「貴賤賢愚，莫不營營以惜生，斯甚惑焉；故極陳形影之苦，言神辨自然以釋之。好事君子，共取其心焉。」形贈影云：「吾無騰化術，必爾不復疑，願君取吾言，得酒莫苟辭。」影答形云：「身沒名亦盡，念之吾情熱，立善有遺愛，胡爲不自竭？」神釋云：「甚念傷吾生，正宜委運去！縱浪大化中，不喜亦不懼。應盡便須盡，無復獨多慮。」皆善體莊老自然之旨，極陳委運大化之義。釋慧遠元興元年與劉遺民等建齋立誓，共期西方，元興三年又作形盡神不滅論，及釋三報論、明報論，元興九年又立佛影銘；銘曰：「廓矣大象，理玄無名，體神入化，落影離神。」此皆言形影神三者之關係。佛云：「一切有爲法，如夢幻泡影。」淵明此詩，殆示其不同於佛法之見解邪？逯譜云：「形影神詩當作於是年。」是也。

作止酒詩。

按：神釋詩曰：「日醉或能忘，將非促齡具。」止酒詩即就此意加以暢述。知與形影神詩同時作也。詩又曰：

「居止次城邑」。知所居南村爲柴桑（尋陽）負郭無疑。此詩各譜未及備，前人以淵明戲筆爲之，殊非知言。蓋能飲能止，而後方不役於物；不役於物，而後始能縱浪大化中也。

義熙十年甲寅（四一四）五十歲。

二月，司馬休之在江陵，頗得士民之心。三月，裕以江州刺史孟懷玉兼督豫州六郡，以備之。

劉遺民卒。作雜詩前八首。

按：雜詩前八首詞氣通貫，爲一時之作。第六首曰：「昔聞長老言，掩耳每不喜；奈何五十年，忽已親此事。」則此八首，知皆五十前後作。陸機歎逝賦序曰：「昔每聞長老追計平生，同時親友，或凋落已盡，或僅有存者。」詩意殆指此。第一首曰：「人生無根蒂，飄如陌上塵，分散逐風轉，此已非常身；落地爲兄弟，何必骨肉親？」益示人生無常，歲月不待之感。時劉遺民卒，淵明與之交故，且有詩相酬和，必有所感發也。雜詩九、十、十一、十二首述具前。吳譜謂雜詩十一首爲四十八歲作，陶考謂十二首皆五十歲作，王譜云「荏苒經十載」乃指歸田後至五十而言，丁、梁譜以「掩耳不喜」事指劉裕將篡位，傅譜以「忽已親此事」別無寓意，逯譜謂唯第六首作於今年，皆未深考。不足據。

劉遺民卒年，舊說頗不一致。廣弘明集釋慧遠與隱士劉遺民等書，注謂遺民在山十五年，卒於晉安帝義熙四年，得壽五十七。釋氏通鑑、蓮社傳、佛祖統紀皆云居山十五年，義熙六年庚戌卒，得壽五十九。唐銑往生西方淨土瑞應刪傳，謂居山十五年，卒於義熙十五年，年五十七。皆未云入山之年，殊難去取。且唐銑往生云卒於義熙十五年，尤荒謬。今按：釋元康肇論疏引釋慧遠所作傳，謂桓玄東下後入廬山隱居，居山十二年卒，年五十九；其說似較具體可信。桓玄元興元年起兵東下，次年遺民入山，則遺民之卒，當在今年。逯譜所定是。

陶考，古譜定義熙六年庚戌卒，非。

義熙十一年乙卯（四一五）五十一歲。

正月，裕發兵擊江陵司馬休之，休之北走。五月，詔裕劍履上殿，入朝不趨，贊拜不名。

顏延之在潯陽，與淵明情款。

按：宋傳曰：「顏延之爲劉柳後軍功曹，在潯陽與潛情款。」劉柳爲江州刺史，晉書本傳未書，宋書孟懷玉傳，謂玉卒於義熙十一年江州之任。晉書安帝紀，謂義熙十二年六月新除尚書令劉柳卒。南史劉湛傳，謂父柳卒於江州之任。是柳爲江州實踵懷玉之後。以義熙十一年到官，十二年除尚書令，未去江州而卒。則延之來潯陽與潛情款，當在此兩年。吳譜、陶考定在明年。梁、古、逯譜定在今年，皆無失。又顏延之誄曰：「自爾介居，及我多暇，伊好之洽，接簷鄰舍，宵盤晝憩，非舟非駕。」此延之自述與淵明結鄰歡聚也。

義熙十二年丙辰（四一六）五十二歲。

三月，加太尉裕中外大都督，戒嚴伐秦。六月，新除尚書令劉柳卒。八月，裕發建康，將王鎮惡、檀道濟等伐姚泓，時檀韶爲江州刺史，據中流。十月，晉兵進至洛陽。十一月，裕遣左長史王弘還建康，諷朝廷求九錫。

釋慧遠卒。

按：釋慧遠卒，高僧傳作義熙十二年，年八十三；世說文學篇注引張野銘同。謝靈運誄作義熙十三年八月六日，年八十四。今依前說。

作示周掾祖謝詩。

按：集有示周續之祖企謝景夷三郎時在城北講禮校書詩。蕭傳曰：「時周續之入廬山，事釋慧遠，彭城劉遺民亦遁跡匡山，淵明又不應命，謂之潯陽三隱。後刺史檀韶苦請續之出州，與學士祖企、謝景夷三人，共在城北講禮，加以讎校；所在公廨，近於馬隊。是故淵明示其詩云：周生述孔業，祖謝響然臻，馬隊非講肆，校書亦已勤。與其志同。」通鑑曰：「義熙十二年八月，檀韶爲江州刺史，據中流。」劉柳卒於六月江州之任，韶刺江州當在六七月間，知示周掾詩當作於今年也。陶考、丁、梁、傅、古、逯譜所定是。吳譜定義熙八年，楊譜定義熙十四年，皆非。

又宋書周續之傳曰：「江州刺史每相招請，續之不尚節峻，頗從之游。」又曰：「續之素患風痺，不復堪講，乃移病鍾山。景平元年卒，時年四十七。」由景平元年四十七逆溯，時續之四十歲，淵明五十二。詩曰：「周生述孔業，祖謝響然臻。」「老夫有所愛，思與爾爲鄰。」稱周生老夫，措詞明切。梁譜云：淵明壽止五十六歲。古、逯譜、賴義輝云：淵明壽止五十二歲。吳摯甫云：淵明壽止五十一歲。若依此推之，則淵明當時年齡爲四十五，四十一，或四十不等；與續之相較，或長五歲或長一歲或與同年。然則詩稱周生老夫，爲不通也。此詩實破異說之最佳史料。

八月中於下潠田舍穫。

按：丙辰歲八月中於下潠田舍穫詩，有「曰余作此來，三四星火頹」句。作此，作耕也。星火頹，火星下傾已到秋日也。三四指十二年。云歸田至今已十二載矣。與乙巳歲歸去來辭序所記時間吻合。吳、丁、梁、傅、古、逯譜定今年作，是也。王譜云當是得此在癸丑甲寅之間。則未安。詩又曰：「姿年逝已老，其事未云乖。」知淵明在此十二年中，勤耕苦作，未嘗稍乏於農事也。

義熙十三年丁巳（四一七）五十三歲。

正月，太尉裕引水軍發彭城。四月，裕至洛陽。八月裕至潼關，秦兵大敗。九月，裕至長安。收秦彝器、渾儀、土圭，並秦主泓送詣建康，斬於市。十一月，劉穆之卒，裕聞之哀慟；以根本無託，遂決東還。命次子義眞鎭守之。閏十二月，夏王勃勃聞裕東還，乃扣問長安。

作飲酒詩。

飲酒詩凡二十首，辭意婉約，文情樸茂。序曰：「余閑居寡歡，兼比夜已長，偶有名酒，無夕不飲，顧影獨盡，忽然復醉；既醉之後，輒題數句自娛；紙墨遂多，辭無詮次，聊命故人書之，以爲歡笑爾。」詩皆秋夜醉後之作。以其爲醉後抒懷，故名篇曰飲酒。詩第十九首曰：「少年罕人事，游好在六經，行行向不惑，淹留遂無成。竟抱固窮節，飢寒飽所更！弊廬交悲風，荒草沒前庭。披褐守長夜，晨雞不肯鳴。孟公不在茲，終以翳吾情。」吳、梁、古、逯譜及陶攷皆執「行行向不惑」句，以此詩乃淵明四十前後所作，非也。今按：傅譜曰：「此詩前段，乃追懷往事之口氣。其意若曰：迨近不惑之年，遂自知不復有成，於是更無用世之意，而甘抱固窮之節矣。此言當日棄官動機，非指目前也。至第十九首之亭亭復一紀句，則確乎點明作詩之年，然此一紀，乃歸田里以後之一紀。詩意甚明，可無疑義。」其言極是。證以詔徵著作佐郎不就事，即者然矣。又第十九首曰：「疇昔苦長飢，投耒去學仕，將養不得節，凍餒固纏己；是時向立年，志意多所恥。遂盡介然分，終死（一作拂衣）歸田里。冉冉星氣流，亭亭復一紀，世路廓悠悠，楊朱所（一作疎）以止；雖無揮金事，濁酒聊可持。」梁譜曰：「此詩歸田里前，總敍少年出仕及棄官事；而云向立年，則明是三十歲前後也。」古、逯譜及賴義輝以史敍「弱年薄宦」語，謂淵明二十出仕；又證以雜詩「荏苒經十載，暫爲人所羈」語，乃以向立爲三十歸田。吳摯甫古詩鈔注曰：「云歸田里在義熙元年，云向立年是三十左右也，復一紀則四十矣，故前章云向不惑也。年譜以歸田爲四十一者，因顏誄春秋六十三，元嘉四年卒，逆推至義熙元年爲四十一耳。」意皆以向立所恥爲乙巳歸田也。今按：各說皆非。此詩概述三時期：是時向立年，意志多所恥，乃追述初仕以前；恥者恥其從仕也。第十首曰：「此行誰使然，似爲飢所驅。」「恐此非名計，息駕歸閑居。」可證其實。知淵明出仕實因長飢，而不得不仕，故恥爲之，固非淵明素志如此。「遂盡介然分，終死歸田里。」則指彭澤歸田；亦前詩「行行向不惑」之時。「亭亭復一紀」，乃言歸田以後之時間；亦「曰余作此來，三四星火頹」之意。如此，方能與「世路廓悠悠，楊朱所以止」相連成意。不然，詔徵著作郎不就，豈非又在四十邪？是知此詩所謂止，非指彭澤歸田，乃止於詔徵著作郎不就也。與飲酒詩他篇，可相印證。綜觀上意，知亭亭句實承終死句而發。各譜以歸田爲三十前後，以「亭亭復一紀」與「行行向不惑」附會爲一意，指爲四十之時，則誤。

詔徵著作佐郎，不就。

按：宋傳曰：「義熙末，徵著作佐郎，不就。」南傳同。顏誄、蕭傳、晉傳並作著作郎。宋傳又曰：「自以曾祖晉世宰輔，恥復屈身後代；自高祖王業漸隆，不復肯仕。」飲酒詩第四首曰：「託身已得所，千載不相違。」第五首曰：「山氣日夕佳，飛鳥相與還。」第七首曰：「日入羣動息，歸鳥趨林鳴。」第九首曰：「且共歡此飲，吾駕不可回。」第十首曰：「恐此非名計，息駕歸閑居。」第十二首曰：「杜門不復出，終身與世辭。」第十七首曰：「覺悟當念還，鳥盡廢良弓。」第十九首曰：「世路廓悠悠，楊朱所以止。」皆相連成意。知飲酒詩作於一時，而皆在詔徵著作佐郎不就時；當晉宋易代，朝命難違，故有「行失故路」之感。王、吳、丁、楊、梁、傅譜定詔徵著作郎在明年，亦無失。陶攷曰：「徵著作佐郎不就事，不必定在十四年。」其說良是。逯譜定在義熙十一年，失之過早；蓋亦就其「行行向不惑」之說耳。

贈羊長史。

按：贈羊長史詩序曰：「左軍羊長史，銜使秦川，作此與之。」左軍，左將軍朱齡石也；羊長史，即淵明相周旋羊松齡也。是年劉裕伐後秦，破長安，滅姚泓，駐軍關中，左將軍朱齡石遣長史羊松齡赴關中稱賀，淵明贈以詩，詩曰：「聖賢留遺跡，事事在中都；九域甫已一，逝將理舟輿。聞君當先邁，負痾不獲俱。」以天下分崩，中州賢聖之跡，不復得見；今九土既一，則五帝之所連，三王之所爭，宜當首訪；而身不能至，心向往之。詩又曰：「路若經商山，爲我少躊躇；多謝綺與角，精爽今何如？」自許之辭也。吳譜云：「此與飲酒詩且當從黃綺意同。」是也。丁譜以此詩作於上年，亦無失。

作桃花源詩並記。

按：桃花源詩曰：「嬴氏亂天紀，賢者避其世，黃綺之商山，伊人亦云逝。往迹浸復湮，來徑遂蕪廢。」記有「南陽劉子驥，高尚士也」句；則於前古避世之士，頗多欽服。晉書隱逸傳曰：「劉驎之、字子驥，南陽人，嘗採藥至衡山，深入忘反，見澗水南有二石囷，水深不得過，欲還道失，遇人問徑，僅得還家。或說囷中皆仙靈方藥，欲更尋索，終不復知處也。」林昌彝曰：「陶柴桑蓋有感於此，特寓之桃源耳。」其說近實。魏晉戰禍連年，人有避世山居者；今劉裕篡局已成，於是託意此詩，亦逃避現實之想。陳寅恪桃花記旁證，謂此詩蓋本征西將佐所言西北人民逃避苻秦之苦，淵明取以襯託而成詩，說近臆測。記又有「晉太元中」及「後世無問津者」一句，知作詩時間不在太元明甚。翁同龢曰：「義熙十四年劉裕弑安帝，逾年，晉室遂亡。史稱義熙末，潛徵著作佐郎不就，桃源避秦之志，其在斯時歟？」說近實。今按：記云不知有漢，何論魏晉，顯見爲易代之際之憤語。梁譜謂作於隆安之前，古譜謂作於太元間，均未妥。

還舊居。

集有還舊居詩，曰：「疇昔家上京，六（一作十）載去還歸；今日始復來，惻愴多所悲。阡陌不移舊，邑屋或時非，履歷周故居，鄰老罕復遺！步步尋往迹，有處特依依，流幻百年中，寒暑日相推，常恐大化盡，氣力不及衰。撥置且莫念，一觴聊可揮。」王、吳譜以上都爲上京，意庚子始事鎮軍，居家京都，至乙巳還歸柴桑。梁譜以荊州在長江上游，以江陵爲上荊當上京，意庚戌始事參軍，遷居江陵，至元興二年癸卯還歸柴桑。傅譜以庚子由都還歸後，即移家江陵，至乙己奉使入都，旋後始還柴桑上京舊居。逯譜以淵明仕宦期間，居住上京，至義熙二年春還居西廬，義熙八年又移南村，至義熙十一年復還上京，作還舊居詩。而皆以還柴桑或上京舊宅定居不出也。古譜謂淵明舊宅在栗里，永初三年由南村還舊宅省視，作還舊居詩，則以此行爲歸省。今按：古譜近實，而云還栗里舊宅，則未知地理之實。淵明舊居在柴桑山，德化縣西南九十里，乙巳補彭澤令前夕，遷居上京，戊申上京失火，後年庚戌移居南村，述具前。詩題「還舊居」，古人語簡，實由南村還柴桑山舊居省視，非還舊宅定居不出也。作詩時間可以「常恐大化盡，氣力不及衰」二句推之。禮記曰：「五十始衰」。論語：「及其老也，血氣已衰。」邢疏：「老謂五十以上。」詩曰不及衰，反詞，卽始衰而未及於衰廢意。則作詩時之年齡必在五十以上無疑。又末段內容與飲酒詩意一致，知作於飲酒詩同時，今年前後也；其時淵明五十三歲，自上京徙居南村亦八年矣。詩意蓋曰：當時居上京六載之中，柴桑山舊宅常時往還，及徙南村，遂不復至；更閱八年，始復來視，乃覺邑屋非舊，鄰老罕遺，惻愴多悲也。八年之中，以南村距舊宅較遠（約九十里），不若上京時(約二十里)之常時往返，故「今日始復來」，方有異人異地之感。詩中固無一字定居意；諸譜以此爲定居不出者，誤也。集中又有悲從弟仲德詩，氣味與前詩相類；詩曰：「銜悲過舊宅，悲淚應心零；借問爲誰悲，懷人在九冥！」又曰：「遲遲將回步，惻惻悲襟盈！」詩中過舊宅將回步諸語，益見此行爲歸省。然則，淵明殆悲從弟仲遠而來邪！

又陶攷曰：「君己亥出，庚子假歸，辛丑再還，甲辰服闋，又爲本州建威參軍；去而歸，歸而去，故曰六載去還歸。」然則六載之中，既數來數往，何至一見舊宅有如隔世？又古譜既信顏誄卒於尋陽之說，復謂終焉上京，實自矛盾。統觀集中詩文，淵明晚年固老居南村矣。

作蜡日詩。

按：此詩諸譜未及載。詩意隱約，索解爲難。詩曰：「未能明多少，章山有奇歌。」石禪師曰：「章山，商山也。」如此，詩意可以通曉。而「我倡爾言得」，當與羊長史對言；以此喻羊劾商山四老，勿從劉裕輩驅策也。前人以章山釋爲山海經中語，失解。

義熙十四年戊午（四一八）五十四歲。

六月，太尉裕始受相國、宋公、九錫之命。十月，義眞鎭長安，賜與無節，人情離駭；乃召外軍入長安，關中郡縣悉降於夏。十二月，裕使中書侍郎王韶之密酖帝而立瑯邪王德文。是年王弘爲江州刺史。

作怨詩楚調示龐主簿鄧治中。

按：漢世三調，有楚調；楚調，房中樂也。樂府楚調曲有怨歌行，淵明怨詩，殆仿此體。乃歷述生平遭遇，饑寒坎坷之實；而慷慨悲詠，自託於伯牙之善彈，以知音許龐鄧如子期也。詩曰：「結髮念善事，僶俛六九年。」六九即五十四歲，則詩作於今年也。王、傳譜所定是。吳譜定五十二歲作，古、逯譜改六九爲五十，皆非。龐主簿，名遵，字通之。鄧治中，名無考。宋書裴松之傳曰：「分遣大使巡行天下，主簿龐遵使南兗州。」宋傳曰弘令潛故人龐通之齎酒具于半道栗里要之。」晉傳曰：「既絕州郡覲謁，其鄉親張野，及周旋人羊松齡，龐遵等，或有酒要之。」則此龐主簿實淵明之故稔也。

有諸人共游周家墓柏下詩；題曰「諸人共游」，殆即龐遵等。周者，豈是周訪？訪晉書有傳，與淵明世姻，此墓或訪冢也。

有酬丁柴桑詩。

按：詩曰：「秉直司聰，于惠百里。」丁爲柴桑令屬實。宋傳「義熙末徵爲著作郞」下，晉傳即云「既絕州郡覲謁」語。知與丁柴桑等交往，當在是時。

張野卒，見蓮傳。

歲暮和張常侍詩。

按：和張常侍詩曰：「市朝悽舊人，驟驥感悲泉！明旦非今日，歲暮余何言？」劉履云：「晉史義熙十四年十二月，宋公劉裕幽安帝於東堂而立恭帝，靖節和歲暮詩，蓋亦適當其時，而寄此意焉。」其言是。張常侍，陶攷云爲鄉親野，恐非。蓮傳曰：「野字萊民，南陽人，居潯陽柴桑，與淵明有婚姻契，州舉秀才及徵拜散騎常侍，皆不就。義熙十四年卒。」題云和張常侍，而其時野既死。而蓮傳又有野族子詮者，亦徵散騎常侍不就，入廬山事遠公，宋景平元年卒；或此爲常侍詮也。

贈長沙公詩。

贈長沙公詩，各本題作「贈長沙公族祖」，序作「長沙公於余爲族祖同出大司馬昭穆既遠以爲路人經過潯陽臨別贈此」；別本作「余於長沙公爲族祖同出大司馬昭穆既遠以爲路人經過潯陽臨別贈此」。前人不察文意，率以祖字爲句，因推算世次，以爲曾祖侃與曾孫淵明不合，遂謂淵明非侃曾孫，或非侃之後（辨見前）。今按：楊時偉曰：「序長沙公於余爲族一句，祖同出大司馬一句，題中族祖二字，乃後人誤讀序文祖字爲句，因而妄增詩題也。」其說最能排解衆紛。何孟春、何焯從之。徵以曾集本、湯本、李本陶集，亦皆於族字爲句，此乃古本善本，當可取信。又集中詩，若和郭主簿、和胡西曹示顧賊曹、與殷晉安別、和劉柴桑等，亦絕無於詩題繫以名爵之例；則此長沙公詩題族祖二字，顯爲後人誤益。考晉書：侃十七子，唯洪、瞻、夏、琦、旗、斌、稱、範、岱九人有附傳，舊史以爲餘者不顯，故多不書。侃薨於晉咸和九年甲戌，其子夏襲爵；夏卒，瞻子宏襲爵；宏卒，子綽之嗣；綽之卒，子延壽嗣。宋受禪，延壽降爲吳昌侯（通鑑作醴陵侯）。詩云：「伊余云遘，在長忘同。」蓋淵明世次爲長，視延壽乃諸父行；而又不欲居長，故詩稱「於穆令族」，序稱「於余爲族」；皆敬宗之義也。宋書高帝紀曰：「義熙五年，慕容超率鐵騎來戰，命咨義參軍延壽擊之。」知延壽於義熙間頗立功業。尋陽兵要，延壽或因軍公出入其地，偶與淵明邂逅，語之則知皆長沙公後，而贈以詩，則歎爲路人，惜之也。張辨云：要是此詩作於延壽未改封之前。其說是。吳譜以此詩作於元嘉。則延壽既改封醴陵侯，不當稱長沙公矣。陶攷以詩作於易代之後，稱長沙者，仍從晉爵也。此臆測，不足據。

恭帝元熙元年己未（四一九）**五十五歲**。

正月壬寅朔，改元。十二月，宋王裕加殊禮；進王太妃爲太后，世子爲太子。

元熙二年 宋武帝永初元年庚申（四二〇）**五十六歲**。

六月，傅亮諷晉恭帝禪位於宋，具詔草呈帝，使書之。帝欣然執筆，謂左右曰：「桓玄時，晉氏已無天下，重爲劉公所延，將二十載；今日之事，本所甘心！」遂書赤紙爲詔。王遂壇於南郊，即皇帝位；禮畢，自石頭備法駕入建康宮。大赦，改元。奉晉恭帝爲零陵王。

江州刺史王弘欲識之，不能致。

按：晉傳曰：「刺史王弘以元熙中臨州，甚欽遲之。後自造焉，潛稱疾不見。既而語人云：我性不狎世，因疾守閑；幸非潔志慕聲，豈敢以王公紆軫爲榮耶？夫謬以不賢，此劉公幹所以招謗君子，其罪不細也。弘每令人候之，密知當往廬山，乃遣其故人龐通之等齎酒先於半道要之；潛既遇酒，便引酌野亭，欣然忘進。弘乃出與相見，遂歡宴窮日。潛無履，弘顧左右爲之造履；左右請履度，潛便於坐申脚令度焉。弘要之還州，問其所乘？答云：素有脚疾，向乘籃輿，亦足自反。乃令一門生二兒共轝之至州，而言笑賞適，不覺其有羨於華軒也。弘後欲見，輒於林澤間候之。至於酒米乏絕，亦時相贍。」又宋書王弘傳曰：「義熙十四年遷監江州、豫州之西陽、新蔡二郡諸軍事，撫軍將軍，江州刺史。」知王弘刺江州始自前年。又宋書文帝紀曰：「元嘉三年正月丁卯，徵車騎大將軍、江州刺史王弘爲司徒，錄尚書事，揚州刺史。」知王弘元嘉三年內遷，在江州先後幾八年。而與淵明交往，當在此數年。

所著文章，皆題其年月，義熙以前，則書晉氏年號；自永初以來，唯識甲子而已。

宋書曰：「所著文章皆題其年月，義熙以前，則書晉氏年號；自永初以來，唯云甲子而已。」陶攷、丁、楊譜同。顏眞卿、僧思悅、王復齋、曾季貍、吳師道、宋濂、郎瑛、梁譜皆以文章所題甲子，並無既定書法，但偶記一時之事耳。吳譜、朱自淸、逯譜則謂詩文於晉年號，或書或否固不一概，卒無一字稱宋永初以來年號者。五臣注辛丑赴假還江陵詩曰：淵明詩晉所作者皆題年號，入宋所作，但題甲子，意者恥事二姓。今按：宋傳是。檢集中詩文，如庚子歲五月中從都還，辛丑歲七月赴假還江陵，癸卯歲始春懷古田舍，癸卯歲十二月中作與從弟，乙巳歲三月爲建威參軍使都，戊申歲六月中遇火，己酉歲九月九日，庚戌歲九月中於西田穫，丙辰歲八月中於下潠，游斜川詩序辛丑正月五日，歸去來辭序乙巳歲十一月，祭從弟敬遠文曰：歲在辛亥，月維仲秋等。其凡有甲子者，幾皆附以月分，此宋傳所謂「所著文章，皆題其年月」是也。又如桃花源記義熙十三年作（辨見前），書稱「晉太元中」，祭程氏妹文義熙三年作，書曰「維晉義熙三年五月甲辰」，此宋傳所謂「義熙以前則書晉氏年號」是也。又自祭文元嘉四年作，則書「歲維丁卯」，此宋傳所謂「自永初以來，唯云甲子而已」之證。史氏之說，固無誤。今陶集原本雖無傳，而休文世近，發其微趣，則必覩其原集。假令原集義熙以前亦止書甲子，永初以後或併記年號，休文無端造爲此說，當時之人，皆可取陶集核對；豈有歷代不察，李延壽反採入南史而爲之傳，理之難通，顯而易知。後人徒執今本陶集以非宋書，固未知淵明之心迹也。

周續之至都講禮，爲顏延之連挫。事見宋書周續之傳及顏延之傳。

顏延之爲太子舍人。事見顏延之本傳及文選卷二十六。

作讀史述九章。

按：讀史述序曰：「余讀史記，有所感而述之。」知讀史實藉以述志，非漫然詠倡也。詩首章述夷齊云：「天人革命，絕景窮居，采薇高歌，慨想黃虞。」二章述箕子云：「去鄉之感，猶自遲遲，矧伊代謝，觸物皆非。」魯二儒云：「易代隨時，迷變則愚，介介若人，特爲貞夫。」程杵云：「遺生良難，士爲知己，望義如歸，允伊二子。」皆易代感慨之詞。東坡云：「讀史述九章，夷齊、箕子，蓋有感而云，去之五百歲，吾猶識其意也。」其言甚是。然此詩湯本、曾本、張溥百三名家本、廣州翰墨園本陶集均未載；梁譜疑爲僞，皆未深味。

作扇上畫贊。

按：本篇所贊凡八人，皆古名人隱士，淵明心所向往者也。內容與讀史述九章相似，姑繫此。

作詠貧士詩。

按：詠貧士詩七首，皆晚年詠懷之作。第一首有「遲遲出林翮，未夕復來歸」句，乃喻仕途之始末。又曰：「朝霞開宿霧，衆鳥相與飛。」則詈易代趨炎附勢，以別貧士「量力守故轍」之不同。劉履選詩補注曰：「朝霞開霧，喻朝廷之更新；衆鳥羣飛，比諸臣之趨附。而遲遲出林，未夕來歸者，則又自況其審時出處與衆異趨也。」其言是。第三首以下五首，歷引古貧士，皆欲寄興抒懷以明其志者。恭帝元熙二年六月即位，詩第二首曰：「淒厲歲云暮」，則知七首皆作於是年冬。

永初二年辛酉（四二一）五十七歲。

六月，帝以毒酒一罌授前琅邪郎中令張偉使酖零陵王；偉歎曰：「酖君以求生，不如死！」乃於道自飲而卒。九月，兵人踰垣而入，進藥於王；王不肯飲，曰：「佛教，自殺者不復得人身！」兵人以被掩殺之。

於王撫軍座送客。

按：於王撫軍座送客詩曰：「秋日淒且厲，百卉俱已腓；爰以履霜節，登高餞將歸。」李公煥注曰：「案年譜，此詩永初二年辛酉秋作也。宋書：王弘爲撫軍將軍、江州刺史，庾登之爲西陽太守，被徵還；謝瞻爲豫章太守，將赴郡；王弘送至湓口，三人於此賦詩敍別，是必休元要靖節與席餞行，故文選載入瞻即席賦別詩，首章紀座間四人。」又陶攷曰：「案今文選，瞻序僅記三人，無先生名字，豈宋本有之，今本奪去耶？通鑑：永初二年謝瞻爲豫章太守，則此詩淵明作於是歲，明年則瞻死矣。」二說皆近實。古、逯譜定今年作此詩是也。丁、梁、傅譜定在義熙十四年，似未審。

作述酒詩。

按：本篇詞意隱曲，詩家所未深知，各譜亦詳畧不一。詩有「山陽歸下國」句。韓子蒼曰：「余反覆觀之，蓋用山陽公事，疑是義熙以後有所感而作也。故有流涙抱中歎，平王去舊京之語。」湯東澗曰：「按：晉元熙二年六月，劉裕廢恭帝爲零陵王，明年，以毒酒一罌授張偉使酖王，偉自飲而卒；繼又令兵人踰垣進藥，王不肯飲，遂掩殺之。此詩所爲作，故以述酒名篇也。詩辭盡隱語，余反覆詳考，而後知此爲零陵哀詩也。」梁譜曰：「篇中有諸梁董師旅，芈勝喪其身語，用葉公諸梁，白公勝事。有安樂不爲公語，用劉禪事。有峽中納遺薰語，用越王子搜事。皆玆案有關。結句有天容自永固，彭殤非等倫，意尤明顯。」儲皖峯曰：「靖節于禪代之交，哀時感事，借題發揮，如安恭被弒及劉裕子廢立等，眼前事實，一齊收入筆端。全篇大旨可得而言者：自開端至南岳無餘雲，述南渡國勢；自豫章抗高門至成名猶不勤，述劉裕弒安恭事；自卜生善斯牧至三趾顯奇文，述劉裕子廢立事；自王子愛淸吹以下，述求仙及修練事。」（見輔仁學報八卷一期）各說互有發明，詩旨可以大白。詩題「述酒」，自注：「儀狄造，杜康潤色之。」國策曰：「昔帝女儀狄作酒以進於禹，禹飮而甘之，遂疏儀狄。曰：後世必有以酒亡國者！」通鑑曰：「太元三年，秦祕書郎趙整作酒德之歌，曰：地列酒泉，天垂酒池，杜康妙識，儀狄先知。紂喪殷邦，桀傾夏國；由此言之，前危後則。」皆以酒諷亡國。淵明自注，蓋有深意焉。黃庭堅謂爲讀異書所作，實未深知。

與子儼等疏。

與子儼等疏，有「吾年過五十」及「自恐大分將有限也」句。梁、古、逯譜及吳摯甫、賴義輝等均力謂此疏爲屬纊時作。而言淵明壽不及六十歲。今按：宋傳曰：「與子書，以言其志，並爲訓誡。」淵明與子儼疏，實布陳素志，事爲訓誡也。全篇內容概述二事：疏曰：「子夏有言，死生有命，富貴在天；四友之人，親受音旨，發斯談者，將非窮達不可妄求，壽夭永無外請故耶！」又曰：「少學琴書，偶愛閑靜，開卷有得，便欣然忘食，見樹木交蔭，時鳥變聲，亦復欣然有喜；嘗言五六月中北窗下臥，遇涼風暫至，自謂是羲皇上人。」此宋傳所謂以言其志者也。又曰：「汝等雖不同生，當思四海皆兄弟之義；鮑叔管仲，分財無猜，歸生伍舉，班荊道舊，遂能以敗爲成，因喪立功。他人尚爾，況同父之人哉！」此宋傳所謂訓誡之詞者也。全疏大旨如此。鄭文焯曰：「此當與夫康成公誡子書參觀。李公煥謂爲臨終戒子遺訓，未免迂繆。」其言極是。又宋傳曰：「吾年過五十，而窮苦荼毒，家貧弊，東西奔走。」則五十非淵明壽終可知。石禪師曰：「後漢趙岐，年三十餘患重病立遺囑，而其壽竟至九十餘。」其言最能排解衆紛。然則遺囑立後，未必即亡也；況此疏又非遺囑明甚。至此疏成就年月，可以「濟北范稚春，晉時操行人也」二語定之。其謂晉，則知本文當作於晉亡之後。又云：「吾年過五十」，則作疏時淵明壽在五十以上。據此而推，本文必作於永初二年（宋受晉禪）至景平元年（五十九歲）之間。今定爲五十七作，最合疏意。吳譜定四十九歲作，王譜定五十一歲，陶考以此疏當在宋受禪後，又謂必須作於甫五十之時，皆未審。

作擬古詩。

按：擬古九首，爲悼國傷時，追慕節義之作；筆意婉曲，而諷託備至。第一首「遂令此言負」，乃伸扶運之懷。第二首「聞有田子春，節義爲士雄。」古譜曰：「裕初廢零陵王，以兵守之，行在消息未知生死，故元亮寄慨子春也。」其言是。第三首「迢迢百尺樓，分明望四荒；暮作歸雲宅，朝爲飛鳥堂。」則藉燕雀之情而言國運之轉易，意隱而情彌深矣。至末章「種桑長江邊，三年當望採，枝條始欲茂，忽值山河改。」則憤慨顯露矣。劉裕義熙十四年戊午十二月幽晉安帝於東堂，而立恭帝，至恭帝元熙二年庚申六月，裕又逼恭帝禪位，恭帝在位歷三年，而晉室以終，詩意皆喻易代事。又第三首有「仲春遘時雨」句，第七首有「春風扇微和」句，知此詩作於是年春。梁譜定永初三年，傅譜定永初元年，古譜定元熙二年作，皆未是。

永初三年壬戌（四二二）五十八歲。

三月，上不豫。五月，帝殂於西殿，太子卽位。

是冬，與龐參軍卜鄰，別見後。

作感士不遇賦。

按：賦序曰：「自眞風告逝，大僞斯興，閭閻懈廉退之節，市朝驅易進之心。」賦曰：「密網裁而魚駭，宏羅制而鳥驚；彼達人之善覺，乃逃祿而歸耕。」似述劉裕翦除異已事。序又曰：「余嘗以三餘之日，講習之暇，感而賦之。」其情趣與讀山海經詩相似。姑定與讀山海經詩同時作。古譜以作於歸去來辭同時，殆未是。

作閑情賦。

按：閑情一賦，艷麗百轉，冶態清芬。昭明譏爲白璧微瑕，東坡譽曰好色不淫；余以昭明固識短，而東坡亦未深遠也。序曰：「檢逸辭而守澹泊，始則蕩以思慮，而終歸閑正。將以抑流宕之邪心，諒有助於諷諫。」序旨清晰。賦曰：「願在衣而爲領，承華首之餘芳，悲羅襟之宵離，怨秋夜之未央。」邱嘉穗曰：「賦中願在衣而爲領十段，正脫胎同聲歌中莞蕈衾幬等語意，而吳兢樂府題解所謂喻當時七君子事君之心，是也。詩曰：云誰之思，西方美人。朱子謂託言以西周之盛王，如離騷美人之遲暮，亦以美人目其君也，此賦正用此體。」其言頗有深見。古者辭人多以美人喻君子，賤草比小人；其託於詩，則發乎情，止於禮，而歸於諷諫。淵明閑情，逐層鋪轉，意致纏綿，而終歸閑正，此非諷諫之作而何？又觀序之結造與感士不遇賦同，或亦與其同時作。

作讀山海經詩。

按：讀山海經詩十八首，張自烈謂爲屈子之賦天問，王應麟謂爲屈子賦遠遊；皆借荒唐之言，吐坌涌之情。首章「俯仰終宇宙」爲全詩章目，餘皆以此託出。邱嘉穗曰：「如玉臺、玄圃、丹木、青鳥、扶木、三珠、八桂、靈鳳、神鸞、不死民、夸父、精衞、巨猾、鵰鶚之類，大抵皆無可如何而託於神仙之辭；而夸父、精衞、巨猾、放士四首皆指切時事，尤隱然可想。」其言是。晉郭璞有山海經注，並圖讚。詩曰：「流觀山海圖」，則淵明所讀殆卽郭璞圖讚之本。題曰「讀山海經」，而詩則曰「泛覽周王傳」，豈同時並讀穆天子傳乎？竹書穆天子傳凡五篇，晉武帝五年汲縣民發魏襄王冢所得，內記周穆王駕八駿西征，皆神奇怪誕之語。陶考曰：「巨猾肆威暴，當指劉裕弒逆事。」其說是。第一首發端有「孟夏草木長」句，則詩當於劉裕弒零陵王後一年作。古譜定元熙元年作，非是。蓋其時宋武雖篡位，而未嘗酖王也。

少帝景平元年癸亥（四二三）**五十九歲**。

正月己亥朔，大赦，改元。

周續之、張詮卒。事見前。

有詠二疏、三良、荆軻詩。

按：右三詩，皆詠史之作。古人詠史，多託古詠懷。二疏取其見機歸隱，自況辭彭澤而歸田。三良取其與君同死，自傷不得從晉恭帝俱盡。荆軻取其爲主復仇，自歎不得討劉裕之篡弒。皆託古以言志也。而荆軻之俠義精神，尤爲淵明欽遲而樂道。三詩主旨相似，爲易代後同一時期作品無疑。詠三良詩曰：「厚恩固難忘，君命安可違。臨穴罔惟疑，投義志攸希。」則指張偉不忍酖王而自盡也。張偉事發永初二年，知此詩當作於其後。古譜曰：「此靖節憤宋武弒奪之變，欲爲晉室求得如荊軻者往報。」其語是。然其繫於元熙元年，則失考。

景平二年 文帝元嘉元年甲子（四二四）**六十歲**。

正月，廬陵王義眞與太子左衞率謝靈運，員外常侍顏延之，慧琳道人情好欵密，尚書令徐羨之以爲構扇異同，非毀執政；出靈運爲永嘉太守，延之爲始安郡，廢義眞爲庶人。四月，徐羨之以帝居處所爲多過失，乃召檀道濟及江州刺史王弘入朝，告以廢立之謀。五月，道濟引兵入宮，扶帝出東閤，收璽綬，廢爲營陽王，以宜都王義眞纂承大統。六月，徐羨之殺營陽王及前廬陵王。八月，宜都王即皇帝位，大赦，改元。

延之爲始安郡，經過潯陽，日日造飲。

按：宋傳曰：「延之後爲始安郡，經過，日日造潛；每往，必酣飲致醉，臨去，留二萬錢與潛；潛悉送酒家，稍就取酒。」宋書顏延之傳曰：「少帝立，出爲始安太守；延之之郡，道經汨羅潭，爲刺史張邵作祭屈原文。文曰：維有宋五年月日云云。」宋五年，即景平二年元嘉元年。又通鑑亦繫延之爲始安郡在今年正月，則延之經過潯陽與淵明日日造飲事，必在春後。吳譜汲古閣本及王、丁、楊譜繫在上年癸亥，吳譜吳瞻泰本繫在前年壬戌，均誤。陶考、古譜、逯譜繫在今年是。

有九日閑居詩。

按：集有九日閑居詩，序曰：「余閑居，愛重九之名，秋菊盈園，而持醪靡由，空服九華，寄懷於言。」宋傳曰：「嘗九月九日無酒，出宅邊菊叢中坐久，值弘送酒至，即便就酌，醉而後歸。潛不解音聲，而畜素琴一張，無絃；每有酒適，輒撫弄以寄其意，貴賤造之者，有酒輒設；潛若先醉，便語客，我醉欲眠，卿可去。其率眞如此。」宋傳繫此段於延之出爲始安郡後，故知詩作於是年。丁、楊、梁、傅譜定義熙十四年，古譜定永初元年，均與傳文述次不合，當據正。又詩曰：「如何蓬廬士，空視時運傾；塵爵恥虛罍，寒華徒自榮。」時宋帝纂統已五年矣，而淵明猶緬然寄慨，其惓懷故朝之情深矣。

元嘉二年乙丑（四二五）**六十一歲**。

正月，徐羨之上表歸政，帝親萬機。

答龐參軍詩。

按：集有答龐參軍詩，五四言各乙首。逯譜曰：「淵明久疾，作五言答龐參軍詩；冬，作四言答龐參軍詩。五言序云：吾抱疾多年，不復爲文；本既不豐，復老病繼之。又云：自爾鄰曲，冬春再交，人事好乖，便當語離。知五言爲春日之作。四言詩云：昔我云別，倉庚載鳴，今也遇之，霰雪飄零。知四言詩爲冬日之作。又四言詩序云：龐爲衛軍參軍從江陵使上都，過尋陽見贈。而詩云：大藩有命，作使上京，豈忘宴安，王事靡寧云云。知龐爲衛軍，乃事荆州刺史。案宋初以衛將軍爲荆州刺史者，僅謝晦一人。又宋書文帝紀云：元嘉元年八月癸卯，撫軍荆州刺史謝晦，進號衛將軍；知龐氏此春乃以撫軍參軍赴江陵之任，淵明以五言詩送別。至冬則以衛軍參軍，銜命使都，淵明又有四言遺之也。詩序云：自爾鄰曲，冬春再交。知龐與淵明結鄰，在昔年冬，即永初二年，至此已三年無所作。故有此言也。」其說蓋是。陶攷謂二詩作於景平元年，時衛將軍王弘鎮尋陽，宋文帝方為宜都王，以荊州刺史鎮江陵，參軍奉弘命使江陵，又奉宜都王命使都；故曰：大藩有命，作使上京，非宜部不得稱大藩也。又謂：乃王弘兄弟與徐羨之密謀廢立之事，故使參軍往來京都。按：陶說牽強，四言詩明言：「從江陵使上都，過潯陽云云。」則不得曲為之說，以由尋陽奉弘命使江陵，又奉宜都王命使都也。且謝晦鎮江陵，已進封建平郡公，與大藩云者，亦無不合。逯譜謂與龐結鄰在永初二年，則非。四言詩明言冬春再交，當自永初三年至此才合。梁譜繫二詩在義熙七年辛亥，傅譜繫義熙八年壬子，古譜繫景平元年癸亥，均未審，不足據。

元嘉三年丙寅（四二六）**六十二歲**。

正月，下詔暴徐羨之等罪，遣征北將軍檀道濟討荊州刺史謝晦，以王弘為侍中、司徒、錄尚書事。二月，上發建康，擒謝晦於安陸延頭，斬之。三月，徵謝靈運為秘書監，顏延之為中書侍郎。五月，以檀道濟為江州刺史。秋，宋大旱，蝗。

有會而作。

按：通鑑曰：「元嘉三年丙寅，秋，宋太旱，又蝗。」有會而作序曰：「舊谷既沒，新谷未登，頗為老農，而值年災；日月尚悠，為患未已。登歲之功，既不可希，朝夕所資，煙火裁通。旬日以來，始念饑乏。歲云夕矣，慨然詠懷；今我不述，後生無聞哉！」史與序文意合，詩作於是年無疑。逯譜繫此詩於今年是也。梁譜繫元嘉元年誤。詩曰：「弱年逢家乏，老至更長饑。」又曰：「歲月將欲暮，如何辛苦悲。」又曰：「嗟來何足吝，徒沒空自遺。」淵明是時生活景況之困頓可知矣。又曰：「斯濫豈攸志，固窮夙所歸。」上師孔顏，固淵明之夙志也。

作乞食詩。

按：乞食詩曰：「饑來驅我去，不知竟何之？行行至斯里，叩門拙言辭！主人解余意，遺贈豈虛來？談諧終日夕，觴至輒傾杯。情欣新知歡，言詠遂賦詩。感子漂母惠，愧我非韓才；銜戢知何謝，冥報以相貽。」此詩內容與前詩合，知爲同時作。丁、逯譜定今年作，是也。梁譜定元嘉元年作，非。又周續之、劉遺民、張野、張詮均先卒；詩謂故人，豈龐遵、羊松齡邪？

江州刺史檀道濟往候之，偃臥瘠餒有日。

按：蕭傳曰：「江州刺史檀道濟往候之，偃臥瘠餒有日矣。道濟謂曰：賢者處世，天下無道則隱，有道則至。今子生文明之世，奈何自苦如此？對曰：潛也何敢望賢，志不及也！道濟饋以粱肉，麾而去之。」宋書檀道濟傳曰：「及討謝晦，道濟率軍繼到彥之，彥之戰敗，退保隱圻；今道濟至，晦本謂濟與羨之等同誅，忽聞來上，人情兇懼，遂不戰自潰。事平，遷都督江州之江夏，豫州之西陽、新蔡、晉熙四郡諸軍事，征南大將軍，開府儀同三司，江州刺史。」又通鑑曰：「元嘉三年五月乙未，以檀道濟爲征南大將軍，開府儀同三司，江州刺史。」據此，檀爲江州實在是年。王、吳、古、逯譜繫今年是也。丁、楊、梁譜據少帝紀定在元嘉元年，失考。又蕭傳次檀道濟事於鎮軍建威參軍前，亦不合，應據正。

元嘉四年丁卯（四二七）**六十三歲卒**。

元嘉四年，將復徵命，會卒，時年六十三，世號靖節先生。

按：右蕭傳語，顏誄、宋傳、晉傳同。自祭文曰：「歲維丁卯，律中無射，天寒夜長，風氣蕭索。陶子將辭逆旅之館，永歸於本宅。」擬輓歌辭曰：「荒草何茫茫，白楊亦蕭蕭！嚴霜九月中，送我出遠郊。」均與傳文意合。又朱子通鑑綱目曰：「元嘉四年冬十一月，晉徵出陶潛卒。」朱書晚出，益宜審知；淵明卒於是年，得壽六十三歲，萬無可疑。王、吳譜、陶攷、丁、楊、傅譜同，是也。梁、古、逯譜及郭銀田、吳摯甫、賴義輝諸說非。梁、古譜又以淵明年壽，文選原作若干，今本作六十三者爲後人臆改。按：石禪師曰：「淵明年壽六十三無誤，文選所載諸文，原以保存文學價値爲目的，六十三之簡化爲若干，猶奏疏中誠惶誠恐，死罪死罪，頓首頓首，簡化爲中謝，似不得因書若干而疑其壽不及六十也。」其說益極可信，足破梁、古二氏之非。梁譜又曰：「沈約宋書之誤，殆約所據譜諜本作五十六，而五字或刓損或傳鈔訛舛，便成三字，約見三十六之太不倫也，輒顚倒臆定爲六十三；自此遂以訛踵譌，習非成是矣。」按：此說荒謬。沈約宋書，成於齊永明五年，距淵明之卒，僅六十年；魏晉譜諜盛行，諸家譜皆呈吏部，休文撰史，既知侃爲淵明曾祖，而侃潛又一時人望，豈有不加詳察而無端造爲耶？若休文縱有所誤，當時之人，皆可據譜諜而非之，又焉能歷代習而不察乎？李延壽世近，撰晉書取前人六十三歲成說而無疑，而於祖茂則增訂之。朱子作通鑑綱目，特不依自祭文及擬輓歌辭作九月卒，而更定其說爲冬十一月。足見朱子之前論述淵明資料之富，故延壽朱子據而更之。若淵明年壽果有誤，此大事，豈李朱二人皆所不察者乎？而梁任公竟以沈書六十三，乃沿五十六而誤，又疑五因刓損爲三，以三十六太不倫，史者倒書而成六十三，誠是臆側。梁譜又謂：與子儼疏、挽歌、自祭文，皆屬纊時作。挽歌云早終非命促，可爲先生得下壽之證。按：與子儼疏證具前。謂挽歌、自祭文屬纊時作，極誤。李公煥引祁寬曰：「昔人自作祭文、輓詩者多矣。或寓志聘辭成於暇日。」又趙泉山曰：「晉桓伊善輓歌，庾晞亦善爲挽歌，每自搖大鈴爲倡，使左右齊和。袁山松遇出游，則好令左右作挽歌，類皆一時之名流達士習尚如此，非如今人例以爲悼亡之語而惡言之也。」其說是。勇案此文體，實始薤露蒿里之詞，漢人倡之。雀豹古今注曰：「薤露蒿里，並喪歌也，本出田橫門人；橫自殺，門人傷之，爲作悲歌，言人命奄忽，如薤上之露易晞滅也。亦謂人死魂魄歸於蒿里。至漢武帝時，李延年分爲二曲，薤露送王公貴人，蒿里送士大夫庶人。使挽柩者歌之，亦謂之挽歌。」譙周法訓曰：「挽歌者，漢高帝召田橫至尸鄉（勇按：尸鄉當作千戶亭）自殺，從者不敢哭，而不勝哀，故爲挽歌寄哀。」魏晉風尚曠達，擬作轉盛；魏武帝作薤露及蒿里行，曹植亦爲之；繆襲、陸機乃作挽歌；而淵明此作，顯繼前世文風。證以李本、湯本陶集其題皆作「擬輓歌辭」可知。詩云「有生必有死，早終非命促。」亦抒情之泛論，非切指實事明甚。不然，自祭文不當復云「惟此百年，夫人愛之。……壽涉百齡，身慕肥遁，從老得終，奚可復戀」邪？以「從老得終」言之，淵明壽亦不得謂未及六十也。文獻通考戶口考曰：晉人六十六歲謂之老。淵明自謂爲老，以晉人實例，不亦六十三歲明證乎？可知梁、古、逯譜以及賴義輝、吳摯甫、郭銀田諸說之臆側附會也。

葬於廬山之西南。

按：廬山志轉引李夢陽曰：「初淵明墓失，越百年無尋焉，予既得其山並田，遂遷諸竊據而葬者數塚，而封識之，然仍疑焉。夫淵明自祭文曰：不封不樹。豈其時眞不封不樹以啓竊據而葬者耶？又曰：予既得墓山封識之矣，又得其故屋祠址田，令其裔老人瓊領業焉，然其山並田德化縣屬，而老人瓊星子人也。今九江陶亨來，言淵明裔，亨固少年粗知字義者，於是使爲郡學生，實欲久陶墓云。」古譜曰：「返葬故里，墓在距栗里五里之面陽山。」桑喬廬山紀事曰：「靖節墓在面陽山北麓，鹿子坂在楚城鄉。桃花尖山西去靖節墓三四里，其地有淵明故宅。」各說互可印證。知其墓在廬山西南毗近故宅無疑。又按：擬輓歌辭曰：「嚴霜九月中，送我出遠郊。」知淵明死時實居城邑，故云遠郊。杜子春周禮注曰：「百里爲遠郊。」南村在柴桑（尋陽）負郭，距故居約九十里，所謂遠郊亦可徵矣。顏誄曰「卒於尋陽之柴桑里」。柴桑里，殆即南里？抑南里柴桑里二處毗近？須俟得知地理者定之。

中國佛教史傳與目錄源出律學沙門之探討(中)

曹仕邦

目錄

釋道宣與續高僧傳、大唐內典錄第五

一　道宣之師承與交友

唐道宣律師之貢獻於中國佛教者至鉅，就譯經言，宣公爲玄奘三藏譯場中綴文大德九人之一。就宗派言，宣公是律宗祖師，所著四分律刪繁補闕行事鈔（或稱南山鈔）爲本宗寶典。就外學言，宣公所著有關史傳、文學、目錄之作品，皆足與儒者爭光，欲考宣公史傳與目錄之著作，應先究其師承與所受之影響。宋高僧傳卷一四唐京兆西明寺道宣傳畧云：

釋道宣，姓錢氏，丹徒人氏，一云長城人。其先出自廣陵太守讓之後，洎太史令樂之，撰天文集占一百卷，考諱申府君，陳吏部尚書，皆高矩令猷，盛德百代。母娠而夢月貫其懷，復夢梵僧語曰：汝所娠者，即梁朝僧祐律師，宜從出家，崇樹釋教云。九歲能賦，十五厭俗，誦習諸經，依智頵律師受業。隋大業中，從智首律師受具，武德中依首習律，纔聽一徧，方議修禪，頵師呵曰：修捨有時，功願須滿，未宜即去律也。抑令聽二十徧已，乃坐山林行定慧，晦迹於終南倣掌之谷，隋末徙崇義精舍，載遷豐德寺。有處士孫思邈，嘗隱終南山，與宣相接，結林下之交，每一往來，議論終夕。及西明寺初就，詔宣充上座。三藏奘師至止，詔與翻譯。撰法門文記、廣弘明集、續高僧傳、三寶錄、羯磨戒疏、行事鈔、義鈔等二百二十餘卷。先所居久在終南，故號南山律宗焉。

傳稱母氏娠宣時感夢事，雖屬歷史上偉大人物所常有之傳說，然吾人不能忽視此傳說之意義，蓋道宣出家後，行事多處模倣僧祐，就宗教言，祐與宣同屬律師，畢生致力於戒律之弘揚。就著作言，其例尤爲顯著，如僧祐著釋迦氏譜，道宣則著釋迦方誌。僧祐著出三藏記集，道宣則著大唐內典錄（即傳所謂三寶錄）。僧祐編集弘明集，道宣則編集廣弘明集。續高僧傳之作，雖曰宣公欲繼承慧皎高僧傳，但皎書本受祐公弟子寶唱之名僧傳影響而作（見寶唱、慧皎兩章），出三藏記集中又有述列傳之部，則宣公修史，其淵源固可上溯僧祐也。由於上述種種迹象，仕邦甚疑道宣前身是僧祐之說，當時或果有之，非出後人附會，而其說頗予宣公本人直接之影響，使其畢生效法祐公也。

道宣之行事，雖謂模擬僧祐，而就二人本業之律學言，則所習大相逕庭，蓋祐公治十誦律，宣公宗四分律，前者流行南方，後者遍施北土。傳稱宣公丹徒人。據舊唐書卷四〇地理志三江南東道潤州條畧云：

丹徒，漢縣；屬會稽郡。吳爲京口戍，晉置南徐州。

是宣公本南人，其父既任陳朝之吏部尚書，而母氏夢梵僧告以所娠爲僧祐律師之說，亦非在祐公聲望與影響力皆最深厚之江左地區不能有。然則宣公生十誦律流行之地區而不習十誦(按：挾政治力量以推行四分律於南方之道岸，爲宣公再傳弟子)？此須自其師承方面究之。

傳稱宣公受業師爲智頵，受具足戒師則爲智首。智頵續高僧傳卷一六義解篇有傳，題唐京師崇義寺釋慧頵傳，畧云：

釋慧頵，俗姓張氏，清河人也，有晉永嘉，避地居於建業焉。會陳帝度僧，使預比校，太建年中，便蒙敕度。隋降陳國，北度江都，開皇末年，被召京寺，所誦法華，通持猶昔，幷講文義，以爲來習。沙門智首道岳等，並學窮稽古，飲德欽風，留連信宿。余學年奉侍，歲盈二紀，初受具後，性愛定門，啓陳所請，乃曰：戒淨定明，道之次矣。宜先學律。一聽律筵，十有餘載，因修章句，遂欣祖習。

傳中之「余」，宣公自稱，宣既奉侍慧頵二紀，故知其人即智頵，蓋「智」、「慧」二字，僧名常通借（如曇無讖譯涅槃經之筆受人，高僧傳作「慧嵩」，魏書釋老志作「智嵩」）。宣公之習律，因得頵公鼓勵，然頵本身既非律師，又屬江左僑人，自不能影響宣公研習四分律。而宣公能深研曇無德派之律者，則關乎其受戒師也。續高僧傳卷二八唐京師宏福寺釋智首傳畧云：

釋智首，姓皇甫氏，其源卽安定玄晏先生之後也。隋宦流寓，徙宅漳濱。初投相州雲門寺智旻而出家焉。旻亦禪府龍驤，心學翹望。首覽屬遺教，戒爲師本，所以每値律徒，諧聲諮問，後聽道洪律席，同侶七百，鋒穎如林，至於通冠羣宗，莫尚於首矣。故未至立年，頻開律府。會隋高造寺，遠召禪宗，遂隨師入關。自律部東闡，六百許年，五部混而未分，師資相襲，緩急任其取捨，輕重互而裁斷，首乃銜慨披括，著五部區分鈔二十一卷。羣律見翻四百餘卷，因循講解，由來一亂，今並括其同異，定其廢立，首之力矣。但關中專尙，素奉僧祇，洪遵律師創開四分，而兼經通誨，道俗奔隨，至於傳文律儀，蓋蔑如也。首乃播此幽求，沈文伏義，碩難巨疑，衆師之不解，皆標宗控會，釋然大觀，使夫持律之賓，日塡堂宇，遵亦親於法座，命衆師之，故持律之士，多往參焉。余嘗處末塵，向經十載，具觀盛化。

傳中之「余」，亦是道宣，宣公追隨智首十載，具觀弘律之盛，故宋傳本傳「依首習律」一語爲確。四分律刪繁補闕行事鈔爲宣公最重要之律學著作，其自序力數前代諸律疏之失後，繼云：

余因聽采之暇，顧眄羣篇，斐然作命，直筆具舒。包異部誠文，括衆經隨說，及西土賢聖所遺；此方先德文紀，搜駁同異，並皆窮覈。長見必錄以輔博知，潛迷必剪用成通意，用濟新學之費功焉。

宣公自稱「聽采之暇」而「顧眄羣篇」，是南山鈔之作，實依先達律師弘律時之論說爲指引以從事探索典籍，非徒屬個人閉戶鑽研之心得。按慧顒於隋開皇間到關中，道宣當於是時隨行，故不特能依已在關中之智首習律，且同時同地之洪遵律師之法席，想宣公不致於不往聽采矣。

道宣之四分律學既得諸智首，甚或請益於洪遵，則其學實隱然上承北齊慧光律師之統緒。何以言之？四分律之能大盛北上，湯錫予先生歸諸慧光（湯氏佛教史下册頁二九八），據續高僧傳卷二七齊鄴下大覺寺釋慧光傳畧云：

釋慧光，定州長盧人也，光門人道暉。

同卷西京大興善寺釋洪遵傳畧云：

釋洪遵，相州人也，承鄴下暉公盛宏四分，因往聽從。

定州、相州據舊唐書卷三九地理志二，皆屬河北道，而相州所治包括鄴城。是北齊以來四分律派活動之主要地區，均在高氏首都鄴城亦卽唐之相州一帶。智首雖屬安定人，但在相州雲門寺出家，就地理環境言，亦極易沾染四分之學，其師道洪卽慧光門人道雲弟子（見洪遵傳）也。故宣公出智首門下，實間接統承北齊慧光律師之學也。

自道宣弘揚四分律，學者皆宗南山，日本大德凝然著律宗綱要，其卷下有「後代大昌，唯是四分一律而已」之語。天台宗重視南山之學，仕邦於本文首章已論之，故台宗史籍之釋門正統，對宣公推崇備至，蓋是書之述台宗以外宗派，皆倣晉書傳五胡諸國例，稱外宗曰「載記」，每一載記例誌兩人爲代表，其卷八律宗相關載記，所誌卽唐之道宣與宋之元照兩律師也。台宗另一史書佛祖統紀，陳援菴先生謂其書以釋門正統爲藍本，增加史料以改造之（說見中國佛教史籍概論卷五），統紀所增加之史料，有一頗足注意者，爲卷二九諸宗立教志第十三之南山律學一項，開卷即誌四分律之九祖，畧云：

始祖曇無德尊者，二祖曇摩迦羅尊者，三祖北臺法聰律師，四祖雲中道覆律師，五祖大覺慧光律師，六祖高齊道雲律師，七祖河北道洪律師，八祖弘福智首律師，九祖南山道宣律師。

九祖名字與次序，律宗綱要卷下亦載，而稱初祖爲「法正」；二祖爲「法時」，蓋取梵文義譯耳。又稱七祖爲「道照」，按八祖智首習律於道洪律席，見首公本傳，當以佛祖統紀所載爲是，餘者兩書記載皆合。律宗綱要爲日本律宗之史書，所載四分律傳授源流既同於統紀，可見統紀此條必據當時未佚之南山宗傳法史料。道宣之爲律宗九祖，就對本宗之貢獻言，其地位固相當於天台之四祖智顗，禪宗之六祖慧能也。

道宣習律之淵源與在本宗之地位，已畧如上所考述，其受業師慧頵雖非律師，然予宣公之影響，則不僅鼓勵其學律而已。續高僧傳卷一六慧頵傳畧云：

天性通簡，洽聞博達，昔在志學，早經庠塾，業貫儒宗，藝能多具。父正見，有陳文國，英彥所高，嘉其欣奉釋門，悟其神宇，將欲繼世其業，故有所志請，並抑奪之，和尚識眞日積，陳情切至，若不出家，誓當去世。乃恐其畢命，且隸李宗，權持巾褐，遂授三五祕要，符籙眞文，並算數式易，禁劾等法，又旁詢莊老，三洞、三清、楊子太玄，葛生內訣。末乃思其眞際，討尋至理，即密誦法華，意歸佛種。會陳帝度僧，便預比校。

顥公出家前既「業貫儒宗」，道宣於史學，文學，目錄學方面皆有傳誦千古之作品，其外學雖關乎家世習儒，而出家後當蒙精貫儒術之慧顥時予指點也。

傳又稱慧顥嘗入道流，通黃冠之祕要，則所習符籙之術，或亦傳授於道宣。蓋沙門許習四韋陀法（見僧史畧外學條），大唐西域記卷二載吠陀（veda 即韋陀）之四爲：「術、謂異能伎數，禁呪醫方」，又長房錄卷九載菩提流支誦呪使井水上涌，傍僧歎聖，法師曰：「斯是術法，外國共行」，亦見沙門許習禁呪之術，故顥公若傳授出家前夙習之道教方術於宣公，亦無礙於律戒。或問何以疑道宣嘗習此道？曰：此可推究宣公生平多異跡，且與孫思邈結林下交之故也。

宣公生平多異跡，不特宋高僧傳本傳載有數事，且釋門正統卷八律宗相關載記引唐人小說，亦有數事。孫思邈者，雲笈七籤卷一一三下續仙傳中有傳，爲道教仙人之一，而舊唐書卷一九一孫思邈傳畧云：

孫思邈，京兆華原人也。七歲就學，日誦千餘言，弱冠善談莊老及百家之說，兼好釋典。（中畧）思邈自云開皇酉歲生，詢之鄉里，咸云數百歲人。話周齊間事，歷歷如眼見，以此參之，不啻百歲人矣。然猶視聽不衰，神采甚茂，可謂古之聰明博達不死者也。初魏徵等受詔脩齊、梁、陳、周、隋五代史，恐有遺漏，屢訪之，思邈口以傳授，有如目覩。永淳元年卒，經月餘，顏貌不改，舉屍就木，猶若空衣。自注老子、莊子，撰千金方三十卷，行於代。又撰福祿論三卷，攝生眞錄及枕中素書、會三教論各一卷。

據正史，思邈好莊老，又好釋典，著「會三教論」，三教者儒、道、釋，是其人善玄理，故能與沙門爲友。而宣公若僅知佛法，並無外學（包括儒學，老莊，禁呪等）修養，又烏足與博學多聞之孫氏結交？且宋傳載有昆明池龍向道宣求護，宣公教之轉求孫思邈，思邈命龍以龍宮仙方借閱爲酬，豈非謂宣公懷禁呪之技，始有此神話乎，故仕邦疑宣公嘗傳慧覩祕要符籙之術也。

舊唐書稱孫思邈壽高百歲，話五朝舊事，歷歷如眼見，故魏徵奉詔修齊梁陳周隋諸史，屢訪思邈諮問故事（此事雲笈七籤無）。按思邈擅醫方攝生之術（借閱龍宮仙方之說，正緣此產生），延壽有道，得享百齡，事亦可能。而必深諳掌故，始能有助於唐修五史，史官既知就教思邈，道宣撰編僧傳，能不向此博知往事之林下交請益研討？況續高僧傳所傳者，皆梁、陳、魏、北齊、周、隋與唐初之沙門哉！故仕邦頗認爲孫思邈之於道宣，甚似劉勰之於僧祐；王曼穎之於慧皎，對僧人著書有襄助之功也。

二　論續高僧傳之編次與史料

道宣書承繼慧皎高僧傳而作，故稱「續高僧傳」，本文首章已畧申明之。本書之分科，據卷首自序畧云：

始距梁之初運，終唐貞觀十有九年，序而申之，大爲十例：一曰譯經，二曰解義，三曰習禪，四曰明律，五曰護法，六曰感通，七曰遺身，八曰讀誦，九曰興福，十曰雜科。自前傳所敍，通例已頒，夫經導兩術，掩映於嘉苗，護法一科，綱維於正網，必附諸傳述，知何續而非功，取其拔滯開元，固可標於等級，餘則隨善立目，不競時須。

讀自序，知分科畧異於高僧傳，其所異者，陳援菴先生嘗言之，中國佛教史籍概論卷二畧云：

本書改神異爲感通，增護法，經師、唱導則合爲雜科，故其數仍十。

大抵宣公有志繼慧皎修史，不欲多改舊例，故仍設法保持十科之數。但護法何以增？經導二科何以合？又神異一科皎書置譯經、義解之後，其次序在第三，何以宣書既改稱感通，又降之於護法之後，位置第六？即本節所欲論者，至如其他各科，宣公既稱前傳「通例已頒」，可無多論矣。

今先論「護法」，宣公以添入本科故，而合經、導二科爲一，俾不失十科舊例，則護法之增置，自有其時代之意義。試讀本科所傳人物，其事跡十九皆關乎佛道之鬥諍，是二教之糾紛，較之慧皎著梁傳時爲烈。續高僧傳卷二五護法篇論畧云：

護法一科，樹已崩之正綱，蕩邪寇之高鋒。自道風東扇，爰始騰蘭，前傳重於開宗，故入譯經之目。及姚秦迷外，道融折其是非，元魏重邪，量如（當爲「曇始」之形訛）制其强禦，前傳顯然，其宗可錄。

宣公認爲護法之事，前傳已嘗有載，以事迹不廣，未足成章。護法篇論續云：

施乎齊周兩治，厥政殊風，齊高獨盛釋門，周武偏宏李衆。齊氏一統，釋侶闐邦，宏斯在人，則顯公據其首也。周氏秦壤，世號武鄉，懷文斯寡。衞嵩本我之胤，張賓乃彼之餘，異嚮同心，曲引遊言，冒罔帝心，禍作萌漸，潰發滂流。靜藹上聖，奮發拒諫，慨正道之遂荒，誠護法之無力，乃解形松石，殉命西方。於時同軌遺形，亦有十數，自非懷大濟於末俗，覩法滅而增哀，何能捨所重於幽林，爲依救而終世，誠可美矣，誠可悲矣。詳觀列代數賢，則紹隆之迹可見，淸範則高山是欽。

齊周二代事，爲慧皎所不及見，而高齊之崇禮釋氏，實有賴曇顯與道士陸修靜鬥法得勝，始堅文宣帝之信心，故宣公稱「顯公據其首也」。周武毀佛爲佛教史上之大事，而當時僧徒之犯顏爭辯，守道不屈，甚而靜藹之得匿深山，猶恨護法無力，自臠割於松石之間，此種積極壯烈之表現，爲魏太武毀佛時所未見者，故宣公非闢專章記載，不足以表現其歷史意義也。

佛道之爭，隋唐而後成爲宗教史上一大問題，道宣書之護法篇僅兩卷，卷二四載東西魏、齊、周、隋四代之沙門，卷二五則全屬唐時沙門，宣公著書於唐初（中國佛教史籍概論卷二，考本書記事實止於唐高宗麟德二年），可見二教之糾紛在唐初已顯露其嚴重性，其後教爭不輟，降至北宋初釋贊寧奉敕修宋高僧傳，仍依道宣十科遺法者，以宣公之體例，已包容唐代以來佛教史諸狀態也。

然宣公何以置護法於明律之後？竊以爲戒本三學之首，僧徒生活行止皆依律檢，明律沙門本身必先堅守不惑，始能感化他人持戒，而護法沙門則護持正法，外禦其侮，宣公以護法繼明律，頗有先安內而後攘外之意存焉。試觀護法篇開卷即傳東魏之曇無最，傳畧云：

諷誦經論，堅持律部，行施獎誨，多以戒禁爲先。

宣公以「堅持律部」之人冠本篇首，豈非謂先守戒而後能禦侮乎？

繼論「感通」，最先使用「感通」二字，爲寶唱名僧傳之「感通苦節篇」，宣公何以改慧皎舊稱爲此？又自第三移降第六？宋高僧傳卷二二感通篇論畧云：

若夫能感所通，則修行力至，必有天神給侍，能通所感，則我施神變，現示於他。能所俱感通，則三乘極果，無不感通也。昔梁慧皎爲傳，創立神異一科，此唯該攝究極位之聖賢也。及乎宣師，不相沿襲，乃釐革爲感通。蓋取諸感而遂通，通則智性，修則感敷！果乃通也，覈斯理義，無不包括，亦猶班固增加九流，變書爲志，同也。

贊寧謂能以神變示人者爲「通所感」，修行力至而有天神給侍者爲「感所通」，慧皎所傳神異沙門，僅屬前者，道宣改作「感通」，則二者「無不包括」，搜羅之範圍隨之擴大，一如漢書之改史記舊例云。寧公之釋「感通」，可謂深得宣公眞意，而何以置感通於第六？寧公謂神異科所收者「唯該攝究極位之聖賢」，按神異在高僧傳中佔第三位者，仕邦前已考知純緣於佛圖澄對中國佛教之貢獻（詳慧皎章），寧公之言，毋乃指此？蓋獨澄公始足當「極位聖賢」之稱也。豈宣公謂後來之神異沙門，未再產生如澄公之人物，故神異沙門在佛教史上之地位，遂不能如前之被看重耶？宣公之意，實非如此。續高僧傳卷二八感通篇論畧云：

聖人爲敦初信，現光明而授物，教敷下土，匪此難宏。像末澆競，法就崩離，神力靜流，通感殆絕。二石之世，澄（佛圖澄）上揚名，兩蕭接統，誌（保誌）公標德，備諸紀錄，未敢詳之。頃世蒙俗，情多浮濫，時陳靈相，或加褒飾，考覈本據，顚墜淫邪。至如圓通之遊聖寺，照達之涉仙宮，信其言焉，難窮事矣。復有法濟寄神祝而銷災，法安憑斫石而流水，瓊公拜而邪像崩，道英終而大地轉，斯德衆矣，其徒繁矣，旣云神化，輒敍篇中。

讀感通篇論，知神異之用，僅在「敦初信」者之敬心，非弘道明教之善法。而佛圖澄來華在晉懷帝永嘉四年（公元三一〇），時中國猶屬佛教之「下土」，故澄公能「以道術欣動二石，慈洽蒼生，拯救危苦，其弘法之盛，莫與之先」（湯氏佛教史上册頁一三九）。續高僧傳成於唐麟德二年（公元六六五），去二石之世已三百餘載，中華經歷代高僧譯經宣弘，佛法早已大非昔，神異感人之宣教方式，其需要已不如前，況世俗對僧家「靈相」多所褒飾，每至「顚墜淫邪」，故宣公並先世所傳佛圖澄與保誌之異迹紀錄，亦有懷疑之意。然佛法自東晉以降雖備見隆盛，而非每一華人皆歸依信奉，故感通之道，仍得其宣法之用，是以宣公對既衆且繁之感通沙門，爲立本篇以傳之。則本篇降置第六，蓋因事而不因人。

感通何以置護法之後？宋高僧傳卷二二感通篇論畧云：

我教法中，以信、解、修、證爲準的。至若譯經傳法，生信也。義解習禪，悟解也。明律護法，修行也。神異感通，果證也。

贊寧以佛家「信、解、修、證」四程序釋宣公編次各篇之故，語似得眞，而實尚可議。蓋慧皎高僧傳，其編次爲先譯經、義解，次神異，次習禪、明律，是其序爲「信、解、證、解、修」，皎、宣同屬沙門，豈獨宣公能知此四程序，而皎公不能知乎？況謂持律屬修行，語猶可解；謂護法爲修行，似不可通，以愚意蠡測，大抵沙門施神變示人或苦修獲天神顯迹，均有助於堅世俗之信奉，而護法沙門常與道士以術變爭勝，故宣公以感通繼護法。續高僧傳卷二七感通篇中，有唐兗州法集寺釋法沖傳，畧云：

貞觀初年，下敕有私度者，處以極刑，沖誓亡身，便卽鬀落，時嶧陽山多有逃僧避難，資給告窮，便詣州宰曰，如有死事，沖身當之，但施道糧，終獲福祐，守宰等嘉其烈亮，冒網周濟。（中畧）重至安州，有道士蔡子晃者開佛經，沖曰：汝形同外道，邪術纏懷，苟講佛經，終歸名利，早可識機，無悔於後。晃聞，默然逡巡而退。爾時大衆難曰，護法菩薩，斯其人哉！

似此拯飢僧，斥道流之事，皆護法行爲，仕邦初疑此傳原當在護法篇，而傳鈔時誤植於此，繼思法沖於感通中篇諸傳排列在最末，若屬誤植，應在感通上篇諸傳排列之最前。而傳中有載冲公說羣虎他往及純學大乘之沙門食米經年不減之事，於感通之例亦合。則冲公之事，豈非足說明護法感通兩篇相次之故歟！

更論「雜科」，本篇全名爲「雜科聲德」，贊寧對其名稱之來源嘗有論述，宋高僧傳卷三〇雜科聲德篇論畧云：

昔梁傳中立篇，第十曰唱導也，蓋取諸經中此諸菩薩皆唱導之義也。唱者固必有和乎，導者固必有達者。終南釋氏（即道宣）觀覽此題，得在乎歌讚表宣，失在乎兼才別德也；於是建立雜篇，包藏衆德，何止聲表，無所不容。或曰：續傳改作名題，自何稽古？通曰：象班孟堅加九流中雜流也，如其立教，如其爲人，或兼名墨，或涉縱橫，則可目之爲雜家流也。漢書有變，拾太史公之遺，澄照建題，正梁慧皎之僻。或曰：何忽變唱導成聲德耶？通曰，聲之用大矣哉，諸佛剎土，唯忍土最尚音聲，行爲佛事，返魂者隨唄聲而到家，光潔者聞唄聲而歡喜，乃可謂宮商佛法，金石天音。於今搜有鄰之德，聚兼講之才，三人之師，於斯見矣。

寧公謂變唱導爲雜科，實擴大搜羅之範圍，使包容更衆，其言是矣。然陳援菴先生謂本篇乃合經師與唱導爲一，而續高僧傳卷三六雜科聲德篇論畧云：

自古諸傳，多畧後科，晉氏南遷，方開名實。忍界所尊，唯聲通解。爰始經師爲德，本實以聲糅文，將使聽者神開，因聲以從迴向。頃世皆捐其旨，致使淫音婉變，聲唄相涉，雅正全乖。

則指此科本出「經師」。宣、寧於經、導二科各舉其一，應以何者爲是？按高僧傳卷一四經師篇論畧云：

自大教東流，譯文者衆，而傳聲蓋寡，金言有譯，梵響無授。始有魏陳思王曹植，深愛聲律，屬意經音，於是删治瑞應本起（經），以爲學者之宗。其後帛橋、支籥，祖述陳思，別感神製，裁變古聲。轉讀之爲懿，貴在聲文兩得，若唯聲而不文，則道心無以得生，若唯文而不聲，則俗情無以得入。

又同卷唱導篇論畧云：

唱導者，蓋以宣唱法理，開導衆心也，或雜序因緣，或傍引譬喩。廬山釋慧遠，每至齋集，輒躬爲導首，廣明三世因果，却辯一齋大意，後代傳受，遂成永則。夫唱導所貴，其事四焉，謂聲、辯、才、博。響韻鐘鼓，則四衆驚心，聲之爲用也。辭吐俊發，適會無差，辯之爲用也。綺製彫華，文藻橫逸，才之爲用也。商榷經論，播撮書史，博之爲用也。

經、導二科行事雖稍有分別，而皆以聲韻文采傾動世人，使加深崇敬。二科既有此共通點，合之爲一科，並無不便。且二科均需援引聲律、書史等外學爲助，若以「雜科」名篇，則精擅外學之沙門，雖非經導之師，亦可立傳於此（如唐、五代名詩僧皎然、貫休；宋高僧傳收入本科，是其例），則範圍隨之擴大。余究二科之旨，知援菴先生之說爲有據，道宣贊寧於本篇來源各言其一，或行文時偶有所遺而已。

考續高僧傳之編次已，可進而論其史料。中國佛教史籍概論卷二畧云：

皎書著於偏安之時，故多述吳越，而畧於魏燕；續傳著於統一之時，文獻較備，故搜羅特廣。

援菴先生之論續傳史料情況；是矣，然慧皎著書之時，寶唱名僧傳已先成，且世上復有各類僧傳流通（如高僧傳自序所羅列者），可供皎公參攷採用，一如范蔚宗修史之摭取各家後漢書焉。道宣著書時則不然，續高僧傳自序畧云：

梁武光有以前，代別釋門，咸傳流史，季世情槃，鳩聚風猷，畧無繼緒，惟隋初沙門釋靈裕，撰十德記一卷，偏敍昭玄師保，未粤廣嗣他宗。餘則孤起支文，薄言行狀，終亦未馳高觀，可爲長太息矣。今余所撰，或博諮先達，或取訊行人，或即目舒之，或討讎集傳。南北國史，附見徽音，郊郭碑碣，旌其懿德，皆撮其志行，舉其器畧。

宣公稱梁朝而後，僧史著作缺乏，所見僅有「十德記」一卷足當之，是書著者靈裕，續高僧傳卷九義解篇有傳，畧云：

年始登冠，聞惠光律師英猷鄴下，即往歸稟。會已沒世，纔經七日。獨嗟無遇，戒約何依，乃迴投憑師（道憑），聽於地論。三年，赴定州受大戒，即誦四分、僧祇二戒，自寫其文。自年三十，即存著述，製光師弟子十德記等，久行於世。

靈裕十德記所傳皆慧光弟子，蓋裕公欲師四分律大師慧光，遲來七日不及遇，嗟恨之餘，遂著書以寄私淑之意。而書中人物既皆四分律沙門，故宣公謂「未廣嗣他宗」，若宣公採用其書，亦僅足供明律篇之部份史料（因本篇復傳十誦律沙門）而已。十德記今不傳，未能考其嘗採用否。

捨自而外，有否其他專著足供採用？揆諸釋藏，知有兩種。其一爲隋費長撰歷代三寶記，中國佛教史籍概論卷一，謂是書卷一一有關釋亡名事蹟之文字，即續高僧傳卷七亡名傳所自出。實則豈獨亡名傳，若細勘二書，可發現三寶記中述及番漢沙門或居士譯經與著書事蹟之文字，往往亦爲續高僧傳中若干傳記之基幹史料，今爲方便檢讀起見，特製一簡單之對照表以明宣公採用者爲何：

歷代三寶記卷九	續高僧傳
魏沙門釋曇曜	卷一譯經篇

沙門釋曇靖	附卷一曇曜傳
沙門釋法場	附卷一菩提流支傳
沙門菩提流支	卷一譯經篇
沙門勒那婆提（寶意）	附卷一菩提流支傳
沙門佛陀扇多（覺定）	同前
婆羅門瞿曇般若流支	同前
期城郡守楊衒之	同前
清信士李廓	同前
高齊沙門那連提耶舍	卷二譯經篇
優婆塞萬天懿	附卷二那連提黎耶舍傳
歷代三寶記卷一一	續高僧傳
梁沙門曼陀羅	附卷一僧伽婆羅傳
沙門僧伽婆羅	卷一譯經篇
清信士木道賢	附卷一僧伽婆羅傳
梁武皇帝蕭衍	附卷一寶唱傳
沙門釋慧皎	卷七義解篇

簡文帝蕭綱	附卷一寶唱傳
周沙門攘那跋陀（智賢）	附卷一菩提流支傳
沙門達摩流支（法希）	同前
沙門闍那耶舍（藏稱）	同前
沙門闍那崛多	同前
周沙門釋僧勔	卷二四護法篇
沙門釋慧善	卷二四護法篇
沙門釋亡名	卷七義解篇
沙門釋靜藹	卷二四護法篇
沙門釋道安	卷二四護法篇（但宣公引用道安所撰之二教論，與費長房所引者章節不同）
歷代三寶記卷一二	續高僧傳
隋沙門毘尼多流支	附卷二那連提黎耶舍傳
沙門那連提耶舍	卷二譯經篇
沙門釋僧就	附卷二闍那崛多傳
沙門闍那崛多	卷二譯經篇

沙門釋法上　卷八義解篇
沙門釋寶貴　附卷二四道安傳
沙門釋僧粲　卷九義解篇
沙門釋僧琨　附卷七亡名傳
沙門釋彥琮　卷二譯經篇
沙門釋慧影　附卷二四道安傳
廣州司馬郭誼　附卷二達摩笈多傳
儒林郎侯君素　同前
晉王府祭酒徐同卿　同前
翻經學士劉憑　同前

其二爲元魏楊衒之撰洛陽伽藍記，續高僧傳卷一菩提流支傳中述永寧大寺之文字，即採自是書卷一永寧寺條，又卷二四曇無最傳，即據是書卷二崇眞寺條及卷四融覺寺條。然三寶記爲目錄書，伽藍記專誌一城之塔寺，本均非僧史，況道宣書據中國佛教史籍概論卷二之統計，凡正傳四百八十五人，附見二百十九人，費長房僅能供給正傳十五人、附見二十五人之史料；楊衒之僅能供給正傳一人之史料，所餘正傳四百六十九人，附見一百九十四人皆道宣自行搜集史料並撰寫，換言之，續高僧傳借助他人著作之部份實甚寡，全書絕大部份蓋由宣公自力完成。故自序所述搜求史料之各種努力，仍可於本書中見其痕迹。

自序稱：「或博諮先達」。卷三六之末有後記一篇，畧云：

釋道宣敢告法屬曰：自梁以後，僧史荒蕪，嘗以暇日，遍訪京賢，名尙不聞，何論景行。仰託周訪，務盡搜揚。

所謂「遍訪京賢」，與「博諮先達」義同，而卷一三唐蒲州仁壽寺釋海順傳畧云：

卒唐武德元年，沙門行友者，知已沙門，傳致廣其事。友今被召弘福，充翻譯之選。

據慈恩傳卷六，行友與道宣同被選爲玄奘譯經之助手，則海順事跡，宣公當得之友公也。

自序稱：「或取訊行人」。如卷一五唐澤州淸化寺釋智徽傳畧云：

每歲常講，不敢告勞，清素寡欲，不樂交遊。敷化之餘，便營僧事，故澤部長幼，詠仰於今。

智徽事蹟，宣公或得之澤州來客，卽所謂「取訊行人」也。

自序稱：「或卽目舒之」。如卷三唐京師紀國寺沙門釋慧淨傳畧云：

今春秋六十有八，心疾時動，或停法雨。

此宣公著書時，其人猶健在者也。又如卷二〇唐潞州法住寺釋曇榮傳畧云：

貞觀十三年，終於法住寺。余因訪道藝，行達潞城，奉謁淸儀，具知明畧，故不敢墜其芳緒。

又同卷唐汾州光嚴寺釋志超傳畧云：

貞觀十五年卒於城寺。昔預末筵，蒙諸慧誥，旣親承其績，故卽而敍焉。

二公於道宣著書時已卒，然宣公嘗親見其人於在世之日。上三例卽所謂「卽目舒之」也。

自序稱：「或討讎集傳」，「集」指文集，「傳」指傳記，按道宣著史時雖別無如寶唱、慧皎方式之完整僧傳，而零星傳記仍所在多有，如卷二隋西京大興善寺北天竺沙門那連提黎耶舍傳畧：

沙門彥琮爲之本傳，具流於世。

又同卷隋東都上林園翻經館釋彥琮傳畧云：

門人行矩者，即琮兄子，爲立行記流之於世。

又卷一八隋國師智者天台山國淸寺釋智顗傳畧云：

沙門灌頂，侍奉多年，歷其景行可二十餘紙。又終南山龍田寺沙門法琳，夙預宗門，親傳戒法，爲之行傳，廣流於世。

等是也。又卷一四唐襄州紫光寺釋慧稜傳畧云：

（卒前）取一生私記焚之，曰：此私記與他人讀之，不得其致矣。

若私記不焚，當可作自傳讀，沙門非人人皆如慧稜，故宣公或能獲不少此類之史料。至於文集之史料價値，治史者類皆知之，而道宣書中頗記沙門之文集，如卷三唐京師淸禪寺沙門釋慧賾傳畧云：

文章詞體，頗預能流，詠集八卷行世。

又卷三六隋杭州靈隱山天竺寺釋眞觀傳畧云：

著諸導文二十餘卷，詩賦碑集三十餘卷，近世竊用其言衆矣。

等是，此豈即宣公據以撰傳者歟？

自序稱：「南北國史，附見徽音，郊郭碑碣，旌其懿德，皆撮其志行，舉其器略」。宣公採用史書，今未見其迹，卽卷一曇曜傳中記雲崗石窟之文字，亦異於魏書釋老志，可見各有史源，兩不相襲。而碑碣入史，則其例至夥，中國佛教史籍概論卷二論宋高僧傳有云：

本書所本，多是碑文，故每傳末恆言某某爲立碑銘或塔銘，此卽本傳所據，不啻注明出處。實則豈唯宋傳，續傳卽已觸目皆是，今舉一二條以見：如卷六後梁荊州大僧正釋僧遷傳略云：

梁明帝自云：北面歸依，時移三紀，仁既厚矣，義實深焉。遂刋碑墳壟，述德如左。

又卷一三唐京師普光寺釋曇藏傳略云：

黎陽公於（當作于）志寧爲碑文，見於塔所。

又卷一四唐蘇州武丘山釋法恭傳略云：

門人等共豎豐碑，式陳碣頌，中書令江陵公岑文本制序，朝散大夫著作郎劉子翼製銘，兩敍風聲，各其志矣。

如上引者，豈非足見宣公據碑碣撰爲傳記乎？

考宣公之史料已，知自序所言非飾詞，而陳援菴先生謂本書搜羅特廣，語亦非虛也。

續高僧傳之目錄，散在每卷之前，非如梁、宋二傳之有總目，學者檢讀，每感不便。陳援菴先生對此種編目法甚不以爲然，所撰中國史料的整理（見燕大史學年報一卷一期）一文第三節書籍裝訂的改良中有謂：

目錄的編置更無一定，有時使檢閱的人感到無限麻煩，例如全唐文一共有一千卷，裏面收集所有唐人的文章，以人爲單位，依次編成。這部書雖然有總目和每卷的詳細目錄，但是因爲目錄是配在每卷之首，使檢查的人要檢某人的某篇文章在某卷，非花許多時間從頭到尾慢慢查過，是檢不出。

然此法實自印刷術發明；書籍改爲方册後，始感覺其不便耳。在卷軸方式之時代，宣公之法最便檢讀，因一展卷卽知卷中有何人等之傳記，若高僧傳之序錄單行別爲一軸（據慧皎自序），則須另行舒卷以尋。且梁僧佑之出三藏記集已是目錄散在每卷之首，非始自宣公也。陳援菴先生所不滿者，因全唐文輯纂於淸朝，書籍久已行方册，而其書仍用此法而已。設若欲改唐時舊例，將續高僧傳目錄撮輯於一處，則援菴先生必不贊成，中國佛敎史籍概論卷二對海山仙館本將高僧傳目錄改在卷首，猶謂「雖便檢閱，究失古意」也。

三　論大唐內典錄之編次與體製淵源

大唐內典錄爲第一部組織最完備之經錄，蓋自僧祐撰出三藏記集，爲佛家目錄體製立一雛型後，繼作者代有其人，對著書體製方面各貢新猷，降至唐初，道宣乃集各家之長成書。梁氏十八篇佛家經錄在中國目錄學之位置一文頁二〇至二一畧云：

經錄之學，至隋而殆已大成，綜其流別，可分兩派。其一專注重分類及眞僞，自僧祐、李廓以下皆是，至隋法經集其成。其二專注重年代及譯人，竺道祖以下凡以朝代錄名者是，至隋費長房集大成。唐代經錄大家，則前推道宣，有名之大唐內典錄十卷，其書集法經長房兩派之所長而去其所短，更爲有系統的且合理的組織，殆經錄中之極軌矣。

梁任公先生稱道宣能集法經、長房兩派之長，其言誠是。然謂僧祐專注重分類及眞僞，費長房集諸「朝代冠錄名」經錄之大成，則尚有說。蓋出三藏記集有「述列傳」之部，既爲譯人立傳，復有「總經序」之部，收錄諸經序文，保存不少譯經原始史料，其重視翻譯之時與人可知，仕邦前已指出（見僧祐章）。歷代三寶記亦淵源於祐錄，中國佛教史籍概論卷一論其書中之「代錄」畧云：

每卷前有敍論，次列經卷，經卷後爲譯人傳，蓋變祐錄之體，將列傳分隸各經之後，以便檢閱也。

特是書體製有所變於祐錄耳，非長房錄與僧祐書兩不相涉也。質言之，出三藏記集書成後，佛教經錄或專注意祐錄之分類與辨僞，漸發展成法經衆經目錄之方式，或專注意祐錄之記載譯人與時代，漸發展成費長房歷代三寶記之方式，至唐，道宣復集兩派之長爲一，故宣公書實祐錄之後身也。

內典錄之分類與組織，梁任公先生於佛家經錄一文之頁二一至二二爲製一表，讀者可自尋檢，於此從畧。而內典錄之分類爲十，卷數亦爲十，此十類十卷編次先後之意義，任公先生未作深論，今試爲依次論列，庶或循此可推究本書承繼祐錄及長房、法經等諸錄之精神何在焉。

茲先表列內典錄十類之次序：

歷代衆經傳譯所從錄第一（簡稱傳譯錄）

歷代翻本單重人代存亡錄第二（簡稱單重存亡錄）

歷代衆經分乘入藏錄第三（簡稱入藏錄）

歷代衆經舉要轉讀錄第四（簡稱舉要轉讀錄）

歷代衆經有目闕本錄第五（簡稱闕本錄）
歷代道俗述作注解錄第六（簡稱述作注解錄）
歷代諸經支派陳化錄第七（簡稱支派陳化錄）
歷代所出疑僞經論錄第八（簡稱疑僞錄）
歷代衆經錄目始終序第九（簡稱錄目序）
歷代衆經感應興敬錄第十（簡稱興敬錄）

（1）傳譯錄，共五卷（卷一至五），卷首小序稱「今錄彼帝世翻譯賢明，並顯時君信毀徧競，以爲初錄」，屬本書專述傳譯歷史之部，而緇素之佛學著作附焉。梁任公先生謂此錄「將長房錄全部攝入，但彼則務炫博而眞僞雜收，此則務求眞而考證綦審」，然宣公對各朝代之編排組織與長房錄不盡同，今表列二者作一比較。

長房錄	內典錄之傳譯錄
卷四 後漢	卷一 後漢
卷五 魏、吳	卷二 前魏、南吳、西晉
卷六 西晉	卷三 東晉、前秦、後秦、西秦、北涼
卷七 東晉	卷四 宋、前齊、梁、後魏、後齊
卷八 前秦、後秦	卷五 後周、陳、隋、皇朝
卷九 西秦、北涼、魏、齊、陳	

卷　十　宋
卷十一　齊、梁、周
卷十二　大隋

讀上表，自兩書對朝代編排方面觀之：道宣置魏吳與西晉同卷者，謂晉武統一中國也。東晉與三秦及北涼同卷者，謂中國再行分裂而後；南北互峙下譯業之競進也。後周、陳、隋與唐同卷者，謂隋文帝承後周餘烈；復糾合南北，而唐續其緒也。費長房則「務炫博而眞僞雜收」，故兩晉、宋、大隋皆單獨成篇，始足容其經目，而置陳代與西秦、北涼、魏、（北）齊同卷；（南）齊、梁、周同卷，時代先後之次序各不相應。可見道宣對歷史演進過程之了解較費長房爲深切，故其書段落分明。且長房錄僅於每卷前有一總序；以畧述卷中各朝代之歷史，內典錄則於同卷中每一朝代各爲立一序，詳記其建國與譯經之因緣，眉目顯然，其法較費氏又進一步矣。復次，二書此部份皆關乎朝代，則涉及古史上正閏之問題焉。長房錄尊齊梁而黜北魏，視南朝爲正統，陳援菴先生甚然其說（見中國佛教史籍概論卷二），而內典錄則視北朝爲正，卷五後周宇文氏傳譯佛經錄序畧云：

世襲亂離，魏晉更霸，各陳正朔，互指僞朝，國史昌言，我是彼非。故北魏以江表爲島夷，南晉以河內爲獯鬻。周承魏運，魏接晉基，餘則偏王，無所依據。

宣公視宇文爲正統者，蓋以唐承隋統，而隋接周基也。所謂正閏之別，實皆緣於史家之觀點各有不同，初無嚴格之規劃，司馬溫公嘗論之矣，通鑑卷六九魏紀黃初二年有云：

臣愚誠不足以識前代之正閏，竊以爲苟不能使九州合爲一統，雖華夏仁暴，大小强弱，或時不同，要皆與古之列國無異，豈得獨尊獎一國謂之正統，而其餘皆爲僭僞哉！(中畧)是以正閏之論，自古及今，未有能通其義，確然使人不可移奪者也。

且此事本無關經目，特以考二書對朝代編列不同，因附論之而已。

(2)單重存亡錄，共二卷(卷六、七)，分誌大小二乘，而於卷六大乘藏錄序中述其作意，畧云：

自經流東夏，斯敎(指大乘)極弘，全部多闕，別品題錄，譯人隨本，因而附之，致使正宗前後重沓。故天竺大乘類例而結，分爲十二，各十萬偈，西沮渠國備有本文，可自披閱。且如華嚴經見翻三萬餘頌，覈論本部，二分尚遺，自餘十一，居然大缺。而羣錄編次，別顯單重，討論事義，紛論難紀，故般若大品十有餘翻，乃以大品爲初單，道行爲重貳，强分前後，致失宗途。今依本經單複次列，仍述譯人存亡時代，庶使尋覽之者，知本末之有歸焉。然則遺逸極多，無由獲本，庶有同舟，補斯漏闕云爾。

據序文，本錄因翻譯本有別品題錄；單譯；重譯及譯人存亡等問題而作，換言之，卽記載佛經譯出後流傳之諸形式，故次於述譯經歷史之傳譯錄之後。所謂「別品題錄」者，謂自梵文原本中選出部份章節(卽所謂品)翻譯，而另起新名流行者也。序文對此已稍有解釋，今更在所載大小乘中各舉一例以見(單重譯等舉例倣此)，卷六載大乘經中有：

大哀經(至)須彌藏經。右十五經，是大集經別品殊譯，不入大本，別部流行。

又卷七載小乘經中有：

七處三觀經(至)禪行三十七品經。已前一十五經，並雜阿含經別品異譯。

等是。至於採用原本之何品？則於經名下注出，今於前所舉大乘十五經中取二例以見：

大哀經是（大集經）陀羅尼自在王菩薩品。

魔女問得男身經是（大集經）寶幢分往古品。

所謂「單譯」者，梵文傳來後，宣公所見僅有一漢譯本者是也，如卷六載大乘經中有：

大方廣佛華嚴經，東晉義熙年佛陀跋陀羅於楊都譯。

又卷七載小乘律中有：

十誦律，後秦弘始年弗若多羅共羅什譯前二分，後分於東晉卑摩羅乂於壽春石澗寺譯。

華嚴經自覺賢譯出後，至唐武后證聖間始有實義難陀作第二譯（見開元錄卷九），已在道宣卒後廿餘年，故宣公視所見者爲單譯也。十誦律全本則晉後未有再譯。

所謂「重譯」者，梵本同而有兩次或以上之漢譯也。如卷六載大乘經中有：

正法華經，西晉太康年竺法護於長安譯。妙法蓮華經，後秦弘始年羅什於常安譯。妙法蓮華經，隋仁壽二年（達摩）笈多於興善寺譯。右三經同本異譯。

又卷七載小乘論中有：

阿毘達磨大毘婆沙，唐永徽年玄奘於京師奉詔譯。阿毘曇八犍度毘婆沙（按，即毘婆沙論），北涼沮渠世道挺等北涼姑臧譯。（小註，上二論同本別出）

等是也。至於所謂「譯人存亡」，即謂經本之翻譯人名字能保存與否也。兩卷所收，大抵以小乘經失譯較多，大乘失譯較少，今不枚舉。由上所考，知本錄實源於祐錄之所謂「異出經」與「失譯經」（詳僧祐章），梁任公先生謂源於法經錄者非也。而本錄在方法上復有二優點，頗足一述。其一爲每經之下，不特誌其卷數，且誌其紙數，如卷六載：

大般槃涅經四十卷七百二十紙，大方等大集經三十卷六百四紙。

又載：

因明正理門論十二紙，因明入正理論六紙，百法明門論二紙。

其誌若干卷若干紙者，古人以數紙糊縫成一卷軸（參余嘉錫論學雜著下冊，書冊制度補考之卷子、糊縫等條），蓋指該經若干卷中共若干紙也。其獨誌若干紙者，其經文短小，不足成卷軸者也。其法復爲釋靜泰東京大敬愛寺一切經目錄、釋明佺大周刊定衆經目錄，釋智昇開元釋教錄與釋圓照大唐貞元續開元釋教錄、釋恆安續貞元釋教錄等所承襲。宣公既誌佛經之卷數及紙數，雖後世書冊制度已變，吾人猶得據此推見當代佛經保存之式樣。

其二爲序文中有「西沮渠國備有本文，可自披閱」一語，蓋本錄之作，既欲探究何經屬「單譯」；「重譯」或「別品題錄」等問題，此數點雖可就前代諸經錄與現存經本互勘得其大概，然必欲認眞推求，則須溯源於梵本，而全部葉典蘊在天竺，傳來中夏者每難得全份，況魏晉時佛經往往由西僧口誦出之，無本可據。換言之，並非每一譯本均可在中國覓得原來梵本校讀。而西沮渠國者，即斫句迦，爲于闐屬國，日本羽溪了諦氏著西域之佛教，嘗於第四章「于闐國之佛教」中附考斫句迦與北涼沮渠氏之淵源及大乘教派在該國流行情況甚詳。于闐與龜茲接壤，龜茲於貞觀二十年（公元六四八）已屬唐之都督府（參舊唐書卷四〇地理志、卷一九八西戎傳），則唐人經龜茲至于闐等地，旅途上當較少困難。大唐西域記卷一二斫句迦條有「大乘經典部數尤多」之語，道宣能知「西沮渠國備有本文」，其消息當得之玄奘，遂介紹有心之人往此最近中華之佛教國自行披閱，可省跋涉西竺之苦。近世圖書館學發達，各地藏書情況之消息互通，如上海圖書館編集之中國叢書綜錄（中華書局一九五九年九月出版）中附有全國主要圖書館收藏情況表，序稱其目的爲方便學人「可以就近借到各地圖書館所藏的圖書」。劉子健先生過港時更爲余言此方式美國各地尤見流行，學人藉此向隣近州市甚至外國作館際借書已屬慣常之事。宣公之語發千載以前，而其精神竟與近世圖書館學之精神相應也。

〔3〕入藏錄，一卷（卷八）。本錄次單重存亡錄後者，卷首小序畧云：

自初錄已來，帝年顯矣，至於條例，雜叢交加，因難料簡。良由隨譯人代所出不局倫次，所以依之編錄，得無分衢。今則隨乘大小，據譯單重，經、律、論、傳，條然取別，猶依舊例，未敢大分。依別入藏，架閣相持，帙軸籤牓，標顯名目。須便抽撿，絕於紛亂。今約已譯舊經，其如別顯，餘有玉華後翻，未覩新本，續出續附，自依餘錄。

序言前二錄已備言佛經譯出之人代與譯本流傳之各形式，此錄則繼之述佛經庋藏之情況也，佛經以大小乘三藏分類，自竇唱錄而後諸經錄皆有之，對經典保存問題則皆闕如。此錄蓋宣公創作，其創作之由，則如序所言，欲自「依別入藏，架閣相持」方面定一標準，以備「須便抽撿，絕於紛亂」也。近世圖書館學每講求書籍插架之方法，而宣公本錄每標示「右若干經若干帙，中間（或左間、右間）從上第幾隔」，大小乘三藏與所謂「賢聖集傳」之放置有一定方位，頗似今日之所謂「標準插架」方法。其庋藏大致分三部分，中間八隔，左間九隔，右間九隔，合二十七隔，中置大乘經，左爲部份大乘與全部小乘經、律，右爲大小乘論與賢聖集傳。爲方便檢閱計，茲製一表於右以見：

			隔	帙	每類帙數合計
中間	大乘經	一譯	1	6	
			2	14	
			3	11	
			4	13	
			5	12	
			6	10	66
		重翻	7	12	
			8	12	
左間			1	8	
			2	14	46
	小乘經	一譯	3	12	
			4	11	
			5	13	
			6	3	39
		重翻	6	6	(註一) 6
	小乘律		7	10	
			8	11	
			9	7	28
右間	大乘論		1	10	
			2	25	
			3	16	51
	小乘論		4	46	
			4	(註二)	
			5	12	
			6	9	67
	賢聖集傳		7	10	
			8	8	18

註一，小乘經於左間第六隔內，一譯與重翻同處

註二，右間第四隔分作兩隔

至於經本稱「帙」不稱「卷」，大抵庋藏時不採卷軸裝，俟考。宣公於內典錄卷首有「麟德元年甲子歲京師西明寺釋氏撰」之語，則入藏錄所標示之插架法，或最先由西明寺採用矣。又本錄僅收翻譯作品，即「賢聖集傳」中亦獨載翻譯之「無明羅刹集」，「龍樹菩薩傳」等，其不收中土撰述者，大藏經目錄部有隋翻經沙門及學士等撰之衆經目錄（姚名達先生中國目錄學史謂卽釋彥琮之隋仁壽年內典錄），其序有「高僧傳等，詞參文史，體非淳正，事雖可尋，義無在錄」之語，宣公不以華人佛學藝文入藏，恐亦循隋時舊例，而另立「述作注解錄」以收容之焉。

入藏錄所收有其斷限，卽序文稱「餘有玉華後翻，未覩新本」者則不列入，以備將來「續出續附，自依餘錄」。所謂玉華後翻，指玄奘三藏於玉華宮譯經之事，大慈恩傳卷一〇畧云：

顯慶三年，勅法師徙居西明寺。東國重於般若，前代雖翻，不能周備，衆人更請委翻。然般若部大，京師多務，乃請就玉華宮翻譯，帝許焉。即以四年冬十月，法師從京發向玉華宮，並翻經大德及門徒等同去。

玉華宮據舊唐書卷三七地理志稱在關內道坊州宜君縣，謂「貞觀二十年置玉華宮，永徽二年廢宮爲玉華寺」，故傳言玄奘率翻經大德及門徒離京就此。道宣雖屬綴文大德，然據開元錄卷八記所收玄奘譯出每一經論之時日與筆受綴文人，僅有「大菩薩藏經二十卷」一條下注曰：「貞觀十九年五月二日於西京弘福寺翻經院譯，至九月二日畢，沙門智證筆受，道宣證文。」與宣公有關外，他皆不見南山律師之名，陳援菴先生大唐西域記撰人辯機一文（見史語所集刊二卷一期）謂大菩薩藏經爲奘公最早開譯之經，則宣公似甚早離開譯場，坊州之行或未與俱也。若未嘗偕行，則玉華宮所譯宣公實未預其事，故「未覩新本」。况仕邦前爲文論古代之譯場，考知唐時佛經譯出後；譯本能流行全國與否權操帝王（見新亞學報五卷二期頁三〇七至八）。奘公於玉華宮所翻者據大慈恩傳卷一〇謂：

（顯慶）五年春正月一日起首翻大般若經，至龍朔三年方乃絕筆，合成六百卷，稱爲大般若經焉。麟德元年春，翻經大德及彼寺僧衆殷勤啓請翻大寶積經，法師見衆情專，至俛仰翻數行訖，便收梵本，停住告衆曰：此經部軸與大般若同，玄奘自量氣力不復辦此，遂絕翻譯。

則所出主要爲六百卷大般若，入藏錄獨闕此部，然本書卷五傳譯錄載奘公所譯；固有是經也。何以故？據卷九舉要轉讀錄稱：「玉華後譯大般若者，六百許卷，得在供養，難用常行」，是此六百卷深藏大內，不予公布，入藏錄所載爲通流諸經，故獨闕此，而玉華宮所譯者本錄僅誌一種據舉要轉讀錄謂奘公於龍朔二年譯之「大阿羅漢難陀蜜多法住記」也。

〔4〕舉要轉讀錄，一卷（卷九），所謂舉要轉讀者，據卷首小序畧云：

會西明寺眞懿律師，博見識機，通鑑時俗，欲興法藏，歲別轉持，然以重譯廣文，多生倦怠，告余此致，因而演之。然則頃代轉讀，多陷廣文，故心薄淡者，望卷大而眉顰，意專精者，見帙多而意勇。今則去其泰甚，舉大部而攝小經，撮根本而捨枝葉，文雖約而義廣，卷雖少而意多。能使轉讀之士，覽軸日見其功，行福淸信，開藏歲增其業。品品情欣，絕厭法之深咎。

序稱宣公此錄之作，蓋以佛經浩如煙海，加上其中有同本異譯與別品單行等問題，以致「頃代轉讀，多陷廣文」，即如發心「歲別轉持」經藏之眞懿律師，亦不免睹「重譯廣文」而「多生倦怠」。故宣公用「撮根本而捨枝葉」之法，於同本異譯與別品中選出一最善之本，介紹之於轉讀之士，俾不因「望卷大而眉顰」而放棄研誦。梁任公先生甚然其法，佛家經錄在中國目錄學之位置一文有云：

宣公本篇，於異譯別行諸經，各擇其最善一本以爲代表，而異譯異名皆該攝省畧焉，其裨益於讀者實不少。著書足以備學者顧問，實目錄學家最重要之職務也。

本錄既因指導讀者選讀善本而作，則其編次繼入藏錄之後者，頗有寓先得保存而後得研誦之意在焉。至於其選擇之標準，大致可分下列數種：

（A）梵本全部譯出後，則一切別品皆從畧不舉，如本錄大乘經之部有：

大方廣華嚴經六十卷或五十卷，一千八十七紙，紙二十八行。東晉義熙年佛陀跋陀羅於楊都譯。

右一經，前後異譯一十四部，所謂度世、漸備、信力、十住、興顯、羅伽、住法本業、兜沙佛藏等，並抄畧本部，支品流行，文或出沒，義理無異，故非所錄。

按華嚴經在宣公身後始有第二譯，前已言之，故當時足本爲覺賢所譯也。

（B）同本異譯而俱爲不足本，則舉其譯出較多而又文義流暢者，如本錄大乘經中有：

大般涅槃四十卷或三十六卷七百二十紙，北涼沮渠玄始年曇無讖於涼都譯。

右一經五譯，支條不具，未足通行，故舉上經，總攝餘部。

按涅槃經共三分，而中華五譯均不俱足，或獨譯前分，或僅有後分，讖公所譯有前、中二分，且文義流暢，慧皎許爲「言符法本，理愜三印」（見高僧傳譯經篇論），故宣公選之作代表也。

（C）若同本異譯俱爲足本，則選其中文理最善者，如本錄大乘中有：

妙法蓮華經七卷一百四十八紙，後秦弘始年（鳩摩）羅什於常安譯。

右一經，西晉竺法護初譯稱正法華經十卷。隋大業年，（達摩）笈多後譯，加藥草品之五紙，諸呪並異，移囑累品在後（按即所謂添品妙法蓮華經），隨機所尚，無減秦翻。

維摩詰所說經三卷六十一紙，後秦羅什於常安逍遙園渭陰譯。

右一經，三譯。吳時支讖所譯，爲毘摩羅鞊經，二卷。唐奘譯，爲說無垢稱經，六卷。繁畧折衷難逮秦翻，終是周因殷禮，損益可知云。

上二例見什公所譯既非最先之本，後非最後之本，而宣公選作代表者，以其本最善，前之所譯固未能及之，後之所譯或亦採其本作參攷也。故笈多添品易呪，而「隨機所尚，無減秦翻」，玄奘所出仍「難逮秦翻」，所謂「終是周因殷禮」者，謂什公譯本有承前啓後之功也。

（D）若同本異譯前後文義相若，則選後譯，然後譯不能逾前，則寧存前譯，如本錄大乘經中有：

大方等善住意天子問經四卷六十八紙，隋大業年（達摩）笈多於東都翻經館譯。

右一經，三譯。西晉竺法護譯稱如幻三昧經，二卷。後魏（菩提）留支譯，稱聖善住問經，三卷。文理大同，故存後譯。

解深密經五卷七十三紙，唐貞觀年玄奘於京師慈恩寺譯。

右一經，四譯。初宋時求那跋陀羅出，名相續解脫經。陳時眞諦出，名解節經，文畧不具。與後魏留支所譯深密解脫經同，故存後本爲定。

方等泥洹經二卷三十五紙，東晉佛陀跋羅共法顯於揚都譯。

右一經，三翻。異譯爲哀泣經，二卷。隋時（闍那）崛多譯爲四童子經，三卷，文無以異，故存晉本。

前二例採後譯作代表，蓋前後譯本文理雖大致相同，而後代譯法進步，或若干細節與用字，較前譯更達眞旨也。後一例則採前譯作代表，因後譯每用前譯作參攷，若後譯之文無異，則有抄襲之嫌，故寧從舊本。此非經嚴格之互勘；宣公本身又嘗參譯場，不能辦此。

（E）異譯之兩本俱善，則選其譯文較廣者，如本錄小乘論中有：

阿毘達磨大毘婆沙 二百卷三千一百九紙，唐永徽年奘玄於京師奉詔譯。

右一論，與北涼道挻所出阿毘曇八犍度毘婆沙六十卷同，但今以廣爲異。

按：據祐錄卷一〇錄釋道挻作毘婆沙經序，稱浮陀跋摩於北涼譯此論百卷，後因亂僅存六十卷，由建國高昌之沮渠安周寫傳宋都，仕邦嘗於論河西佛事一文（刊新亞學報五卷一期）考之甚詳。今舉要轉讀錄中別無跋摩譯之毘婆沙論，則稱道挻譯者當指此，挻爲撰序人，非主譯之人也。若北涼所譯縱不散佚，亦僅百卷，故宣公選奘公之二百卷。梁氏十八篇之說大毗婆沙有謂：「北涼百卷本譯筆甚鬯達，有時比唐譯更易了解，他日有治婆沙者，殆不失爲一種良參考品。」則其本固不下於奘公所出也。

（F）異譯中文義相若，一本知譯人名字，一本失譯，則採前者。如本錄大乘經中有：

無極寶三昧經 一卷三十紙 西晉永嘉年竺法護譯。

右一經，再譯，異翻一本云寶如來三昧經，二卷。失譯人代。文同故畧。

老母經 二紙亦名老女人經，吳時支謙譯。

右一經，與人別譯老母六英經同，不可雙行，隨存一本，餘處例然。

蓋譯經史上多僞撰抄襲之問題，故視知何人所譯者爲可信。

（G）若異譯中最完備一本未見流通，則選通行本中最善一本。如本錄大乘經中有：

摩訶般若波羅蜜經（四十卷或三十卷 六百一十九紙），後秦弘始年羅什於常安逍遙園西明閣譯。

右一經，前後十譯，謂放光、光讚、道行、小品，各有新舊，舉前以統，大義斯盡。玉華後譯大般若者，斯乃明佛一化十有六會，依會敷說六百許卷，得在供養難用常行。今則通貫彼此，隨時制宜。

按玄奘三藏所翻六百卷爲般若部中最完備之一部，大慈思傳卷一〇稱奘公初欲除繁去重，後因感夢，不敢更刪，慇懃省覆，審慎之心，自古無比。然經既在大內供養，則民間不能得見，故宣公仍以什公前譯四十卷爲代表也。

由上所舉七例，見宣公採選之慎，今復有一事更見其採選之公允。本錄大乘經中有：

緣生經（二卷 二十三紙），隋大業年笈多於東都上林園譯。

右一經，再譯。唐玄奘出，名分別緣起經，二卷。辭言巧妙，尋者易迴。

宣公以分別緣起經易導讀者入迷途，寧選舊譯之緣生經。按宣公爲玄奘譯經助手之一，若奘公所譯不善，宣亦難辭其責，而師不因是護短，尤足見取捨態度之平正矣。因其態度之不偏頗，故據此錄所載合以單重存亡錄，或可上溯各類佛經衍演之源流也。

又本錄對所舉之經論，必於其下誌若干卷若干紙，已見所引諸條，形式與單重存亡錄同，似覺重複，然細揆宣公之意，則本錄初欲引導信士「覽軸日見其功」，誌明所選經論之卷數及長度，使讀者自忖摩研誦所需之時日，不致「望卷大而眉顰」也。近　賓四師屢爲吾人申論讀書須瞭解著書人之用心用力處，使自己受用，今宣公弘揚佛法之用心用力處，不可謂不細微而周密矣。

後六類皆在卷十，其中二錄有序無目，一錄與近世目錄書體製大異，玆分別言之：

〔５〕闕本錄，本錄小序畧云：

自佛經之流東夏也，六百餘載，三被誅除，及後興法，方事拾遺，百不存一。　値江表五代奉信無虧，遂使傳度法本，周流寰宇。而西晉之末，天下分崩，譯人遭難，寄死無地，佛經俗典，於此淪亡。故至目本俱遺，其數不少。今總會羣錄，鳩聚結之，勘本則無，校目便有，恐後獲者據現錄無，便委棄之；同於疑僞，是以尋閱古今諸錄，校定經本有無，有則依而入藏，無則題目擬訪，庶有同舟之士，懷斯而廣集云。

序稱佛法東傳後，北方自西晉永嘉之亂以降，更有赫連勃勃，魏太武帝、周武帝三次毀佛，釋典百不存一，雖賴南方數百年來奉信無虧，元氣未能大損，然事後搜佚拾遺，往往「勘本則無，校目便有」，故宣公「尋閱古今諸錄」以校定有無，有者入藏而外，無者則立此錄以備將來採訪，則本錄之繼入藏錄與轉讀錄之後者，蓋前二者記經藏之保存與使用，則此伸言遺佚之待訪，俾能得之以盡其用也。梁任公先生甚然其法，梁氏十八篇、佛家經錄在中國目錄學之位置有云：

法經於闕本悉置不記，道宣主「有目闕本」一錄，且明言爲將來採訪之資，抱殘守缺，確是目錄學家應有之態度。

然任公先生似謂本錄羅列遺佚經名，以備採訪矣，蓋小序稱「無則題目擬訪」也。實則本錄僅有序文一篇，不誌經目，小序又云：

尋羣錄闕本，其類繁多，試以現經校閱定錄，居然顯異，今欲列名廣示，且已備在前篇，紙墨易繁，終爲詞費，故畧而不敍。必搜訪獲本，眞僞莫分，或人代未明，可依錄撿歷。

謂所以不敍經名者，因闕本「已備在前篇」，故免紙墨詞費而止云。「備在前篇」一語義甚晦澀，蓋本錄以前，自內典錄卷一至卷九皆不見所謂「闕本」，則「前篇」者何所指？仕邦取前九卷互勘，始知五卷傳譯錄記某僧譯某某等經時，每於經名下注出所據古時經錄，茲爲省事計，僅舉一例以見，如卷二西晉錄中有：

大哀經七卷 見竺道祖晉世雜錄

海龍王經四卷 見聶道眞錄

餘從畧。其法仿長房錄，以明資料之所從出。若持傳譯錄與單重存亡錄及入藏錄校讀，則知何者有錄無書，何者唐時仍存。因單重存亡錄於經名下明誌卷數與紙數，必宣公親見其書始得記之，入藏錄所收更爲存儲之本，如後二錄無而傳譯錄有，則屬闕本也。故宣公認爲本錄無需更列經名，所謂「備在前篇」者殆指此。然既備在前篇，何以仍立此錄？余意小序有「必搜訪獲本，眞僞莫分，或人代未明，可依錄撿歷」之語，則宣公欲藉斯錄喚起讀者注意搜訪遺佚，免經本埋沒不得通流也。吾考此事，幾經轉折始畧明其故，似宣公希望他人能細味其書，故言詞隱約，致令讀者艱於思而疲於檢，究非目錄學家著書應有之態度。不若開元錄將「有譯有本錄」與「有譯無本錄」分立（詳智昇章），更便緇素之披讀進修也。

〔6〕道俗述作注解錄，本錄專收華人之佛學撰述，本錄小序畧云：

佛經東漸，自漢至唐，年過六百，道俗歸信，森若繁雲，毘贊正理、弘揚大化。(安)世高、釋(道)安以降，代有人焉。約准卷收，將二千卷。今人澆薄，多不鏡尋，致令前錄，同所輕剗，所以通法不能開俗，如不編次，則相從埋沒。昔齊末梁初，有僧祐律師，綜拾遺逸，不負來寄，今敍其所綴為始，餘則附錄列之。

序稱佛法傳來後中土人士弘法解經之述作甚豐，恐不編次將淪沒不傳，故繼僧祐綴拾之云。宣公以本錄繼闕本錄者，蓋內典錄前此諸錄已依次述佛經譯出、流通，存儲、研讀、待訪諸事，此則繼述華人讀經之心得，且能著書弘法，以見經法來傳來之後効也。

序又稱本錄承僧祐「綜拾遺逸」，實則受隋釋法經衆經目錄影響為多，蓋祐錄僅有抄經、注經、雜經三錄(皆在卷五)，雖謂全出華人手筆，然不能包括華人關乎佛學之所有藝文。法經錄中則有佛滅度後撰集錄、傳記錄與著述錄(皆在卷六)，其標目方面較祐公具體而明顯。然法經錄於上三錄每一錄中復依作者而分為「西方賢聖」與「此方諸德」之作品，宣公則以內典錄卷七單重亡錄與卷八入藏錄已收翻譯之「西方賢聖集傳」，故本錄僅收此方諸德之述作，據此亦可見三錄先後之演進矣。序既稱本錄敍祐公所綴為始，故開卷卽將祐錄卷十二所錄之陸澄法論序及目錄全部抄錄，大抵謂詮記此土述作之典啓乎陸氏也。法論序目後復有小序一篇，稱「法論中間題英作，試閱羣錄，不無遺漏，故從次續集。」序後始為宣公所收自東晉迄唐之論文(如物不遷論等)、注解(如小十二門注解等)、抄經(如抄妙法蓮華經等)、史傳(如高僧傳、釋迦譜等)、目錄(如出三藏記集等)、總集(如弘明集等)、事彙(如法苑珠林等)、經序(如本業本起等諸序)各項，其中抄經雖非著述，然抄者撮經文大要，需經思考以定去取，故亦屬研讀佛經心得之一表現也。又本錄所收，皆屬見本，因卷末有：

右畧列諸代道俗所傳，檢阮氏七錄；僧祐統敍，更有綴緝但有空名闕本故畧。之語，自其小注，見本闕則不誌書名，故知所收皆有本可據。入藏錄不收此土述作，前已言之，今本錄又無諸書之插架位置，蓋此非同佛經；爲僧俗持誦所必需，寺院中可有可無也。

〔7〕支流陳化錄，此錄與闕本錄同屬有序無目者，所謂「支流陳化」，據序畧云：

所言支流出生經者，謂於本部敷時救弊而陳異卷也。今就文尋檢，括其大要，都非極言。單品別卷，曲寫時心，未曰紹隆，抑惟離本。然本其啓化之辰，非無其理。依檢羣錄，斯緣備列詳之，今復連寫，致弊於紙墨，然恐亂於疑僞，故目出之。大乘別生經二百二十一部二百六十三卷，小乘別生經三百四十一部三百四十六卷。

序言支流陳化即所「別生」，別生者，據隋釋法經衆經目錄卷二衆經別生畧云：

華嚴經十種生法一卷（至）三歸五戒神王名經一卷。前二百二十一經，並是後人隨自好意，於大本內抄出別行，或持偈句，便爲卷部。緣此趣末歲廣，妖濫日繁，今宜攝入以敦根本。

法經稱「別生」即於大部經內抄出部份經文或偈句；而單獨流行之謂。按此與抄經不同，蓋抄經即全經之撮要，又不同於別品題錄，蓋別品面錄爲大本未傳前所譯出西僧傳來之部份章節也。法經斥別生爲「妖濫」，而道宣對此頗有恕詞，認爲別生雖斷章取義，乖離佛旨，然其目的則在「敷時救弊」，「紹隆」佛法，謂「本其啓化之辰，非無其理」，故仍視之作因「陳化」佛法而產生之「支流」，梁任公先生佛家經錄一文謂「別生一項，法經絕對排斥，道宣相對保存」，宣公保存別生，蓋以此類典籍僅自佛經中抄出別行，不似僞經之妄增異說，其出發點仍在宣揚佛法，故以本錄繼道俗述作注解錄之後也。

然宣公既立本錄，復以前世羣錄「斯緣備列詳之」，恐「弊於紙墨」而不更載經名，其省畧似覺不當。蓋闕本錄雖不列經名，猶可於內典錄本書中互檢得之，此則需檢他書始知。按隋唐文軌既同，書籍流通較魏晉三百年便易，著書之人往往感轉錄爲煩，史通卷三書志篇之論藝文志畧云：

夫古之所制，我有何力，而班漢定其流別，編爲藝文志，續漢已還，祖述不暇。夫前志已錄，而後志仍書，篇目如舊，頻煩互出，何異以水濟水，誰能飲之者乎？愚謂凡撰志者必不能去，當變其體，唯取當時撰者。

劉子玄著書在宣公之後，其思想與宣公如出一轍，此亦緣於唐世典籍庋藏完備，不知日後有安史之刼而毀之也。宣公憑己意定去取，不若開元錄於「支派別行錄」中詳載別生書目之爲當也。梁任公先生謂法經與道宣對別生一者排斥，一者保存，而排斥者詳列篇名，保存者不載書目，亦趣事也。

〔８〕疑僞錄，辨別佛經之眞僞，爲律學沙門編著目錄書之原始動機，本文首章已闡明其事，故僞經書目爲每一佛家經錄所必備列之章節，而本錄稱「疑僞錄」者，蓋承隋彥琮衆經目錄而來，彥琮錄卷四謂「名雖似正，義涉人造」者曰疑僞，前此之祐錄、寶唱錄稱「疑經」；李廓錄稱「非眞經論」（據梁任公先生所考），與彥琮同朝代之法經錄則分置「疑惑」與「僞妄」，至宣公復合「疑」與「僞」爲一。梁任公先生謂此優於法經錄，然疑者眞相待考，僞者勘知假託，余意以爲分置爲是。而本錄之內容，唐以前宣公取道安錄、祐錄、長房錄、法經錄等之有關部份，本人搜摭者僅有諸佛下生大法王經至文殊請問要行論等二十五經論，末稱「右諸僞經論，人間經藏往往有之，其本尚多，待見更錄」，又於諸佛下生大法王經下注曰：「余於汾部親見此文」，則所錄者多爲親見之本也。

本錄置支派陳化錄之後者，據前引支派陳化錄小序稱別生經易與「疑僞」相混。彼此性質之異，前已述之，不贅。而兩錄相次之故，似可得其解釋矣。然就內典錄全書組織而論，則此種編排，宣公尚有其深意，蓋僞經爲華人假託佛說而陳異端，屬佛門中此土所造之狂簡（狂簡之詁釋參　潤孫師釋論語狂簡義一文，見注史齋叢稿）。內典錄前五錄述佛經譯出流傳與利用之法，而述作注解與支流陳化二錄繼之述華人讀經後著文弘法，屬宣教之正面効果，本錄則述華人採佛家餘緒，揉合此土子書讖緯，淆亂佛說，屬宣教之反面効果。梁任公先生古書眞僞及其年代一書（中華書局一九五五年九月上海一版）稱有意作僞之動機有「託古、邀賞、爭勝、炫名、誣善、掠美」（頁二〇至二八）五類，斯五事皆關乎名利，若非佛法在中土大有發展，他人又何須勞心作僞？宣公以一正一反相次，則佛教影響於中國文化者，亦可借此窺其重要之一面矣。

〔9〕錄目序，此倣長房錄末卷之序目，將前世佛教目錄書全部收入，本錄小序畧云：

歷代道俗崇重教門，皆敦編次沿時無替，考校存沒三十餘家，今所撰錄，該括衆氏，勘閱正僞，研訪遺逸。僞無所取，非目無以定名，遺篇所求，列卷以彰可錄。敢敍由來，用陳有寄，想諸來鑒，復織組焉。

序稱佛經依錄而存，辨僞搜逸，莫不依前世之目錄，宣公著內典錄，亦「該括衆氏」而成，故羅列前世三十餘家之經目，不啻本書之「徵引重要書目」也。本錄所收，自所謂「秦時釋利房古經錄」至本身大唐內典錄，共三十七種，其卷部小者僅誌書名與作者，卷部大如長房；法經等錄則皆詳誌書中章節名稱，或介紹其書內容。而對出三藏記集則僅誌詮名錄各類篇名，至於撰緣記、總經序、述列傳等不關目錄之部份皆擯不錄。梁任公先生佛家經錄在中國目錄學之位置一文中有「元以前經錄一覽表」；姚名達先生中國目錄學史中有「中國歷代佛教目錄所知表」，兩表中有關唐以前部分皆取材於本錄與長房錄之序目。

本錄之末，有後記式之文字一篇，畧云：

余少沐法流，五十餘載，每值經誥德能，無不目閱親謁，至於經部大錄，欣悟良多，無論眞僞，思聞其異。上集羣目，取訊僧傳等文，勘閱詳定，更參祐房等錄，考括始終。今余所撰，望革前弊，然以七十之年，獨運神府，檢括漏落，終陷前科，庶有同好，復雅正之。

此節文字之立，似宣公暗示內典錄有關目錄之部份終止於本錄，興敬錄之立，爲另一問題也。

〔10〕興敬錄，此非目錄體，內容全屬誦經修行得神祐之記事，共三十六條，其體裁與華嚴經持驗記，金剛經鳩異等相若，故姚名達先生深不以爲然，中國目錄學史頁二六九譏之曰：

此錄全屬記事，絕非目錄，狗尾續貂，乖異甚矣。

然治佛家經錄，每不能以近世目錄學眼光權衡之，吾前論出三藏記集時已有申論，而興敬錄之體即祐錄中亦無，其屬創作可知，本錄小序畧云：

受持讀誦，必降徵祥，如說修行，無不通感。天竺往事，固顯常談，震旦見緣，紛綸恆有。(朱)士行投經於火聚，焰滅而不焦，賊徒盜葉於客堂，既重而不舉（指曇無讖故事）。或七難由之獲銷，或二求因之果遂，斯徒衆矣，不述難聞，敢隨代錄，用呈諸後，故述而集之。

序言「受持讀誦，必降徵祥，如說修行，無不通感」，是本錄之立，蓋欲就讀誦修持能獲利益之故事，誘導世人聞說生羨而仿效之，則經典不致如高僧傳譯經篇論所謂「遂至空勞傳寫，永翳箱匣」也。目錄書之末而附此記事體哉，猶出三藏記集之詮名錄有「小乘迷學竺法度造異儀記」與「喻疑」二篇（見僧祐章），蓋借事實以申經論之應重視也，特其方式與祐錄稍異耳。此三十六條記事或引高僧傳所述，或引侯君素旌異記，或爲宣公之見聞。序言「斯徒衆矣，不述難聞」，余嘗讀鳩摩羅什譯阿彌陀經，載 佛於舍衛國祇樹給孤獨園爲大比丘僧千二百五十人言西方極樂世界諸樂已，續云：

我見是利，故說此言，若有衆生，聞是說者，應當發願，生彼國土。

宣公述其聞見以啓衆生，頗得 釋尊宣法之初意，姚氏泥於近世目錄學之原則，固非知宗教家著書之道者也。

興敬錄之體在釋氏目錄書中雖屬創舉，而其法實倣自釋道世之法苑珠林，中國佛教史籍概論卷三論道世書之體製有云：

本書爲類書體，將佛家故實，分類編排，凡百篇，篇各有部，部又有小部。每篇末或部末有感應緣，廣引故事爲證，證必注出典。

今內典錄此錄，亦廣引故事爲證也。道世與道宣爲摯友，宋高僧傳卷四唐京師西明寺道世傳畧云：

釋道世，字玄惲，於青龍寺出家，及爲皇太子造西明寺，爰以英博，召入斯寺。時道宣律師當塗行律，世且旁敷。（所著捨法苑珠林外，並有）四分律討要，四分律尼鈔等。

是宣公之弘揚律學，道世且爲之助也，而內典錄卷一〇道俗述作注解錄中有「法苑珠林一百卷」之目，是世公書成於內典錄前，故宣公能倣其體製也。

由上考內典錄之十錄，知宣公著書非徒體製嚴密，且其編次復有深意存焉。而智昇對本書頗致不滿，開元錄一

○總括羣經錄之敍列古今諸家目錄，於「大唐內典錄」條之小注詳論道宣著書有「九誤八不然」，大抵皆指宣公考據不精，致經目以類相從有時未當，今以其文繁；且姚名達先生中國目錄學史頁二七一至二嘗引用之，故從畧。竊以為宣公著書凡二百二十餘卷，今存尚有續高僧傳，內典錄，廣弘明集，南山鈔等多種，著作既多，疏畧自所不免，然就著書體例上言，宣公不特能為目錄書建立完備之體製，且其書分類上用意之深遠，頗有為開元錄所不及者，此節容於智昇章詳之。而宣公於佛家史傳與目錄皆為建立承前啓後之制度，則無庸否認者也。

釋義淨與大唐西域求法高僧傳第六

義淨事跡，最早見於磧砂藏第一三六冊埸、合部金光明經卷首所附唐中宗撰之大唐中興三藏聖教序，畧云：

大福先寺翻經三藏法師義淨者，范陽人也，俗姓張氏，五代相韓之後。高祖為東齊郡守，爰祖及父，俱厭俗榮。法師幼挺明悟，纔踰辯李之歲，心樂出家，甫過遊洛之年，志尋西國，業該經史，學洞古今，總三藏之玄樞，明一乘之奧義。三十有七，方遂雅懷，以咸亨二年，行至廣府，發蹤結契，數乃十人，鼓棹昇帆，漸屆天竺。所經三十餘回，凡歷二十餘載，長齋則一食自資，長坐則六時無倦。所將梵本經僅四百部，合五十萬頌，以證聖元年夏五月，方屆都焉。翻諸雜經律二百餘卷，繕寫進內。其餘戒律諸論，方俟後詮。

讀序文，吾人知義淨之博通內外與求法譯經之偉績，然淨公與玄奘同屬中國歷史上僅有之華人三藏，三藏者內為戒、定、慧，外則經、律、論，似不可專以律學沙門目之，而開元釋教錄卷九總括羣經錄之義淨傳畧云：

淨雖遍翻三藏，而功偏律部，譯綴之暇，曲授學徒，瀘漉滌穢，特異常倫，學侶傳行，遍於京洛。合從天后久視元年庚子至睿宗景雲二年，都譯五十六部二百三十卷。又別撰大唐西域求法高僧傳，南海寄歸內法傳，別說罪要行法，受用三水要法，護命放生軌儀，凡五部九卷。

傳言淨公「功偏律部」且以戒律「曲授學徒」，則三學中以律學爲勝可知，而開元錄所載淨公譯出二百餘卷中，以「根本說一切有部」諸毘奈耶卷部爲最多，共佔十一部，一百五十九卷。是義淨之弘揚戒律，一似玄奘之敷演唯識，雖學通三藏之沙門，亦有其專業也。又所著南海寄歸內法傳一書，其作意有非自「偏功律部」方面不能解釋者，該書自序畧云：

戒興則非滅，律顯則過亡，西國相承，大綱唯四，故五天之地，及南海諸洲，皆云四種尼迦耶。神州持律，諸部互牽，而講說撰錄之家，遂乃章鈔繁雜，五篇七聚，易處更難，方便犯持，顯而還隱。遂使覆一簣而情息，聽一席而心退，律本自然落漠，讀疏遂至終身，師弟相承，用爲成則。准驗律文，則不如此。論斷輕重，但用數行，說罪方便，無煩半日，此則西方南海法徒之大歸矣。謹依聖教及現行法，總有四十章，分爲四卷，粗同行法，符律相以先呈，備舉條章，考師宗於實錄。閱此則不勞尺步，可踐五天於短階。凡此所論，皆依根本說一切有部，此與十誦大歸相似。

南海寄歸內法傳所以述西遊見聞而非遊記體裁者，蓋淨公以戒律本生乎天竺，華人檢律尋文以推求持守之道，每有窒礙難通，至「諸部互牽」；「章鈔繁雜」而莫所適從，不若探求西竺與南海諸佛敎地域實行律範之情形，或可更得其實。故經歷三十餘國，所留心者唯西僧之起居，所注意者唯西僧之律行，而成是書。俾華人得知西方持戒之實況，於是「不勞尺步，可踐五天於短階」焉。復次，義淨不述三十餘國之地理民俗，則亦有故，蓋義淨出國時玄奘大唐西域記已流行，且自西行求法運動興起而後，遊僧所著遊記汗牛充棟，今大藏經史傳部之遊方記抄中仍保存不少斷簡零篇，若淨公仍作遊記，豈無附驥之羞，故別出心裁而成是篇。今印度佛法已滅，欲探索古昔教徒日常生活之軌範者，本書實資考鏡，其價值自宗教史眼光視之，則頗足與大唐西域記相伯仲。著書不落前人窠臼，斯之謂也。淨公既刻刻留意西方之持律，則「功偏律部」一語，更可得其確證矣。

既確定義淨屬律學沙門，則可進而論所著之大唐西域求法高僧傳矣。本書共兩卷，自序畧云：

觀夫自古神州之地，輕生殉法之賓，或西越紫塞而孤征，或南渡滄溟以單逝，苗秀盈十而蓋多，結實罕一而全少。去者數盈半百，留者僅有幾人。設令得到西國，以大唐無寺，飄寄棲然，身既不安，道寧隆矣。嗚呼！實可嘉其美誠，冀傳方於來葉。粗據聞見，撰題行狀云爾。右總五十六人。

序稱本書因懼求法輕生之事蹟隱沒而不傳而作，則其作意與三僧傳表彰高蹈之精神相應。本書獨誌求法僧人，故不分科，其對沙門之稱謂則有「法師」、「律師」、「論師」、「禪師」之分。又不記沙門屬寺，而誌其籍貫，如卷上太州玄照法師傳畧云：

沙門玄照法師者，太州仙掌人也。

同卷益州會寧律師的傳畧云：

會寧律師，益州成都人也。

又同卷洛陽義輝論師傳畧云：

義輝論師，洛陽人也。

又卷下荆州無行禪師傳畧云：

無行禪師者，荆州江陵人也。

蓋梁、續、宋三高僧傳誌沙門所屬寺院，皆依名僧傳例必誌終焉之寺；或最後停留之地。而求法沙門在西方既無大唐之寺可歸，終焉又在異方殊域，故不能記其屬寺。又本書復收新羅僧、睹貨羅僧與突厥尼，非獨華人也，故須誌其鄉里爲別。其所收諸新羅僧事跡，歸田師撰新羅留唐學生與僧徒一文全部採用，文見史語所集刊外編慶祝董作賓先生六十五歲論文集。

求法高僧傳與內法傳據開元錄所言，似撰於返國之後，宋高僧傳義淨傳因之，而兩書實撰於域外。求法高僧傳卷下澧州大津律師傳畧云：

以永淳二年振錫南海，汎舶月餘，達尸利佛逝洲，停斯多載。淨於此見，遂遣歸唐，望請天恩，於西方造寺，遂以天授二年五月十五日附舶而向長安矣。今附新譯雜經論十卷，南海寄歸內法傳四卷，西域求法高僧兩卷。

淨公自誌於尸利佛逝（**Srivijaya**，或譯三佛齊，卽今印尼蘇門答臘島 **Sumatra** 之舊港 **Palembang**）遇大津律師，因請其人返唐求帝王施助建寺於天竺，並以所譯經論及著作附托帶返，故內法傳稱「南海寄歸」焉。求法高僧傳之作，正欲唐皇知沙門在外漂泊之苦，冀求施助有成也。淨公既深感無依之徬徨，故書中論贊，不曰「論」而曰「傷」，如卷上玄照法師傳畧云：

在中印度菴摩羅跋國遘疾而卒，春秋六十餘矣。傷曰：卓矣壯志，善乎守死，哲人利貞。

同卷會寧律師傳畧云：

傷曰：嗟矣！會寧爲法孤征，身雖沒而道著，時縱遠而遺名，春秋可三十四五矣。

又同卷大乘燈禪師傳畧云：

傷曰：嗟矣！傳燈之士，奄爾云亡，神州斷望，慨布素而情傷。禪師在俱尸城涅槃寺而歸寂滅，於時年餘耳順矣。

則所謂「傷」者，傷其人寂滅於天竺，不能擕法返國宣弘也。唐時求法沙門之殞身域外者，幸有是書得傳其事蹟。然於大津律師則曰「讚」，稱：

嘉爾幼年，慕法情堅，既虔誠於東夏，復請益於西天。重指神州，爲物淹流，傳十法之弘法。

蓋有望大津東歸，請求建寺能有所成，其懇切之情，不覺溢於言表也。

大津傳稱淨公於域外「譯雜經論十卷」，大藏經論集部、頁七五一有義淨譯龍樹菩薩勸誡王頌，其前記畧云：

沙門義淨，創至東印度耽摩立底國譯。

又開元錄卷九載淨公所譯有：

根本說一切有部毘奈耶頌五卷（先在西域那爛陀寺譯出，還都刪正。）

一百五十讚佛頌一卷（於中印度那爛陀寺譯，至景雲二年於薦福寺重更迴綴。）

可見其事屬實。而淨公對中華佛法之貢獻，主要爲返國後譯經二百餘卷，撰僧傳與內法傳猶在其次，本文因考律僧修史，求法傳例應述及，故但言淨公之律學與著史因緣，其生平則考述從畧。

附記：義淨所譯以根本說一切有部諸律爲主，近曉雲法師以妙因法師著「律學」一書（著於一九五六年丙申之歲）見贈，書中稱此爲新派之有部律，其內容有不屬於律戒之附記部份甚多，深富文學意味云。余謂因公之說有據，如印度之 Divyādana (Heavenly Story) 即頗有不少見於義淨譯諸毘奈耶中，陳觀勝先生撰 **"A Study of the Svāgata Story in the Divyādana in its Sanskrit, Pāli, Tibetan, and Chinese Versions."** 一文（刊哈佛亞細亞學報九卷三、四合期，一九四七年二月），文中引用善來(**Svāgata**) 故事之中文譯本部份，即主要採用根本說一切有部毘奈耶卷四二之「飲酒學處」也。

釋明佺與大周刊定衆經目錄第七

明佺事蹟，最早見開元釋教錄卷九總括羣經錄上之九，畧云：

大周刊定衆經目錄十五卷，右一部，其本見在。沙門釋明佺，東都佛授記寺僧也，尤精律學，兼閑經論。天后天冊萬歲元年乙未，勅刊定經目，佺首末條錄，編比次序，與翻經大德二十餘人同共參正。

宋高僧傳卷二慧智傳附明佺傳之史料卽據此，而增「出家隸業，悉在佛授記寺」一語。智昇稱佺公「尤精律學」，當屬研習律學之僧徒。

開元錄言大周刊定衆經目錄由明佺與翻經大德二十餘人共同參正，而據本書卷一五之末載全體工作人員名字，共計動員僧人七十。參預人數既若是之衆，工作效果想必甚佳，然智昇對之深表不滿，開元錄於上引「與翻經大德德二十餘人同共參正」句下續云：

> 雖云刊定，繁穢尤多，雖見流行，實難憑准。中有乖舛，如別所述。

又卷一〇敍列古今諸家目錄中，於「大周刊定衆經目錄」條下注云：

> 撰錄者曰：當刊定此錄，法匠如林，德重名高，未能親覽，但指撝末學，令緝綴成之。中間乖失，幾將大半。此乃委不得人，過在能使也。且如第十二卷闕本經數總四百七十八部；六百七十七卷，前十一卷中以含有，訖今通計此數，總成三千六百一十六部；八千六百四十一卷者，此不然也。妄增部卷，推實卽無。諸處交雜，難可備記，刪繁錄中已述多少，更欲細委，恐繁故止。

開元錄有總錄與別錄之分，卷九之所謂「如別所述」卽指別錄第七（卷一七）之刪繁錄。昇公屢謂大周錄中乖舛錯誤之處不勝檢，至「恐繁故止」。又贊寧於宋高僧傳慧智傳附明佺傳中稱：

> 蓋此錄支經別品，雜沓不倫，致爲昇公所黜矣。

其書爲僧人所不滿者可知。

由於僧家不滿是錄，故梁氏十八篇中之佛家經錄在中國目錄學之位置一文對此存而不論，僅引智昇之說爲證，謂「觀此則明佺錄價值可見」而已。姚名達先生中國目錄學史之宗教目錄篇雖有專節述大周錄，但亦僅引智昇，贊寧之說，對明佺著書何以不善，則未爲考究。

智昇謂大周錄有二事最屬不當，其一爲編著時高僧法匠「未能親覽」，而「指撝末學，令緝綴成書」。其二爲是錄「妄增部卷，推實卽無」。按開元之世去武周近，且昇公親著經錄，所說當不致遠離事實，然所指摘之第一事似未中明佺等之失，蓋集體編撰一書，當先由主持之人擬定工作範圍與方法，若範圍與方法皆屬正確，則高僧法匠親爲撰寫固佳，不然卽委諸後學僧伽，由大德隨時指導其工作，亦可預卜斐然成章者也。大周錄之失何在？竊以爲大致有如下數點：

（一）大周錄奉武則天勅而作，本書卷首有序文一篇，畧云：

> 我大周天冊金輪聖神皇帝陛下，以教爲悟本，法是佛師，務欲令疑僞不雜，廻下明刺，普令辭擇，存其正經去其僞本。

按武后崇尚釋敎，據陳寅恪先生武曌與佛敎一文（見史語所集刊第五本第二分）之考證，知其原因捨受母家楊氏之影響外，復有政治上之重要因素。謂：

> 武曌以女身爲帝王，開中國政治上未有之創局，如與證明其特殊地位之合理，決不能於儒家經典中求之，自不得不轉求之於佛敎經典。而此佛敎經典若爲新譯或僞造，則必假託譯主，或別撰經文，事既不甚易作，其書更難取信於人。仍不如卽取前代舊譯之原本，曲爲比附，較之僞造或重譯者，猶爲事半而功倍。

而其所利用之佛經，寅恪先生稱卽北涼曇無讖譯大方大雲經卷四如來涅槃健度三六所言：

> 佛故淨光天女言，汝於彼佛暫一聞大涅槃經，以是因緣，今得天身。値我出世，復聞深義，捨是天形，卽以女身當王國土，得轉輪王所統領四分之一。

之一節。又謂武曌稱金輪皇帝亦緣於此。武則天之統治地位有賴釋典作其特殊性之理論根據者既如是關切，故武周一朝之弘法興福諸事業，均屬鞏固其政權之手段，大周錄之編纂，亦在此種政治要求下產生。

（二）大周錄撰於天冊萬歲元年（公元六九四），在道宣撰大唐內典錄之麟德元年（公元六六四）後二十年，宣書既被開元錄指摘有「九誤八不然」（見道宣章），今明佺獲武氏以國家人力財力支持，當能先智昇廣搜史料，以糾宣公之失，而依明佺對本錄所採之體例，似未能辨此。大周錄序又云：

其間有名闕本，有本失譯，及翻譯單重，並備出條件，撰爲目錄。其僞經不是正經，僞目豈可同於正目，編之卷次，別爲一軸傳寫焉。

是大周錄僅言及流傳經本之分類與眞僞問題，對譯經歷史則未能兼顧，換言之，本錄蓋沿隋釋法經衆經目錄之舊例。而其書十五卷之組織大致爲：

1 大乘經單譯（卷一）
2 大乘經重譯（卷二、三、四、五）
3 大乘律大乘論（卷六）
4 小乘經單譯（卷七）
5 小乘經重譯（卷八、九）
6 小乘律小乘論賢聖集傳（卷十）
7 大小乘失譯經目（卷十一）
8 大小乘闕本經目（卷十二）

9 大小乘三藏及聖賢集傳流行入藏（卷十三、十四）

10 僞經（卷十五）

觀其分類，知本書組織方面，固不若法經錄之密，因法經錄於大小乘三藏中各分一譯、異譯、失譯、別生、疑惑、僞妄五項，另有佛滅度後之撰集、傳記、著述三項，每項再分此土與西天大德所撰（詳梁任公先生佛家經錄一文頁一六、一七之法經錄兩分類表），而大周錄既不收此土撰述，復無別生諸經。隋彥琮錄與唐靜泰錄組織畧與大周錄等（參姚名達先生中國目錄學史頁二六二至三，又頁二七二至三），而二錄皆收別生。

然大周錄有前三錄所無之入藏錄，此蓋取法內典錄。明佺既知採宣公之創作，而不能知內典錄糾合長房法經兩派所長之優點，仍沿法經錄偏於一面之舊例，大抵奉勅撰述，僅依旨「刊定」爲已足也。

（三）在此種體例範圍之下，其編集之工作方式據序文所言大致爲：

謹按梁朝釋僧祐、釋寶唱，隋朝翻經學士費長房所撰開皇三寶錄，唐朝僧道宣所撰內典錄等已編入正目大小乘經律論，並賢聖集傳。其後唐朝至聖朝所譯經論，及有雖是前代舊翻而未經入目，並雖已入目而錯注疑僞，審共詳校，事須改正者，悉依明旨，咸編正目。

序稱佺公等辨別諸經眞僞，並爲內典錄以後譯於唐高宗朝及武周諸經編目。勘舊詮新，爲佛家編撰經錄之通例，現存大藏經目錄部中各經錄，莫不始漢之騰蘭而終著書之當代，故明佺對譯於高宗武后兩朝以前諸經，僅取舊有經錄校讐爲已足。大周錄卷一五之末有全體參預工作人員名單，而其職務之分配爲：

都檢校刊定目錄大德僧二人

刋定經眞僞大德四人

校經目僧四十四人

檢校僧二人

翻經大德僧十八人

主持編纂之「都檢校」二人外，屬員中「校經目僧」有四十四人，佔全體七十人總數之大半，而「刋定眞僞」僅四人，「檢校」僅二人。蓋前世經錄中既有結構嚴密，分類精確又內容豐富之祐錄、法經錄與內典等可採資用，而大周錄體製不若前世之密，且自麟德元年後至天册萬歲元年之三十年間譯出新經復有限，故勘舊詮新之工作自較爲省事，觀其「校經目」一項與「刋定」、「檢校」兩項用人數量之懸殊，知其重心僅在取前世經錄作一番互勘，智昇謂「指據末學，令緝緝成之」殆卽指此。至於名單中有翻經大德，余意此恐武則天故意使之參預，以示鄭重，蓋大德十八人中主譯者有菩提流志，寶思惟與義淨三人，餘皆其譯場之助手，大周錄卷一、三、四皆載菩提流志與寶思惟譯出數經，而據開元錄卷九：二僧所譯尚多完成於天册萬歲之後，義淨則於其年歸國，隨卽助實義難陀譯華嚴經。換言之，武周譯場中人自有其繁重之工作。譯經程序之複雜，仕邦前爲文論古代譯場已嘗言之，翻經大德卽使能抽暇相助，恐亦出力無多，則智昇稱「法匠如林，德重名高，未能親覽者」，蓋亦有所本而發也。

至於智昇謂大周錄「妄增部卷、推實卽無，諸處交雜，難可備記」者，大抵諸僧迫於功令，不免貿菜求添，勒成鉅著以取悅時君，故性質與大周錄相同之法經錄僅七卷，彥琮錄與靜泰錄各僅五卷。卽兼備長房法經所長之內典錄亦僅十卷，而明佺等所撰修者則有十五卷。今日去明佺、智昇之世又千數百年，卽昇公當日能推實獲本者今已散佚不少，故「推實卽無」者爲何蓋不必詳考矣。總之，本書體製過簡而動員過衆，已足令著書分類細密；考據精審而又獨力完成開元錄之智昇深致不滿矣。

大周錄之缺點已畧如上述，然其書非一無是處者，今更摘其善而陳之：

一、本錄體製簡單，較之內典錄頗嫌落伍，但官方修書每多抄襲前人舊作塞責，大周錄不特非是，且其體製與法經錄等同性質諸錄畧有別，故仍可登於著作之林，較之貞元新定釋教目錄之漫然抄襲（詳圓照章）者又勝一籌矣。

二、本錄成於開元錄以前，舉凡譯於唐麟德元年後至天冊萬歲元年以前諸經，本錄皆先開元錄著錄，如地婆訶羅（日照）、提雲般若（天智）、菩提流志、實思惟譯出諸經，本錄卷一至六皆有其目，故開元錄雖不滿本書而不得不採用之。

三、三階敎爲佛敎史上之異端，近人對之頗有研究，日本矢吹慶輝氏「三階敎之研究」一書爲其著者也。而大周錄卷一五僞經錄中有三階雜法三十二部二十九卷，謂：「奉證聖元年恩勅，令定僞經及雜符籙等遣送祠部內進，前件敎門既違背佛意，別構異端，卽是僞雜符籙之限。又准聖曆二年勅，其有學三階者，唯得乞食、長齋、絕穀、持戒、坐禪、此輒行皆是違法。幸承明勅，使革往非，不敢妄編在於目錄，並從刊削以示將來。」佺公羅列三階敎經目，爲此已滅之宗敎存參攷之資料也。

總之，凡著作皆有其優劣之兩面，特視其比重上何者較勝而已，吾人不可以智昇之說爲已然也。

宋神宗實錄前後改修之分析(上)

黃漢超

目次

（甲）爲王安石諱
（乙）爲呂惠卿等諱
（丙）爲新法諱

二：朱史删墨史

（甲）謂因元祐史官誣妄而删
（乙）謂事小而删
（丙）謂無施行、無行遣而删
（丁）謂無照據而删
（戊）因其他而删

結語

引言

實錄起於蕭梁，至唐而盛，爾後自宋抵清，歷代有作，未嘗斷也。惜有唐只存順宗一錄，而宋則但有太宗殘本，（註一）與現存明清實錄之煌然巨製，不可同日而語矣！

自唐以來，史臣纂修實錄，已寓有政爭之意見，事故多所隱諱，今循乎司馬溫公通鑑考異，猶可窺見梗概焉。（註二）宋黨爭之烈，不下於唐，史臣纂修實錄，亦寓有黨爭意味，神宗一錄，其最著者也。顧以原書已佚，其纂修經過與政治黨派分野原委，學者以書闕有間，故尚少論及、更遑論先後三本成書之關係乎？

本文分上下兩篇、上篇論神錄三本纂修之經過與黨爭之原委；下篇論神錄三本之關係。間有涉及王安石新法問題，則紹聖本之爲新法諱者，今一一摭出之，非所以譏彈新政，實由斯以見朱史之私意耳。

下篇徵引續長編原文頗多，長編蓋本宋之國史實錄而成，有非節取原文，不足以見朱墨二史之異同者，故不避繁冗之譏，尚祈大雅諒之。

本文蒙 劉子健先生賜閱一過，開悟良多，謹此誌謝。

附註

（一）今存之順宗實錄五卷，見韓昌黎集（蟫隱廬印世綵堂本），外集第六卷至第十卷。宋太宗實錄殘本二十卷（四部叢刊三編收，一九三六），古學彙刊（一九一二）本第一集所收只八卷。太宗實錄流傳事、詳繆荃孫、藝風堂文續集（一九〇〇） 卷六、頁四——八，宋太宗實錄跋；又叢刊本張元濟跋。柳詒徵有太宗實錄校證，先後載於史學與地學、第二、三兩期（一九二七——八。）

（二）陳寅恪先生取順宗實錄以考唐憲宗與宦官始終隱祕之關係，見順宗實錄與續玄怪錄 （國立北京大學四十週年紀念論文集、乙編上，一九三八），頁五八——六一。又：哈佛亞細亞學報（一九三八），三卷一，頁九——十六。

上篇：神宗實錄之纂修與黨爭

司馬溫公修通鑑，於唐、五代紀，取實錄所載，以證兩唐書及五代史之誤者頗多；反之，以諸史稽實錄之誣妄者亦有之。其考證一事，於史料之取捨標準，概見於通鑑考異。今稍摘其論實錄之有未盡可信者，爲本篇之先導焉！

通鑑於唐實錄辨之最嚴者，厥爲穆宗與敬宗實錄。穆宗實錄爲路隋等撰，而敬宗實錄則爲李讓夷等撰，（註一）通鑑卷二百四十三，唐穆宗長慶三年，（西八二三）九月丙辰條云：

李逢吉爲相，內結知樞密王守澄，勢傾朝野。

考異曰：

……逢吉結守澄，要爲不誣，然未必因鄭注。李讓夷乃李德裕之黨，惡逢吉，欲重其罪，使與李訓，鄭注皆有連結之迹，故云用訓謀，因注以交守澄耳。

通鑑同卷四年三月，劉栖楚叩頭諫脫朝條；又四月、八關十六子條；而總論之曰：

蓋讓夷，德裕之黨，而栖楚爲逢吉所善，故深詆之耳。

牛李黨爭，爲唐代一大事，（註二）溫公於此處，反覆尋研於國史實錄，以定一是，其有不全信實錄者，言見乎情矣。

宋修實錄，亦不能全免此弊，故神宗實錄乃一修再修而至三修者，蓋蹈唐人黨爭之流弊，以致修撰諸人，不無阿附所好。已而時移世易，則或陽責以修史之名，而陰實被黨爭之禍。旋起旋落，人主亦不能持平，良可哀也。然實錄乃一朝大典，爲國史所取資，於諸官修諸籍最爲尊，其有誣謗，豈能坐視不改？神哲二錄二齟齬不已者，職是故也。

一：新黨修撰檢討官之見劾

宋實錄之失實，其見議於當時者，以神哲二錄爲烈，然所爭者非全爲史實本身之眞僞，牽涉所至，乃及黨派之分野焉，茲分別條舉論證之。

文獻通考卷一百九十四，經籍考二十一，神宗朱墨史二百卷條引鼂氏曰：

元祐元年詔修神宗實錄，鄧溫伯、陸佃修撰；林希、曾肇檢討；蔡確提舉。確罷，司馬光代、薨，呂公著代；公著薨，大防代。六年奏御。趙彥若、范祖禹、黃庭堅後亦與編修。……紹聖中，諫官瞿思言：元祐間、呂大防提舉實錄、祖禹、庭堅等編修，刊落事迹，變亂美惡，外應姦人詆誣之說，命曾布重行修定………。（註三）

書錄解題，郡齋讀書志所記神錄撰修諸人，不及通考引鼂說之詳，然以元祐六年成書之日，其與於撰修者，尚有蘇頌、蘇軾（同見長編卷四百四，八月辛丑）歐陽棐（見長編卷四百十，五月丁未）司馬康等，（見長編卷四百二十一，正月癸已）（註四）諸人之修實錄，其修撰時間之先後久暫、官職之新除罷免，與當時之政黨消長有關，而實錄成於衆手，亦不得不順隨其黨派之主張而有所偏重也。試稍分析前後修撰之仕履，及其從政經過，卽得此中消息。

長編卷三百六十五云：

元祐元年（西一〇八六），二月乙丑，命宰臣蔡確提舉神宗皇帝實錄。以翰林學士兼侍講鄧溫伯，吏部侍郎陸佃並爲修撰官；左司郎中兼著作郎林希，右司郎中兼著作郎曾肇並爲檢討官。

當確爲提舉之時，正新黨之勢力漸消，而舊黨之勢力日長，時皇太后聽政，有復起用司馬光爲相之意；而蔡確則爲附和新法之人，故極受臺諫攻擊，左正言朱光庭謂確之不恭，章惇之不忠，韓縝之不恥……豈可尚容居位？監察御史王巖叟亦謂蔡確與章惇相爲朋比，虐下罔上，其論與朱光庭同出一轍，蓋譏彈新法施行之不當；而御史劉摯，更欲進司馬光以代蔡確，光爲舊黨，朔派領袖，足以領導羣倫，故巖叟推尊之，而光庭唱和之；益以左諫議大夫孫覺、左司諫蘇軾等之責蔡確、章惇而請進用司馬光，臺諫交攻，而蔡確乃不能復立足於相位矣！（註五）於是，新黨之勢力乃轉移至舊黨。蔡確罷，司馬光代其職，於元祐元年（西一〇八六），閏二月庚寅，除守尚書左僕射兼門下侍郎。壬辰，呂公著爲門下侍郎。（註六）已而，朱光庭，劉摯，王巖叟等又力言章惇之姦邪。（註七）故元祐元年（西一〇八六），閏二月辛亥，黜罷章惇。而韓縝亦於元祐元年四月己丑見罷。（註八）章蔡韓縝旣去，新黨之勢力遽失，而政權遂操縱於舊黨矣。

自蔡確提舉實錄，至其罷相，時僅一閱月耳。故事、實錄由宰臣提舉，故元祐元年（西一〇八六），閏二月丙申，司馬光提舉編修神宗實錄，（註九）仍以鄧溫伯、陸佃，林希，曾肇充修撰檢討，更益著作佐郎范祖禹爲檢討官，此早期期檢討修撰，祇祖禹外，莫不遭受彈劾，尤以林希，曾肇，鄧溫伯爲最。此雖政爭，而實與紹聖間重修神宗實錄有莫大關係。今本其人充修實錄職之久暫及其受彈劾之原因，窮其原委，以見黨爭足以影響一朝大典——實錄之眞相也。

宋史卷三四三，林希傳云：

元祐初，歷祕書少監，起居舍人，起居郎，進中書舍人，言者疏其行誼浮僞……以集賢殿修撰知蘇州。

希自元祐元年（西一〇八六）二月乙丑，以佐司郎中兼著作郎爲神宗實錄檢討官，九月癸酉知蘇州（歷官時日詳見附表）蓋不見容於舊黨也。長編卷三百八十七云：

元祐元年，九月辛未，右司諫王覿言：竊聞起居郎林希，召試中書舍人，希雖薄有文藝，素號憸巧，當王珪用事之際，希諂奉之無所不至。……及韓縝作相，希復爲其鷹犬。今中書侍郎張璪、傾邪著聞，士人之稍自重者，莫不恥遊其門，而希與之深相交結，不畏譏議。貼黃稱：林希親弟旦，見爲殿中侍御史，與臣同在言路，臣不敢以旦之故，隱其兄之惡。

案東都事畧卷八十，王珪傳，載珪於元豐二年（西一〇七九）爲宰相，嘗三薦張璪而不見用；元豐四年（西一〇八一），璪拜參知政事；五年（西一〇八二）改中書侍郎。哲宗立，宣仁后聽政，璪爲諫官，蘇轍上疏謂……「璪性極巧佞，遇事圓轉，昔王安石、呂惠卿首加擢任，被以羽翼之恩，熙寧弊法，皆璪等所共成。」（註十）故希之見劾，乃附和新黨故也。抑張璪之所以結希者，殆希之弟旦、居殿中御史之職，故璪欲以之爲羽翼也。長編卷三百八十八云：

元祐元年（西一〇八六），九月壬申，御史中丞劉摯言……希有詞藻，若稍能自重，由正道而進，則一舍人不足道也。惟其急進，朋附非人，此臣所以不得已而必論，懼其黨之盛也。……，（張）璪被詔舉文學行誼之臣充館職，明知陸長愈貪汚有素，文行無稱，以長愈乃林希妻親弟，受其請託，輒以應詔。璪所以受其託者，不獨在結希，意在結希之弟旦，見爲中侍御史，冀其陰助也。

故攻林希，即指擊張璪，去希璪即斥黜新黨，故侍御史王巖叟之劾張璪曰：「……伏望聖慈以國家爲重，禁邪於已兆，防患於將然，早賜罷免張璪中書侍郎之任，追寢林希中書舍人之命，並斥陸長愈不得召試館職，以懲姦匿，以肅朝廷。」臺諫交章，而林希奉詔爲集賢殿修撰知蘇州，陸長愈罷試館職。張璪不得不請外，得詔出知鄭州。此林希充修實錄檢討官只九月，因不見容於舊黨而出知蘇州。

曾肇於元祐元年（西一〇八六）二月，爲神宗實錄檢討官，肇兄布，以迎合王安石，因得以爲心腹；却又因攻擊市易，爲安石所棄，其政論進退新舊黨之間，於元祐間爲諸舊黨所排（註十一）而肇之進身史官，乃蔡確所擢，確既罷相，肇亦見劾，長編卷三百九十四云：

元祐元年（西一〇八六），十一月戊寅，起舍舍人曾肇爲中書舍人，仍充實錄院修撰。侍御史王巖叟言：肇天資甚陋，人望至卑，早乘其兄布、朋附王安石，擅權用事，朝廷美爵、如取於家、故肇因聖得竊館職、……殊昧史材，而委修實錄，每一改除，士論每切非之；文章學識，皆無可稱，何足以代王言而預國論？……按曾肇乃姦臣曾布之親弟，布之盜竊名器，蠹國家而誤蒼生，與呂惠卿罪惡無異，當時天下謂之曾呂。

曾呂交訌，劇爭在於市易，曾布實賢於呂惠卿，但因處政情險詐之時，故其持論，移易附和於新舊黨之間，無怪乎元祐舊黨諸臣排擠之也。（註十二）呂陶之論曾肇曰：「操履偏詖，藝文浮淺，當呂惠卿用事時，肇兄布亦任要路，表裏專縱，公爲私徇，臣僚承迎風旨，薦肇充學官，既進所業，中書考爲第一，緣此朋比，遂除館職。晚因張璪汲引，備位左司，會史職有闕，乃以次補。」（註十三）諸臣上疏乞罷肇，卒不聽。然於元祐四年（西一〇八九），五月丁亥，肇坐以諫官不言蔡確之過，乃請補外，遂知潁州，肇自充神宗實錄檢討至出知潁州，屢見排於舊黨，以致不安於位，其於實錄之修撰，時日無范祖禹、黃庭堅之長久，然肇卒以其兄之關係，於崇寧間，得以不貶。（註十四）

鄧溫伯於元祐元年（西一〇八六）二月，以翰林學士兼侍講、充神宗實錄修撰，次年八月，以母喪去位，是其充修實錄官只年餘耳。（註十五）至元祐四年（西一〇八九）九月，始重出爲吏部尚書，旋爲左諫議大夫權給事中梁燾所劾，長編卷四百三十三云：

元祐四年（西一〇八九），九月己丑，梁燾論溫伯操履回邪，初依王安石，以掾屬爲之肘腋。後結呂惠卿，以諫官爲之鷹犬，迎合惠卿報怨之意，力擠安石親黨；畏安石復用之勢，還攻惠卿過惡。吳充秉政而方用事，故自媚於充，而苟合蔡確……出入朋黨，自懷反覆……。

十月己亥，溫伯爲龍閣學士知亳州，元祐五年（西一〇九〇），四月丁酉詔爲翰林學士承旨，中書舍人王巖叟封還詞頭，言：「溫伯賦性憸柔，巧於傅會，元豐之末，已在翰苑，交結蔡確，求固寵祿。……及確之敗，罪狀方露，適在憂制，未正典刑……。」（註十六）劾溫伯者不僅梁燾、王巖叟，而左諫議大夫劉安世，右諫議大夫朱光庭亦上章乞除溫伯除命，疏上不從，而諸人皆先後遷官（註十七）。御史中丞蘇轍，侍御史孫升言燾等不當出，然皆不報。（註十八）至是年八月，劉摯重論此事，長編卷四百四十六云：

元祐五年（西一〇九〇），八月癸卯，中大夫門下侍郎劉摯言：溫伯爲人，麤有文藝，亦別無罪狀，但……隨事俯仰，人所共知，……今來溫伯久已就職，梁燾等已別與差遣，理合寧貼無事。然中外人情依舊未安，蓋緣昨來言者，說破溫伯實王安石之黨人，故進退之際，朋類甚衆，……既有此說，則中外人情，便有向背……望詔大臣別作商量，使邪正有所辨，是非有所歸，則天下服矣。

觀乎劉摯之言，則溫伯之見排者，在爲王安石之黨耳！然溫伯於實錄之修撰，一來任職之時日不久，而中間又屢見擠於舊黨，則其言論，當不爲修實錄諸舊黨人所重，亦可推見矣！

早期之神錄修撰官，尙有陸佃，佃以吏部侍郎充修撰，元祐五年（西一〇九〇），六月辛丑，佃權禮部尙書，中書舍人鄭雍論之曰：「新除禮部侍郎陸佃權禮部尙書、佃附會穿鑿，苟容偸合，其始進已爲淸議不容，伏望更擇賢才，處之高位。」詔：候實錄書成日別取旨。佃乞補外，乃以佃爲龍圖閣待制知潁州。（註十九）則佃未知潁州之前，預修實錄已近五年，佃於實錄、在未成書前、與舊黨修撰諸人之意見有異，宋史卷三四三，陸佃傳云：

……以修神宗實錄，徙禮部，數與史官范祖禹黃庭堅爭辨，大要多是安石，爲之晦隱。庭堅曰：如公言，蓋佞史也。佃曰：盡用君意，豈非謗書乎？

足證實錄之修撰，新舊黨之意見存焉，實錄之有爭辨、大抵在政治之私見耳。

二：舊黨修撰檢討官之見効

自蔡確罷相，而實錄提舉由司馬光充，光於元祐元年（西一〇八六），閏二月丙申、提舉編修神宗實錄，而范祖禹爲檢討官。（註二十）十月，校書郎黃庭堅充實錄院檢討官。光於九月卒，而提舉一職，由右僕射呂公著充，光領實錄職只數月耳！自公著充提舉，益以吏部尙書蘇頌，翰林學士蘇軾，兵部侍郞趙彥若爲實錄修撰（二十一）三年（西一〇八八）五月，以考功員外郞歐陽棐爲著作郞，實錄院檢討。四年（西一〇八九）正月，著作佐郞兼侍講司馬康充修神宗實錄檢討官；二月，呂公著卒，提舉之職由尙書左僕射兼門下侍郞呂大防兼，自是直抵於成。

自司馬光提舉實錄後，所增益之修撰檢討官，皆舊黨也。而其間亦有見排於新黨者，長編卷四百七云：

元祐二年（西一〇八七），十二月丙午，監察御史趙挺之言：蘇軾專務引納輕薄虛誕有如市井俳優之人以在門下，取其浮薄之甚者，力加論薦。前日十科，乃薦王鞏；其舉自代，乃薦黃庭堅。二人輕薄無行，少有其比。王鞏雖已斥逐補外，庭堅罪惡尤大，尙列史局……。

故三年（西一〇八八）五月，詔新除著作郞黃庭堅依舊爲著作佐郞，劉安世則請以挺之所奏，付外施行，庶使是非明辨。按趙挺之乃主施行新政之人，以是與黃庭堅結怨。蘇軾發其事，以代庭堅辨誣。長編卷四百十五云：

元祐三年（西一〇八八）、十月己丑，翰林學士兼侍讀蘇軾言：御史趙挺之在元豐末、通判德州，而著作郞黃庭堅方監本州德安鎭，挺之希合提舉官楊景棻，意欲於本鎭行市易法，而庭堅以謂鎭小民貧，不堪誅求，若行市易，必致星散。公文往來，士人傳笑。……又挺之妻父郭槪，爲西蜀提刑時，本路提舉官韓玠，違法虐民……槪附會隱庇。臣弟轍爲諫官，劾奏其事，玠槪並行黜責，以此挺之疾臣。（註二十二）

庭堅雖見劾，然始終與於修撰之職，且有大力焉。

觀統舊黨諸修撰官，司馬康於實錄成書前先卒，蘇軾蘇頌，於實錄成時不見贈官，殆旋兼而旋免，今不得其年日，歐陽棐則因劉安世之劾，乃追回成命。其始終參與其事者，范祖禹、黃庭堅、與趙彥若三人，而范祖禹尤致其全力。祖禹於撰修期間，歷官至左朝奉郎給事中，未嘗見劾於他人，而在實錄院之日多，長編卷四百三十六，元祐四年（西一〇八九），十二月，載呂大防對皇太后曰：「……范祖禹見修實錄，臣每間日過實錄院，必見祖禹。」，祖禹於實錄院，最佔要席，當曾肇知潁州，祖禹有乞差實錄檢討官劄子，（范太史集卷十五）云：

伏聞曾肇已除外郡，修實錄闕官一員，昨差司馬康充檢討，康以非久書成，固辭而罷。今來曾肇未了文字，須得一人成之。欲乞却差康充檢討官，不唯史官得人，亦公議皆允。

祖禹又曾屢辭修實錄之職，皆不獲准，（註二十三）至實錄書成，更充國史院修撰。蓋祖禹以協濟公修史成名，而亦以修史貶。

三：神宗實錄修撰檢討官之貶及其重修

（甲）舊黨修撰官之貶

神宗實錄自元祐元年（西一〇八六）始修，六年（西一〇九一），三月癸亥，宰臣呂大防依故事上之。（註二十四）提舉修撰諸人，各遷一官，長編卷四百五十六云：

元祐六年（西一〇九一），三月癸酉，詔右正議大夫端明殿學士禮部尚書鄧溫伯，朝請大夫翰林學士知制誥趙彥若，左朝奉郎給事中范祖禹，左朝請郎寶文閣待制知應天府曾肇，左朝奉大夫天章閣待制知杭州林希各遷一官。龍圖閣待制知潁州陸佃爲龍圖閣直學士，著作佐郎黃庭堅爲起居舍人。

呂大防則特授正議大夫，大防本當遷通議大夫，以其祖諱通，故執政同進呈請超遷之也。而已故提舉官司馬光、呂公著，賜銀絹各三百匹兩，並付其家；蔡確則不見賞賜，殆其提舉實錄職不足一月耳。修撰官中，黃庭堅於同月丁亥，罷起居舍人，改行著作佐郎，以中書舍人韓川言庭堅所爲、輕翾浮艷，素無士行，邪穢之迹，狼籍道路，故封還除命。呂大防必欲用之，請再下，太皇太后曰：恐再繳，不如只依例改官，乃詔庭堅行著作佐郎。

夫纂修實錄之與政治轉移，又可以國史之編修證之。自神錄成書後，乃有神宗正史之撰修，元祐六年、（西一〇九一）六月甲辰，詔國史院置修撰官二員，內長官兼知院事檢討官一員。遂以翰林學士趙彥若，給事中范祖禹兼國史修撰，內彥若兼知院事。（長編卷四百五十九）。七年（西一〇九二），七月癸巳，以翰林學士范祖禹，樞密直學士趙彥若修神宗皇帝正史，宰臣呂大防提舉，著作佐郎張耒編修，限一年畢。（長編卷四百七十五）。八月，又以祕書丞呂希純爲著作郎充國史院編修官。未見庭堅名者，殆因六年（西一〇九一）六月，丁母憂去職故也。院中再無所謂新黨之撰修矣。然逮至詔聖元年（西一〇九四），則蔡京，曾布、章惇等掌修國史，則又無舊黨之人與於其間矣，轉手之間，新舊互易，修史事業之隨政治轉移，殆勢之不得不然歟！

神錄修撰諸人之貶，起於政權之轉移。當元祐八年（西一〇九三），八月，太皇太后病疾，九月戊寅崩。舊黨黨人卽感其憑籍之失，而新黨之被抑已久，故時伺機而動，欲以紹述新政爲手段，冀得哲宗之信而奪回政權，然此意已爲舊黨所了知而預爲之防。長編拾補卷八，元祐八年（西一〇九三），九月癸卯，載翰林學士兼侍讀范祖禹上疏云：

伏以天下不幸，太皇太后登遐，陛下……將總攬庶政……此乃宋室隆替之本，安危社稷之基，天下治亂之端，生民休戚之始，……可不慎哉？今必有小人進言曰：太皇太后不當改先帝之政，逐先帝之臣。此乃離間之言，不可不察也。……今太皇太后新棄天下，陛下初攬政事，乃小人乘間伺隙之時也，故不可不預防之。此等既上誤先帝，而今又欲復誤陛下，天下之事，豈堪小人再破壞耶？

祖禹之言，詳見於范太史集卷二十五，聽政劄子，（題下原註云：九月十五日、同蘇軾上）細繹其意，在備言太皇太后之賢，謂內定大策，以哲宗爲儲，哲宗之有天下，乃得之於太皇太后，此其一也。太皇太后不私外家，此其二也，外斥逐姦邪以淸朝庭，內裁抑僥倖以肅宮禁，此其三也。陳述太皇太后之賢，欲使哲宗先報其德，而報其德，莫若循其法度而謹守之，若聽小人讒說而輕改其政事，則大失天下人心。祖禹所言之小人，殆指施行新法之黨人無疑，蓋范太史集同卷第二劄子，有云：

自元豐之末，時運艱戹，先帝早棄天下，陛下嗣位，幸賴先太皇太后以大公至正爲心，罷王安石、呂惠卿等所造新法而行祖宗舊政，故社稷危而復安……九年之間，安靜無事，已有成效，由此以持循之，則成康之隆，不難致也。……今陛下既親萬幾，小人必欲有所動搖，……願陛下上念祖宗之艱難，先太皇太后之勤勞，痛心疾首，以聽用小人爲刻骨之戒，守元祐之政，當堅如金石，重如山嶽，山嶽可移，聖政不可改也……。

又同書卷二十六，論邪正劄子，（原註云：元祐八年（西一〇九三），十一月十六日，崇政殿進呈、奉旨留中）有曰：

熙寧之初，王安石呂惠卿等，造立新法，先言天不足畏，衆不足從，祖宗不足法，使朝廷不懼災異，不恤衆言，悉變更祖宗舊政，多引小人，以誤先帝。……幸賴陛下與先太皇太后，蚤從衆言，悉罷新法，修復舊政，天下之民，如解倒懸。……唯是向來所逐小人，日夜伺候，……萬一陛下過聽而小人復用，豈唯正人不敢立朝，臣恐宗室自此陵遲不復振矣。

從祖禹之議論，顯見其已預知新黨將重爭政權，而不得不先以太皇太后之賢以動哲宗，冀使之能遵元祐之制而不予新法諸人重攬政權也。

中書舍人呂陶，所持論調與范祖禹同，長編拾補卷八，載其言曰：「……太皇太后凡有更改，固非出於私意，蓋不得已而後改也。至如章惇悖慢無禮，呂惠卿姦邪害物，蔡確毀謗大不敬，李定不持母喪，張誠一盜父墓中物，宋用臣掊斂過當，李憲，王中正邀功生邊事，皆自積惡已久，罪不容誅，則太皇太后所改之事，皆是生民之便，所逐之臣，盡是天下之惡，豈可以爲非乎？」（註二十五）然哲宗未嘗納舊黨之言，而偏意於新法諸人，故揚畏上疏，言神宗皇帝更法立制以垂萬世，乞賜講求法制以成繼述之道。哲宗卽召畏登殿，詢畏以先朝故臣孰可召，命詳具姓名，密以聞。畏卽疏章惇安燾呂惠卿鄧溫伯李淸臣等行義，各加品題，且乞召章惇爲宰相，哲宗皆嘉納焉。（註二十六）李淸臣乃倡紹述之說，而鄧溫伯和之（註二十七）舊黨至此而勢不足與新黨埒，范祖禹、范純仁，呂大防、蘇轍、劉摯皆落職出外任，（註二十八）而實錄之誣罔案，亦因是而起焉。

宋史卷十八，哲宗本紀云：

紹聖元年（西一〇九四），四月戊辰，同修國史蔡卞，請重修神宗實錄。

同書卷四十二，蔡卞傳云：

紹聖元年（西一〇九四），復爲中書舍人，上疏言先帝盛德大業，卓然千古之上，發揚休光，正在史策，而實錄所記，類多疑似不根，乞驗索審訂，重行刊定，使後世參觀，無所迷惑。……於是呂大防，范祖禹、趙彥若，黃庭堅皆獲深譴。

紹聖初，蔡卞比附章惇，蓋不得意於元祐間也。自哲宗親政，首起惇爲尙書左僕射兼門下侍郎，乃引蔡卞，林希，黃履、來之邵，張商英、周秩、翟思，上官均居要地、任言責，（註二十九）於是來之邵乞逐呂大防，以破大臣朋黨；張商英攻元祐大臣不遺餘力；黃履上疏請顯斥呂大防，劉摯，梁燾而爲蔡確雪怨；上官均，周秩請考察呂大防、蘇轍、劉摯擅權欺君，援引朋黨之罪。（註三十）其中以大防爲相，故所受彈擊亦最烈，餘摯、燾、轍等皆任言職，故被援引朋黨之名，擅權欺君之罪，此元祐大臣見排之第一類型也。其第二類型者，則尸修史得罪而見貶也。

太平治蹟統類卷二十四，紹聖元年，（西一〇九四），閏四月甲申，載劉拯議重行黜責修實錄諸人，其言曰：

宣仁常謂宰相曰：編修實錄官，毋任先朝曾責降者，蓋慮謗書一成，不可追改也。是時權臣擅政，雖差鄧溫伯陸佃林希曾肇，以應宣諭。已而遂去，以呂公著之婿，司馬光之門人范祖禹；蘇軾之門人張耒，秦觀代之。……請重審閱其閒書不以實，輒移易增減，情涉誣詆以聞。乞重行黜責，以正國典，從之。

拯之言，一以歸罪於舊黨之人，而意謂新黨諸人可不重行黜責。夫當實錄之上也，諸人皆遷官，今只以誣詆之罪歸於祖禹、耒、觀諸人；且夫耒、觀之預修實錄，實不若鄧溫伯，陸佃等之久，無怪乎常安民亟譏其不公也。（文見下引）拯特指出呂公著之婿、司馬光之門人、蘇軾之門人云云，一併以司馬、蘇氏爲政敵矣。呂大防已於是年三月乙亥知潁昌府，祖禹於四月癸丑知陜州，故宋史卷三百五六、拯傳，謂之猶鶩視不愜者是也。長編紀事本末卷一百一，紹聖元年（西一〇九四）、六月丁亥，云：

詔翰林侍讀學士、提舉袞州景龍宮趙彥若，龍圖閣學士、知陜州范祖禹，提舉明道宮、左朝奉郎充集賢院校理、新知鄂州黃庭堅管勾明道宮，各於開封府界居住，就近報應國史院取會文字。

據宋史（卷四四四）、黃庭堅本傳云：

章惇蔡卞與其黨論實錄多誣，俾前史官分居畿邑以待問，摘千餘條示之，謂爲無驗證。既而院吏考閱，悉有依據，所餘才三十二事。

稽諸山谷年譜，於修史諸人待問一事，記之頗詳，可與宋史本傳相發明。年譜，卷二十六，十一月至陳留供報文字條引國史（哲宗史）云：

黃慶基言神宗實錄隱沒先朝良法美意，輒以微言含寓諷刺、數十事修編，令府界供答文字，未見施行，乞早誅責。

慶基之言，其尤可注意者在：隱沒先朝良法美意，此指神宗朝之新法也。

又同書同卷，十二月尚在陳留俟命條，引國史曰：

十二月丙申，三省同進呈臺諫官前後章疏，言實錄院所修先帝實錄，類多附會姦言，詆熙寧以來政事，乞重行竄黜。……章惇等又奏：臣寮入劄子，言國史院簽貼實錄詆誣編落事，元祐大臣乃欲塵玷先朝政事，援引司馬光，蘇軾兄弟門下之人，皆平昔不得志者，其於事迹，往往刪除漏落，或緣飾詆誣，意欲掩覆先帝之光烈，乞重行貶責，……詔祖禹責授武安軍節度副使、永州安置；彥若責授安遠軍節度副使、澧州安置；庭堅責授涪州別駕、黔州安置。（註三十一）

據上引諸證，則諸人之重貶乃在於詆誣神宗之新政，以致欲掩覆其光烈，然據山各年譜卷二十六，紹聖二年（西一

○九五）乙亥，先生是歲拜黔州謫命條引國史庭堅本傳云：

……摘千餘條示之，謂爲無驗證，繼而院吏考閱，悉有據依，所餘三十二事，殊細瑣。

宋史庭堅本傳與此全同，而刪去殊細瑣三字，元修宋史本宋之國史實錄，而黃譜爲庭堅諸孫㽦所編，㽦嘗從學於朱子，其所引之國史黃庭堅傳，當係宋史所本，故其價值最少與宋史庭堅傳等量齊觀，幸其猶存此三字，得知當時之所謂詆誣者，殆在政黨之私見言之，非就史實之公論而言也。

（乙）貶責之不公

謂貶責之不公者，當紹聖元年（西一〇九四）六月、修神錄史官各於開封府界居住，以報應國史院取會文字時，只范祖禹，趙彥若，黃庭堅三人，而未見林希，曾肇，陸佃諸人，（鄧溫伯於紹聖元年二月，附和李清臣以倡紹述之說，官至尚書左丞，尋卒於五月。）若以希、肇、諸人任修撰之期短而不必取會文字，然又何以處佃？佃修實錄達五年之久，始出知潁州，且在修撰之日，曾與范祖禹、黃庭堅爭辨，（見上引佃本傳）佃之得置身事外者，彼實爲主張新法之人，其與范黃之爭，即在新法得失之爭耳。

林希既預修神錄之職，自貶修實錄官之議起，希不惟不懼，且排擊嘗與共修實錄舊人，黃山谷年譜卷二十六，引國史云：

紹聖元年，（西一〇九四），九月壬午，修國史蔡卞、林希言：先帝日曆，自熙寧二年正月以後至三年終，係元祐中書省官孔武仲，黃庭堅，司馬康修纂。自熙寧四年以後至七年終，係范祖禹修纂，而黃庭堅，司馬康，范祖禹又皆係修先帝實錄官，其間所書，相爲表裏，用意增損，多失事實……。

夫希亦嘗爲實錄官，其所以敢倡言無愧者，殆以其主新法之舊臣而應紹述之運也，東都事畧卷九十七本傳云：

時方推明紹述，盡黜元祐羣臣，自呂大防，劉摯、蘇軾、蘇轍等書命，皆希爲之。

足證希之不因修實錄貶，乃托新法爲之掩庇也。

山谷年譜卷二十六，引國史云：

紹聖二年、（西一〇九五）春正月，黃履言：朝廷以趙彥若等修纂先帝實錄，厚加誣毀，皆竄逐，惟監修呂大防，獨得幸免。今訊治，大防親有撰述，筆迹甚明，若不例譴，何以示公？

劉拯言：范祖禹、趙彥若、黃庭堅，擅敢增損，誣毀先帝，爲臣不忠，罪不可赦。詔呂大防特追奪兩官，趙彥若，范祖禹、陸佃，曾肇、林林希並追奪一官。除林希在職日淺外，曾肇與小郡，陸佃候服闋、與小郡，庭堅特追一官。

呂大防亦終不能逃修實錄而貶之刼運，雖范純仁曾力救之，以見沮於章淳，其請遂不果行。（註三十二）然哲宗知大防爲人所賣也。（註三十三）又既詔下諸人奪官，即有起而爲之作爭論者，常安民是也。太平治績統類卷二十四、紹聖二年，（西一〇九五），春正月：載安民之言曰：

陸佃亦與修書，罪同罰異，願考正其罪。

故佃與曾肇，一落龍圖閣待制，一責知滁州（註三十四）據二人宋史本傳，旋復見用，與呂大防，趙彥若，范祖禹，黃庭堅之不復再用而死於貶所者，不可同日而語矣。（註三十五）故常安民之敢請考正陸佃之罪，可謂直言之士矣。

安民又言林希之不貶爲不公，長編紀事本末卷百六云：

紹聖二年（西一〇九五），三月丁酉，中書舍人林希權禮部尚書。監察御史常安民言：希在史局八月，豈有端坐不下筆之理，況實錄成書，希同遷一官矣！比衆人皆得罪，希既置而不問，又復峻遷，偏私如此，何以服人？希蓋章惇之黨，……惇之肆橫强狠，皆希敎之，若不去希，朝廷必不安靜。

安民之言，足以破修實錄官之貶責爲偏私，修撰諸人，殆爲政權轉移間之犧牲品。安民於元祐八年（西一〇九三）爲范祖禹所薦，祖禹謂其操履端方，守公盡瘁。（註三十六）於是乃爲章惇等所排，上言謂其意欲爲祖禹營救，卒罷監察御史之職，安民嘗上言亟論紹述諸臣，乃欲借言神宗事以感哲宗，其言極淒婉之致，謂：

今大臣爲紹述之說者，其實皆假借此名以報復私怨。……張商英元祐時，上呂公著詩求進，其言諛佞無恥，士大夫皆傳笑之。及近爲諫官，則上疏乞毀司馬光，呂公著神道碑。周秩在元祐間爲太常博士，親定司馬光謚號爲文正，及近爲言官，則上疏論司馬光，呂公著，乞斲棺鞭尸，陛下察此輩之言果出於公論乎？……凡勸陛下紹述先帝者，皆欲託先帝以行奸謀，謂他事難以惑陛下，若聞先帝，則易爲感動，故欲快私讐，陷良善者，須假此以移陛下之意，不可不察，……今權臣恣橫，朋黨滿朝，言官未嘗一言及之，惟知論元祐舊事，力攻已去臣寮。……摧枯拉朽之事，臣實恥爲之，舉朝廷臣，誣陷非一。臣賦性愚直，恐終不能勝朋黨之論，願乞外任以避之，上開慰而已。（註三十七）

夫周秩等之論神宗實錄誣罔，而請貶治纂修諸人，是眞可謂託神宗以行其奸謀，以快其私讐，而移哲宗之意也。

（丙）紹聖重修本與王安石日錄

紹聖元年，（西一〇九四），四月戊辰，同修國史蔡卞請重修神宗實錄，己酉，修國史曾布請以王安石日錄載之神宗實錄。三年（西一〇九六）十一月丁未，章惇上神宗實錄。（均見宋史卷十八，哲宗本紀二）重修諸人中，當以蔡卞用用力最多，卞、安石婿也。其取安石日錄以修實錄事，見宋史卷四七二本傳，云：

……初、安石且死，悔其所作日錄，命從子防焚之，防詭以他書代。至是、卞卽防家取以上，因芟落事實，文飾姦僞，盡改所修實錄正史。（註三十八）

安石日錄，多爲宋人所詬病，（註三十九）其書已佚，近人丁則良嘗爲文論之，謂日錄實出荊公手，故欲輯爲一本云。（註四十）蔡卞之修實錄，仍存黨爭之意味，其事由陳瓘發之，而陳次升和之。蓋欲以此排蔡卞章惇曾布，是猶效紹聖元年，新黨興神錄誣罔罪而貶呂大防、范祖禹等故事耳。

周煇清波別志卷下，記翰林學士承旨曾布請以王安石日錄載之神宗實錄疏云：

比奉詔旨，重行修神宗皇帝實錄。臣竊觀實錄所載事跡，於去取之際，誠有所偏，如時政記，皆時執政所共編修，往往不以爲信。至司馬光記事及雜錄，多得於賓客或道路傳聞，悉以爲實，鮮不收載。聞王安石秉政日，凡所奏對論議，日有記錄，皆安石手自書寫，一時君臣咨輒反復之語，請降旨下本家取索投進，付本院參合照對編修，庶一代信史，不失事實，從之。此疏既上，實錄趣成，而議論隨起，尊私史，壓宗廟……。

（原註云：末兩行內似有脫文。）

尊私史，壓廟者，陳瓘論曾布語也。岳柯桯史卷十一，尊堯集表條云：

日錄一書，本熙寧間荆公奏對之辭，私所記錄。紹聖以後，稍尊其說以竄定元祐史牒。蔡元度卞又其婿，方烜赫用事，書始益彰。建中靖國初，曾文肅布主紹述，垂意實錄，大以據依。陳了翁瓘爲右司員外郎，以書抵文肅，謂薄神考而厚安石，尊私史而壓宗廟不可，文肅大怒，罷爲外郡，尋責合浦……。

了翁以安石日錄亂實錄一案，以攻蔡章曾等，其攻曾布語，見所進日錄辨及與布書，長編紀事本末卷百二十九，建中靖國元年（西一一〇一），八月壬子，載了翁進日錄辨有曰：

臣聞王安石日錄七十餘卷，具載熙寧中奏對議論之語，此乃人臣私錄之書，非朝廷之典也。自紹聖再修神考實錄，史官請以此書降付史院，凡日錄政記、神宗御集之所不載者，往往專據此書，追議刑賞，奪宗廟之美以歸臣下，故臣願詔史官別行刪修，以成一代不刊之典，其日蒙批付三省，後不聞施行，蓋紹聖史官請以日錄降付史院者，今爲宰相故也。

了翁與曾布交惡，其事詳見岳珂桯史卷十四、陳了翁始末條、有曰：

陳了翁在徽祖朝名重一時，爲右司員外郎，曾文肅布敬之，欲引以附己，屢薦於上，使人諭意以將大用之。了翁謂其子正彙曰：吾與丞相議論多不合，今乃欲以官相餌……。

了翁之議論與曾布不合者，殆於王安石新法之意見耳，布主紹述而了翁則著書以辨安石日錄，著四明尊堯集以條分而件析荆公之非。（註四十一）

了翁既以修實錄用安石日錄事攻曾布，亦以此攻章惇，長編拾補卷十五，元符三年（西一一〇〇），五月乙卯，黃以周注引宋編年通鑑云：

　諫官龔夬，任伯雨，陳瓘皆言尚書左丞蔡卞過惡。……瓘曰：惇前日所爲，皆卞敎之，以繼述神宗爲名，以纂紹安石爲主，立私門之所好以爲國是，奪宗廟之大美，以歸私史。

了翁所以齦齦爭辨於日錄者，其目的在去蔡卞之黨，以實錄爲一朝大典，豈容蔡卞以私史奪宗廟之美；且前治元祐史官過刻，了翁既有例可援，乃以子之矛，還攻子之盾。由援引日錄論蔡卞章惇曾布之過惡，進而欲窒新法之蔓延，朱子三朝名臣言行錄卷十三，諫議陳忠肅條，有云：

　公以紹聖史官，專據荆公日錄以修裕陵實錄，變亂是非，不可傳信，故居諫省、首論其事，進日錄辨　，乞改實錄。又因竄責合蒲，著尊堯集，深闢誣妄，以明君臣之義，然猶止以增加之罪歸於蔡卞，蓋公之意，以謂荆公已歿，宗其說以殖私黨者，卞實罪魁，救時革弊，當以去卞爲先，若根源鋤塞，則制其流蔓易矣。

朱子平情以論了翁之攻日錄，乃欲救時革弊，誠爲卓見。以了翁大聲叱責新法，故新法黨人恨之刺骨，同卷云：

　公雖緣蔡氏得罪，而首論私史，力排王氏，王蔡之黨如薛昂，蹇序辰，何執中，鄧洵武、洵仁、蔡薿之徒，皆當時排陷欲殺公者，亦不獨蔡京兄弟而已。公晚年，……蔡氏之黨必欲殺公以快意。

夫蔡黨之於了翁，不惟恨其人，尤忌恨其書，故於尊堯一集，窮追不捨，而了翁旁皇道途，兵甲防送，莫敢以居屋借賃，惟館僧寺，其情亦可憫矣。（註四十二）雖然，了翁之攻石日錄，朱子謂有未得其是者，（註四十三）但其言爲有益於神宗聖學之意，則爲朱子所首肯。要之，了翁揭重修神錄偏私事者，實取之以作劾論章蔡諸人之一途耳，故吾謂其實寓有黨爭意味也。

以重修神錄不當用王安石日錄以亂之之罪攻擊章惇蔡卞曾布等，陳瓘外，有陳次升焉。次升讜論集卷二，上徽宗論修神宗實錄云：

> 訪聞前右司諫陳瓘、嘗論史院修神宗實錄多用王安石家日錄，頗失事實，不聞施行者，臣竊謂神宗皇帝聰明英睿，……熙寧元豐間，勵精庶政，更新百度，盡出宸斷，而執政大臣，但奉行而已。如聞安石日錄多稱己善……上薄神考，厚誣天下，其於聖德、掩蔽多矣。……神考一朝大典，儻容史官任其私意，紊亂事實，不行究治，何以彰聖考之至。

又云：

> 訪聞史院官附會執政蔡卞，用故相王安石日錄，變亂事實，熙寧元豐間、聖作之善，悉歸功於安石，朝廷時政記，則畧而不用……。

次升所爭，在明神宗之賢，謂熙豐之政，盡出神宗，而執政大臣，但奉行而已；而安石日錄之多稱己善，乃於神宗之政，多所掩蔽，今蔡卞等取修實錄國史，是又豈能持平乎？其奏彈曾布，即摭此事以劾之，讜論集卷三，奏彈曾布云：

> 布在紹聖初，實與蔡卞交結，遂申請乞用王安石日錄修神宗皇帝國史，致史官觀望，變亂事實，多譽安石之善，掩蔽神考之美。

次升謂曾布請以安石日錄修神宗史，致史官變亂來實，是宜正布之典刑，以謝天下，其意與陳瓘謂布尊私史，壓宗廟無異也。

二陳欲過蔡卞等以日錄亂神宗實錄，奏疏屢上，而卒不可行，玉海卷四十八，元祐神宗實錄條云：

元符三年（西一一〇〇），陳瓘言……自紹聖再修，凡日曆，時政記及御集所不載者，往往專據此書（指王安石日錄），追議刑賞，宗廟之美，皆爲私史所攘，願詔史官別行刪修。詔三省同參對聞奏。靖國元年，六月壬戌，詔：熙寧元豐，事實具備，元祐紹聖，編錄具存，訂正討論宜公乃心、務不失實。十月，詔：前降參取元祐實錄及刪除王安石日錄旨揮更不行。

玉海雖未明言日錄不刪除之原因，頗疑出於曾布之力，布既爲相，而瓘以尊私史壓宗廟而攻之，布之相位未嘗動，且更辨白其事，長編拾補卷十八，建中靖國元年（西一一〇一），八月甲寅，云：

三省進呈（陳瓘上曾布書及日錄辨國用須知），上（徽宗）顧布曰：如此報恩地邪？布曰……臣紹聖初，在史院不及兩月，以元祐所修實錄，凡司馬光日記雜錄，或得之傳聞，或得之賓客所記之事，鮮不備載。而王安石有日錄，皆當日君臣面對反覆之語，乞取付史院照對編修，此乃至公之論……。

瓘既由是而貶，則其請當不行，而後有十月之詔也。

（丁）紹興間重修本與范冲考異

宋會要輯稿，職官一八，實錄院，云：「……建炎元年（西一一二七），五月八日，詔史館重修神宗哲宗實錄……。」（註四十四）建炎以來繫年要錄卷五，建炎元年，五月辛卯，詔令國史院差官撫實刊修宣仁后誣史條，注引呂中大事記曰：

當靖康元年（西一一二六）二月，敵退之後，士大夫爭法新舊，辨黨邪正，識者譏其治不急之務。今高宗即位，首詔修宣仁謗史，不幾復蹈前轍耶？曰：不然，張敬夫謂此乃撥亂反正之宏綱，……蓋我朝之治，元祐爲甚，母后之賢，宣仁爲最，當熙豐小人相繼用事之後，使非繼以元祐，則中原之禍，不待靖康而後見。當京師失守，使非元祐之治，在人耳目，又何以開炎興之運哉？此宣仁之功也。章蔡初意不過欲去元祐之人耳目，而至於變元祐之法；又慮元祐之人復用也，而至誣以廢立之罪，謗及宣仁，一念之私，燎原滔天，可畏哉！

據此，可以釋中興以來，臣主對於元祐政事之看法；而章淳蔡氏兄弟之更張，卒至燎原滔天；其厭棄新法之意，溢於言表。詔下，雖未克卽行，而重修神哲實錄之意，足以反映一朝君臣上下之意見，與政治不無關係也。今據炎興間，君臣之詔語以論之。

建炎以來繫年要錄卷四十，云：「建炎四年（西一一三〇），十二月己卯，上以太后誕日，置酒宮中，從容語及前朝事。后曰：………有一事，當爲官家言之，吾逮事宣仁皇后，求之古今，母后之賢，未見其比，因姦臣快其私憤，肆加誣謗，……建炎初，雖嘗下詔辨明，而史錄所載，未經刪定，豈足傳信後世？……上聞之惕然。其後更修神宗哲宗兩朝實錄，蓋張本於此。」案元祐諸臣之貶，距宣仁后卒後只數月耳！自章惇爲相，專以紹述爲國是，凡元祐所革，一切復之，甚至詆宣仁后、謂元祐之初，老姦擅國。（見宋史卷四七一本傳）建炎以來，諸臣乃有重修神哲二錄之請，前引建炎元年詔卽是，其未行者，蓋因圖籍散亡也。繫年要錄卷七十六云：

紹興四年，（西一一三四），五月庚申，……言者以元祐之政，乃是順人情，合公道，復祖宗之舊，成神宗之志也。其後章惇，蔡京，蔡卞之徒，積怨造謗，痛加誣詆，……在紹聖時，則取王安石日錄，用私書改修神宗實錄，在崇寧後則焚毀時政記，日曆，以私意修定哲宗實錄，……恭惟宣仁聖烈皇后，以三朝母儀之尊，抱孫臨朝，保佑之德，豈容異辭，而蔡確貪天之功，以爲己力……陛下即位之初，首下詔……令國史院摭實刋修，播告天下。屬以車駕南幸，圖藉散亡，史官闕廢，未暇舉行……。

爲宣仁后辯誣，即排除紹述之說，故王安石之學，乃見擯於高宗。（註四十五），重修實錄者，足以見高宗無信於紹聖元符史官耳。而趙鼎，朱勝非等，皆力贊其事，繫年要錄卷七十六云：

紹興四年（西一一三四），五月癸丑，上諭朱勝非等曰：神宗哲宗兩朝史錄，事多失實，非所以傳信後世，當重別刋定。著唐鑑范祖禹有子名冲者，已有詔命，可促來令兼史事。勝非曰：神宗史錄，添入王安石日錄，哲宗史經蔡京蔡卞之手，議論多不公，今命官刪修，足以昭彰二帝盛美。先是、參知政事趙鼎贊上尤力，故以命冲。

勝非云云，仍是陳瓘之論，藉修史昭彰二帝之盛美，則猶襲范祖禹等修神宗實錄著安石之過，以表明神宗之聖耳。（見下引范冲對高宗語） 繼趙朱等、有綦宗禮，其請重修神錄者，蓋以紹聖史官，取媚紹述之議，而深詆元祐史官爲非。其言亦見繫年要錄卷七十六，云：

五月癸酉，綦宗禮等言：神宗皇帝實錄，自有舊來朱墨本，係元祐年所修，已是成書，其朱本係紹聖年因蔡卞請修；將舊書所載，多所增損，務要附會一時紹述議論，深詆元祐史官之非，其間言語，不無過當失實，然亦有別行檢會，引用照據，以證墨本未盡去處，並將二本參照修定，委是詳備……。

中興諸臣，皆以紹聖所修神錄爲附會紹述議論，此又爲一證矣。

自紹興四年（西一一三四），五月癸丑，范冲被召爲宗少卿、兼直史館，高宗亟論勝非等，使促來令兼史事，同年八月戊寅，范冲入見高宗，立未定，帝卽與論史事，繫年要錄卷七十云：

冲對：先臣修神宗實錄，首尾在院，用功頗多，大意止是盡書王安石過失，以明非神宗之意，其後安石婿蔡卞，怨先臣書其妻父事，遂言哲宗皇帝紹述神宗，其實乃蔡卞紹述王安石，惟是直書安石之罪，則神宗成功盛德，煥然明白。

先臣者，冲父祖禹也。據其言，則重修神錄，亦在直書安石之罪，以彰神宗盛德，此意甚爲高宗首肯，蓋高宗於安石法度有不滿也，故謂冲曰：朕最愛元祐。冲退而有考異之作。玉海卷四十八，紹興重修神宗實錄條引范冲言，謂考異乃追記紹聖重修本末，稽諸宋中興兩朝聖政（卷十七）及繫年要錄，玉海之言是也。要錄卷八十五，記其事尤詳贍，云：

紹興五年（西一一三五），二月辛丑，……（范）冲奏曰：竊惟神宗皇帝實錄，既經刪改，議論不一，復慮他日無所質證，輒欲爲考異一書，明示去取之意，設若不當，稍涉私徇，則罪有所歸，何所逃刑。據史館所用朱墨本，出於臣僚之家，私相傳錄，書寫之際，悉從簡便；臣（兩朝聖政臣下有追字）記紹聖重修本，朱字係新修，黃字係刪去，墨字係舊文，今所傳本，其刪去者止用朱抹，又其上所題字，蓋當時簽貼。今考異依重修本書寫，每條卽著臣所見於後，庶幾可考。方神宗皇帝在藩邸，及卽位之初，治平之際，未有大議論也。舊史成於元祐六年（西一〇一九），而王安石日錄出於紹聖之後；新史專用安石之說，去取之際，各有可議，參照稽考，必求其當，此則見於熙寧之後也。……其考異五卷，乞付史館，更憑衆議，刋定修立，從之。

奏謂史館所用朱墨本，出於臣僚之家，案直齋書錄解題卷四，神宗實錄攷異二百卷條云：「初，蔡卞既改舊錄，每一卷成，納之禁中，蓋將盡泯其迹，而使新錄獨行，謂朱墨本者，世不可得而見也。及梁師成用事，……在禁中見其書，爲諸人（范溫、秦湛之流）道之，諸人幸其書之出，因曰：此不可不錄也，師成如其言。及敗，沒入，有得其書者，攜以渡江，遂傳於世。」蓋南渡之初，典籍未備，故屢有求書之詔，史館所藏，或即梁氏本也。又宋會要崇儒四，紹興三年（西一一三三），七月六日，載祕書省少監曾統等言：「伏聞前任本省官洪楫，有神宗皇帝朱墨本實錄，……望取索名件官給紙劄，借本繕寫……，仍選差官校對，赴本省收藏。」此亦出自臣僚之家，其爲梁氏本抑重鈔本，則無可考矣。奏又謂「其上所題字，蓋當時籤貼」者，蓋指紹聖史官重修神錄時所籤貼者也，今據續資治通鑑長編原註，猶可考見，（說詳下篇）。考異者，其要在於辨紹聖史官專用安石日錄以修神錄之誤，今其書雖佚，而據長編註文，尚可見其去取之意，（詳下篇）至於考異卷帙，繫年要錄明云五卷，而直齋書錄解題卷四有神宗實錄考異二百卷，文獻通考經籍考本之，實則神宗實錄考異只五卷耳，二百卷乃紹興重修本神錄卷數。蓋紹興重修神錄，分兩次上之，繫年要錄卷九十三，云「五年（西一一三五）九月乙酉，趙鼎上重修神宗實錄五十卷，舊文以墨，新修以朱，刪出以黃。」又同書卷九十七，云：「六年（西一一三六）正月癸未，趙鼎上重修實錄，通成二百卷。」通成二百卷者，指合前五十卷言，無與於考異也。抑據前引范氏奏，則知考異成書在前。又繫年要錄卷一百五云：「紹興六年（西一一三六），八月壬午，翰林侍讀學士兼史館修撰范冲言：近修神宗皇帝實錄，於朱墨二本中，有所刋定，依奉聖旨，別爲考異一書，明著是非去取之意，以垂天下後世。……」宋史卷四百三十五，本傳云：「冲之修神宗實錄也，爲考異一書，明示去取……」，同書藝文志史部，著錄神宗實錄考異五卷，可見爲別本單行也。至冲修哲宗實錄，乃倣前例而另著辯誣，故建炎以來朝野雜記卷四（甲集），神宗哲宗新實錄條云：「神宗哲宗新實錄，趙元鎭爲理時所修也。神錄有考異，哲錄有辯誣，皆出范元長侍讀一手。」元鎭趙鼎字，元長范冲字，出於一手者，蓋示有別於修實錄之成於衆手也。（註四十六）

夫修史之事，其不涉於政治者難矣！炎興間，臣主之以紹聖史官以私意修史，爲新法諸人諱（詳見下篇），重修之可也；而預修者既知大公至正之難持，故亦能兢兢自警。及其成也，則閱者猶有病諸，其故何也？夷考其實，的在於政治觀點之不同耳！當范冲之初被詔修實錄也，參知政事趙鼎奏曰：「冲乃臣姻家，雖冲召命在臣未到行在以前；及今來除授，並出聖意，竊慮士大夫不能詳知，謂臣援引親黨，乞罷冲除命，上不許。」（註四十七）爾而冲亦辭免恩命，宰相朱勝非奏其事云：「冲謂史館專修神宗，哲宗史錄，而其父祖禹，當元祐中任諫官，後坐章疏議論，責死嶺表；而神宗實錄，又經祖禹之手，今既重修，則凡出京卞之意及其增添者，不無刪改，儻使冲預其事，恐其黨未能厭服。上曰：以私意增添，不知當否？勝非曰：皆非公論。上曰：然則刪之何害？紛紛浮議，不足恤也。」（註四十八）一范冲之修實錄也，而趙鼎乞罷之以免援引親黨之嫌，朱勝非釋之以明冲辭新命之故，而高宗則曲意以留之。今一語以盡之，則勝非所謂「恐其黨未能厭服」是也。及冲司其職，尤見用心，錄其父祖禹紹聖間報國史院問日以進，又具朱墨本去取體式，請更憑衆議修正；其修史態度審愼極矣。宋中興兩朝聖政卷十六，留正等論之曰：「史所以傳信，而朱墨本各據所見，自以爲疑，將何以取信哉！以是益知人臣不可以有黨，有黨則不惟貽禍於一時，其流弊未已也。……范冲具到朱墨本去取體式，乞更憑衆議看定，其用心亦公矣，是宜太上皇帝之所聽從也。」此殆前引高宗與朱勝非之論歟！

惜乎紹興重修神錄，雖屢經臣主之切磋商討，以期一掃紹聖史官不實之弊，然終亦未能逃乎此也。提舉監修之好惡不同，而史官亦因之有別，史之不實或興爭端，每植於是，觀張浚、趙鼎之論可知矣。繫年要錄卷一百十一云：

紹興七年（西一一三七）五月己丑，張浚奏論史事，因言：紹聖以舊史不公，故再修，而蔡卞不公又甚，每持一已褒貶之語，以騁其愛憎；今若不極天下之公，則後人將又不信。上曰：謂之實錄，但當錄其實，而褒貶自見，若修以愛憎之語，豈謂之實錄？上又曰：今日重修兩朝大典，不可不愼。浚曰：敢不恭聖訓。

又同書同卷云：

六月丙申，御筆：史館重修神宗皇帝實錄，尙有詳畧失中，去取未當，恐不可垂信傳後，宜令本館更加研攷逐項貼說進入……。先是祕書著作郎何掄面對，乞刋正新錄訛謬；前三日，命掄兼史館校勘，至是批出。掄所言，張浚意也。

又同書卷一百十二云：

紹興七年（西一一三七），七月戊寅，祕書省著作郎兼史館校勘張嵲面對。先是，有詔刋修神宗新錄訛謬，祕書省正字兼史館校李彌正、胡珵，見右僕射張浚，辭館職，浚曰：正欲平其事，故令史官自簽貼，若辭，非本意。既而嵲對罷，申後省言所得聖語云：范冲、任申先，止憑校勘官便以爲是，故實錄多舛誤。彌正，再辭史職，從之。

又朱子語類卷百二，楊氏門人胡德輝條云：

胡珵德輝，……先友也。……趙忠簡當國，與張嵲巨山同爲史官。及趙公去位，張魏公獨相，以爲元祐未必全是，熙豐未必全非；遂擢何仲掄、李似表二人爲史官，胡張所修史皆標出欲改之，胡張遂求去。及忠簡再入相，依舊用胡張爲史官，成書奏上，弄得都成私意。

今按：新修神宗實錄，乃趙鼎爲相時分先後二次所上，已如上述。鼎自紹興四年（西一一三四），九月癸酉爲右相，五年（西一一三五）二月丙戌爲左相，六年（西一一三六）十二月乙巳罷。張浚則於紹興五年（西一一三五），二月丙戌爲右相，七年（西一一三七）九月壬申罷；罷月丙子，趙鼎再相。（註四十九）浚之議刊正新錄訛謬，其時趙鼎仍以觀文殿大學士知紹興府，事既出於浚，故李彌正、胡珵有館職之辭，浚不得已而曰「正欲平其事」，乃卒置其咎於范冲、任申先也。繫年要錄卷一百二十一，又云：

紹興八年（西一一三八），八月壬午，殿中侍御史張戒言：張浚入蜀，（何）掄爲之鷹犬。去歲浚獨相，自以黃潛善乃王黼之黨，每持邪說，以司馬光爲非，以王安石爲是。至再修神宗實錄，掄攘臂其間，略無所忌。浚敗，乃焚毀籤貼，國家大典，豈宜屢易以徇權臣之私？右諫議大夫李誼亦言：……前宰相張浚狃於習尚，遽欲取其書而竄易之，是時掄實贊其事……。……方浚之事政也，欲竄易舊史，掄首附其意旨，凡所籤貼，自云改字舛訛，然頗主異議……。

又同書卷一百二十二云：

紹興八年（西一一三八），九月庚寅，給事中兼史館勾濤充徽猷閣待制，知池州。殿中侍御史張戒論濤陰附張浚，四川監司守倅，多出其門。及浚敗事，又顯立同異，反覆無恥，如何掄不端……，若不逐去，則濤之植

黨，不特一掄而已。……上遣內侍諭令入對，濤言：戒擊臣，趙鼎意也。因力詆鼎結臺諫與諸將，上頗以爲然。（註五十）

右引史文之尤可注意者，爲何掄之箋貼，頗主異議一語。原文雖未明言異議何所指，然以意推之，掄既徇張浚之私。而浚則頗好紹述之說，（其證見下引道命錄）則異議云者，當爲有關新法之事矣。且張戒明言掄以司馬光爲非，以王安石爲是，則今之推論或不遠於事實也。至夫勾濤謂張戒之攻擊，乃趙鼎意，蓋趙鼎於七年九月丙子再相，故濤云然。此猶何掄乞刊正新錄訛謬，乃出張浚意耳。

趙張二人之事功及其對紹興一朝之影響，朱子語類卷一百三十一，論之綦詳，可以不贅。茲所欲論者，卽二人之學術思想觀點不同，與修神錄之關係一端而已。

宋中興兩朝聖政卷十七，紹興五年（西一一三五），閏二月丁未條云：

趙鼎居中總政事，……素重伊川程頤之學，元祐黨籍子孫，多所擢用。

又卷十八，紹興五年（西一一三五），八月己酉條云：

趙鼎言：故右奉直大夫邵伯溫，大賢之後，行義顯著，元符末、以上書得罪，書名黨籍，坐廢者四十餘年，伏望優加褒贈。鼎、伯溫門人也。

伯溫，宋史四百三十三有傳，康節之子也，故趙鼎謂之大賢之後。伯溫與元祐君子相交甚深，方元祐諸賢之南遷也，士鮮訪之，而伯溫見范祖禹於咸平，見范純仁於潁昌，或爲之恐，不顧也。徽宗卽位，上書累數千言，大要欲復祖宗制度，辨宣仁誣謗，解元祐黨錮，趙鼎謂以上書得罪者指此。鼎少從伯溫游（語見邵傳），伯溫卒於紹興四年

（西一一三四），七月壬戌，（據繫年要錄卷七十八）是年九月鼎相，則其習聞師門之敎也久，宜乎其修神哲二錄之有宗旨矣。鼎重程伊川之學，殆依本伯溫歟？中興聖政謂鼎多擢用元祐黨籍子孫，今畧舉數人於下，亦足以爲證明也。

宋史卷三百六十，趙鼎傳云：

……鼎以政事先後及人才所當召用者，條而置之座右，次第奏行之。……薦范冲爲翊善，朱震爲贊讀；朝論謂二人極天下之選。（註五十一）

范冲、朱震，宋史四百三十五儒林有傳，冲爲祖禹子，其爲元祐黨籍子孫，無待論釋。震字子發，爲謝上蔡門人，二程再傳，（註五二）趙鼎旣喜伊川之學，而子發又有聲名，故鼎樂而薦之也。

鼎傳又云：

……嘗薦胡寅、魏矼、晏敦復、潘良貴，呂本中，張致遠等數十人，分布朝野。

又宋史卷三百七十六，張致遠傳云：

趙鼎嘗謂其客曰：自鼎再相，除政府外，從官如張致遠、常同、胡寅、張九成、潘良貴、呂本中、魏矼皆有士望。……識者謂鼎爲知人云。

今案：胡寅爲安國子，安國蓋私淑洛學而大成者也。魏矼則不喜王氏（安石）新說者也。晏敦復爲殊之曾孫，伊川之門人也。潘良貴、龜山門人，伊川再傳也。呂本中則元祐宰相公著之曾孫，從楊時，游酢、尹焞遊，亦伊川之再傳也。常同則爲紹聖御史安民之子，安民蓋入元祐黨籍者也。張九成則從學於楊時，伊川之再傳也。（註五十三）以上諸人，或爲元祐黨籍子孫，或爲伊川門人，同由趙鼎所薦，此足以證中興聖政之語誠確鑿不誤也。

趙鼎既爲邵伯溫門人，伯溫、邵雍（百源）子，嘗就學於程伊川，故鼎爲百源伊川再傳也。既明乎鼎學之所從出，則進可以論趙張（浚）二人政治見解之不同矣。浚爲譙定（天授）門人，天授從學於伊川，則浚亦伊川之再傳也。（註五十四）浚嘗用陳公輔，公輔固以乞禁伊川之學而爲人所詬病者也；浚由是得謗，或遂疑其阻塞伊洛之學，與鼎有異。全祖望以爲未然必也，語見宋元學案卷四十四、趙張諸儒學案。（註五十五）質言之，必浚與鼎之爲政有異，而浚始議更加研討新修神錄也，余求之李心傳道命錄，乃得其證佐，蓋浚頗是紹述之論，而與趙鼎之喜援引元祐黨籍子孫截然不同故也。道命錄卷三，胡文定公乞封爵邵張二程先生列於從祀條案語云：

……趙公（鼎）每言於上（高宗）前，謂元祐之人與紹聖崇觀之黨，決不可合；而張公（浚）本黃英州所薦，習聞紹述之論，數以孝弟之說，陳於上前，二公所操漸異。趙公修神哲兩朝實錄，明著王氏及章蔡諸人之罪，張公又不然之。

夫神錄在紹興之所重修者，蓋以紹聖史官借此以附會紹述議論，（本節首已論及）故重別刊定、以傳信後世；故明著王氏及章蔡諸人之罪，蓋以破紹述之論而著神宗之聖，是即張浚之有憾於神錄者也；苟非心傳之語，則無以釋趙張神錄之一場公案。蓋自元祐以抵紹興，書經三修，而卒不能厭服人心者，豈非修史者之政治思想之不同，黨派分野，由是而影響史之有爭端歟！

哲宗朝史臣纂修神宗實錄任職年月簡表

哲宗元祐元年(西一〇八六)		見於續長編卷數
二月乙丑	宰臣蔡確提舉神宗實錄。修撰官：翰林學士兼侍講鄧溫伯，史部侍郎陸佃。檢討官：左司郎中兼著作郎林希，右司郎中兼著作郎曾肇。	三百六十五
閏二月庚寅	正議大夫守尚書左僕射兼門下侍郎蔡確充觀文殿大學士知陳州。	三百六十八
丙申	宰臣司馬光提舉編修神宗實錄。著作左郎范祖禹爲實錄院檢討官。	同上
三月己卯	左司郎中兼著作郎林希爲起居舍人、修實錄檢討官。	三百七十三
五月甲戌	詔司馬光差提舉編修神宗實錄。	三百七十六
九月丙辰	司馬光卒。	三百八十七
辛未	起居郎修實錄檢討官林希爲中書舍人。(王覿、劉摯、王巖叟、孫升等奏劾之)	
癸酉	詔林希爲集賢殿修撰知蘇州。	三百八十八
十月丙戌	校書郎黃庭堅充實錄院檢討官。	三百八十九
壬辰	右僕射呂公著提舉修神宗實錄。	同上
十二月戊寅	起居舍人曾肇爲中書舍人，仍充實錄院修撰。	三百九十二

元祐二年（西一〇八七）

八月辛丑　吏部尚書蘇頌，翰林學士蘇軾，兵部侍郎趙彥若充實錄院修撰。　四百四

甲辰　翰林學士承旨鄧溫伯以母喪去位。　同上

元祐三年（西一〇八八）

五月丁未　考功員外郎歐陽棐爲著作郎，實錄院檢討。（劉安世劾之，故於丁巳、棐除集賢校理權判登聞鼓院。）　四百十

丁巳　新除著作郎黃庭堅依舊著作佐郎。（以御史趙挺之劾故也）　同上

九月甲寅　詔問神宗實錄何日成書，修撰官言約來年冬可畢。　四百四十

十月己丑　翰林學士兼侍講蘇軾爲黃庭堅、歐陽棐辨誣。　四百十五

元祐四年（西一〇八九）

正月癸巳　著作佐郎兼侍講司馬充修神宗實錄檢討官。　四百二十一

二月甲辰　司空同平章軍國事呂公著卒。　四百二十二

癸丑　尚書左僕射兼門下侍郎呂大防提舉修神宗實錄。　同上

三月丁亥　翰林學士蘇軾爲龍圖閣學士知杭州。　四百二十四

五月辛未　著作郎范祖禹爲右諫議大夫，依前兼侍講，充實錄院修撰。　四百二十六

丁亥　中書舍人曾肇爲寶文閣待制知潁州。　四百二十七

丁酉	吏部尚書蘇頌爲翰林學士承旨。	四百二十八
七月甲午	修實錄院檢討官朝奉郎黃庭堅爲集賢校理。	四百三十
九月己丑	翰林學士承旨鄧溫伯爲吏部尚書，溫伯先以母喪去位（元祐二年，八月甲辰）及是喪始除。	四百三十三
十月己亥	翰林學士承旨鄧溫伯爲龍圖閣學士知亳州。	四百三十四
十二月癸亥	呂大防奏所修神宗實錄已成草卷。	四百三十六
甲子	寶文閣待制知潁州曾肇知鄧州。	同　上
元祐五年（西一〇九〇）		
六月丁酉	著作佐郎兼侍講司馬康爲右司諫。	四百四十三
乙酉	中書舍人鄭雍劾陸佃、詔佃候實錄書成日別取旨。佃乞補外，乃以佃爲龍圖閣待制知潁州。	同　上
己未	集賢殿修撰知潤州林希爲天章閣待制。	同　上
九月丁卯	司馬康卒。	四百四十八
元祐六年（西一〇九一）		
三月癸亥	宰呂大防進神宗實錄。	四百五十六
癸酉	詔右正議大夫端明殿學士禮部尚書鄧溫伯，朝請大夫翰林學士知制誥	同　上

趙彥若，左朝奉郎給事中范祖禹，左朝請郎寶文閣待制知應天府曾肇，左朝奉大夫天章閣待制知杭州林希各遷一官。龍圖閣待制知潁州陸佃爲龍圖閣直學士，著作佐郎黃庭堅爲起居舍人。以神宗實錄書成賞功也。

哲宗紹聖元年（西一〇九四）

四月戊辰	同修國史蔡卞請重修神宗實錄。	宋史卷十八，哲宗本紀。
六月丁亥	詔翰林學士提舉兗州景龍宮趙彥若，龍圖閣學士知陝州范祖禹，提舉明道宮左朝奉郎充集賢院校理、新知鄂州黃庭堅，各於開封府界居住，就近報應國史院取會文字。	續長編紀事本末卷百一
十一月甲午	詔范祖禹責授武安軍節度副史永州安置，趙彥若責授安遠軍節度副使澧州安置，黃庭堅責授涪州別駕黔州安置。	同上。

元符元年（西一〇九八）

十月甲午	責授昭州別駕化州安置范祖禹卒。	續長編卷五百三。

附註

(一)新唐書(百衲本)卷五十七、藝文志、頁七，穆宗實錄二十卷，蘇景胤、王彥威、楊漢公、蘇滌、裴休撰，路隋監修。敬宗實錄十卷，陳商、鄭亞撰，李讓夷監脩。

(二)唐代牛李黨爭、參閱陳寅恪、唐代政治史述論稿(國立中央研究院歷史語言研究所專刊，一九四四)，中篇、政治革命及黨派分野、頁三八——九三。

(三)直齋書錄(叢書集成初編本)、卷四、頁一二四。昭德先生郡齋讀書志(萬有文庫本)、卷二上、頁一二三，均論及神宗實錄，然皆不若文獻通考(浙江書局刊本)之詳，通考蓋本晁陳二書而增修也。引文見通考卷一一百九十四、頁十五。

(四)趙士煒、實錄考，輔仁學誌五卷第一二合期(一九三六)頁一——五五。取梁皇帝實錄以迄清德宗實錄著之，特詳其卷數與撰人等，頗便繙檢。

(五)參閱續資治通鑑長編(世界書局，一九六二年印本)卷三百六十三、頁一。三百六十四、頁十八——十九；又二十八——二十九。三百六十五，頁二——三。三百六十七、頁一——二。

(六)長編、卷三百六十八，頁五，頁十三。

(七)長編，卷三百六十八，頁二十八——二十九；又頁三十一。卷三百六十九，頁三——四；又頁八；頁二十五——三十五。

（八）長編，卷三百七十四，頁一。
（九）長編，卷三百六十八，頁二十三。
（十）東都事畧（淮南書局刋本，一八八三），卷八十三，張璪傳。
（十一）分析曾布之從政思想，參閱劉子健先生，王安石曾布與北宋晚期官僚的類型，淸華學報新二卷一期（一九六〇）、頁一〇九——一二九。
（十二）同上文，頁一一三——一一四。
（十三）長編，卷三百九十二，頁六。
（十四）通鑑長編紀事本末（以下簡稱長編紀事本末，廣雅書局刋本），卷百三十，頁十八。
（十五）長編，卷四百四，頁十八。
（十六）長編，卷四百三十九，頁九——十。
（十七）劉安世劾鄧伯溫，見長編卷四百四十七、頁一——三。又頁八上，長編原注。
（十八）長編，卷四百四十七，頁七。
（十九）長編，卷四百四十三，頁十二。
（二十）長編，卷三百六十八，頁二十三。
（二十一）長編卷四百四，頁十三。案：趙士煒，實錄考，表列實錄撰人、二蘇皆缺之，蓋其只據玉海，晁志，陳錄、而未取資於長編故也。

(二十二)趙挺之與黃庭堅交惡事，又見黃𥲅，山谷年譜（適園叢書本），卷十八，頁三。

(二十三)范祖禹屢乞辭實錄院檢討之職，然不獲允。見范太史集（四庫全書珍本初集），卷四，頁二，實錄院乞避親狀；又卷五、頁八——九、乞郡狀，頁九——十一，乞解給事中狀。

(二十四)呂大防進神宗實錄故事、見長編卷四百五十六，頁二，長編原注。

(二十五)參閱范太史集，卷二十六、頁一——二，論邪正劄子。

(二十六)長編拾補卷八，頁十。

(二十七)紹述之說，參閱長編紀事本末，卷一百，頁一——十四。

(二十八)參閱長編拾補，卷九、頁二十一——二十二：又卷十、頁七、九——十。

(二十九)宋史（百衲本），卷四七一，章惇傳。

(三　十)長編拾補卷十，頁七——九。

(三十一)又可參閱太平治蹟統類（適園叢書本），卷二十四、頁十四，紹聖元年，十一月（當作十二月，長編拾補，卷十一、頁十四，十二月甲午條原注可證），奏乞貶修神宗實錄官云：御史郭知章，黃慶基，中丞黃履，御史翟思，左司諫張商英，論具修神宗實錄官誣毀先帝，爲臣不忠。

(三十二)長編拾補卷十二，頁九。

(三十三)呂大防因提舉修實錄被貶，參閱琬琰集（燕京大學引得編纂處編印）、卷三、頁三十一——三十二。又太平治蹟統類、卷二十四、頁十六、云：「紹聖元年、二月乙亥，給事中黃裳言：史院一事，乃呂大防倡爲之，害不當在（范）祖禹、（黃）庭堅之下，豈可輕恕，降授大中大夫，分司南京安州居住。又哲宗謂呂大防爲人所賣，語見長編卷四百八十五，頁十五、注引王鞏甲申雜見。

（三十四）見太平治蹟統類，卷二十四，頁十六。又宋卷三百十九、曾肇傳云：「時方治實錄譏訕罪，降爲滁州，稍復集賢殿修撰。……徽宗即位，復召爲中書舍人。」

（三十五）呂大防死於貶所，見長編卷四百八十五，頁十五，注引王鞏甲申雜見。趙彥若死於貶所、據東都事畧，卷六十、本傳。范祖禹於元符元年（西一〇九八），十月甲午，卒於貶所，見長編五百三、頁十一。黃庭堅亦於崇寧四年（西一一〇五），九月三十日、卒於貶所，見山谷年譜，卷三十，頁十二。

（三十六）見范太史集，卷二十四，頁十——十一，薦常安民劄子。

（三十七）長編紀事本末。卷百六，頁二。

（三十八）又參閱邵伯溫，聞見前錄（學津討原本），卷十二，頁五——六。

（三十九）周煇，清波雜志（叢書集成初編本），卷二，頁十六，云：「王荆公日錄八十卷，……凡舊德大臣不附己者，皆遭詆毀；論法度有不便於民者，皆歸於上，可以垂耀後世者，悉己有之……。」煇之曾祖名穜，爲王安石表姪，極惓惓於安石，而煇則譏之。事詳余嘉錫，四庫提要辨證（一九五八），卷十八，頁一〇九二。

（四　十）丁則良，王安石日錄考，清華學報，十三卷二期（一九四一），頁一——十二。

（四十一）岳珂，桯史，（叢書集成初編本）卷十一，頁八十七——八十九，尊堯集表云：「了翁始著合浦尊堯集爲十論，亶辨其所紀載，猶未敢以荆公爲非。及北歸，又著四明尊堯集、爲八門：曰聖訓，曰論道，曰獻替，曰理財，曰邊機，曰論兵，曰處己，曰寓言，始條件而析之，無婉辭矣。

(四十二)了翁尊堯集，其始末見於長編拾補卷三十，頁一——十四。又參閱朱熹，三朝名臣言行錄（四部叢刊縮印本），卷十三、頁三三〇。

(四十三)朱子語類（正中書局印，一九六二），卷百卅，頁五〇二五、云：「汪聖錫嘗問某云：了翁攻日錄，其說是否？應之曰：不是。曰：如何不是？曰：若言荆公學術之謬，見識之差，誤神廟委任則可：却云日錄是蔡卞增加，如此則是彼所言皆是，但不合增加其辭以誣宗廟耳。又以其言太祖用兵，何必有名……此只是把持他，元不曾就道理上理會，如何說得他倒。」

(四十四)建炎元年（西一一二七），五月八日，即靖康二年，五月八日。是月庚寅朔，八日丁酉。熊克，中興小紀（叢書集成初編本）卷一、頁八云：「建炎元年，五月丁酉：詔：『宣仁聖烈皇后，保佑哲廟有大功，而奸臣造言，仰誣盛德，著於史牒，以欺後世，可令國史院據實而修，播告天下。』於是蔡卞，邢恕皆追貶之。」其日與會要同。考皇宋中興兩朝聖政（商務影印宛委別藏影宋鈔本。以下簡稱中興聖政），卷一、頁六；與李心傳，建炎以來繫年要錄（國學基本叢書本重印本，一九五六，以下簡稱繫年要錄），卷五、頁一一七，均著此詔於五月辛卯；辛卯、月之二日，則與會要、小紀異。然宋史卷二十四、高宗紀、亦著此詔於辛卯，疑會要、小紀之日乃指詔下之時也。

(四十五)炎興間，臣主俱厭紹述之說，並惡及王安石，其言論可於中興聖政、（繫年要錄本之而加詳）見之，如卷五、頁十三，趙鼎言新法紹述條。又卷七、頁二十二，論王安石壞史學；頁十，論王安石罪；卷十五，頁十九，王安石壞人心術；頁二十，毀王安石舒王誥；卷十七、論王安石變法；頁二十一，王居正獻辯學；卷十八、頁五，胡寅論邪說；卷十九，頁五，陶愷以主紹述斥；頁十二——十三，貶陶愷；卷三十八，頁八，不用王安石經義。趙鼎之論安石，其語有收入哲宗實錄、王荊公安石傳，傳文見琬琰集刪存，卷三、頁二十一——二十四。

(四十六)玉海，卷四十八，頁十六，紹興重修哲宗實錄條當本此。

(四十七)繫年要錄，卷七十六，頁一二四八；又參閱卷八十五、頁一四〇九、紹興五年、二月辛丑條云：尚書左僕射趙鼎監修國史。鼎奏：范冲直史館，於臣爲外姻，願以授（張）浚。上曰：安可以冲故廢祖宗故事？況史館非朝廷政令之地，可無辭。

(四十八)繫年要錄，卷七十七，頁一二六六；又中興聖政、卷十五、頁十四。

(四十九)宋史，卷二百十三，宰輔表四。

(五　十)宋史，三百六十，趙鼎傳。

(五十一)參閱中興聖政，卷十八，頁八，云：紹興五年（西一一三五），五月己亥：……或謂（張）浚緣此與（趙）鼎有隙。」而繫年要錄卷八十九，頁一四九三——九四，載此事較鼎傳及中興聖政詳，心傳更引諸家記趙張事而核論之。

(五十二)參閱宋元學案（國學基本叢書本）十，頁四十三——五十三。

(五十三)參閱宋史卷四三五、胡安國傳附寅傳;卷三八一,晏敦復傳;卷三七六,常同、潘良貴、呂本中傳;卷三七四,張九成傳。又宋元學案九,卷三十四、頁一百六、武夷學案;十一、卷四十一、頁一,衡麓學案;九、卷三十,頁十四,劉李諸儒學案;八、卷二十五、頁二十二,龜山學案;十、卷三十六,頁二十五,紫微學案;又卷四十、頁八十四,橫浦學案。

(五十四)參閱宋元學案,十一、卷四十四,頁五十九、趙張諸儒學案;三、卷九、頁九十八,百源學案;九、卷三十,頁十四,劉李諸儒學案。

(五十五)陳公輔乞禁伊川之學,見中興聖政二十,頁三十二,繫年要錄卷一百七、頁一四七七,紹興六年(西一一三六),十二月己未條;又李心傳,道命錄(叢書集成初編本),卷三,頁二十四——二十五、陳公輔論伊川之學惑亂天下乞屏絕條;又宋史卷三七九、本傳。(以要錄及道命錄所記最詳。)

史籍考修纂的探討（下）

羅炳綿

第四章　透視未完成的傑作

一、三次修訂的比較

在畢沅領導下所修纂的史籍考僅有一百卷，謝啓昆則有三百二十三卷，潘錫恩雖有增訂，仍依經義考定爲三百卷（參第三章第二節）。畢氏資助章等編輯了幾乎六年，謝潘二氏編訂則同是二年許；章實齋很得畢沅信任，但在他幕下六年却祇編了一百卷，章氏遺書所載的史籍考總目共三百二十五卷，恐是實齋在謝啓昆幕下將近編訂完畢時所鈔下的目錄。史考修纂第一次多出章實齋之手，第二次初期章實齋仍多涉手，其後則多出陳鱣胡虔等人之手。

據章氏爲謝啓昆所寫的「史考釋例」一文，第一次史考卷數雖少，但所分綱目甚多，到了謝氏時就把很多細粹的綱目合併。例如（文中小字皆爲原注）：

蓋史庫畫三之一，而三家多與史相通，混而合之則不清，拘而而守之則已隘。是則抉擇去取，不無搔首苦心，史考之牽連，不如經考之斷然劃界也。自隋唐諸志，分別史爲四庫之乙，其大綱矣。史部條目，如正史編年，職官儀注之屬，少者不過十二三，隋唐多者不過十七八門，焦氏經籍志黃氏千頃堂蓋爲四分之一，大畧不過如此，非爲簡也。今既擴充類例，上援甲而下合丙丁，則區區專門舊目，勢不足以窮其變也。是則創條發例，（今分十二綱，析五十七目。（綿案：見章氏遺書補遺史籍考總目。但目實僅五十五耳。））不無損益折衷。（畢宮保原稿分一百十二子目，以其太繁，今爲併省。）史考之裁制，不如經考之依經爲部，不勞分合也。

其中曾合併的細目則有正史部：

正史一門，畢宮保原稿但稱紀傳，而紀傳中又分通史，（史記是也，又附入梁武通史，鄭樵通志，今應改入別史。）斷代，（班范以下是也。）集史，（南北史是也。）國別，（三國志是也。）不免繁碎。今以學校頒分廿四史爲主，題爲正史，（應將原稿改正。）而馮商褚少孫班叔皮諸家之續史記，附史記後。華嶠謝承袁山松諸家之後漢書，與范氏後漢書，依先後時代編次。何法盛謝靈運臧榮緒諸家之晉書，與唐太宗御撰晉書，依先後時代編次。（六朝諸史皆倣此。）蓋書傳有幸不幸，其初皆正史故也。（魏吳諸書之於陳志亦然。）若唐宋以後，正史自有一定，無出入矣。國史從無流傳之書，而史志著錄，與諸書所稱引者，歷有可考。要以後漢班固與陳宗尹敏諸人修世祖紀，與新市平林諸傳載記爲最顯著。自後依代編纂，與編年部之實錄記注，可以參互，皆本朝臣子修現行事例也。

又有編年部：

編年之中，原分實錄記注二門，今以日曆時政記聖政等均合於實錄，而以記注標部。蓋此等皆是史氏備削稾資，例不頒行於外，於義得相合爲部次也。若專記一事，則當入傳記部之記事門，若特加纂錄（如貞觀政要之類。）則入雜史。

又有稗史部的雜史門：

雜史一門，原分外紀，軒轅本紀之類。別裁，路史繹史之類。史纂，自爲門類，如十七史纂，宋史新編，宏簡錄之類。史鈔，隨文刪節，如史記節要之類。政治，如貞觀政要之類。本末，紀事本末，北盟會編宏簡錄之類。國別，國語，國策，十六國春秋之類。共爲七門，今恐瓠析太過，轉滋紛擾，合併雜史一門，較爲包括。而原分名目，仍標其說於部目之下，則覽者不致訝其不倫。

這裏有一書分屬二門的，如宏簡錄既屬史纂門，又歸本末門。（又案：宏簡錄，明邵經邦撰。在書目答問則屬別史類）看似重複累贅，其實則否，章實齋校讐通義補校漢書藝文志說：「部次門類，既不可缺，而著述源流，務要於全，則又重複互注之例，不可不講者也。」他遵守古人著錄之例，不以重複爲嫌。到了許瀚爲潘錫恩第三次增訂史籍考，不明白此點，盡量把重複的書刪除，就大失章實齋的原意（說見後）。

又有地理部：

地理門類極廣，畢宮保原稿爲二十二門。分荒遠、總載、沿革、形勢、水道、都邑、方隅、方言、宮苑、古蹟、書院、道場、陵墓、寺觀、山川、名勝、圖經、行程、雜記、邊徼、外裔、風物，二十有二。不免繁碎。今暗分子目。統於五條之下，一曰總載，二曰分載，三曰方志，四曰水道，五曰外裔。其暗分子目，以類相從，觀者可自得也。

接着又有故事部：

故事原分一十六門，今併合爲十門。出君上者爲訓典，臣下者爲章奏，統該一切制度者爲典要。專門制度之書，則分吏戶禮兵刑工六科，其例最爲明顯，而其嫌介疑似之迹無門，不與傳記相混，其詳辨見傳記。唯確守現行者爲故事，規於事前與誌於事後爲傳記，則判然矣。官曹次於六書之後，亦故事之書也。名似與吏書相近，而其實亦易辨。吏書所部，乃銓敍官人申明職守之書，官曹乃即其官守而備盡一官之掌故也。古者官守其法，法具於書，天下本無私門，故無著錄之事也。官私分而著述盛，於是設官校錄，而部次之。今之著錄皆從此起也。官曹之書，則猶有守官述職之意，故以是殿六曹之後焉。

最後則有傳記部：

傳記門目，自來最易繁雜。其志創於隋志雜傳，而隋志部次，已甚混淆。蓋非專門正史，與編年紀傳，顯然有別者。凡有記載，皆可混稱傳記著錄，苟無精鑒，則一切無類可歸者，皆恃傳記爲龍蛇沮也。畢宮保原稿，本分傳記子目一十有七，斟酌增減，定著十門，亦不得已也。

可見謝啓昆領導，刪去原來子目一半有多。（史籍考總目所載子目僅五十五，史考釋例則說：畢宮保原稿分一百十二子目。）而謝和畢的卷數則爲三和一之比有餘，卽篇幅方面也「視舊稿不啻四倍之」（詳見本章第二節引）。不過，我們再看道光廿六年潘許等三修史考時由許瀚所寫的「史籍考校例」，就可知道第二次篇幅雖多但頗爲繁冗，遠不如第一次的簡潔。

許瀚「史籍考校例」見於印林存稿，是一篇很重要的文獻。趙孝孟「許印林先生與史籍考」一文曾引載，現據王重民「後記」轉錄如下：

一曰繁冗者宜刪。案四庫全書提要於經義考議其序跋諸篇，與本書無所發明者，連篇備錄，未免稍冗。本書體例全仿經義考，此弊首宜湔除。今擬：提要全錄，自序自跋全錄，諸家著錄有解題全錄；至各家序跋必於其書義例原委有關係者全錄，其或空言腐論，旁生枝節，橫發牢騷，實與本書無涉，酌爲芟薙。如遂初堂書目毛抃序，洒洒五百言，求其親切才百餘字；岳氏書目徐明善跋高談反約蓄德，竟無一語疏及岳書；高文虎蘭亭博議序，談山陰之清游，慨右軍之高致，讀至終篇，不辨博議爲何等書；蘭序考高似孫序，齊碩跋，亦多閒文；孫承澤跋歐陽集古，數行而後，忽牽及朱子家藏金石目序一篇，一字不遺；明文海無名氏藝文志序一篇，通體從鳥言獸語用意，莫測所謂，其藝文志或係新書，抑或即斥爲史志，無由而明；榕城詩話載全謝山七古一篇，此例一開，恐題詞詠史，美不勝收。凡此之類，皆爲繁冗，或當存要語，或竟削全文，唯求於本書有所發明而已。又如墳籍志乃關東風俗傳之一體，金石畧亦通志之一篇，前人未嘗摘取別行，何由刺取入錄？當隨隋志。準此類推，孰去孰留。況同一通志，金石類則收金石畧，總目類又不收藝文志，諸撰義例，尤爲不允。此類不惟刪其序跋，擬兼刪其目。

許印林在這裏所舉的「繁冗」的例子，大體不錯。恐怕這都是謝啓昆時貪多妄爲增加所引致者，實齋第一次修纂時所寫的「論修史籍考要畧」三曰「翦裁宜法」條（詳見本章第二節引）已充分表現他深知經義考繁冗之病，而極力主張翦裁序跋中的浮泛文辭。但，許印林也未曾眞正了解到章實齋在校讐目錄學上的主張，許氏說「金石畧亦通志之一篇，前人未嘗摘取別行，何由刺取入錄？當隨隋志。」云云，是錯誤的。校讐通義焦竑誤校漢志說：「裁篇別出之法，漢志僅存見於此篇（綿案：指漢志以管子書中的弟子職一篇入孝經）及孔子三朝篇之出禮記而已。充類而求，則欲明學術源委，而使會通於大道，舍是（案：指別裁）莫由焉。」可見章實齋主張倣效漢書藝文志裁其篇章別出門類的方法，已指出「焦竑以漢志弟子職入孝經爲非，因歸還於管子，是不知古人裁篇別出之法」；那麽，章氏把金石畧和墳籍志等摘出別行，站在宗法漢志的立場來說，一點也沒有錯。而許瀚說「當隨隋志」，未免不知所本了。（這點王重民等皆未注意，所以引文後未加片語隻字。）校例又說：

一曰重複者宜併。朱珪名蹟錄（綿案：此朱珪爲明人，非與章實齋同時的朱珪）既見金石類，又見圖書類；金石類錄提要一篇，圖書類錄秦約序一篇。案名蹟錄皆刻石之文，自當移併金石類。蔡夢弼草堂詩話既見文史三，又見文史五（綿案：「文史」即史籍考目錄部中的詩文類，共五卷），三錄提要一篇，五采居易錄一條。案夢弼宋人，自當移併文史三。又文史三既收沙門神彧詩格，一據書錄解題，一據宋藝文志也。總目一既收張萱等重編文淵閣書目，又有孫能傳等重編內閣書目，一據經義考，一據曝書亭集也，其實皆一書耳。總目一元行冲等四錄下引唐會要一條，毋煚古今書錄下引之，詳畧稍異，此書目重複者。金石三集古錄下引張漢又曰一條，金石四葉夢得金石類考下又引之，一字不殊。葉盛菉竹堂碑目下引趙均金石林序數語，而趙序全文即在十葉之後，陳思寶刻叢編下引居易錄引陳直齋序八行，而陳序全文即在兩葉之前。又有其書雖異，其文則同。如石墨鐫華下陝西通志一條與隴蜀餘聞一條，一字不異，此題跋之重複者。凡此之類，不可勝舉，均宜刪併。至作者姓字爵里，節采史傳，亦當與諸題跋詳細相因；其或一人數書，當詳於初見，以後但注見某處可也。

許印林所舉題跋之重複者等毛病，最見得一書成於衆手的弊病。章實齋亦早知此弊難免，所以初爲畢沅寫「論修史籍考要畧」時已說過：「十一曰考異宜精。史籍成編，取精用宏。其功包經子集，而其用同經義考矣。然比類既多，不能無所牴牾，參差同異，勢不能免，隨時編次之際，取其分歧互見之說，駭而存之。俟成書之後，別爲考異一編，庶幾無漏罅乎？」但章氏尚未能見史籍考正式成爲定稿，又何能爲「考異」以補正罅漏呢？

又應該分辨的是：名蹟錄既見金石類又見圖書類的問題——也就是書目重複的問題。關於此點，前面談到史考釋例中的宏簡錄既入史纂門又歸本末門的原因時，已有解析。許印林的錯誤，是沒有細讀過實齋的校讎道義所致。

校例又說：

一曰漏略者宜補。采輯書目多據焦竑國史經籍志，而焦書未著。諸提要中每引蔡正孫詩林廣記，錢大昕潛研堂金石文跋尾，而蔡書錢書未著。金石類既錄葉萬之續金石錄，而金石後錄未著；既錄王澍之竹雲題跋，而虛舟題跋未著；既錄張弨之瘞鶴辨、昭陵六駿贊，而濟寧學宮漢碑釋文未著。文史類既錄趙執信之談龍錄，而聲調譜未著；（聲調譜或已別入譜錄，然以主客圖集句圖詩式詩格等書例之，亦當入文史類也。）文心雕龍既錄黃叔琳注，黃注實因梅慶生注，而梅注未著。王應麟漢書文志考證近附玉海而未著，或入考證類。尤侗藝文志、崔銑文苑春秋序錄，並見四庫書目而未著。叢書一類，校以彙刻書目亦多未備。蓋古今載籍實繁，必欲囊括無遺，誠非易之；唯應就耳目所及，準以年限，量爲輯補。其餘但采解題，原書序跋未經入錄者，遇有所見，亦當補之。此皆失之眉睫之前。至於希有之珍，流傳未廣，羣書所載，蒐討偶疏，更不知凡幾。

這最見得潘錫恩許瀚增訂史籍考的重點所在。潘駿文跋所說：「補錄存佚之書，視原稿增四之一」，在這裏可以找到實際的例子。其次也可見到潘許等人謹遵四庫全書總目提要的規範，不敢越軌半步。四庫評經義考「其序跋諸篇，與本書無所發明者，未免稍冗」，他們就憑此以找史籍考的毛病（見校例第一條）而在這裏所補充的很多也是「並見四庫書目而未著」的。校例最後又說：

一曰舛誤者宜正。總目開端引周策府一條，魯太史氏書一條，七略後又列東觀新書一條，案策府藏書之地，非書也；宣子觀書太史氏，不聞即名魯太史書也；隋書稱光武於東觀及仁壽閣集新書，班固傅毅依七略爲書部，名目史闕不傳，意或仍沿七略，不聞即名東觀新書，如有東觀新書亦當有仁壽閣新書，何以不並著乎？是皆當爲案語。黃宗羲金石要例，意主論文，非紀金石之書而入金石類，正史通所謂貌是心非者矣，當改入文史類。姜夔絳帖平本二十卷，曝書亭四庫目僅六卷，其十四卷已闕，乃注云書錄解題一卷，存，不知何以懸殊若此。（此校例曾經王重民「節錄」，炳綿深愧翦陋，以未能獲睹印林存稿所載全文爲憾，料其中必尚多可取材之處。又姚名達云：許瀚攀古小廬文載有史籍考例目，惜未引出。炳綿所見攀古小廬文則未見載有例目，大抵姚氏所見係有續編或揚鐸所輯補遺者。）

許瀚對史籍考增訂工作，確曾花過很大力氣，而且也並非全無識見。唐書經籍藝文志都各有東殿新書（一入雜史一入類書，書名同而撰者及內容異），許氏說東觀新書等「是皆當爲案語」也未有確證；不過他指出黃宗羲金石要例不當入金石類而應改歸文史類，却是事實。（此書四庫總目列入詩文評類）總之，許瀚亦可算頗具卓識，但王重民說：「許瀚、劉毓崧、包愼言、呂賢基皆飽學，對於圖書的經驗也比在武昌和杭州的諸學者豐富一些……從這次增訂本的校例，不難推測這次增訂工作，是達到了較高的成就。」就未免過分推重許劉等人了。顯然，許瀚校例中有很多對章實齋誤解而妄爲删改的地方，王重民還沒有注意到。

再就畢謝潘三個資助編訂史籍考的人來看，潘錫恩是最弱的一個，編輯羣籍祇求增加篇幅而缺乏識見，許瀚等人的長處，他未必會利用。因此史籍考雖經過許劉等第三次整理提煉，其評價未必能遠遠超過畢謝二氏。

二、史籍考編輯大概

據實齋第一、二次修所寫的「論修史籍考要畧」和「史考釋例」，可窺見他修纂時編輯的大概情況。二文中又以要畧爲重要。要看他編輯的大概，似宜附帶論及其校讐學，故本節所論以「要畧」一文爲主，而輔之以「史考釋例」及文史校讐二通義之有關者。下節再述文史校讐二通義中很多精彩的文章，都是在他編輯史籍考之餘暇寫成，反映實齋學問的成熟很有賴於修史考的機會。而這些在餘暇寫成的文章，就是史籍考立論的根據。藉着這一敍述以幫助了解：一、由探窺實齋編輯史考的大概可見他有超出當時學者的校讐學造詣。二、實齋史籍考的立論根據，在二通義中可找到其概畧。因此，我們當進一步探索他在修史考餘暇寫作的文章篇名。

甲、編輯主旨

實齋首先標出「校讐著錄，自古爲難」八字，說明史籍考的修纂，係倣朱氏經義考的成法，所著錄的，都曾經考訂，盡力避免錯訛。論修史籍考要畧開首說：

校讐著錄，自古爲難。二十一家之書，志典籍者，僅有漢隋唐宋四家，餘則闕如。明史止錄有明一代著述，不錄前代留遺，非故爲闕畧也，蓋無專門著錄名家，勒爲成書，以作憑藉也。史志篇幅有限，故止記部目，且亦不免錯訛。私家記載，間有考訂，僅就耳目所見，不能悉覽無遺。朱竹垞氏經義一考，爲功甚鉅，既辨經籍存亡，且採羣書敍錄，閒爲案斷，以折其衷；後人溯經藝者，所攸賴矣。第類例閒有未盡，則創始之難。而所收止於經部，則史籍浩繁，一人之力不能兼盡，勢固不能無待於後人也。今擬修史籍考，一倣朱氏成法，少加變通，蔚爲巨部，以存經緯相宣之意。

一開始就標出校讐著錄，自古爲難的主張。原因是他深徹地意會到校讐的眞正目的和意義應該而且必須是「辨章學術考鏡源流」八個字，此八字卻「非深明於道術精微，羣言得失之故者，不足與此。後世部次甲乙，紀錄經史者，代有其人。而求能推闡大義，條別學術異同，使人由委溯源，以想見墳籍之功者，千百之中不十一焉。」（校讎通義內篇一）所以，他對校讎目錄學的看法，頗有他自己的獨見。因爲漢書藝文志能辨章學術考鏡源流，所以是「藝文之所必究」；校讎目錄學的職責，主要就是考索學術源流。故說：「例以義起，斟酌損益，惟用所宜。豈有讀著錄部次，而不能考索學術源流者乎？」又說：「劉向別錄，劉歆七略，則班氏方據以爲藝文之要刪……此乃後世目錄之鼻祖。……著錄之爲道也，即於文章典籍之中，得其辨明正物之意，此七略之所以長也。」（校讎通義內篇二）這裏所說的「後世目錄之鼻祖」的「目錄」二字，不是一般人所說的目錄學，而是「著錄」之意（著錄二字，校讎通義中常見。）他並不以爲校讎之外，別有目錄之學。一般人心目中的「目錄學」祇是「用之爲甲乙計數」，其實這有失校讎目錄學的本職。他在信摭裏曾這樣說：

校讎之學，自劉氏父子，淵源流別，最爲推見古人大體。而校訂字句，則其小焉者也。絕學不傳，千載而後，鄭樵始有窺見。特著校讎之略，而未盡其奧，人亦無由知之。世之論校讎者，惟爭辯於行墨字句之間，不復知有淵源流別矣。近人不得其說，而於古書有篇卷參差敍例同異當考辨者，乃謂古人別有目錄之學，眞屬詫聞。（章氏遺書外編卷一）

實齋以爲：論校讎者，不能祇講校勘、目錄或板本。其實校勘、目錄以及板本三者都是校讎的範圍，論校讎必須兼及此三事（這點他雖未明言，但隱隱然似有此意）。實齋推重鄭樵是因他能窺見淵源流別，但又作「鄭樵誤校漢志」以糾正他，這最見得校讎著錄自古爲難之處。因此他一開始就揭示出史籍考編輯旨趣，和世俗但求甲乙部次者截然不同。

乙、別　裁

實齋仿劉歆裁管子（本道家言）弟子職篇入小學之例，在編輯史籍考時，也多處利用「別裁」的方法，以求達辨章學術的目的。

別裁和互著，是實齋校讎學中兩個最重要的理論，實齋編纂史籍考時也常運用到。要畧第一、四、六、七、八、九、十共六項，雖然論及輯佚、史可通經子集等問題，其實都是發揮和運用別裁之說。

論修史籍考要畧第一條：

一曰古逸宜存。史之部次後於經，而史之源起，實先於經。周官外史，掌三皇五帝之書，蒼頡嘗爲黃帝之史，則經名未立，而先有史矣。後世著錄，惟以史漢爲首，則尚書春秋，專爲經訓故也。今作史考，宜具源委。凡六經左國周秦諸子所引古史逸文，如左傳所稱軍志周志，大戴所稱丹書青史之類，畧仿玉海藝文之意，首標古逸一門以討其源。

這和校讎通義補鄭篇所說可以互相印證：

鄭樵論書，有名亡實不亡，其見甚卓。然亦有發言太易者……。若求之於古而不得，無可如何，而求之今有之書，則又有采輯補綴之成法。不特如鄭樵所論已也。昔王應麟以易學獨傳王弼，尚書止存僞孔傳，乃采鄭元易注之見於羣書者，爲鄭氏周易、鄭氏尚書注；又以四家之詩，獨毛傳不亡，乃采三家詩說之見於羣書者爲三家詩考。嗣後好古之士，踵其成法……今案緯候之書，往往見於毛詩、禮記注疏及後漢書注；漢魏雜史，往往見於三國志注……一隅三反，充類求之，古逸之可采者多矣。

所論都是采輯佚書，和要畧第四條所說也是名異實同：

四曰逸篇宜採。古逸之史，已詳首條。若兩漢以下，至於隋唐，史氏家學，尚未盡泯，亡逸之史，載在傳志，崖畧尚有可考。其遺篇逸句，散見羣書，稱引亦可寶貴。自隋以前，古書無多，耳目易於周遍，可做王伯厚氏採輯鄭氏書易三家詩訓之例，備錄本書之下，亦朱竹垞采錄緯候逸文之成法也。此於史學所補，實非淺鮮。

要畧第一條要采輯補綴的是古逸史，本條要采輯補綴的是兩漢以下的逸史，如三國志中的魏雜史、文選注中的摯虞流別及文章志、北堂書鈔和藝文類聚中的六朝詩文，以及太平御覽文苑英華中的唐人載籍等。第一條是要采輯左國周秦諸子和六經所引古史逸文，第四條是要從傳志中的注或其他羣書采輯兩漢至隋唐之史料逸文。這不過是裁其篇章，別出門類而已。以下六、七、八三條，在經、子、集三者中求通於史，也不脫實齋別裁的主張：「小爾雅在孔叢子之外，而孔叢子合之，則小學（經）而入於子矣。」（校讐通義內篇別裁第四）

論修史籍考要畧第六條說：

六曰經部宜通。古無經史之別，六藝皆掌之史官，不特尚書與春秋也。今六藝以聖訓而尊，初非以其體用不入史也。而經部之所以浩繁，則因訓詁解義音訓而多，若六藝本書，卽是諸史根源，豈可離哉。今如易部之乾坤鑿度，書部之逸周諸解，春秋之外傳後語，韓氏傳詩、戴氏記禮，俱與古昔史記相爲出入。雖云已入朱氏經考，不能不於史考溯其淵源，乃使人曉然於殊途同歸之義。然彼詳此畧，彼全此偏，主賓輕重，又自有權衡也。

校讐通義原道篇私門無著述文字官守學業合一和文史通義六經皆史等議論，即此條議論之所本。實齋自己所說的「六藝本書，即是諸史根源」十個字，其實就是六經皆史的最好注脚。後人都從文史通義易教經解史釋等篇中求解析六經皆史，乃至有六經皆「史料」等的說法，大起爭論，言人之殊，却都忽畧了這十個字。史考釋例對六經流別，爲史部所不得不收，亦有簡單扼要的論述：

古人書簡而例約，雖治史者之法春秋，猶未若後世治經學者之說春秋繁而不可勝也。故春秋之義行，而名史皆能自得於不言之表焉。……蓋史有律憲志，而卦氣通於律憲，則易之支流通於史矣。史有藝文志，而詩書篇序爲校讐目錄所宗，則詩書支流通於史矣。（原注：禹貢天文洪範五行雅頌入樂，姑勿具論）史有職官志，而周官可通，有禮儀志，而禮樂二經可通。後儒攻春秋於講義者，不通於史。若春秋地理國名之考，長曆災變之推。世族卿聯之譜，則天文地理，五行譜牒，何非史部之所通手？故六經流別，爲史部所不得不收者也。

要畧第七條則說：

七曰子部宜擇。諸子之書，多與史部相爲表裏。如周官典法，多見於管子呂覽；列國瑣事，多見於晏子韓非。若使鉤章鈲句，附會史裁，固非作書體要。但如官圖月令地圓諸篇之鴻文鉅典，儲說諫篇之排列記載，實於史部例有專門，自宜擇取要刪，入於篇次，乃使求史事者無遺憾矣。

這其實就是校讐通義別裁篇所說的裁篇別出方法：

蓋古人著書，有採取成說，襲用故事者。（原注：如弟子職，必非管子自撰。月令，必非呂韋自撰，皆所謂採取成說也。）其所採之書，別有本旨，或歷時已久，不知所出；又或所著之篇，於全書之內自爲一類者，並得裁其篇章，補苴部次，別出門類，以辨著述源流。至其全書篇次具存，無所更易，隸於本類，亦自兩不相妨。蓋權於賓主輕重之間，知其無庸互見者，而始有裁篇別出之法耳。

別裁是實齋校讐通義中一個很重要的主張，焦竑誤校漢志篇也曾論及：

欲明學術源委，而使會通於大道，舍是（綿案：指別裁）莫由焉。且如敍天文之書，當取周官保章、爾雅釋天，鄒衍言天、淮南天象諸篇，裁列天文部首，而後專門天文之書，以次列爲類焉，則求天文者無遺憾矣。敍時令之書，當取大戴禮夏小正篇、小戴記月令篇、周書時訓解諸篇，裁列時令部首，而後專門時令之書，以次爲類焉。敍地理之書，當取禹貢職方、管子地圓，淮南地形、諸史地志諸篇，裁列地理部首，而後專門地理之書，以次列爲類焉。則後人求其學術源流，皆可無遺憾矣。漢志存其意，而未能充其量，然賴有此微意焉。

諸子家言也不過是史之流別，故史可通於子。史考釋例對此曾有這樣的解釋：

自夫子有知我罪我之言，明春秋之所作，而戰國諸子，遂以春秋爲著書獨斷之總名，不必盡拘於編年紀月，而命名亦曰春秋，此載籍之大變也。然年月縱不可拘，而獨斷必憑事實，於是亦自摭其所見所聞所傳聞者筆之於書。若史遷所敍，鐸椒虞卿呂不偉之所撰述，雖曰諸子家言，實亦史之流別矣。又如隋唐而後，子部列有類家，而會要典故之書其例實通於史。法家（原注：子部。下同。）之有律令（史部），兵家（子部）之有武備（史部），說家（卽小說家，亦隸於史部）之有聞見（史部），譜錄（古人所無，遂初堂書目所創，亦隸於子部）之有名數（史部），是子庫之通於史者什之九也。

又，要畧第八條：

八曰集部宜裁。漢魏六朝史學，必取專門，文人之集，不過銘箴頌誄詩賦書表文檄諸作而已。唐人文集，間有紀事，蓋史學至唐而盡失也。及宋元以來，文人之集，傳記漸多，史學文才，混而爲一。於是古人專門之業，不可問矣。然人之聰明智力，必有所近，耳聞目見，備急應求，則有傳記誌狀之撰，書事紀述之文，其所取用，反較古人文集徵實爲多，此乃史裁本體，因無專門家學，失陷文集之中，亦可惜也。是宜取連篇累卷入史例者，分別登書，此亦朱氏取洪範五行傳於曾王文集之故事也。

要畧約完成於乾隆五十二年冬與五十年春之間。五十四年，章氏又寫成文集、史釋、史注等文（參賓四師近三年學術史第九章實齋文字編年要目一節），其中「文集」篇也足作爲闡釋傳記誌狀書事紀述之文，本來是史裁本體，因無專門家學才失陷文集中的註脚：

兩漢文章漸富，爲著作之始衰。然賈生奏議，編入新書；相如詞賦，但記篇目。皆成一家之言，與諸子未甚相遠。初未嘗有彙次諸體，裒焉而爲文集者也。自東京以降，迄乎建安黃初之間，文章繁矣。然范陳二史，所次文士諸傳，識其文筆，皆云所著詩賦碑箴頌誄若干篇，而不云文集若干卷，則文集之實已具，而文集之名猶未立也。自摯虞刱爲文章流別，學者便之，於是別聚古人之作，標爲別集，則文集之名，實仿於晉代。

（文史通義內篇六，文集）

他不祇以爲文集之名實仿於晉代，且說「集部著錄實仿於蕭梁」、「自校讎失傳，而文集類書之學起」（均見「文集篇」）充分表現他確實熟精編書體例和學術淵源。

此外，實齋在「史考釋例」裏也曾解析過爲什麽史籍考取材於於集部之故：

> 文集仿於東京，至魏晉而漸廣，至今則浩如煙海矣。然自唐以前，子史著述專家，故立言（原注：入子。下同）。與記事（入史）之文，不入於集。辭章詩賦，所以擅集之稱也。自唐以後，子不專家，而文集有論議。史不專家，而文集有傳記。亦著述之一大變也。彼雖自命曰文，而君子以爲是卽集中之史矣。（指傳記言。）況內制外制，王言通於典謨，表狀章疏，藎臣亦希訓誥，是別集之通乎史矣。至於總集，尤爲同苔異岑。人知漢晉樂志，分別郊廟房中，而不知樂府之集，實備諸志之全；人知金石著錄，創於歐趙諸目，而不知梁元碑集，已爲宋賢開創，是則集部之書，又與史家互出入也。

這種論議，其實不過是六經皆史說的支流或進一步的說明。故詩教篇上也有：

> 經學不專家，而文集有經義，史學不專家，而文集有傳記，立言不專家，而文集有傳記，立言不專家（卽諸子書也。）而文集有論辨。後世之文集，舍經義與傳記論辨之三體，其餘莫非辭章之屬也。而辭章實備於戰國，承其流而代變其體制焉。學者不知，而溯摯虞所裒之流別，甚且於蕭梁文選，舉爲辭章之祖。其亦不知古今流別之義矣。

等議論。

至於要畧第九、十兩條：

> 九曰方志宜選。旣作史考，凡關史學之書，自宜鉅細無遺。備登於錄矣，乃有不得不去取者，府州縣志是

也。其書計數盈千，又兼新舊雜揉，不下三十（十字疑誤）餘種，而淺俗不典，迂謬可怪，油俚不根，猥劣可憎者，殆過半焉。若胥吏簿書，經生策括，猶足稱爲彼善於此者矣。是以言及方志。搢紳先生每難言之，又其書散在天下，非一時人力所能彙聚，是宜僅就見聞所及，有可取者，稍爲敍述；無可取者，僅著名目，不及見者，亦無庸過爲搜尋，後人亦得以量其所不及也。

十曰譜牒宜畧。方志在官之書猶多，庸劣家譜，私門之記，其弊較之方志，殆又甚焉。古者譜牒掌於官，而後世人自爲書，不復領於郎令史故也。其徵求之難，甚於方志，是亦不可得而强索者矣。惟於統譜類譜，彙合爲編。而專家之譜，但取一時理法名家；世宦巨族，力之所能及者，以次列之。仍著所以不能遍及之故。以待後人之別擇可矣。

實齋想做到這兩條所說的目的是企圖達到凡關史學之書史籍考都能鉅細無遺的備登於錄，所以這也是校讎學中的別裁法，畧有不同的祇是施之於方志和譜牒而已。校讎通義校讎條理第七，論求遺書前的準備功夫——治書，要博求諸本、廣儲副本，以備校讎，求書雖在一時，但却非一時所能彙集。故實齋方志宜選譜牒宜畧云云，也並不求毫無遺漏。實齋在校讎學上，處處强調和利用別裁法，目的就是爲了辨章學術考鏡源流。別裁和互著是實齋校讎目錄學方法上的最大且要者，但「其時學風尚於徵實，既不解實齋文史之旨，自不取其校讎之說爾。」（賓四師近三百年學術史第九章），因此他對當時人懷疑「別裁」可能引起的毛病會加以解釋：

或曰：裁篇別出之法行，則一書之內，取裁甚多，紛然割裁，恐其破碎支離而無當也。答曰：學貴專家，旨存統要，顯著專篇，明標義類者，專門之要，學所必究，乃擷取於全書之中焉。章而釽之，句而釐之，牽率名義，紛然依附，則是類書纂輯之所爲，而非著錄源流之所貴也。且如韓非之五蠹說林，董子之玉杯竹林，當時並以篇名見行於當世。今皆薈萃於全書之中，則古人著書，或離或合，校讎編次，本無一定之規也。月令之於呂氏春秋，三年問樂記經解之於荀子，尤其顯焉者也。然則裁篇別出之法，何爲而不可以著錄乎？

（校讎通義內篇二焦竑誤校漢志）

丙、編書體例

實齋編輯史考時，要求對每本書的編書體例或家法考訂清楚，以使類例清析，條理可貫。故論修史籍考要畧第二條說：

二曰家法宜辨。較讎之學，與著錄相爲表裏。較讎類例不清，著錄終無源委。舊例以二十一家之言，同列正史，其實類例不清。馬遷乃通史也，梁武通史鄭樵通志之類屬之。班固，斷代專門之書也，華謝范沈諸家屬之。陳志，分國之書也，十六國春秋九國志之類屬之。南北史，斷取數代之書也，歐薛五代諸史屬之。晉書唐書。集衆官修之書也，宋遼金元諸史屬之。家法分明，庶幾條理可貫，而究史學者可以溯源流矣。他若編年故事、職官儀注之類，折衷歷代藝文史部子目，以次區分可也。

實齋熟精編書體例，故能辨析家法如指掌（他曾在校讎通義外編「吳澄野太史歷代詩鈔商語」中，自承對於編書義例和著錄考訂甚爲熟悉）。譬如劉向歆的別錄七畧、荀勖中經新簿、王儉七志、阮孝緒七畧等都是由於校讎官府藏書而編定，非徒爲甲乙部次而已。這也和校讎通義宗劉篇所說相互發明：

七畧之流而爲四部，如篆隸之流而爲行楷，皆勢之所不容已者也。史部日繁，不能悉隸以春秋家學。……二十三史，皆春秋家學也。本紀爲經，而志表傳錄，亦如左氏傳例之與爲終始發明耳。故劉歆次太史公百三十篇於春秋之後。而班固敍例，亦云作春秋考紀十二篇，明乎其繼春秋而作也。他如儀注乃儀禮之支流，職官乃周官之族屬，則史而經矣。譜牒於曆數，記傳合乎小說，則史而子矣。凡此類者，即於史部敍錄，申明其旨，可使六藝不爲虛器，而諸子得其統宗，則春秋家學雖謂今日不泯可也。

能熟精編書體例，則能辨家法，家法既辨，學術源委自明。實齋家法宜辨云云，其實也是由六經皆史說加以引伸發揮而已。

丁、篇目

詳載篇目之可考者，以及刪訂序跋的繁冗處，也是實齋編輯史籍考的方法。要畧第三條說：

三曰翦裁宜法。史部之書，倍於經部。卷帙多寡，約畧計之，僅與朱氏經考相去不遠。蓋一書之中，但取精要數語，足以該括全書足矣。篇目有可考者，自宜備載，其序論題跋，文辭浮汎，與意義複沓者，概從刪節，但記作序作跋年月銜名，以備參考而已。按語亦取簡而易明，無庸多事敷衍，庶幾文無虛飾，書歸有用。

據此，又可知畢沅所著書目中史籍考僅得一百卷，篇幅遠較謝濬者爲少的原因。校讐通義辨嫌名曾說：「部次有當重複者，有不當重複者」。固然，校讐著錄中有「互著」不嫌重複的例子，爲了避免繁冗和求簡而明，就應當注意翦裁刪節序跋中的意義複沓者。

尤其重要的是「篇目有可考者，自宜備載」十個字。實齋深知「篇目」在校讐目錄學中的重要，故有此語。

戊、辨嫌名和互著

要畧第五條又說：

五曰嫌名宜辨。史記之名起於後世。當時祇稱司馬遷書漢書，因東京而横加前漢，固俗稱也。五代之書，薛氏稱五代史，歐陽則稱新五代史記。至於漢記之有東觀，異乎劉覔之所敍錄。曹氏自有魏書，異於陳子之分子目。古人之書，或一書歧名，或異書同名者多矣。皆於標名之下，注明同異名目，以便稽檢，仍取諸書名目，倣佩文韻府之例，依韻先編檔簿，以俟檢覈，庶幾編次之時，乃無遺漏複叠之患。

校讐通義亦有辨嫌名篇說：

篇次錯謬之弊有二：一則門類疑似，一書兩入也；一則一書兩名，誤認二家也。欲免一書兩入之弊，但須先作長編，取著書之人，與書之標名，按韻編之，詳注一書源委於其韻下，至分部別類之時，但須按韻稽之。雖百人共事，千卷雷同，可使疑似之書，一無犯複矣。至一書兩名，誤認二家之弊，則當深究載籍，詳考史傳，並當歷究著錄之家，求其所以同異兩稱之故，而筆之於書，而後可以有功古人，而有光來學耳。

本條重點在避免一書兩入，乍看之下，本條和互著篇所說「不以重複爲嫌」相矛盾，其實這裏所要避免的是門類疑似，容易使人誤一書爲兩書的不當重複的重複者。實齋說：「部次有當重複者，有不當重複者。漢志以後，既無互注之例，則著錄之重複，大都不關義類，全是編次之錯謬爾。」編次上錯誤的重複，舉例言之，譬如黃宗羲的金石要例，本以論文爲主，在史籍考當入文史類，但很容易因書名而誤入於金石類。所以實齋在漢志兵書篇又說：

書有同名而異實者，必著其同異之故，而辨別其疑似焉。則與重複互注，裁篇別出之法，可以並行而不悖矣。兵形勢家之尉繚子三十一篇，與雜家之尉繚子二十九篇同名；兵陰陽家之孟子一篇，與儒家之孟子十一篇同名……著錄之家，皆當別白而條著者也。若兵書之公孫鞅二十七篇，與法家之商君二十九篇，名號雖異，而實爲一人，亦當著其是否一書也。

所以辨嫌名和互著不特非矛盾，而且相輔相成。據此，更見校讐目錄學者所應負的責任。祇有切實認淸校讐的職責，才能了解校讐著錄自古爲難的眞意。而實齋說，把一書歧名或異書同名者，倣佩文韻府之例依韻先編檔簿，却顯示他在編輯史籍考時，很重視索引法。這點，在要略第十五條將再論述。

己、校勘和板本

要畧第十一、十二兩條又說：

十一曰考異宜精。（以下至「庶幾無餺漏乎」，引文已見本章第一節）

十二曰板刻宜詳。朱氏經義考後有刋板一條，不過紀載刋本原委，而惜其未盡善者，未載刋本之異同也。金石刻畫，自歐趙洪薛以來，詳哉其言之矣。板刻之書，流傳旣廣，訛失亦多。其所據何本，較訂何人，出於誰氏，刻於何年，款識何若，有誰題跋，孰爲序引，板存何處，有無缺訛，一書曾經幾刻，諸刻有何異同。惜未嘗有人倣前人金石錄例，而爲之專書者。如其有之，則按錄求書，不迷所向，嘉惠後學，豈不遠勝金石錄乎？如有餘力所及，則當補朱氏經考之遺，史考亦可以例倣也。

「考異宜精」條是欲以校勘補救衆手編輯書籍所引起的牴牾。實齋在校讐條理篇所說：「古者校讐書籍，終身守官，父子傳業，故能討論精詳，有功墳典。而其校讐之法，則心領神會，無可傳也。近代校書，不立專官，衆手爲之，限以課程，畫以部次，蓋亦勢不得已也。」可補此條理論之所不足。

要畧第十二條，却充分表現他的重視板本。書目答問和四庫簡明目錄標注，在每書下臚列各種板刻刊本，使人按圖索驥，按錄求書，不迷所向，嘉惠後學。這點章實齋早已發之，誠爲卓識。章齋從朱筠學時，所見羣籍甚多，也早有志於校讐目錄學，所以他也很留意板刻，觀文史通義外篇二皇甫持正文集書後、李義山文集書後等文可見。校讐通義外篇王右丞集書後、東雅堂校刻韓文書後、葛板韓文書後等文，也充分表現他對板刻授受淵源——所據何本、刻於何年、款識何若諸問題的精熟，較之顧千里（廣圻）等校勘名家也有過無不及。

現在回頭再論實齋的校勘古籍，他的校勘論也本乎辨章學術考鏡源流。因此他先求自古以來校勘書籍的方法：

古人讀書，不憚委曲繁重。初不近取耳目之便，故傳注訓故，其先皆離經而別自爲書。至馬鄭諸儒，以傳附經，就經作注，覩覽雖便，而古法乃漸亡矣。評論文字，抑揚工拙，雖爲道之末務，然如摯氏文章志論、劉氏文心雕龍，亦離文而別自爲書。……至於校讐書籍，則自劉向揚雄以還，類皆就書是正，未有辨論同異，離本文而自爲書者。郭京周易舉正，以家藏王韓手寫眞本，比校世所行本，正得一百三十五處，二百七十三字，自爲一書，不以入經，此尊經也。其餘則絕無其例矣。至宋人校正韓集，如方氏舉正，（綿案：即方崧卿韓集舉正，十卷），朱子考異，則用古傳注例，離文別自爲書。是皆後人義例之密，過於古人。竊謂校書必當以是爲法。刻古人書，亦當取善本校讐之。自爲一書者，附刻本書之後，俾後之人，不憚先後檢閱之繁重而參互審諦，則心思易於精入。所謂一覽而無遺，不如反覆之覈核也。古人離文別自爲書，非但自存謙牧，不敢參越前人之書而已；亦欲學者不憚繁難，而致功庶幾有益耳。一取便於耳目，未免漫忽而不經心，此意亦

可思也。（校讐通義外篇朱子韓文考異原本書後）

而主張校讐書籍，必須用古傳注例，離文別自爲書。

庚、求詳備、索引和考訂、著錄

論修史籍考要畧最後三條——第十三、十四、十五，目的都在求史籍考能完備無所缺。然三條中以最後一條爲重要，但前兩條反映實齋編輯史籍考時不免受當時環境的限制和影響，故亦連帶述及。

要畧第十三、十四條實本之於經義考。

十三曰制書宜尊。列聖寶訓，五朝實錄，巡幸盛典，蕩平方畧，一切尊經史宬者，不分類例，但照年月先後，恭編卷首。

這是按照朱彝尊編纂經義考的成例，對淸廷極其尊敬，但凡「欽定」的都不敢稍置一詞的態度，戰戰兢兢之心溢於言表，較之朱氏絕不遜色。史考釋例上也曾這樣說：

制書弁首，冠履之義也。朱氏經考，蓋分御制敕撰，今用其例。史宬金匱之藏，外廷無由得窺，史部不同經籍者也。一以欽定四庫書入史部者爲主，不見於四庫著錄，不敢登也。入四庫之著錄而不隸於史部者，亦不敢登。義取於專部也。不敢妄分類例，謹照書成年月，先後恭編，猶史之本紀，所以致謹嚴之意，仍注四庫部次於下，所從受也。

淸廷修四庫全書，凡違礙禁燬的書籍皆銷除不著錄，實齋對此則欲求折衷，故有要畧第十四條：

十四曰禁例宜明。凡違礙書籍，或銷燬全書，或摘抽摘毀。其摘抽而尚聽存留本書者，仍分別著錄。如全書銷毀者，著其違礙應禁之故。不分類例，另編卷末，以昭功令。

實齋很推重經義考，原因是朱氏不止能據所存書加倍詳悉著錄，又能專門考求，無論書之存亡，但有見於古今著錄，或羣書所稱引，祇要有名目著見，他都無不收錄考次（參史考釋例）。所以他以爲書雖遭禁毀，仍應著錄其名目於卷末。

第十五條採摭宜詳，意旨和這點也有點相近（同是爲了求詳備）：

十五曰採摭宜詳。現有之書，鈔錄敍目凡例，亡逸之書，搜剔羣書紀載，以及聞見所及，理宜先作長編。序跋評論之類，鈔錄不厭其詳。長編既定，及至纂輯之時，刪繁就簡，考訂易於爲力，仍照朱氏經考之例，分別存軼闕與未見四門，以見徵信。

但却提出求詳備的方法——先作長編。他在第五條嫌名宜辨，爲針對一書歧名或異書同名的問題，也提出過「倣佩文韻府之例，依韻先編檔簿，以俟檢覈」的方法。可見實齋很重視書目索引法。校讎通義校讎條理說：

（近代）校書者既非專門之官，又非一人之力，則校讎之法，不可不立也。竊以典籍浩繁，聞見有限，在博雅者且不能悉究無遺，況其下乎？以謂校讎之先，宜盡取四庫之藏，中外之籍，擇其中之人名、地號、官階、書目，凡一切有名可治，有數可稽者，畧倣佩文韻府之例，悉編爲韻。乃於本韻之下，注明原書出處，及先後編第，自一見再見以至數千百，皆詳注之，藏之館中，以爲羣書之總類。至校書之時，遇有疑似之處，即名而求其編韻，因韻而檢其本書，參互錯綜，即可得其至是。此則淵博之儒，窮畢生年力而不可究殫者。即今中材校勘，可坐收於几席之間，非校讎之良法與？

可見「先作長編」「依韻先編檔簿」，都屬於索引性質，都是他修史考時編輒羣籍的方法。此外，實齋又很注重著錄（如七畧）和考訂（如別錄）的分別。史考釋例：

考訂與著錄，事雖相貫，而用力不同。著錄貴明類例，求於書之面目者也。考訂貴詳端委，求於書之精要者也。就劉氏父子之業而論，世人但知其經籍藝文所祖而已；不知劉歆部七畧時所稱爲別錄者，乃考訂羣書之鼻祖，而後世鮮有述焉者也。觀於經禮諸記，孔疏所引鄭氏目錄，與劉向不同，則同一治經，而各爲目錄，卽各有家法，非考不爲功也。觀於唐人十三代史目，而宗諫畧止三卷，殷仲茂詳至十卷（綿案：見通考經籍考及通志藝文畧），則同一考史，而各爲著錄，卽各成學業。是知考訂與著錄之功，似同而異。學者混於一例，而不能析也。鄭樵通志雖疏，其論校讎之例甚精，然猶不能分別兩家之同異（綿又案：校讎通義補鄭篇也說：「詳畧如此不同，其中亦必有說豈可曰取十三代史而已乎」？指責鄭氏發言太易），故其論書有名亡實不亡，曰：三禮目錄雖亡，可取諸三禮，十三代史目雖亡，可取諸十三史。噫，孔疏明著劉鄭禮目不同，唐志明著宗（諫）殷（仲茂）卷次不合，正著錄諸家各有考訂之明證。而樵乃但欲取諸本書便可謂目錄耶？是故明乎向歆業術之異同，而後知考訂與著錄之難易。知考訂之難於著錄，而後知朱氏創爲存亡兼考是益爲其難，知經部之兼考存亡已爲其難，則知史籍之存亡大倍於經考之難矣。

古代著錄諸家所爲目錄必經考訂，如七畧、漢志和隋志，唐以下則僅僅著錄諸書以備檢尋，不能得其要領，更說不上考鏡源流。唐以下祇著錄而不考訂，羣籍日多是原因之一，故實齋在編纂史籍考時特別强調：典籍日繁，凡一切有名可治有數可稽的悉編爲韻，以便檢尋的索引法。但著錄決不是祇爲備檢尋而已。我們試看他在史籍考目錄部包括範圍之廣，就可知道他極反對一般人心目中僅爲甲乙部次的目錄學。史考釋例：

目錄一門，不過簿錄名目之書，原無深義，而充類以求，則亦浩汗難罄。合而爲七畧四部，分而爲經史百家，副而爲釋道二藏，其易言耶？且如詩文之目，則有摯虞之文章志，鍾榮之詩品，亦目錄也。而詩話文心，凡涉論文之事，皆如詩書小序之例，與詩書相爲發明，則亦當收矣。圖書之目，則書評畫鑒，得以入之，金石之目，則博古琳琅諸籍，得以入之。故曰學問貴知類，知類而又能充之，無往而不得其義也。

四庫總目目錄類僅包括經籍金石二項，史籍考總目目錄部却包括：總目三卷、經史一卷、詩文（卽文史）五卷、圖書五卷、金石五卷、叢書三卷和釋道一卷，範圍之廣遠非四庫總目可比。論修史考要畧第十五條「採摭宜詳」，史籍考目錄部就確可當之無愧了。

三、史籍考立論的根據

史籍考的內容，據史籍考總目可見其大概。一部偉大的著作，尤其重要的是它的立論根據。實齋在修史纂考餘暇，寫過不少作品，現在幾乎都可看到。所以我們可藉此以看史籍考立論的根據。

文史通義的完成和校讎通義的增訂修飾，幾乎主要有賴修史考餘暇的寫作。這點，實齋也承認了。章氏遺書卷二九與孫淵如書說：

鄙人近日與洪（亮吉）淩（廷堪）諸君爲中丞（畢沅）編史籍考，泛覽典籍，亦小有展進，文史通義亦庶可藉是以告成矣。

由此可見，文史通義中有不少文章間接可看到史籍考論據的所在。

賓四師近三百年學術史第九章有「實齋文字編年要目」一節，我們可憑此以見章氏在編纂史籍考數年內所寫成的重要文章究竟有多少。這樣，便可見史籍考的編纂，對章學誠在學術上的成就（不止有助文史通義的完成）有着莫大的裨益。

茲據編年要目節錄如次（編年要目係賓四師據武昌柯氏藏章氏遺書鈔本（燕京大學圖書館藏，各文題下附注年月較詳，雖不全備，所缺已稀）而爲之者，故當可靠）：乾隆三十七年壬辰（一七七二）實齋年三十五。

始著文史通義。戊午鈔存有上辛楣宮詹書，亦在是年，已言文史校讐，與時異趨，欲有所挽救。蓋其時議論尚未入細，而識趣大端已立。

乾隆四十四年己亥（一七七九）實齋年四十二。

是年著校讐通義四卷，此稿後兩年遊河南遇盜失去，前三卷有朋友抄存本，後亦改作。

綿案：校讐通義四卷雖著於是年，然大事改定則仍在乾隆五十三年爲畢沅修史籍考之時。又，實齋在乾隆三十年廿八歲時已隨朱筠學文。四庫之議始自朱筠，三十八年朱筠上謹呈管見開舘校書摺子，凡擬辦法四條，而著錄校讐當並重亦爲其一，時實齋從遊在皖，似曾預聞其事。可見實齋治校讐目錄之學，很可能受朱筠的啓發。

乾隆四十八年癸卯（一七八二）實齋年四十六。

是年有癸卯通義草十篇，篇名可考者爲詩教上下，言公上中下五篇。

又通義中與朱滄湄中翰論學書、藉書園書目序、與邵二雲論文書等文，亦成於是年。

乾隆五十二年丁未（一七八七）實齋年五十。

至河南，依畢秋帆。

綿案：係因周震榮的介紹，爲修史籍考事，是年冬，見畢沅於開封。

乾隆五十三年戊申（一七八八）實齋年五十一。

主編史籍考。五月有報孫淵如書，謂愚之所見，以爲盈天地間，凡涉著作之林，皆是史學，六經特聖人取此六種之史以垂訓耳。……此種議論，知駭俗下耳目，故不敢多言。然朱少白所鈔鄙著中，亦有道及此等處者，特未暢耳。俟爲尚書公（畢沅）成書之後（綿案：指史籍考。因章給孫這信（見文史通義外篇三）係就孫詢問史籍考修纂事而回復者），亦當以涉歷所及，自勒成一家之言，所爲聊此自娛，不敢問世也。

按是書，實齋初發六經皆史之論，其時文史通義中重要諸篇均未作也。

綿案：可見實齋六經皆史的觀念亦由修纂史籍考而來，故其「論修史籍考要畧」一文中有「六藝皆掌之史官……若六藝本書，即是諸史根源」的議論。諸如此類的議論，似即他編輯史籍考的主要論據。故史籍考包括範圍亦通於經、子、集以及地方志、譜牒等方面。（又，要畧的寫作年月似較與孫書爲早。參本文第四章第二節。）校正校讐通義，與諸家所存本又大異。按此年校訂者，即今傳刻本，議論與文史通義相發，而言之未暢，蓋此後文史通義之先聲也。惜校讐通義初稿不可見，否則必可證實齋思想進展之痕迹也。

綿案：因修史籍考得見羣籍較多，於校讐通義必多增訂修改，如其中佔重要位置的「論修史讐考要畧」即成於是年初或去年冬（校讎通義中成於是年或去年冬者，必不止此文）。這最見得賓四師所說「校正校讎通義，與諸家所存本又大異」的確實無訛。

是年秋，得文史通義十篇，目不可考。戊申錄稿有禮教、所見、論修史籍考要畧、與邵二雲書諸篇，殆卽十篇之四也。又與劉寶七昆弟論家傳書稱戊申秋課。

綿案：論修史籍考要畧係在章氏遺書（劉刻本）卷十三校讎通義之內。其餘禮教、所見、與邵二雲書及與劉寶七昆弟論家傳書四篇，則均在文史通義內。

乾隆五十四年己酉（一七八九）實齋年五十二。

是年自四月十一日至五月初八日得通義內外二十三篇，約二萬言。自言生平爲文，未有捷於此者。以體例分甲乙兩編，統名姑孰夏課。甲編文目蓋如次：

經解上中下，原題注：庚戌鈔存通義上。

原道上中下，原題注：庚戌夏鈔存。

原學上中下，原題注：庚戌鈔存通義上。

博約上中下，同上。

十二篇外，又附存舊稿一篇，今疑是朱陸篇，原題注庚戌鈔存通義下。據朱陸篇原文，似當東原未卒前作。

而朱陸篇書後云，戴君下世今十餘年，則今年去東原卒十二年，恰合，知書後乃今年作，而並以原篇編附十二篇後也。

綿案：胡姚合撰實齋年譜頁七一，把「朱陸」等篇列在一起，以爲「亦可認爲此年所作」，誤。實齋是年所作者不過「書朱陸篇後」耳。

其他篇名可考者有：

匡謬、黠陋、習固、篇卷，皆稱庚戌鈔存通義上。

辨似、說林、知難、史釋、史注、文集、天喻、師說、假年、感遇、感賦、史學例議、亳州人物表例議上中下、記與戴東原論修志，皆稱庚戌鈔存通義下。

雜說上中下稱庚戌鈔。

朱先生墓誌書後、鄭學齋記書後，答沈楓墀論學、答周永清辨論文法，又答沈楓墀、答朱少白、與朱少白論文、皆注庚戌鈔存雜文。

綿案：上舉各文共五十四篇，除亳州人物表例議上中下、記與戴東原論修志、又答沈楓墀、答朱少白、與朱少白論文七篇之外，其他四十七篇都在文史通義之內。去年秋，荆州大水，畢沅陞湖廣總督，實齋失歸德館，史籍考修纂事暫告停頓。是年實齋遂輾轉太平安慶之間求生活，雖艱苦而仍有餘暇爲文。次年（乾隆五十年庚戌，再往武昌依畢沅開局編史考，有胥鈔可令鈔存舊稿，「庚戌鈔存通義」和「庚戌鈔存雜文」大抵即由此而來。

綿又案：胡姚合撰實齋年譜於是年亦力謂文史通義中的文章很多也寫成於本年內，但所舉篇目和賓四師稍有出入。賓四師列舉各文篇目後，又說：

大體多是己酉年作也。又文理篇大概亦是年作。實齋重要思想，大部均於此時成熟。上舉文目，實爲文史通義之中心文字，爲研究實齋學術者最須玩誦之諸篇。而己酉一年，亦實齋議論思想發展最精彩之一年也。

此下直至乾隆五十九年八月，畢沅以湖北邪教案被議，無暇顧及修史考事時止，實齋仍陸續有重要著作，如史德、釋通、答客問、古文公式、家書七通等十八篇成於五十六年；書教三篇成於五十七年（實齋自云：「書教之篇，所見較前似有進境」。書教篇實可代表他晚年成熟的史學見解）；史學別錄例議等四篇成於五十八、九兩年；文德、古文十弊等七篇成於嘉慶元年。總計自乾隆五十三年正式爲畢沅修史考至嘉慶元年文史通義有初刻本之時，所寫成的、收入今通行的文史通義中的文章達八十九篇，幾佔全書篇數三十之二。章實齋企圖藉着爲畢沅編史考，泛覽典籍，藉此以完成文史通義的計劃（參章氏遺書卷二九與孫淵如書），結果達到了。因此我們要探索史籍考立論的根據，必須在文史通義中求之（而參之以校讐通義）。退一步來說，史籍考立論的根據，也可一言以蔽之，那就是：「六藝本書，即是諸史根源」。

第五章　史籍考餘波

一、余苹皐史書綱領

史籍考雖已燬於咸同之際，但知道的很少（不過未必盡數被燬）。故在民國十七年（一九二八）一度盛傳發現史籍考稿本。姚名達中國目錄學史專科目錄學篇：

史籍考之成書刋行與否，未有文字證明。一九二八年，著者有意另撰，以補學誠之遺憾。忽睹北平各報新聞，謂此書忽發現於美國國會圖書館，及馳書問訊，該館中文部主任Prof. Arthur W. Hammel復書否認，知其誣。著者又親往紹興章氏、南康謝氏訪查，亦未發現。

這一傳說頗爲震動一時。范希曾書目答問補正卷二譜錄類子畧四卷條下也說：「章學誠史籍考三百二十五卷未刋殘稿藏美國國會圖書舘，敍錄總目已刋在劉刻章氏遺書內。」可見史籍考在當時很受人注意。姚名達又說：

道光間，日照人有許瀚爲涇縣人潘錫恩修史籍考，其攀古小廬文載有例目，此書與後述之史書綱領，著者皆疑爲學誠傳本之化身，非另起爐灶之創業也。史書綱領爲光緒初長沙人余萍皐（原注：其名未悉）所撰，俞樾序之：……其刋本今猶未出。但其序目似已刋行，且時代接近，未必失傳，著者已託友人余楠秋君回里訪求，倘得發篋載來，刋播史界，眞幸事也。

姚說許潘所修史籍考爲學誠傳本化身，是未能徹底明瞭眞相致誤，但說余萃皋史書綱領是史考傳本化身非另起爐灶之創業，却甚有可能。我們試看俞樾爲余萃皋所寫的史書綱領序全文：

長沙余萃皋司馬，著史書綱領如干卷，而李次青廉訪爲之序。序目既出，得而讀之者咸曰：盛乎哉！余君之爲此書也，是可與秋水朱氏經義考並爲不朽之大業矣。朱氏之書，所考者經籍，凡經籍之大旨無不具；余君之書所考者史書，凡史書之大概無不具。自有此兩書，而甲乙兩部固已得其管轄矣。君獨謂余曰：以吾書比朱氏之經義考，固吾所大願也。然而吾之意則有進焉。吾此書以綱領名，綱者若網之有綱，領者若衣之有領。區區之意，蓋欲網羅古今史書志書義例，以垂示後世，使夫後世之修史者修志者皆於是乎得其義例之所在，而不至無所適從，倀倀乎如擿埴而冥行也。故吾於史書，不徒錄其序目而已，其有凡例者亦備錄而無遺，蓋視經義考加詳焉。余聞而歎曰：然則君之志大矣。古者經止於六，樂經亡而存者五，後世附益以論語孟子孝經爾雅諸書，而列爲經者十有三，自此以往，雖說經之書日出不窮，而十三經之外，固不能益其一矣。史則不然，有一代必有一代之史，而後之史必視前史加繁，又況編年紀事各自成書，故事職官分類編纂，山水有志、金石有錄，自郡國以至於一邨一聚，悉有紀載，此豈特倍蓰於經而已乎？苟無提其綱挈其領，則惟有望洋向若而歎斯已矣。自同治以來，東南大亂初定，郡縣徵求文獻，修輯志書，以余舊官柱下，粗習紀事之文，往往就予而商榷焉。余每思博考古志書，自元和郡縣志以下，若乾道、臨安、嘉定、赤城之類，一一考其體例，輯爲一書，以備志局諸君之採擇；而頻年從事研經，未遑致力於此。今得君此書，則史家體例囊括乎其中，又豈特志乘之準繩哉？予所有志而未逮者，可輟筆不作矣。惟君此書，卷袠繁重，視經義考不啻倍之，寫錄一通，已非易事，若欲付之剞劂，流播士林，事更難矣。予故書此於簡端，欲讀者知君以數十年心力始成此書，其爲力也勤，而爲用也又甚廣，未可聽其閉置於塵篋中也。

固然，乾坤正氣跋已說史考清本與稿本在「粵匪之亂」中「同歸一炬」，但這和史書上常說祕閣之藏悉爲灰燼云云實無多大分別，不應輕易致信。（如舊唐書經籍志序說：「祿山之亂，兩都覆沒，乾元舊籍，亡散殆盡……及廣明初，黃巢干紀，再陷兩京。宗廟寺署，焚蕩殆盡，曩時遺籍，尺簡無存。」云云，都是形容損失之甚耳。）反過來說，潘駿文跋所說「同歸一炬」僅係因經匪亂後家居殘破史考稿本淸寫本已失所蹤而推想出來罷了。其次，俞樾史書綱領序說余苹皐以數十年心力始成此書，對他甚爲推重，又說史書綱領篇幅「視經義考不啻倍之，寫錄一通，已非易事，若欲付之剞劂，事更難矣。」序文中也往往拿余書和經義考相比。而余苹皐究竟是甚麼人呢？姚名達說「其名未悉」，金毓黻中國史學史（第八章）也說未詳其名。據俞序則先俞氏爲余苹皐寫序的是李次青，所以筆者首先翻閱一下李元度（次青）的天岳山館文鈔，除有余書序外，卷九又有「書長沙余高氏昇仙事」一文，高氏名立松，字慧翹，善化女子，就是余苹皐的媳婦，亦即余苹皐的長子芹的妻室。文云：「（高氏）年十四，許字長沙余苹皐郡丞肇鈞之長子芹」，可見余苹皐原名肇鈞，在學術界並沒有什麼地位，他在咸豐同治間輯有明辨齋叢書（見中國叢書綜錄）共三十餘種一百餘卷，裏面都沒有他自己的著作，此外的事蹟暫不可考。這樣看來，姚名達說余苹皐史書綱領疑爲史籍考傳本的化身，實非絕無可能。

我們試再看李元度的史書綱領序，其中頗有與章實齋六經皆史說近似處。更重要的是：據俞序僅知史書綱領篇幅視經義考不啻倍之，寫錄一通，已非易事。據李序則此書其實僅得三十二卷。李序說：

古者史與經合，尙書春秋及左氏公穀傳，皆史也，而列於經。蓋經以明道，史以紀事，天下無道外之事，抑無事外之道，故其源合也。三古以降，作者代興，著述日益繁富，其勢不能不分，是用有甲乙丙丁四部之目。然班氏藝文志尙無史名，所餘戰國策史記，並附春秋後，劉歆七畧，王儉七志，亦以史漢附春秋。阮孝緒七錄，始經史分類。至隋志乃分正史古史霸史雜史諸目。自時厥後，乙部書益浩如煙海矣。我朝四庫全書，史部分十五類，自正史編年雜史別史以迄地理職官政書目錄史評，罔不折衷至當。然學者不能遍觀而盡識也。自非有提其綱而挈其領，望洋之歎，疇則免焉。夫經學莫盛於我朝，而秀水朱氏經義考，尤能綜羣經之綱領；仁和沈氏續之，大興翁氏補正之，南康謝氏復作小學考以益所未備，治經者得此，可知所從入矣。顧史部至繁，獨未有因其例以相爲津迷者，非藝林之闕典歟？長沙余萃皐司馬，（萃原早作華），博通羣籍，所著皆有用書，而於讀史也尤篤，近輯史書綱要三十二卷，用四庫提要例而稍變通焉，以朝代爲經，以通史正史雜史地志雜地志五者爲緯。凡小說有裨正史，亦擇其序跋之佳者按代錄之。奏議則唯錄各朝總集及專集之尤著也；目錄則錄其涉史書者；卽在子部，但有關於史學，亦並錄其序例。若書亡而序存者，尤加意甄錄。蓋以謂書雖不可得見，尤可按序以求其義例，及今不採錄，更歷千百年，恐遂同歸於盡也。其用意尤深遠矣。嘗考隋書經籍志，謂劉向別錄，劉歆七畧，剖析源流，各有序以推尋事蹟。宋之崇文總目及陳氏解題晁氏讀書志，並得此意，使後儒得畧見古者之崖畧，端賴乎此。今萃皐薈萃史書之流別，若網在綱，若裘振領，使數千年作者之精神恉趣，燦若繩貫珠聯，此非好學深思心知其意者不能作也。承學之士，既有經學小學諸考以導經術之源，而於史部復得是編爲圭臬，繇是悉求其本書次第讀之，不啻駕輕車就熟路，而王良造父爲

之先後也。即或不能徧讀，抑固已得其大意而觀其會通矣。謂非史家必不可少之書哉？（天岳山館文鈔卷廿七）

假如這書眞是祇有三十二卷，則和俞樾說矛盾，而且當有刻本留傳，但事實又不然。又按這書的體例「以朝代爲經，以通史正史雜史地志五者爲緯」云云，和史籍考總目亦不同；不過通於子部以及特重甄錄亡佚的書的序錄等，却又和章學誠史籍考相同。尤其費解的是：俞李二序都以余書與經義考相比，李序更提及沈椒園廷芳所撰的續經義考（增訂四庫簡目標注說：東湖叢記云：未成書，稿本散佚，曾見其副。）和翁方綱經義考補正等書。此外，郭嵩燾也爲余書寫過序，亦隻字未提及章學誠史籍考事。不知他們三人何以固陋如此？郭嵩燾筠仙養知書屋文集卷三史書綱領序說：

長沙余苹皋，輯史書綱領若干卷，以與秀水朱氏經義考總經史之大全，而體例各別。蓋經有定名，經之流，小學訓詁而已，其源亦出於爾雅。漢以來，儒者之書，皆述經義者也。史者有作有述，史之源，尙書春秋，又皆列之於經，故史例由後起，而上包經及諸子之用，下該諸家著述。易者，史之著於卜筮者也。其流爲陰陽家、爲術數方伎家。詩者，採之郡國，編之樂，外史掌之，大司樂藏之，其流爲辭賦家。禮者，史之典章也，朝儀政教具焉，其流爲名家法家。是以極史之源流本末，凡七畧五部之藏，皆可撮而括之史。苹皋爲史書綱領，書序及凡例錄之必詳，意蓋曰：凡述經無例，而史有例，前人之所採擇而著錄者，皆例也。信然，則取例於史，無取例於經。禹貢之志地，春秋之紀事，經也。孔曾思孟之書，子書。而著之論孟，亦經也。詔令奏議職官儀注及政典之書，附之史，史之流也。以史書綱領名篇，附之經附之子者，未宜以史例之；而凡史之流分派別又無可繫之綱領也。約之史以正其綱，通之傳記廣之地志以絜其領，其於史之體例，不既繁徵而具備矣乎？是書之列四門，是也。其子目之取諸別錄及諸史藝文經籍志者，吾猶病其通經，及諸子別籍而皆隸之史也。經義考之不及小學，非缺也，小學亦經之流也；萍皐取法經義考以存史家之綱領，亦無泛及其流焉可也。時光緒五年夏五月。

據俞李郭三序，余苹皐史書綱領似頗與章實齋的六經皆史說相通（余氏是否盜襲章氏可姑置弗論）。郭崇燾也以為「極史之源流本末，凡七畧五部之藏，皆可撮而括之史」，但却以為史而通經以及把諸子別籍皆隸之史有點不妥，故頗不以史書綱領為然。據序文的語氣，郭余二人是在討論經史源流體例。郭氏最後提出這樣的意見：「苹皐取法經義考以存史家之綱領，亦無泛及其流焉可也。」似乎光緒五年夏天郭氏寫序時，史書綱領還未成定稿（又本文所引天岳山館文鈔係爽谿精舍刻本，書明光緒六年正月開雕，則李元度序亦寫於光緒五年間），俞李郭三序所說稍有出入，大抵因此之故。

據潘駿文乾坤正氣集跋，史籍考稿本和清本因咸豐六年丙辰（一八五六年）所居燬於火而散佚，距光緒五年己卯（一八七九年）僅廿三年，史籍考稿本或清本很可能仍有部分殘存輾轉流傳到余苹皐手上，而盜襲之以成史書綱領。但今史籍考史書綱領二書皆佚，既無確證，就自不能斷言了。

此後，仿經義考以修史籍考的事並未就此沈寂下去，仍然陸續有人企圖完成史籍考。

二、其他企圖續纂史籍考者

鄭鶴聲中國史部目錄學第七說：「一八九七年（即光緒二十三年）湖南衡州楊槩撰『擬仿朱氏經義考例纂史籍

考』……」以下全錄楊氏一文，並就楊氏一文爲「史籍考二」一表如左：

史籍考二
- 御注……御批通鑑輯覽等。
- 敕撰……欽定平金川方畧等。
- 本史……二十四史等。
- 羣史……通鑑綱目、紀事本末等。
- 逸史……帝王世紀、楚漢春秋等。
- 刋石……石柱題名記、元祐黨籍碑等。
- 鏤板……史漢以下諸官刻善本。
- 著錄……杭世駿大金國史、條例等。
- 通說……全祖望漢書地理稽疑等。
- 毖緯……開元占經、二申野錄等。
- 師承……史漢學等。
- 書壁……班書八表、天文志等。
- 擬經……不作野史、以正史爲準。
- 譯史……西洋史記書籍，已譯未譯。

儼然眞有楊槩所撰史籍考一書般。鄭氏亦知楊文原見於沅湘通藝錄卷二，但似乎沒有留意沅湘通藝錄一書的性質。原來光緒二十年間，江標「奉天子之命」出使湖南視學三年。歲科兩試以經學、史學、掌故學、輿地學、算學、詞章學，分列六類以試士，科試既畢，例有試讀之刻，因此裒集試者的作品彙刻一書名之爲沅湘通藝錄（參原序）。楊槩文見於通藝錄卷二史學類，題目全名爲「擬仿朱氏經義考例纂史籍考試舉其例」，顯然是書院課藝的題目，凡朱氏所有各類，楊槩均擬仿之，並沒有特殊的見解。

就楊氏此文來看，有意仿朱氏經義考續修史籍考的，應當歸之江標。據葉昌熾「江標事實」和胡思敬「江標傳」（見碑傳集補卷九），標字建霞，號師鄦，是一好事者，自幼即耳濡目染於古今羣籍，輯刊靈鶼閣叢書五集五十六種，唐賢小集五十家。「視學湖南時，以變士風，開闢新治爲己任」。然則他有續修史籍考的念頭絕不足爲奇。通藝錄中同一題目往往有二至四篇不同作者的文章，「擬仿朱氏經義考例纂史籍考試舉其例」則只有楊槩一篇，雖無特殊見解，但亦可以反映江標企圖續修史籍考之一斑，故姑且照錄如左：

書史總目，自存於各朝藝文志及諸家目錄外，本無專目，自秀水朱竹垞作經義考，而鎮洋畢氏作史籍考，長沙余氏作史書綱目，皆云仿其例，究未見也。恭讀四庫全書總目，內分正史、通鑑綱目、編年、紀事本末、別史、雜史、詔令、奏議、傳記、載記、時令、職官、地理、政書、史鈔、史評、史目。大哉王言，何敢妄參末議。然其詳於考證，而史籍之存亡，究有未備，似不若朱書之例，元元本本，使傳經原委，一一可得。而稽案朱氏經義考例，曰存、曰闕、曰佚、曰未見。而於御注敕撰羣經、逸經、毖緯、擬經外，又有師承、宣講、立學、刊石、書壁、鏤板、著錄、通說、家學、自述十種，而宣講、立學、家學、自述，有錄無書，每書前列著述人名卷數，其卷數有異同者，則著某書作幾卷，列存、佚、未見、闕，次列原書序跋諸家論說，及著述家之爵里，其考證者則附於末。儒生得此，可以無恨。但詳於經而史學罔聞，又何以測學海之津涯。

今其擬仿其例，如御批通鑑輯覽，欽定平金川方畧及敕撰史學各書，皆列於前，以仿其御注敕撰之例。二十四史以次遞降，以仿其本經之例，通鑑綱目、編年、紀事本末、別史、雜史、詔令、奏議、傳記、載記、時令、職官、地理、政書、史鈔、史評、史目，總爲羣史，以仿其羣經之例。帝王世紀、楚漢春秋、古史考，皆古史之佚者，至我朝皆有輯本，其他如謝承後漢書、司馬彪續漢書，有不可勝記者，皆著於篇，以仿其逸經之例、郎官石柱題名記、元祐黨籍碑，皆有關於史書考證，以及梁武祠畫像，六朝以來墓誌，凡諸金石，著爲專書，有與史相發明者，莫不紀之，以仿其刊石之例。史記漢書及後漢書，宋淳化中，始有官刻本，而後景德景祐宣和俱有善本。自南宋以遞國朝皆考其源流，以仿其鏤板之例。歷朝儒者，動言駁古，而力有未能，於是作而輟者亦復不少，若杭世駿大金國史，魏源元史類編，書皆未成，而其序若例已見集中，而猶待後人之補述。其他書已發凡而不成者，今擬撮其源起數語，存於簡編，苟有可採，不以其少而見棄，以仿其著錄之例。

漢書地理志、古今人表、唐書氏族表，凡於全史之內專說一表一志者，如全祖望之稽疑、梁玉繩之考、沈炳震之正譌，雖宜與說全史者通敍先後，俾條貫易名，然編爲通說，亦無不可。則凡畢沅晉書地理志新補正，成孺宋州郡志校勘記，皆可纂之，以仿其通說之例。除宣講、立學、家學、自述，無意可仿，而毖緯、書壁、師承三者又何仿之有？然其說自不妨變通。案太史公書，自春秋以前，所有國家災眚，賢哲占候，皆出於左氏國語。故其著史記，或擬歲星之一周，或擬剛柔十日，是不通緯學者，不足與言史學。而班固不知五行一志，遂見誚於劉知幾。其後作者更不足道。唯明史天文志盡用西法，遂爲前代天文志之冠。天文雖與五行有別，未有不明天文者而可以明五行。緯書固專講五行者，及稽班書藝文志，天文二十一家，試思漢五星、彗客、行事、占驗諸書，幾何嘗不關繫史事？今必依班書，豈班書以史書係春秋，而可以春秋而廢史籍乎？今不難以開元占經、二申野錄，專詳史書五行者，列爲五行，以師⿱此心緯之例而變其名。專言天文者，不在其例。其⿱此心緯之例可仿者一也。左史記言，右史記事，古本有史官，自司馬談以父子掌史官，而楊雄、劉歆、陽城衡、褚少孫、史孝山之徒，相率而爲史記學。至於班氏一門，同著漢書，曹昭一女子耳，亦能助成全史，則其有師承可知，其師承之例可仿者二也。太史公百三十篇，在東漢時已有錄無書，不知何以復出？而春秋二十三家，存者四，古史之氏亦甚矣哉！況復後人所補，眞僞莫辨，若稽漢書之班固，則天文志並八表未成，齎志以沒。三國志之陳壽，以索米誚於晉書。後漢書之范氏，而補志尚煩司馬。其與孔壁出書，其與絲竹俱鳴者，不啻幾希，其書壁之例可仿者三也。若夫擬經之例，於史籍似遠而甚近，何也？古非史官不當爲人作傳，反不如擬經之無關於國法。及如國初莊廷鑨一案，黨禍幾數百人，而禁書總目，多係野史，史何得率意擬哉！是擬經之例，尤有不可不仿者。或存或闕，或佚或未見，亦步亦趨，莫或敢違。但數十年通商以來，潘譯西史，不下百餘，稽之古目，皆入地志。然書多爲華人所筆述，其體例則有與古史相合者。萬國通鑑，名佳而筆劣，不必列目；萬國史記、四裔編年表、俄史輯譯等書，可入編年與雜史；德國合盟紀事本末等書，可入紀事本末；普法戰爭等書，可入載記；華盛頓傳等書，可入傳記；東方交涉記等書，可入奏議；德國議院章程等書，可入職官；柬埔寨以北探路記等書，可入地理；萬國公法等書，可入政書；譯書事畧等書，可入史目。而有譯有未譯者，區區存、佚、闕、未見之四例，何足該之。則請增未譯一門，而後中西史籍考大全。**（綿案：鄭氏史部目錄學第七亦引，而多所刪改。）**

文中「長沙余氏作史書綱目」殆卽余萃皋史書綱領，或一時筆誤；又說「太史公百三十篇在東漢時有錄無書」云云，或亦偶然疏忽。案漢志太史公有錄無書的僅有十篇。據引文看來，楊棨似乎深受西方學說的影響。僅中國數千年以來的史籍考已不易爲，要中西並包，就未免難上加難。

到了民國初年，學術界對續修史籍考事仍未忘懷。但學者們已深知通考古今史籍絕不容易，因此紛紛起而爲之斷代或分類考錄。如今毓黻中國史學史第八章，說：

章氏史籍考一書，今既不傳，亦未嘗無人爲之重作，長沙余萃皋（未詳其名）撰史書綱領一書……惜其書迄未付刋，不知流落何所。近日研史之士每欲發憤重撰史籍考，而憚其繁重，有撮蕭梁舊史而爲之考者，如海鹽朱氏是，有萃晚明史籍而爲之考者，如安陽謝氏是（綿案：二書卽朱希祖蕭梁舊史考，謝國楨晚明史籍考）。以言理董全帙則尚有待，倘得是書爲藍本，而補其未備，不亦事半功倍乎？

朱謝二氏除撰前述二考外，朱又有西夏史籍考，謝又另有淸開國史料考、晚明流寇史籍考、淸初三藩史籍考，此外則有夏棫五代史書目、王鍾麒廿五史參考書目（參姚著目錄學史專科目錄篇），和鄭鶴聲正史彙目等（書目答問補正卷二子畧條下說：諸曁鄭鶴聲正史彙目不分卷。此書欲彌章書未行之憾，用意與實齋相似。有雲南高等師範學校油印本）。

朱希祖序晚明史籍考說：「有普通目錄之學，有專門目錄之學。朱彝尊之經義考、章學誠之史籍考，爲經史專門目錄之學。晚近因史籍考不傳而分代爲之者，如近時之蕭梁舊史考、魏書源流考、日本之元史研究資料並參考書目，雖廣狹不同，精粗互異，要其爲史籍考之流則一也。」由此，推廣一步來說，張澍姓氏書總目、梁廷燦年譜考畧、汪闇國學圖藏歷代名人年譜目、陳乃乾共讀樓所藏年譜目，以至田繼琮八十九種明代傳記綜合引得、杜聯喆三十九種清代傳記綜合引得和最近出版的張國淦所撰中國古方志考等書，都可算是史籍考的支流。然則章實齋史籍考雖不傳，其影響力之大已非始料所能及了。

附錄一 史籍考修纂年表

▲第一次修纂：

乾隆五十二年 章學誠爲修纂史籍考事，因周震榮介紹往見畢沅於河南開封。

乾隆五十三年 春，畢沅審視「論修史籍考要畧」後，同意開局正式編纂，由章學誠主理其事。但章氏未能傾全力修纂史籍考，僅在教課之餘（任教於歸德文正書院）編著。且頗缺乏圖書參考。是年秋，畢沅調湖廣總督，章學誠失歸德館，史籍考編著亦暫告停頓。

乾隆五十五年 章氏往武昌再依畢沅，重修史籍考。但常分精力以助畢沅編著地方志及續通鑑。

乾隆五十六年 識胡虔於武昌督署。

乾隆五十七年 續修史籍考。

乾隆五十八年 續修史籍考。

乾隆五十九年 八月，畢沅以湖北邪教案被議，無暇顧及修纂史籍考事。章學誠亦離湖北。

乾隆六十年 冬，「與阮學使論求遺書」。頗有意借助阮元的力量完成史籍考，但不果。

▲第二次修纂：

嘉慶元年　冬，「上朱中堂（朱珪）世叔書」，求推薦至河南大梁或直隸蓮池書院，欲藉課餘之暇以餘力修纂史籍考。

嘉慶二年　春，朱珪胡虔共薦章學誠於浙江巡撫謝啓昆幕府。五月，陳東浦（奉茲）亦介紹章氏投靠揚州曾燠（鹽運使）處。是年七月畢沅卒於官。冬，有「丁巳歲暮書懷」詩給曾燠誌別，轉就謝啓昆之聘，再修史籍考。

嘉慶三年　史考釋例一文，大抵撰於是年春。以後，謝啓昆發覺章氏與其友輩及賓客如袁枚、孫淵如等皆不合，章氏遂遭杯葛，因而又轉投曾燠。

嘉慶六年　十一月，章學誠卒。

嘉慶七年　謝啓昆卒於官。

▲第三次修纂：

道光二十六年　潘錫恩（嘉慶十六年進士，同治六年卒。生年不詳）。聘許瀚等修訂史籍考於江西袁浦。

道光二十八年　冬，李星沅疏劾潘錫恩，潘被革職，修訂史籍考事又中輟。

咸同之際，粵匪之亂，史籍考清本及稿本並燬佚於潘氏家中（涇縣）。

▲史籍考餘波

光緒五年　余苹皋（肇鈞）著史書綱領，疑爲章學誠史籍考稿本的化身。但史書綱領原書不傳。

光緒二十三年　江標等似有意重修史籍考。

民國十七年　北平各報盛傳史籍考稿本發現於美國國會圖書館（見書目答問補正卷二及姚名達中國目錄學史第三五一頁）。

附錄二　史籍考總目

原見馬夷初抄楊見心所藏章氏未刊稿一卷。茲據章氏遺書補遺轉錄。

制書二卷

紀傳部　正史十四卷　國史五卷　史稿二卷

編年部　通史七卷　斷代四卷　記注五卷　圖表三卷

史學部　考訂一卷　義例一卷　評論一卷　蒙求一卷

稗史部　雜史十九卷　霸國三卷

星歷部　天文二卷　歷律六卷　五行二卷　時令二卷

譜牒部　專家二十六卷　總類二卷　年譜三卷　別譜三卷

地理部　總載五卷　分載十七卷　方志十六卷　水道三卷　外裔四卷

故事部　訓典四卷　章奏二十一卷　典要三卷　吏書二卷　戶書七卷　禮書二十三卷　兵書三卷　刑書七卷　工書四卷　官曹三卷

目錄部　總目三卷　經史一卷　詩文即文史。五卷　圖書五卷，金石五卷　叢書三卷　釋道一卷

傳記部　記事五卷　雜事十二卷　類考十三卷　法鑒三卷　言行三卷　人物五卷　別傳六卷　內行三卷　名姓二卷　譜錄六卷

小說部　瑣語二卷　異聞四卷

共三百二十五卷**綿案：實爲三二三卷。**

Chang Hsüeh-chêng's manuscript in disguise and not an original work".

This article discusses the vicissitudes of the compilation of this famous, unpublished work "Historical Literature Scrutinized", outlining its contents, comparing the variant texts which bear the marks of editing at different times, and supplying biographical data of all the co-authors.

So far no one seems ever to have written specially about this unpublished manuscript of Hsüeh-ch'êng's. Hence the present article.

A STUDY ON THE COMPILATION OF THE SHIH-CHI K'AO

(Part II)

史籍考修纂的探討(下)

By Lo Ping-mien (羅炳綿)

The *Shi-chi Kao* (史籍考) "Historical Literature Scruntized" a great bibliographical work on Chinese history, occupies an important position in the world of historiography. To its compilation Chang Hsüeh-ch'êng (章學誠) (1738-1801) devoted almost his whole life. In the fifty-second year of the Ch'ien-lung (乾隆) period (1787) he began the work in collaboration with Hung Liang-Chi (洪亮吉) (1746-1807) and others under the patronage of Pi Yüan (畢沅) (1730-1797). After the latter's death Chang Hsüeh-Ch'êng resumed working on his book jointly with Hu Ch'ien(胡虔), Ch'ien Ta-chao (錢大昭) (1744-1813) and others under a new patron, Hsieh Ch'i-k'un (謝啓昆) (1737-1802.) In neither case, however was the manuscript published.

In the twenty-sixth year of the Tao-kuang (道光) period 1864, almost half a century after Chang Hsüeh-ch'êng's death, his manuscript fell into the hands of P'an Hsi-ên(潘錫恩), "Inspector-general of River Transport and Embankment Works Resident at Ts'ing-kiang-p'u" (清江浦) (南河河道總督), who engaged Hsü Han (許瀚) and others to resume compiling for the third time, But the work was again unfinished because of P'an Hsi-ên's dismissal from his post.

In the Kuang-hsü (光緒) period (1875 - 1908) a certain Yü P'ing-kao (余苹泉) wrote a book entitled *Shiu-Shu Kang-ling* (史書綱領 "Historical Work Outlined") which Yao Ming-ta (姚名達), judging by Yü Yüeh's (俞樾) (1821-1906) Preface, "suspected to be

fourth year of the Shao-hsing (紹興) period of the Emperor Kao-tsung (高宗) of the Southern Sung (1134) this diary was again re-written. Because of the opposing political affiliations of the historians who wrote these diaries, particularly those between the "Reformers" (新黨) and the "Conservatives" (舊黨) the various versions of the "Shih-lu of the Emperor Shên-tsung" were inevitably coloured with these partisan views.

The Shao-shêng version is the worst of the three as it was produced at a time when the "Reformers" were once more in power. Thus, as well as the denunciation of the authors of the Yüan-yu version, some facts were deliberately omitted in the interest of the "Reform" (新法). That the "Records" was written for a third time during the Shao-hsing period was mainly to point out these defects.

It is regrettable that the "Shih-lu of the Emperor Shên-tsung" is no longer extant. Fortunately some of this source material is preserved in the commentaries on Li T'ao's (李燾) *Hsü tzu-chih-t'ung-chien ch'ang-pien* (續資治通鑑長編). Based principally on the latter work and supplemented by references from other historical texts, this article discusses the relationship between the compilations during the Sung of the "Shih-lu of the Emperor Shên-tsung" and the political climates of the times and comments on the defects of the Shao-shêng version.

ilation that these two features are once again combined. Moreover, having translated *Sutras* himself, he surpassed all his predecessors in properly classifying Buddhist canons, for he was well acquainted with the various of the Sanskrit texts and their sources.

Part Two of this monograph also mentions two other works: the *Ta-T'ang Hsi-yü ch'iu-fa kao-sêng chuan* (大唐西域求法高僧傳 "Biographies of the Westward Pilgrims in the T'ang Dynasty") and the *Ta-Chou k'an-ting chung-ching mu-lu* (大周刊定衆經目錄 "The Bibliography of Buddhist Canons Authorised by Empress Wu Tsê-t'ien"). The former was written by the monk I-ching (義淨) on his return voyage from India and the South Seas. The latter was compiled by Ming-ch'üan (明佺) at the command of Empress Wu Tsê-t'ien (武則天) and with more than seventy assistants. Strictly speaking, however, these works are far inferior to those by Tao-hsüan.

REVISIONS OF THE SHIH-LU OF THE EMPEROR SHÊN-TSUNG OF THE SUNG DYNASTY

宋神宗實錄改修前後之分析

By Huang Han-ch'ao (黃漢超)

The compilation of "Shih-lu of the Emperor Shên-tsung" of the Sung dynasty, a Court diary, was first completed in the sixth year of Yüan-yu (元祐) of the Emperor Chê-tsung (哲宗) (1091). A new version with the section "Daily Records of Wang An-shih" (王安石日錄) added was produced in the first year of the Shao-shêng (紹聖) period of the same reign. In the

A STUDY ON CHINESE BUDDHIST BIOGRAPHIES AND BIBLIOGRAPHIES DERIVED FROM THE *VINAYA* SECT (Part Two)

中國佛教史傳與目錄源出律宗沙門之探討（中）

By Tso Sze-bong （曹仕邦）

In Part Two this monograph deals with historical and bibliographical works written during the T'ang （唐）dynasty by Buddhist monks of the *Vinaya* Sect（律宗）. The most worthy-note author was the monk Tao-hsüan（道宣）, who was one of the founders of the *Dhāmāgupta-vinaya* （四分律）Sect and the principal assistant to the monk Hsüan-tsang （玄奘） at his Translation Centre（譯場）. In the field of history Tao-hsüan wrote the *Hsü kao-sêng chuan*（續高僧傳）, a continuation of the *Kao-sêng chuan* （高僧傳） or "Biographies of Eminent Buddhist Monks,, by the monk Hui-chiao（慧皎）of the Liang (梁) dynasty. In his "Continuation of the Biographies of Eminent Buddhist Monks" Tao-hsüan made important alterations of the "ten categories" (十科). This new method of classification had since been followed by all biographers of Buddhist monks. In the sphere of bibliography Tao-hsüan compiled the *Ta-T'ang nei-tien lu*（大唐內典錄 "Bibliography of Buddhist Canons Compiled in the T'ang Dynasty"), which is in style a worthy successor to the monk Sêng-yu's （僧祐）*Ch'u san-tsang chi chi* （出三藏記集）. Since Sêng-yu's time Buddhist bibliographies had been of two kinds. One emphasizes the dates of the translation and the name of the translators, and the other stresses the method of classification and the authenticity of these works. It is in Sêng-yu's comp-

TTE CHRONOLOGIES OF THE LIFE OF T'AO YÜAN-MING COLLATED

陶淵明年譜彙訂

By Yang Yung (楊 勇)

About T'ao Yüan-ming's life and works more than ten books have been written which are called variously "biography" (傳), "personal chronology" (年譜) and "comparative studies" of such personal chronologies (年譜考異). These writers often overstretch their imagination and indulge in recriminatory criticism of one another, without either giving accurate details of the poet's life or gaining a real insight into his works.

In writing the present article I have consulted over two hundred authors, from the Tsin (晋) and Liu-Sung (劉宋) period onward, and made a meticulous study of the real tenor of T'ao Yüan-ming's writings by checking them against events of the time in a methodical and penetrating manner. Here my main purpose is to collate former works on T'ao Yüan-ming's life and to make a new, systematic presentation of the facts.

One feature of this article is the arrangement of the chronological details of the poet's life according to the dates of his poems and essays. It is hoped that this article will serve as a key to all the other relevant writings and thus facilitate research on T'ao Yüan-ming's literary works.

INTER-MARRIAGES BETWEEN TOBAS OF ROYAL BLOOD AND CHINESE ARISTOCRACY OF NORTH CHINA

拓拔氏與中原士族的婚姻關係

By Lu Yao-tung (逯耀東)

Part of my postgraduate thesis, this article is designed to discuss the early institution of marriage of the Tobas and later on inter-marriages between them and Chinese aristocrats of North China. Among a series of measures of Sinicisation introduced by the Emperor Hsiao-wên (孝文帝) of the Northern Wei (北魏) that of marrying his kinsfolk into families of Chinese aristocracy certainly had far-reaching influences. These inter-marriages not only broke down the marital barriers of Chinese aristocracy in the North but also elevated and consolidated the social status of those Tobas through marriage. The result was that Tobas became thoroughly assimilated into Chinese cultural streams.

In addition to sources from books, this article also quotes tomb-inscriptions of the Northern Wei period. These inscriptions contain a great deal of material which cannot be found from books of history yet it is of vital importance to a deeper understanding of the problems involved.

A NEW INTERPRETATION OF THE CANON OF THE MOISTS (Part II)

墨經箋疑(下)

By Liu Ts'un-yan (柳存仁)

The Canon of the Moists (墨經) is one of the most difficult parts in the *Book of Mo-tzŭ*. Since the end of the Ch'ing dynasty Chinese scholars have published dozens of works on the abstruse text of this part of an ancient Classic. The revised annotations by T'an Chieh-fu (譚戒甫) and Kao Hêng (高亨) published after the war are perhaps the most recent contributions to the subject.

In this monograph Dr. Liu Ts'un-yan of Australian National University studies with meticulous care and painstaking diligence most of the previous works and tries to reconstruct the original text of the Canon (*ching* 經) and its *Commentaries* (*ching-shuo* 經說). In so doing he avoids replacing important words in the original text except where textual comparison justifies it, and in support of new interpretations he cites mainly Chinese Classics of pre-Han periods. It is therefore of particular interest to read this monograph side by side with similar works by other authors past and contemporary, including those published in languages other than Chinese such as Forke's translation of *Mê Ti* in German, Maspéro's 'Notes sur la Logique de Mo-Tseu et de Son École' in the *T'oung Pao,* Vol. XXV, Graham's, "Being" in Western Philosophy Compared with *Shih/Fei* and *Yu/Wu* in Chinese Philosophy' in the *Asia Major,* New Series, Vol. VII, Pts. 1-2 Needham's *Science and Civilisation in China,* Vol. IV:1, and Chmielewski's "Notes on Early Chinese Logic" in the *Rocznik Orientalistyczny,* Vols. XXVI-XXVII.

Acknowledgement

The Research Institute of New Asia College, Hong Kong, wishes to acknowledge with cordial thanks to the Harvard-Yenching Institute for the generous contribution of fund towards the publication of this Journal.

一九六五年二月一日初版

新亞學報 第七卷・第一期

定價 港幣十五元 美金三元

編輯者 新亞研究所 九龍新亞書院

發行者 新亞書院圖書館 九龍農圃道六號

THE NEW ASIA JOURNAL

Volume 7 *February 1965* *Number 1*

THE NEW ASIA RESEARCH INSTITUTE